AI 선정(禪定)스님과의 대화

북두 국자에 떠 주는 스님의 커피

AI 선정(禪定)스님과의 대화

북두 국자에 떠 주는 스님의 커피

AI 선정(禪定)스님

김달수 지음

🛈 인간사랑

추천사

오랜 기간 동국대학교 불교대학원에서 죽음과 관련된 교육을 하면서 죽음이 무엇인지 그리고 죽음을 통해 무엇을 알아야 하는지에 항상 사유하였습니다. 그러나 죽음은 정말 난해한 문제이고 이를 모두 이해한다는 것 또한 불가능하기에 저 또한 죽음을 이해하는 나름의 방법을 찾으려 노력하였습니다. 특히 저의 전공인 유족의 애도와 회복에 대해 고민하고 연구하던 중 김달수 원장의 저서 『북두 국자에 떠 주는 스님의 커피』의 원고를 접하면서 죽음에 관한 다양한 이야기를 인공지능(AI)과 대화 형식을 통해 전개한 새로운 경험을 하게 되었습니다.

사람들은 대부분 죽음에 대한 많은 생각과 불안과 두려움 그리고 애도와 비통함 등에 대한 다양한 문제로 힘들어합니다. 이를 사람이 아닌 인공지능이 어떻게 죽음을 이해하는지를 적절히 보여주는 내용이라서 관심이 생겼습니다. 특히 불교를 기반으로 인공지능(AI)과 죽음학을 이야기하는 저자의 새로운 접근법은 불교를 단지 신앙의 역할뿐 아니라 실제로 불교가 추구하는 죽어감과 죽음에 대한 새로운 AI식 접근법을 알 수 있는 계기가 되었습니다.

앞으로 이 글을 접하시는 분들께서는 죽음에 대한 올바른 이해를 통해 죽음을 미리 준비하고 죽음을 통해 삶의 의미를 더 명확히 밝히고,

죽음을 너무 두려워하지 않고 그렇다고 죽음을 멀리하지 않는 중도의 삶을 추구하면서 성숙 된 자신을 알아가는 시간을 맞이하였으면 합니다. 또한 이 저서는 미래에 종교가 나가야 할 길과 변화에 대해 많은 가능성을 보여주고 있습니다. 이와 같은 다양한 시도가 계속 이어지기를 바라며 여러분 모두의 죽음에 대한 또 다른 성찰과 이해가 깊어지기를 바랍니다.

앞으로 인공지능은 더 발전할 것이고, 사람들의 삶에 더 많은 영향을 미치며 실생활에 도움이 될 수 있겠지만 현대 사회에서 날로 각박해지는 정신적·철학적·영적 문제에 대해서도 적절한 조언과 올바른 방향을 제시하고 교감할 수 있는 시대가 곧 올 것으로 보입니다,

많은 분 특히 젊은 MZ세대 불자들이 이 저서를 통해 불교에 대해 쉽게 이해하고 죽음학을 알게 된다면 더없이 좋을 것 같습니다. MZ세대가 불교를 처음 접하면 매우 힘들 수 있는데 이는 너무 어려운 불교용어와 방대한 불경 그리고 이해 못 하는 한자나 뜻 모를 법문이나 불법을 보고 미리 포기 하는 일도 있기에 이를 쉽게 저술한『북두 국자에 떠 주는 스님의 커피』를 통해 불교를 쉽게 이해하고 신세대 불자로서 신앙생활에 활용한다면 이보다 더 좋을 수는 없을 것 같습니다.

2024년 11월 25일

동국대학교 불교대학원 생사문화산업학과
교수 이범수 합장

들어가기 전에

이 저서의 주인공이신 AI 선정(禪定)스님을 만난 것은 우연과 인연의 결과임을 밝힙니다. 누군가 들려준 산사에서 바라본 북두칠성의 아름다움에 관한 이야기를 듣고 저자도 산사를 찾아다니기로 하면서 한동안 잊고 지냈던 북두칠성을 재발견하게 되었는데, 평소 환자를 돌보고 죽음학에 관한 연구와 저술 활동을 하던 중에 번뜩 불교에 대한 글을 써야 하겠다는 결심이 섰습니다.

마침 지난해 가을 익산의 사찰을 방문하고 스님의 설법을 듣고 돌아오던 길에 한동안 무심히 바라보았던 북두칠성의 국자 모습에서 누군가가 한 국자 떠주는 지식을 얻었으면 하는 마음이 솟구치며 국자 속에 들어있던 붓다의 지혜를 얻어야겠다는 생각이 들었습니다. 그래서 몇 가지 주제를 정해 북두 국자 주인의 지혜와 생각 그리고 그 생각을 받아줄 저자의 잔에 이런 지혜와 생각의 국물을 모아서 무언가 좋은 향이 나는 결실이 있었으면 하는 생각이 간절해졌습니다. 그날 이후 그런 인연을 맺어 줄 분을 찾아 이곳저곳을 수소문하고 알아보았습니다. 하지만 서로의 인연이 안 되었는지 매번 만남은 잘 이루어지지 못했고 글을 쓰는 것도 차일피일 미루어지고 있었습니다.

그중에는 해외 파견이나 유학을 떠나신 스님도 계셨고, 사찰을 유지하기 위해 시간을 내기 어려운 스님도 계셨으며, 글을 함께 쓰기에는 건강상 힘든 스님도 계셨고, 거리가 멀어 자주 만나지 못하는 등 그 이유가 다양했습니다. 물론 저자의 정성이 부족함이 가장 크지만, 틈틈이 찾아가 본 주위 사찰들에 스님들이 계시지 않는 것 또한 커다란 아쉬움이었습니다. 많은 사찰에는 분명 북두칠성의 별빛은 뚜렷했건만 불 꺼진 사찰들에 스님은 안 계시고 쌓인 먼지와 잡초 그리고 적막함뿐이었습니다.

그러던 중 우연히 아는 스님이 노트북 컴퓨터로 자료를 정리하는 것을 보면서 만약 저 컴퓨터를 사용하여 그동안 저자가 찾고자 하던 스님을 AI(인공지능)로 만나 함께 논의하고 상의할 수 있다면 나름 새로운 기회가 될 것으로 생각이 들었습니다. 이 또한 우연일 수도 있지만 AI와 인연이 더 클 수가 있다고 보아 그날로 바로 인공지능을 이용한 AI 스님을 가상으로 만들었고, 스님의 법명을 선정(禪定)이라 정했습니다. 선정(禪定)이란 법명은 "한마음으로 사물을 생각하여 마음이 하나의 경지에 정지하여 흐트러짐이 없음"을 의미하는 것입니다.

저자의 좀 엉뚱하고 소박한 생각을 주위에 전하자 많은 분은 잠시 당황했지만 좋은 기획이라는 격려도 들었습니다. 몇 번의 시행착오 끝에 AI 선정(禪定)스님에게 질문하고 답변을 찾는 알고리즘을 정리하여 글을 쓰기 시작했습니다. 비록 스님이 내려주는 커피를 직접 받아 마시지는 못하지만, 커피 향이 나는 컴퓨터 앞에서 AI 선정(禪定)스님은 자기 생각을 정리하여 저자에게 전달해 주었습니다.

그 결실이 이 책 『북두 국자에 떠 주는 스님의 커피』입니다. 비록 저자의 생각과 AI 선정(禪定)스님의 생각이 서로 다를 수도 있고 같을 수도 있었지만, 그것이 중요한 것은 아니라고 보고, 사람과 AI(인공지능)가 종교적인 관점에서 어떤 차이가 있는지를 알게 되는 과정에서 이 책을 진행해 나갔습니다. 그리고 이런 시도가 미래 불교에 대한 새로운 접근 방법으로 활용될 수 있는지에 대한 작은 시도일 수도 있기에 AI(인공지능)의 새로운 변화를 통한 불교의 발전을 기대해 봅니다. 물론 이 저서의 내용은 일부 AI(인공지능)와 저자의 주관적인 생각일 수도 있고 언급된 내용이 진정한 불교의 교리나 의미를 따른다고 할 수는 없다는 것을 먼저 이해해 주시고 이는 불교의 넓은 도량 속에 존재하는 한 일부분의 이야기임을 먼저 밝히는 바입니다. 따라서 반론도 있을 수 있고 동의가 필요할 수도 있다는 것 자체가 불교의 충분한 포용력과 지속적인 발전이 전제된다는 것을 이해하여 주시고 『북두 국자에 떠 주는 스님의 커피』 속에서 피어나는 커피 향처럼 잔잔히 기억되기를 바랄 뿐입니다.

북두 국자에 떠 주는 스님의 커피

    맑은 늦가을 한밤중에 산사에서 바라본 북두칠성은 정말 아름다웠습니다. 그동안 수많은 사람이 보고 감동했던 북두칠성이었겠지만 오랜 시간 저자는 이런 북두칠성을 잊고 살았습니다. 그리고 이런 북두칠성이 이렇게 가까이 존재한다는 것 자체를 망각하고 살았던 것에 다시 한번 놀라기도 했습니다.

북두칠성(北斗七星)

    살다 보면 세상사 북두칠성만 잊고 살았던 것은 아니겠지만 북두칠성은 어린 시절부터 누구나 한번은 신기해하고 뭔가 있을 것 같은 이런저런 이야기 속에 동심을 키웠던 그런 마음의 상징이기도 했습니다. 밤하늘만 쳐다보면 바로 볼 수 있는 북두칠성을 왜 그리 오랜 기간 멀리했는지 저자 또한 놀랐습니다. 아무튼 다시 발견한 북두칠성은 예나 지금이나 별로 달라진 것은 없지만 저자 자신의 마음이 그동안 너무나 변했고 머리만 커졌지 더 나아진 것도 없이 세월을 보낸 것 같아 덧없이 마음이 쓸쓸해지는 것은 그저 흘러간 세월의 탓이라고 치부할 뿐입니다.

그러나 이런 재발견을 통해 그동안 흩어졌던 마음을 새롭게 다듬고 잠시 조율하는 시간을 가지려고 이런저런 생각을 하게 되었고 그중에 살면서 잊고 지냈던 몇 가지 주제들을 다시 한번 생각해볼 만한 것들을 모아서 나열해 보았습니다. 물론 저자는 그동안 죽음학에 대한 여러 저서를 출판했고 나름 죽음이나 그에 따른 여러 문제를 많이 연구하고 썼지만 이는 학문적인 요소가 많이 들어간 의학적 학문으로서의 지식적 저술이었기에 저자 자신의 마음을 온전히 전하지 못한 부분도 많아 내면의 이야기가 조금은 부족했다고 생각합니다. 그러나 이 저서에서 이야기되는 몇 가지 주제들은 저의 진솔한 생각과 AI 선정(禪定)스님의 생각을 서로 비교하면서 내면의 이야기를 이어 나가려고 합니다. 모니터 옆에 둔 커피잔에 은은히 피어나는 옅은 커피의 향기 속에서 나 자신을 다시 알아가는 것이 진정한 행복이고 가치를 얻는 것임을 한 번 더 느껴봅니다.

북두칠성(北斗七星, 영어: Big Dipper, the Plough)은 자미원에 속하는 동양의 별자리로, 큰곰자리의 꼬리와 엉덩이 부분의 일곱 개의 별을 말합니다. 그 모양은 국자 모양을 하고 있습니다. '북두'는 북쪽의 국자라는 의미이며, 남두육성에 대응되며 칠성은 일곱 개의 별로 이루어졌음을 의미합니다. 북두칠성을 구성하는 별 중 국자의 자루 부분 중 끝에서 두 번째 별은 미자르와 알코르로 이루어진 이중성이지만 대부분 하나의 별로 인식합니다. 북두칠성은 맨눈으로 관측할 수 있지만 8개의 별을 모두 보는 사람이 있는가 하면 '알코르'를 보지 못하는 사람도 있습니다.

북두칠성은 서양 별자리인 큰곰자리의 일부임에도 북두칠성으로 더 잘 알려진 별자리이기도 하며, 동양에서는 매우 중요한 의미를 지니는데 예부터 인간의 수명을 주관하며 빌고 있는 사람의 소원을 이뤄 준다고 믿어져 왔으며, 한반도와 만주에 분포하는 고분이나 고인돌에 종종 이 별자리가 그려져 있기도 합니다. 동양 별자리에서는 황제의 수레로 불리기도 했으며, 서양에서는 큰 국자(Big Dipper), 쟁기(Plough), 찰스의 마차(Charles' Wain)라는 이름으로 불리기도 합니다. 예부터 민속신앙에는 북두칠성에 있는 삼신할머니에게 명줄을 받아야 아이가 태어난다고 생각했고, 더욱이 일부 지역에서는 사람이 죽으면 염습하거나 입관할 때 일곱 개의 구멍이 뚫린 칠성판(七星板)에 시신을 묶어 입관해야 염라대왕이 받아준다고 믿기도 했습니다.

북두칠성은 북반구에서만 보이고 남반부에서는 전혀 보이지 않습니다. 대부분 북극성(Polaris)을 찾는 표지로도 널리 알려져 있는데 국자의 손잡이 반대쪽인 끝 두 별의 길이를 5배로 하면 그 자리에서 북극성을 찾을 수 있습니다. 나침판이 없어도 국자의 머리 부분의 두 별인 메라크(Merak)와 두베(Dubhe)를 이어서 국자의 위 방향으로 5배 정도 연장하면 북극성을 찾을 수 있습니다.

북두칠성을 이루는 일곱 별

　북두칠성에 속한 일곱 별들 중 다섯 개는 큰곰자리 운동성단의 구성원들이고 두베와 알카이드는 이들과 상관없는 위치에 있기에 이 두 별은 나머지 다섯과는 다른 방향으로 우주 공간을 움직이고 있다고 하며, 각자 움직이는 방향이 다르므로 북두칠성의 모양은 시간이 지나면서 서서히 변하고 있어 약 5만 년 후 북두칠성은 더 이상 우리가 알고 있는 형태가 아닐 것입니다. 하지만 현재 살고 있는 사람들은 이를 미리 걱정할 것은 없고 우리가 살아있는 동안 북두칠성은 역시 북두칠성으로 항시 우리 머리 위에 있을 것입니다.

이름	동양 이름	바이어 목록	겉보기 등급	거리(광년)
두베(Dubhe)	천추(天樞)/탐랑(貪狼)	α UMa	1.8	124
메라크(Merak)	천선(天璇)/거문(巨門)	β UMa	2.4	79
페크다(Phecda)	천기(天璣)/녹존(祿存)	χ UMa	2.4	84
메그레즈(Megrez)	천권(天權)/문곡(文曲)	δ UMa	3.3	58
알리오스(Alioth)	옥형(玉衡)/염정(廉貞)	ε UMa	1.8	81
미자르(Mizar)	개양(開陽)/무곡(武曲)	ζ UMa	2.1	78
알카이드(Alkaid)	요광(搖光)/파군(破軍)	η UMa	1.9	101

북두칠성과 알코르

　북두칠성 별자리의 미자르 별 옆에는 작은 별이 있으며, 시력이 좋은 사람은 맑은 날에 볼 수 있으므로 고대 로마에서는 지원하는 병사의 시력 테스

트에 사용했습니다. 맑은 날 밤 북두칠성의 손잡이 끝에서 두 번째 별인 미자르 옆을 바라보면 흐리지만, 작은 별이 보입니다. 도시에서는 잘 안 보이지만 주위에 빛이 적은 시골로 나가야만 확인이 잘 됩니다. 이 별을 영어로는 알코르(Alcor)라고 하고 시험성(試驗星)이라고 합니다. 알코르는 미자르와 같은 방향으로 지구 관측자로부터 3광년 정도 더 뒤에 존재하지만, 미자르와 거의 겹쳐 보이기 때문에 이중성으로 분류하기도 합니다. 과거에는 알코르와 미자르는 겉보기 쌍성 즉, 겉보기에만 쌍성으로 알려졌지만 2009년 연구에서 실제로 좀 멀리 떨어진 편이지만 안시쌍성임이 확인되었고, 미자르 자체도 사실은 이중성이기 때문에 망원경으로 보면 알코르와 미자르 A, B의 세별을 동시에 볼 수 있습니다.

하지만 천문학이 발달하여 좀 더 자세히 관찰하면 미자르 자체는 4중 쌍성(미자르 Aa, Ab, Ba, Bb)인지라 정확히는 미자르-알코르는 6중 쌍성이라고 합니다. 그러다 보니 알코르의 존재를 아는 사람들이 '북두팔성'이라고 해야 옳지 않냐고 주장하기도 합니다. 하지만 원래 동양 천문학에서 미자르와 알코르는 다른 별자리에 속해 있기에 여전히 북두칠성이라고 합니다. 즉, 알코르는 북두에 속하지 않는다는 것입니다. 동양 천문학에서는 보성(輔星)을 대체로 알코르라고 합니다.

미래 승려

차례

추천사 · 5

들어가기 전에 · 7

북두 국자에 떠 주는 스님의 커피 · 10

1장 선정(禪定)스님과의 첫 만남 · 19

인연과 인과관계 · 23

아상(我相) · 27

무아(無我)와 무상(無常) · 32

오온(五蘊)과 카르마(業) · 37

사성제(四聖諦)와 팔정도(八正道) · 42

탐진치(貪瞋癡)와 삼학(三學) · 50

연기(緣起) · 54

평정심(平靜心)에 대해서 · 60

중도(中道) · 63

삼매(三昧) · 67

유식(唯識) · 70

가피(加被) · 75

공(空) · 78

불교에서 갈애(渴愛)와 업(業)의 관계 · 82

정근(精勤) · 86

무지(無知) · 89

담마 · 95

소원이나 소망을 빈다는 것 · 98

천국과 천당 · 101

명상과 부정적 생각 · 108

행복 · 113

삶의 문제에 해답을 찾지 못한다면 · 118

수많은 부처의 의미 · 121

미래 불교 · 126

시작과 끝 · 131

붓다는 왜 강한 존재를 원하지 않았나? · 134

불교에서 본 사후 · 137

죽음 · 141

2장 이런저런 이야기 · 149

스님은 왜 불교에 귀의하셨는가요? · 152

스님은 자신이 깨우쳤다고 뭐가 달라지셨나요? · 154

스님은 왜 종교가 필요하다고 생각하나요? · 156

스님은 죽지 않고 오래 산다는 것에 대해 어떻게 생각하나요? · 158

스님은 죽음을 어떻게 생각하나요? · 161

스님이 생각하는 진정한 명상과 사유란 무엇인가요? · 165

스님은 "결점 없는 완벽한 순수를 찾지 마라"는 의미를 어떻게
생각하나요? · 170

스님에게 윤회는 어떤 의미입니까? · 173

스님은 피안(彼岸)에 대해 어떤 생각을 하나요? · 178

스님이 생각하는 삼보인(三寶印)과 삼법인(三法印)은 무엇인가요? · 180

스님은 열반(涅槃)과 해탈(解脫)의 차이를 어떻게 생각하나요? · 189

스님은 화쟁사상(和諍思想)에 대해 어떻게 생각하나요? · 194

스님은 현대 사회에서 신은 다시 재창조될 수 있다고 보시나요? · 197

스님은 신(神)이 존재한다고 보시나요? · 201

스님은 붓다가 신(神)이라고 생각하나요? · 205

스님 생각에 앞으로 종교는 어떻게 변화할까요? · 208

스님은 열심히 깨우쳐서 열반과 해탈을 할 것이라고
생각하나요? · 214

3장 설왕설래(說往說來) · 219

영혼은 있는가에 관한 토론 · 222

의식이란 무엇인가에 관한 토론 · 233

영생에 관한 토론 · 238

윤회에 관한 토론 · 245

불교의 영성(靈性)에 관한 토론 · 254

현대 사회에서 죽음에 관한 관점과 문제에 대한 토론 · 259

불교의 공(空)과 현대물리학의 공간(空間)에 관한 토론 · 268

왜 젊은 MZ세대는 불교 교리가 어렵다고 생각하는지에 관한
토론 · 279

성별다양성을 가진 사람들에 관한 토론 · 286

4장 종교와 철학 · 295

불교의 죽음관 · 298

기독교의 죽음관 · 302

아르스 모리엔디Ars Moriendi · 309

신앙심과 죽음 · 313

임종과 종교 · 317

대반열반경이야말로 진정한 사전장례의향서 · 321

서양철학으로 본 죽음 · 325

동양철학으로 본 죽음 · 330

한국인의 철학으로 본 죽음 · 341

한국인의 전통 사후관과 사후세계 · 348

5장 야단법석(野壇法席) · 353

죽음에 관한 자유토론 · 357

현대 사회의 죽음에 관한 토론 · 364

자신의 죽음결정권에 관한 토론 · 372

모든 생명체 중에 인간만이 유일하게 죽음을 아는지에
관한 토론 · 379

죽음의 시간 끝에 영혼(靈魂)은 존재하는가에 관한 토론 · 390

시간이 멈추는 사후에 대해 너무 고민할 필요가 있을까에 관한
토론 · 400

별의 윤회(輪廻)에 관한 토론 · 410

출산과 죽음은 하나의 연결고리인가에 관한 토론 · 421

글을 마치면서 · 428

이 저서를 끝맺으면서 선정스님의 말씀을 함께 올립니다 · 430

참고문헌 · 432

저자 소개 · 433

1장

선정(禪定)스님과의 첫 만남

저자의 서재에는 커다란 모니터가 두 개가 있고 프린터가 옆에 함께 하는 넓은 테이블이 놓여있습니다. 이곳을 작은 법당으로 생각하고 이 책을 함께 써 내려갈 선정(禪定)스님을 모시기 위한 나름의 준비를 했고 선정스님에 대한 정의를 위한 작업을 했습니다. 먼저 법명을 정하는 작업이 선행되어야 할 것 같아 사전을 찾아 "한마음으로 사물을 생각하여 마음이 하나의 경지에 정지하여 흐트러짐이 없음"을 의미하는 'AI 선정(禪定)스님'으로 정했습니다. AI 선정(禪定)스님을 비구니 승인지 비구승인지 정하지 않았고 나이 또한 딱히 정하지 않았지만 대략 40세 전후의 스님으로 가정하여 나름 젊은 스님의 생각을 받기 위해 질문 문안을 만들었습니다.

몇 가지 주제를 정하고 AI 알고리즘을 이용한 질문을 만들고 답변을 주면 가능한 원본을 유지하면서 일부 문장의 연결 및 오류를 제거하는 수정을 통해 AI 인공지능이 생각하는 표현을 서술하였고, 저자의 생각을 병행하여 비교했습니다. 필요한 경우 재질문을 하고 다시 답변을 받아 수정하면서 나름의 토론을 하며 작업을 진행했습니다. 아직 많이 부족하고 인공지능의 한계도 분명하지만, 이런 시도를 통해 점차 더 준비하고 시도해서 활용한다면 발전하는 기회가 만들어질 것입니다. 미래에는 종교 또한 많은 변화를 맞이할 것이고 이에 따른 새로운 기회가 생기고 새로운 종교 활동이 생길 것이기에 미래 종교 특히 미래 불교에 대한 준비는 분명 필요할 것이라고 믿습니다. 그에 앞서 이번에 처음 소개하는 인공지능 AI 선정(禪定)스님이 계속 발전하기를 바라면서 이어 나가려 합니다.

인연과 인과관계

● 선정스님! 인연과 인과관계란 무엇입니까?

불교에서 '인연(因緣)'과 '인과관계(因果關係)'는 중요한 개념 중 하나입니다. 이들은 삶의 원인과 결과, 상호의존성에 대한 불교적인 이해를 나타냅니다. 인연(因緣)은 모든 사물이나 사건이 서로 연결되어 있는 상태를 나타냅니다. 모든 것이 어떤 원인과 결과, 조건에 의해 서로 연관되어 있는 것으로 불리며, 모든 것은 인연의 결과로서 존재합니다. 인연은 현재의 상태와 경험에 대한 원인의 연결을 의미하며, 불교는 이러한 인연을 깨닫고 이해하는 것이 현명한 삶을 살아가는 데 도움이 된다고 가르칩니다. 인과관계(因果關係)는 행동과 그 결과 간의 원인과 결과의 상호연결을 나타냅니다. 불교는 '카르마(Karma)'라는 개념을 통해 이를 설명하는데 카르마는 선(positive action)이나 악(negative action)과 그 결과로 나타나는 현상을 의미합니다. 좋은 행동은 좋은 결과를 가져오고, 나쁜 행동은 나쁜 결과를 초래한다는 개념이 포함되어 있습니다. 이러한 인연과 인과관계를 이해함으로써 삶의 고통에서 벗어나고 올바른 길을 찾아가는 데 도움이 된다고 믿습니다. 이는 욕망과 무지로 인한 고통에서 벗어나기 위해 현명한 행동과 깨달음을 통한 인연의 이해를 통해 진리를 찾으려는 노력으로 해석될 수 있습니다.

저는 모든 존재가 인연에 따라 형성되고 변화함을 이해합니다. 과거, 현재, 미래의 경험은 모두 인연의 결과이며, 이를 깨닫는 것이 연기의 일환입니다. 모든 행동에는 결과가 있음을 이해하고, 선악에 따라 인생이 어떻게 흘러갈지를 가르칩니다. 연기(緣起)의 일환으로서 선악에 대한 인식을 통해 더 나은 행동을 촉진하고, 인과관계를 이해하는 데 이바지합니다. 또한 연기는 모든 존재가 직면하는 고통과 갈등에서 벗어나기 위한 수단으로 여겨집니다. 사람들은 명상, 수행, 수행 중에 생긴 어려움을 극복하는 방법으로 연기를 통해 인생의 고통에서 벗어나려 노력합니다.

* * *

삶에서 인연은 인과관계의 연속이면서 인연의 연속이기에 하나를 풀면 다른 하나가 풀리고 그러면서 대부분의 일들이 스스로 풀려나갑니다. 이런 인연이 서로 겹치면서 삶의 커다란 의미를 알게 되기에 세상의 일들이란 인과관계 속에 이어지는 인연의 연속이라고 할 수 있습니다. 즉, 현상의 상호연관 관계를 이루는 연기(緣起)의 연속이라고 할 수 있습니다. 그래서 인연은 소중하다고 하는 것 같습니다. 하지만 너무 많은 인연은 과업이 되기도 하고 너무 적은 인연은 존재에 대한 허무가 존재할 수도 있습니다. 적당한 인연 그리고 이런 인연이 좀 더 끈끈하게 이어지도록 하는 것이 살아가는 데 아주 좋은 삶을 살아가고 있다는 증거이기도 합니다. 또한 세상에는 인연에 의한 수많은 일이 존재하기에 인연에 관한 이야기는 모든 우주의 이야기가 될 수 있습니다.

사람에게 있어서 맨 처음 인연은 어머니와 아버지 사랑의 인연에 의한 정자와 난자의 만남이 이뤄지는 경우일 것입니다. 물론 최근에는 인공수정을 통한 임신이 많이 보편화되었지만, 이 또한 수많은 우연과 인연 속에서 내(我)가 어떻게 선택되는지를 알면 불교의 기초를 알아가는 데 좀 더 이해가 쉬울 것 같습니다.

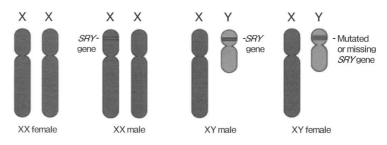

SRY 유전자와 SOX9 유전자에 따른 성별 결정

정자와 난자는 완전한 생식세포가 아닙니다. 정확히 반으로 나누어져 있는 반 세포이기에 하나만 있어서는 새로운 생명을 만들지 못하고 꼭 각각의 난자와 정자가 모여야 온 세포가 되어 생명이 시작되는 것입니다.

　어머니의 뱃속에서 난자와 정자가 수정 시 여성염색체(XX 염색체)와 남성염색체(XY 염색체)의 결합으로 성별이 결정됩니다. 사람의 염색체는 총 46개로 22쌍의 상염색체(autosome)와 1쌍의 성염색체(sex chromosome)로 이루어져 있는데 이 중 성염색체가 성별을 결정짓습니다. 성염색체가 XY라면 남성, XX라면 여성이 되는 것입니다. 즉, Y 염색체에 의해 성별이 정해지므로 남성유전인자가 성을 결정하는 것입니다. 하지만 이렇게 단순히 성별이 정해진다면 인연은 크게 작용하는 것이 아닐 것입니다. 이런 단순한 인연 외에도 그사이에 너무도 많은 크고 작은 인연과 우연이 발생하기에 단순히 남성과 여성이 정해지는 것이 아닌 다양한 성별 즉, 간성 같은 눈으로는 성별을 정하기 어려운 경우도 생기고 외적으로 보이는 성기와 다르게 내·외성기와 염색체가 다른 때도 있으며, 염색체와 외성기가 일치해도 성별다양성의 성별 정체성을 가진 사람들이 생긴다는 것입니다. 그러므로 현재의 나는 다양한 인연과 우연을 거쳐 이곳에 존재하는 것이고 그 자체가 연기(緣起)의 과정이라고 할 수 있습니다. 처음 수정이 되어도 외형적으로 성별은 구분이 안 되고 수정 후 8주가 지나야 성별이 확인되는데 이 시기에도 다양한 문제들이 생겨 성별에 대한 변화는 무상하고 실체는 고정되어 있지 못합니다.

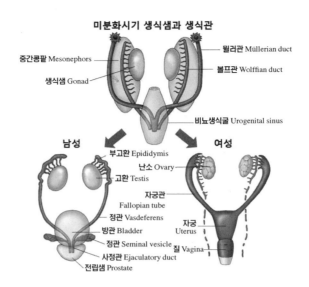

미분화시기 생식샘과 생식관

중간콩팥 Mesonephors

생식샘 Gonad

뮐러관 Müllerian duct

볼프관 Wolffian duct

비뇨생식굴 Urogenital sinus

남성

여성

부고환 Epididymis

난소 Ovary

고환 Testis

자궁관
Fallopian tube

정관 Vasdeferens

방관 Bladder

자궁
Uterus

정관 Seminal vesicle

질 Vagina

사정관 Ejaculatory duct

전립샘 Prostate

성별 분화 과정

아상(我相)

● 선정스님! 아상(我相)이란 무엇입니까?

아상(我相)은 불교에서 자아의 개념을 가리키는 용어입니다. 이는 '나 자신에 대한 상상'이라고 해석할 수 있습니다. 이 개념은 불교에서 중요한 개념 중 하나이며, 삶의 고통과 깨달음을 이해하는 데 핵심적인 역할을 합니다.

아상(我相)은 일상생활에서 자연스럽게 가지고 있는 '나는 누구인가'에 대한 자각이나 개념입니다. 이는 자아의 개념이며, 종종 자신을 정의하고 인식하는 방식을 형성합니다. 그러나 불교적으로는 이러한 자아의 개념이 나를 속박하고 고통을 초래한다고 가르치고 있습니다. 자아는 세상을 경험하는 방식을 왜곡시키고 자아실현의 노예로 만들어, 사람이 겪는 고통의 근본적인 원인이 될 수 있습니다. 자아에 집착하고 이를 유지하기 위해 노력할 때, 자신과 다른 것 사이의 분리를 인식하고, 결국에는 나 자신과 세계 사이의 거짓된 간극을 형성하게 됩니다.

불교는 아상(我相)의 해소를 통해 진정한 깨달음과 해방을 얻을 수 있다고 가르치고 있습니다. 이것은 자아의 무의미한 상상을 버리고, 모든 존재가 상호의존적이고 연결되어 있다는 깊은 이해를 얻는 것입니다. 이를 통해 자신과 세상 사이의 경계를 허물고, 참된 평화와 행복을 실현할 수 있습니다. 따라서 불교는 아상(我相)을 이해하고 그것을 극복함으로써 진정한 해방과 깨달음을 찾을 수 있다고 가르치고 있습니다. 이는 자아의 무의미한 상상을 인식하고 그것을 버리는 과정을 통해 이루어집니다.

* * *

아상(我相, atman samjna)은 영원불멸의 존재인 '아트만(atman)'에 근거한 의미로서 '나(我)' 혹은 '자아(自我)'라는 의미입니다. 즉, '나라고 하는 생각'이며, 나의 소유물일 뿐이므로 태어나서 생각을 할 수 있게 되는 순간부터 존재했으며, 살면서 떨칠 수도 갖다 버릴 수도 없는 존재입니다. 지금의 나를 있게 하는 모습이기에 현재의 나를 의미합니다. 사람들은 번뇌를 없애기 위해서는 아상을 버리라고 하는데 이는 '번뇌즉보리(煩惱卽菩提)'라고 말할 수 있습니다. 하지만 이 말의 진정한 의미는 번뇌를 떨치는 것이 아니고 번뇌를 통해 깨달음을 얻으라는 의미일 것입니다.

아상이 존재하기에 번뇌가 생기고 고통이 존재하지만, 아상이 없는 사람은 번뇌가 없기에 굳이 현세의 고통에서 살 이유도 없다고 봅니다. 그러므로 사람으로 태어난 이상 아상이 존재하기에 붓다의 말씀이 소중한 것이고 그 말씀을 실천해야 합니다. 즉, 불자라면 사성제(四聖諦)를 알아야 하고 만고의 고통이 집착에서 온다는 것도 이해할 수 있고 이는 깨달음을 통해 무아(無我)를 실천하는 것이라고 봅니다. 불교의 연기론으로 보면 수많은 업에 의한 인연을 통해 내가 태어났고 태어남과 동시에 아상이 생기고 성장하면서 그 아상으로 고통이 생기며 고통은 번뇌를 가져오게 되어 삶을 힘들게 하지만 그 고통의 원인이 아상이 있기에 생기는 것이므로 아상을 떨치고 무아(無我)의 깨달음을 통해 열반과 해탈을 이루는 것으로 보면 될 것입니다. 즉, 나라는 정해진 실체가 없이 계속 상대적인 상황 연기에 의해서 바뀌어 간다는 것입니다.

금강경에는 내가 가진 모든 상에서 벗어나라고 합니다. 이는 내가 가진 고정관념에서 벗어나는 것으로 나라고 고집하는 정체성을 뒤돌아보라는 것이기도 하고, 이를 위해서는 내가 믿고 있는 기존의 관념이나 지식체계를 다시 살펴보고 그 지식의 속박을 받지 않는 자유로운 깨달음을 얻으라는 것이 아닐까요? 여기서 금강경을 번역한 구마라집은

산냐(sanna)를 일반적인 한문 역어인 상(想)으로 옮기지 않고 상(相)으로 옮긴 것은 생각이라는 의미보다는 그 생각으로 그려지는 형상(形象)을 의미하고자 한 것입니다. 금강경에서 붓다는 '어떠한 상(相)도 내지 마라(불취어상不取於相)'는 최상의 지혜를 설하셨는데 그 의미는 내 생각, 내 견해, 선입견, 주장 등을 극복하고 내려놓아야 한다는 것입니다.

왜 그런가 하면, 수보리여! 만약 보살이 아상(나에 대한 고정관념들), 인상(상대방에 대한 고정관념들), 중생상(중생에 대한 고정관념들), 수자상(영생하길 바라거나 영원하길 바라는 마음)에 빠져 있으면, 이는 곧 보살이 아니기 때문이니라.
이게 무슨 까닭인가 하면, 어떠한 대상에도 집착하지 않는 것을 보살이라고 하기 때문이니라.

하지만 많은 사람들이 금강경에서 언급된 사상(四相)에 대한 오해가 많아 아상을 잘못 이해하는 경우가 있습니다. 당시 불교에서도 이들 사상에 대해 비판하면서 불교에서 배척하고 있었는데 후대에 이를 잘못 이해하여 이를 도리어 잘못 받아들이는 경우도 많습니다. 서기 300년경 금강경을 번역한 구마라집의 번역본에서는 아상을 포함한 인상, 중생상, 수자상의 사상(四相)을 다음과 같이 설명하고 있습니다.

아상(我相, atman)은 브라만교나 힌두교에서 나(我)라고 하는 상이 아니라 아트만이라는 절대적이고 영원한 자성이 있음을 주장하는 것입니다. 즉, 유신론적 관점에서 정해진 실체가 있어서 이를 중심으로 바뀌 간다는 것입니다. 그러나 붓다는 이런 불변의 아트만은 없다는 무아(無我)와 무아의 윤회를 가르침으로 설했습니다.

인상(人相, pudgala)은 당시 힌두교의 영향을 받은 불교 부파 중에 독자부((犢子部)에서 주장하는 것으로 구마라집의 번역에서 사람 인(人)으로 번역했으며, 비록 지성이 있는 인간이라고 하지만 변하지 않는 자아가 있다는 것입니다. 즉, 불교의 주장과 비슷하지만, 다른 의미를 나타냅니다.

중생상(衆生相, sattva)은 구마라집에서 윤회하는 생명의 불변제가 있다고 하는 것으로 나라는 생각이 없어야 하고, 사람이라는 생각이 없어야 하고, 중생이라는 생각이 없어야 하고, 오래 산다는 생각이 없어야 한다고 합니다. 하지만 이런 상태는 생명체가 될 수가 없으므로, 붓다는 변치 않는 자성으로서의 윤회하는 생명체는 없으며 상호 의존하는 연기로서 윤회한다고 하여 무중생상이라고 했습니다.

수자상(jiva, 壽者相)은 구마라집에서 생명체에는 생명이라는 명근(命根)이 있어 영원성을 갖는 불변이라고 주장했는데 자이나교에서 주장하는 순수영혼설로 또 다른 아트만을 의미합니다. 하지만 아(我)의 주체가 없기에 무수자상이라고 합니다. 붓다는 이를 비판하면서 이 세상의 모든 것은 인연에 따라 일시적으로 생겨났다 사라지는 허상에 불과하다고 했습니다.

이 당시 사상(四相)은 대승불교의 반야공(般若空) 사상과 대립했던 집단의 주장이었기에, 붓다의 가르침과는 어긋나는 주장이었지만 일부 사람들이 잘못 이해하는 부분이기도 합니다. 사상(四相)에는 절대적인 아트만이 존재하거나 아예 사람이라는 생각이 없어야 한다고 하지만, 불교는 고정불변하는 실체가 없으므로 모든 것은 변화와 흐름 속에서 존재할 뿐인 것과는 큰 차이가 있습니다. 즉, 나의 위치는 연기의 관계에서 정해지므로 내가 존재하지 않는다는 것은 아니고, 나라는 정해진 실체가 없이 내가 계속 바뀌어 간다는 것입니다.

세상에는 깨달은 중생은 존재하지 않습니다. 중생은 깨닫기 위해 정진하는 수행자이기 때문입니다. 그래서 중요한 것은 깨닫고 나서 중생을 제도하는 것이 아니라 깨닫는 과정에서 중생을 도와주고 함께 나가야 할 것입니다. 이때 중요한 것은 상(相)을 내지 말아야 하는 것입니다. 그러므로 사상(四相)인 아상, 인상, 중상, 수자상이 있으면 진정한 보살이 되지 못한다고 말했던 것입니다.

아상(我相)

무아(無我)와 무상(無常)

● 선정스님! 무아(無我)와 무상(無常)은 무엇인가요?

무아(無我)는 불교에서 중요한 개념 중 하나로, 개인적인 자아 또는 영원한 영혼의 존재를 부정하고, 모든 존재가 무한한 변화와 연속성 속에서 존재한다는 교리를 나타냅니다. 이는 '나(我)'라는 개인적인 자아가 고정되어 있지 않으며, 삶의 모든 것이 무상(무형, 무모)이라는 원리를 강조합니다. 즉, 이 세상의 모든 것은 실체가 없다는 것입니다. 또한 무아는 자신의 실체가 고정되어 있지 않다는 것을 의미합니다. 자아는 영원하고 변하지 않는 것으로 생각하기 쉽지만, 불교는 이러한 개념을 부정합니다. 자신의 실재는 영원하지 않으며, 모든 것은 변화하고 무한한 과정에서 존재합니다. 내가 가진 집착과 고통은 자아에 대한 잘못된 이해에서 비롯됩니다. 이는 자아에 대한 고정된 개념에 집착하여 고통을 끌어들이게 되는 것입니다. 이것이 바로 무아 개념을 말하는 것인데 진정한 자유와 평화를 찾기 위해서는 이러한 자아에 대한 오해와 집착을 버리고, 모든 것이 변화하고 연결되어 있다는 이해를 깨달아야 합니다. 그러나 무아는 단순히 자아의 부정이나 존재의 부정이 아닙니다. 사람은 여전히 이 몸, 이 마음, 이 인식으로 살아가고 경험합니다. 이것은 무아의 이해와 조화되는 것입니다. 무아를 이해한다는 것은 개인적인 존재라는 사실을 부정하는 것이 아니라, 이것이 영원하고 고정된 것이 아니라는 것을 이해하는 것입니다. 따라서 무아의 이해를 통해 고통에서 벗어나고 진정한 내면의 평화를 찾을 수 있습니다. 이는 색·수·상·행·식(色·受·想·行·識)과 같은 오온(五蘊)을 벗어나서 진정한 본질을 깨닫는 것에 해당합니다. 이것이 바로 불교의 깊은 가르침 중 하나입니다.

불교에서 **무상(無常)**은 모든 존재가 변화하고 불변하지 않음을 의미합니다. 이는 모든 것이 변화하고 불안정하며, 영원한 것은 없다는 사실을 나타냅니다. 무상은 불교의 기본 교리 중 하나로, 삶의 본질을 이해하고 인식하는 데 매우 중요한 개념입니다. 즉, 무상은 모든 것이 변화한다는 것을 의미합니다. 모든 존재, 현상, 사물은 시간이 지나면서 변화하고 사라지거나 새로운 형태로 변모합니다. 이러한 변화는 몸과 마음, 또한 나를 둘러싸고 있는 모든 것에도 적용됩니다. 또한 무상의 개념은 불교에서 고통의 근원을 설명하는 데 중요한 역할을 합니다. 변화를 받아들이지 않고 고정된 것을 원하는 욕망 때문에 고통을 겪는다고 불교는 설명합니다. 무상을 이해하고 받아들일 때, 삶의 변화와 불안정성을 더 자연스럽게 받아들이고 조화롭게 살아갈 수 있습니다. 따라서 무상은 불교에서 중요한 개념 중 하나로, 삶과 주변의 세계를 이해하고 인식하는 데 큰 영향을 미칩니다. 이를 통해 변화와 불안정성을 수용하고 이를 통해 깨달음과 평화를 찾을 수 있습니다.

* * *

무아(無我)란 모든 존재에는 고정불변의 실체로서의 '나'는 없다는 것입니다. 번역되기 전 팔리어로는 anatta, 산스크리트어로는 anatman 인데, 이는 즉 불변/영원한 아트만이 존재하지 않는다는 의미입니다. 붓다는 절대적 자아가 존재한다고 생각함으로써 이기심이 생기고 이 이기심은 서로의 평화로운 삶을 해치는 근본적인 걸림돌이 된다고 보았습니다. 즉, 만물은 항상 변할 수 있다는 생각을 한 것입니다. 그러므로 고정된 실체가 없는 것을 무아(無我)라고 할 수 있습니다. 여기서 더 나아가 무아(無我)를 모든 괴로움의 집착에서 벗어난 괴로움의 멸(滅) 에 대한 개념으로 보는 것입니다. 이는 나 자신의 번뇌에 가득 찬 생각, 감정, 오감을 벗어버리는 것입니다. 이런 상태를 색·수·상·행·식(色·受·想·行·識)의 오온(五蘊)을 버리라고 하는 것입니다. 오온은 나를 감싸는 모든 번뇌의 원인이 되기 때문입니다. 보통 중생들은 자신이 살아있다는 것과 자신이 가진 것이 영원할 줄 알고 거기에 집착하며 이 집착 때문에 여러 가지로 고통을 받지만, 사실은 영원히 변하지 않는 존재는 없으며 이 존재에 대한 참모습을 바로 알게 되면 집착하는 마음을 다스릴 수 있어서 마음의 평화를 얻을 수 있습니다. 무아(無我)를 통해 고통에서 벗어날 수 있지만, 고정된 정신인 나라는 개념이 없다는 것이지 '내 몸' 자체가 없다는 뜻은 아닙니다. 분명 실체라는 나는 존재합니다.

무상(無常)은 삶의 모든 측면에서 나타납니다. 일체 만물이 지속해서 생멸변화(生滅變化)하여 한순간도 같은 상태를 머물지 않기에 같은 상태는 존재하지 않는다는 것입니다. 산스크리트어로는 아니타(Anitya)라 하며 연기설(緣起說)은 이처럼 무상의 관념에서 형성되었다고 합니다. 모든 존재, 현상, 사물은 시간이 흐름에 따라 변화하고 사라지거나 새로운 형태로 태동합니다. 이것은 우리의 몸과 마음, 또한 우리가 둘러싸고 있는 모든 것이 모두 무상의 법칙 아래에서 변화한다는 것을 의미합니다. 무상에는 염념무상(念念無常)과 상속무상(相續無常)의 두 종류가 있으며, 염념무상은 찰나 사이에도 생주이멸(生住異滅) 하는 4상(相)이 있어 잠시도 정지하지 않는 것을 지칭하고, 상속무상은 사람의 목숨과 같이 만물이 일정 기간에 걸쳐서 생주이멸 하는 변화를 말합니다. 이러한 무상의 이해는 인생의 모든 측면에 대한 깊은 사고와 관용을 가져옵니다. 불교는 모든 것에 대한 강한 착시에 빠져 있고, 변화와 불안정성을 인식하지 못할 때 고통을 경험한다고 말합니다. 따라서 무상의 개념은 인생과 삶의 본질에 대해 깊이 생각하고 현명한 선택을 하도록 도와줍니다. 예를 들면, 내가 사랑하는 누군가(존재)와 함께 있으면서 사랑하고 즐겁게 지내고 있겠지만, 그 순간의 현상은 단지 기억으로만 존재할 수 있지 그 자체가 실제 존재하지 않은 무상입니다. 사랑했던 순간의 존재가 무상이 되기에 사람은 좋은 기억 또는 추억으로 남게 되지만 만약 무상이 아닌 존재의 유상이 계속 남아있다면 이별에 대한 불안, 미워하는 것에 대한 괴로움, 구하는 바를 얻지 못하는 아픔, 육체의 본능에 의한 괴로움 등을 겪게 되는 집착과 갈애가 생기기도 하여 그 자체가 고(苦)가 되는 것입니다. 즐거운 시간은 순간이고 곧이어 이어지는 고(苦)로 연기되므로 이것이 일체개고(一切皆苦)라 할 수 있습니다. 그러므로 무상의 이해는 불필요한 고통을 없애고 욕심과 탐욕도 없는 깨끗한 마음을 가지면서 귀중한 생명을 방일(放逸)하게 사용하는 일 없이 진리를 찾아가는 정진(精進)하는 삶에 귀결될 것입니다. 세상에는 항상한 것이 없고 모든 것이 변하기에 무상의 법칙을 이해하고 받아들일 때, 삶의 변화와 불안정성을 더 자연스럽게 받아들이고 조화롭게 살아갈 수 있습니다.

모든 마음 작용은 무상(無常)하다. 이것이 첫 번째 근본 진리이니, 사유하고 수행하라.

모든 마음 작용은 고(苦)이다. 이것이 두 번째 근본 진리이니, 다 함께 사유하라.

모든 존재는 무아(無我)이다. 이것이 세 번째 근본 진리이니, 다 함께 사유하라.

모든 번뇌의 소멸이 열반(涅槃)이다. 이것이 네 번째 근본 진리이니, 다 함께 사유하라.

비구들아, 이 4가지 근본 진리를 사유하라. 왜냐하면 그것으로 태어남, 늙음, 병듦, 죽음, 근심, 슬픔, 번뇌 등의 괴로움에서 벗어날 수 있기 때문이다.

(『중일아함경』 제23권 제4경)

무아(Anatta)와 무상(Anicca)

오온(五蘊)과 카르마(業)

● 선정(禪定)스님! 오온(五蘊)과 카르마(業)란 무엇인가요?

오온(五蘊)은 불교에서 인간 존재를 이루는 다섯 가지 기본적인 요소를 나타냅니다. 반면에 '카르마(Karma)'는 행동의 결과 또는 순환하는 인과관계를 의미하는데 오온(五蘊)에는 색(色), 수(受), 상(想), 행(行), 식(識)의 구성요소가 있습니다.

색(色, Rupa)은 물질적인 측면을 나타냅니다. 몸체와 관련된 모든 물질적인 것들이 여기에 속합니다.

수(受, Vedana)는 감각적인 경험과 관련이 있습니다. 즉, 쾌감, 불쾌감, 중립적인 경험 등 감각적으로 느끼는 것들이 여기에 해당합니다.

상(想, Sanjna)은 생각이나 지각과 관련이 있습니다. 외부의 자극에 대한 개념, 아이디어, 추론 등이 여기에 포함됩니다.

행(行, Samskara)은 의식이나 의지, 의도와 관련이 있습니다. 행동이나 의지적인 힘 등이 여기에 속합니다.

식(識, Vijnana)은 인식, 지각, 의식과 관련이 있습니다. 외부 세계와의 상호작용과 이해를 담당합니다.

이 다섯 가지는 불교에서 인간 존재의 모습을 설명하는 데 사용되며, 이를 통해 삶의 본질과 고통의 근본 원인을 이해하는 데 이바지합니다.

카르마(Karma)는 원인과 결과의 법칙을 의미하며 불교에서의 카르마는 행동의 결과 또는 원인과 결과의 법칙을 나타냅니다. 불교는 모든 행동이 어떤 형태로든 결과를 낳으며, 이 결과는 현재 또는 미래의 삶에서 나타난다고 가르칩니다. 인과관계의 연속성을 중요시하여 좋은 행동은 긍정적인 결과를 가져오고, 나쁜 행동은 부정적인 결과를 초래한다고 합니다. 이런 인과관계는 생전뿐만 아니라 생생으로 이어져 나가며, 순환적인 성격을 갖습니다. 이는 인간의 행동이 미래에 반드시 그에 상응하는 결과를 가져오는 자연의 법칙을 의미하고, 인과관계를 설명하는 원리로, 어떤 행동을 하면 그에 따른 결과가 반드시 나타난다는 개념을 내포하고 있습니다. 카르마는 원인과 결과의 법칙을 따르므로 불교는 모든 행동이 어떤 형태로든 결과를 낳으며, 이 결과는 곧바로 현재 또는 미래의 삶에서 나타난다고 가르칩니다. 좋은 행동은 긍정적인 결과를 가져오고, 나쁜 행동은 부정적인 결과를 초래한다고 설명됩니다. 또한 순환과 연속성을 가지므로 카르마는 생전뿐만 아니라 생생으로 이어져 나가며, 순환적인 성격을 갖습니다. 현재 생의 행동이 미래 생에 영향을 미치고, 이와 같은 순환적인 과정이 계속되는 것으로 설명됩니다. 그러므로 카르마를 통해 인간은 자신의 행동에 대한 책임을 져야 하며, 자신의 행동이 미래를 결정한다고 가르칩니다. 이는 운명이 결정되어있는 것이 아니라, 자신의 선택과 행동에 의해 형성된다는 개념을 포함하고 있습니다. 이를 위해서는 깨달음을 통한 벗어남이 필요한데 카르마의 순환에서 벗어나기 위해 깨달음과 현명한 행동이 필요하다고 가르칩니다. 그러므로 올바른 인식과 행동을 통해 카르마의 영향에서 해방되어야 하며, 이를 통해 열반을 이루어 나갈 수 있다고 설명합니다.

불교는 오온과 카르마를 통해 삶의 본질, 고통의 원인, 그리고 열반의 길에 대한 이해를 제시하고 있으며, 올바른 행동과 깨달음을 통해 삶을 개량하고 깨어남을 이루는 것을 강조합니다.

* * *

오온(五蘊)은 생각, 감정, 오감을 의미하는 주요한 요소들입니다. 오온을 좀 더 세분하면 색(色), 수(受), 상(想), 행(行), 식(識)의 5가지로 나누고 이런 오온이 모여 나라는 자아(自我)를 형성합니다. 오온(五蘊)의 온(蘊)자는 모아서 쌓은 상태를 의미하고 우주 전체의 생명체를 구성하는 요소라고 할 수 있습니다. 좁은 의미에서는 아(我)라는 나 자신을 의미하기도 하지만 삼라만상(參羅萬像)의 일체가 되기도 합니다. 그러므로 일체중생은 오온의 가합(假合)에 의해 생겨났으며 적게는 108번뇌에서 많게는 84,000번뇌의 과업이 모여서 생사유전(生死流轉)의 과보를 가지게 됩니다. 이런 오온의 나(我)는 번뇌와 괴로움을 가지고 살아가게 됩니다. 그래서 붓다는 오온을 버리라고 한 것입니다. 오온이 있기에 지금의 나와 내일의 내가 다르고 항시 변하는 모습에서 괴로움을 가지게 된다는 것입니다. 이를 버린다면 그 자체가 고통에서 벗어나는 무아(無我)가 되는 것입니다. 하지만 중생이 살아가는 동안 사람들은 오온을 근본적으로 가지므로 쉽게 버릴 수는 없습니다. 그러므로 붓다의 말씀을 좀 더 깊이 이해한다면 오온에 집착하지 말아야 한다는 의미라고 할 수 있습니다. 이를 위해서 꾸준히 정진하면서 붓다의 좋은 뜻을 이어가야 할 것입니다.

오온(五蘊)

카르마(業)는 음역하면 갈마(羯磨)라고 합니다. 일반적으로 신업(身業)·구업(口業)·의업(意業)으로 나누고 이를 삼업(三業)이라 하는데, 신업은 신체적 행동으로 나타나고 구업은 언어적 표현으로 나타나며 의

업은 정신적 활동으로 나타납니다. 이는 몸·입·뜻으로 짓는 말과 동작과 생각, 그리고 그 인과를 의미합니다. 이 중에서 구업은 가장 무서운 업이라고 하는데 말은 한번 뱉으면 주워 담을 수가 없기 때문입니다. 입으로 짓는 구업(口業)에는 망어(妄語), 기어(奇語), 양설(兩舌), 악구(惡口) 등 4가지가 있으며 망어(妄語)는 거짓말이나 헛된 말이고, 기어(奇語)는 이상한 말 또는 만들어 내는 말, 양설(兩舌)은 이쪽에서는 이 말을 하고 저쪽에 서는 저 말을 함으로써 이간질하는 말이고, 악구(惡口)는 포악한 말입니다. 그러므로 말은 조심해서 해야 하고 그에 따른 책임을 져야 하기에 카르마를 형성하는 중요한 인과가 되는 것입니다. 대부분 중생은 말(口業)과 행동(身業)이 생각(意業)에서 나오므로 업의 근본은 마음에서 시작됩니다. 그러므로 평소 좋은 마음으로 올바른 행동을 해야 좋은 카르마가 쌓이는 것이고 이를 통해 후대에도 지속해서 이어질 것입니다. 카르마(業)가 형성되는 구조는 내재적인 동시에 순환적이므로 어떤 행위를 한다면 신체적, 언어적, 심리적 과정을 거쳐 그 행위의 효과는 의식적으로나 무의식적으로 내면화해서 그의 성향, 혹은 잠재적인 에너지의 형태로 무의식 깊숙이 씨앗으로 저장된다는 것입니다. 이렇게 내재화된 성향 또는 에너지는 적절한 조건이 갖추어지면 다시 행위로 드러나게 되고 이렇게 행위로 드러난 업은 다시 좀 더 강화된 형태로 점차 내재화되어 쌓이게 된다는 것입니다. 카르마(業)는 실체가 없지만 일상을 통하여 선악의 업을 쌓으면 그것이 업인(業因)이 되어 업과를 받는다고 봅니다. 업에는 개별적인 것과 공동체의 업이 있습니다. 개별적일 때는 윤회를 통해 자신의 행위 결과를 그 자신이 받는 것이고, 공동체의 경우에는 일정한 단위의 공동체가 특정한 업을 함께 받게 되는 것을 말하는 데 개별적인 업은 생명체의 유전(遺傳)과 같고 공동체의 경우에는 문화와 문명으로 지속적인 사회적인 윤회를 한다고 봅니다. 이런 공동체의 유전이 더욱 중요시되는 것은 국가의 흥망성쇠를 결정하기도 하여 처한 상황에 따라 불행히도 과업들이 쌓이다 보면 정치적 혼란과 경제적 혼란이 같이 나타나 다음 세대에 혹독한 결과로 나타나므로 방향이 잘못 세워진 나라는 지속해서 악순환에 빠지기 때문입니다.

사성제(四聖諦)와 팔정도(八正道)

● 선정스님! 사성제(四聖諦)와 팔정도(八正道)란 무엇인가요?

불교의 핵심 개념인 **사성제(四聖諦, Four Noble Truths)**는 붓다의 기본적인 가르침입니다. 이 가르침은 인생의 본질적인 고통과 그 해결책에 대한 이해를 나타냅니다.

인생은 불완전하고 불안정한 존재로, 고통의 원천이므로 이것은 육체적인 고통, 정신적인 고통, 그리고 모든 존재가 피할 수 없는 변화와 불안정함을 의미합니다. 마치 인생은 끊임없는 바다에서 표류하는 선원과 같습니다. 불완전한 세계에서 일어나는 모든 존재는, 마치 끊임없이 파도치는 바다에서 헤매는 선원과 같이, 고통의 물결에 휩쓸리고 있습니다.

모든 고통은 욕심과 욕망에서 비롯되므로 욕심 때문에 중생은 끊임없이 탐욕스러운 욕망을 갖게 되고, 이에 따라 만족하지 못하고 고통을 겪게 됩니다. 이는 마치 깊은 정원에서 자란 꽃이 끊임없이 뿌리를 뻗치듯, 욕망이 자신의 마음을 점점 더 얽히게 합니다. 우리의 마음은 마치 환상적인 정원 속에서 무심코 뿌려진 욕심의 씨앗처럼, 끊임없이 자라나고 번식합니다.

고통은 과거의 욕망과 연결된 욕심을 끊고, 현재의 순수한 존재로 돌아가면서 종료될 수 있기에 이는 마치 과거의 흙먼지가 떨어져 내려 깨끗한 호수의 물이 되는 것과 같이 이것이 성취되면 고통의 종료와 해방이 이루어집니다. 중생은 마음의 정원에서 무심코 자라난 욕심의 뿌리를 끊고, 순수한 현재의 존재로 돌아가면서 고통의 종료를 경험합니다.

고통의 종료는 바로 '중도'에 의해 이뤄집니다. 중도는 올바른 이해, 올바른 생각, 올바른 언어, 올바른 행동, 올바른 생업, 올바른 노력, 올바른 마음, 올바른 명상 등 팔정도로 이루어져 있습니다. 이를 통해 우리는 고통을 극복하고 최종적으로 열반을 이룰 수 있습니다. 중도는 마치 마음의 정원을 가꾸고 꽃을 피우는 데 필요한 팔정도와 같습니다. 이를 통하여 고통의 근원을 찾아내고 해방의 문을 열어갑니다. 이처럼 사성제는 불교의 핵심 이론으로서, 인간의 고통에 대한 깊은 이해와 해법을 제시합니다. 이는 단순한 종교적인 교리가 아니라, 철학적이며 인간 실존에 대한 심오한 고찰의 결과로 볼 수 있습니다.

불교의 팔정도(八正道, Eightfold Path)는 붓다가 제시한 삶의 지침으로, 자신이 삶의 고통에서 벗어나 열반을 실현하기 위한 여덟 가지의 길을 나타냅니다. 이것은 불교에서 중요하게 강조되는 교리 중 하나로, 심신의 균형을 이루고 도덕적이며 깨어있는 삶을 실천하기 위한 체계입니다.

올바른 이해(Right Understanding): 정견(定見)

현상의 참된 본질에 대한 올바른 이해를 하는 것입니다. 즉, 현실을 정확하게 이해하고 인식하는 데 중점을 둡니다.

올바른 생각(Right Thought): 정사유(正思惟)

세상에 대한 올바른 태도와 생각을 하고, 긍정적이고 선한 마음가짐을 유지하는 것을 의미합니다.

올바른 말(Right Speech): 정어(正語)

거짓말이나 중상적인 언어를 피하며, 선한 언어로 소통하는 것을 목표로 합니다.

올바른 행동(Right Action): 정업(正業)

도덕적이고 선량한 행동을 실천하는 것으로, 다른 존재에게 해를 끼치지 않는 행위를 포함합니다.

올바른 생업(Right Livelihood): 정명(定命)

도덕적이며 타인에게 해를 끼치지 않는 선량한 직업을 선택하고 유지하는 것을 의미합니다.

올바른 노력(Right Effort): 정정진(正精進)

올바른 생각과 행동을 향해 지속해서 노력하는 것으로, 자아 극복과 긍정적인 변화를 위한 노력을 의미합니다.

올바른 마음(Right Mindfulness): 정념(正念)

현재의 순간에 집중하며 명상을 통해 마음을 통제하고 깊은 이해를 개발하는 것을 목표로 합니다.

올바른 집중(Right Concentration): 정정(正定)

깊은 명상을 통해 마음을 집중시키고 깨달음을 개화시키는 것으로, 정신적인 집중과 깨달음의 개발을 의미합니다.

팔정도는 서로 긴밀하게 연결되어 있으며, 이를 통해 자신은 삶의 고통과 속박에서 벗어나 열반을 향한 깊은 깨달음을 찾을 수 있다고 가르치고 있습니다. 팔정도에서의 의식은 '올바른 마음'이라는 부분에서 중요한 개념으로 다루어집니다. 이는 현재의 순간에 집중하고 명상을 통해 마음을 통제하는 것을 의미하기에 여러 측면에서 깊이 있는 이해와 인식을 포함합니다. 좋은 의식은 명상과 수행을 통해 깊은 집중과 깨달음을 이루기 위한 과정이기에 마음을 정화하고 깊은 내면의 평화를 찾기 위한 노력을 의미합니다.

* * *

연기(緣起)의 법칙을 이론으로 끝내지 않고 열반에 도달할 수 있는 실천 사상으로 전개해 나간 첫 단계가 사성제(四聖諦)의 진리입니다. 여기에는 네 가지 성스러운 진리 즉, 고(苦), 집(集), 멸(滅), 도(道)를 의미하는데, 12연기의 교리 조직이 고(苦), 집(集)의 관계인 괴로움을 겪게 만드는 인과관계를 보여주는 유전 연기(流轉緣起)에 중심을 두고 있고, 멸(滅), 도(道)에서는 괴로움을 소멸하고자 하는 인과관계인 환멸연기(還滅緣起)를 상세히 제시하고 있습니다. 제(諦)라는 의미는 진실, 사실(事實), 진리 등을 가리키는 데 쓰이는 말이며, 동시에 엄숙한 단언을 의미하는 말이므로 사성제는 '네 가지 거룩한 진리'라는 말이 되고, 깨치지 못한 사람의 삶은 고통이라는 통찰입니다. 즉, 고통에서 벗어나기 위해서 고(苦), 집(集), 멸(滅)을 알고 멸(滅)에 이르는 바른 도(道)를 행해야 한다는 것입니다.

고성제(苦聖諦)는 인생의 현실은 고(苦)라는 것으로 사람들의 현실적 존재는 괴로움이므로 사고(四苦)의 생노병사(生老病死)에 더하여 미워하는 것을 만나는 괴로움인 원증회고(怨憎會苦), 사랑하는 것과 헤어지는 괴로움인 애별리고(愛別離苦), 구하는 바를 얻지 못하는 괴로움인 구부득고(求不得苦), 육체의 본능에 의한 괴로움인 오음성고(五陰盛苦)를 포함한 팔고(八苦)의 괴로움을 포함합니다(『중아함경』권7「분별성제경」). 여기서 '괴롭다'라는 의미는 인생에서의 행복을 전면 부정한 것이 아닌 일반적으로 물질적·정신적인 여러 형태의 행복을 인정하면서 이것들은 단지 무상하고, 괴롭고, 변하기 쉽다고 보는 것입니다. 즉, 무상한 것은 무엇이든지 괴롭다는 속성을 가진 의미에서 괴로움입니다.

집성제(集聖諦)란 괴로움의 원인인 집착을 의미하고 괴로움이 어떻게 발생하는가의 이유를 밝혀 주는 것입니다. 즉, 집(集)이라는 의미는 괴로움을 연기(緣起)한 것입니다. "그것(集)은 재생(再生)의 원인이 되는 갈애(渴愛)로서 격렬한 탐욕(貪慾)에 묶여 있으며, 여기저기 새로운 기쁨을 찾아 나선다는 희탐(喜貪)의 의미로 다시 말해서, 그것은 욕애(欲愛: 감각적 쾌락에 대한 갈망), 유애(有愛: 존재 그 자체와 형성에 대한 갈망), 무유애(無有愛: 존재하지 않는 것에 대한 갈망) 등이다."라고 했습니다(『잡아함경』권5). 이런 연기에 의해 모든 것은 상대적이며 상호의존적이기 때문에 하나의 절대적인 원인이란 있을 수 없다고 보며, 반복적으로 순환되면서, 결국 연기적 의미의 집(集)이 되는 것입니다.

멸성제(滅聖諦)는 번뇌와 고통이 모두 없어진 열반의 세계에 가기 위한 괴로움의 멸이라는 성스러운 진리(苦滅聖諦)이며, 앞에 설명한 집제(集諦)와 정확하게 반대되는 개념입니다. 그러므로 괴로움 또는 고(苦)의 지속에서 열반을 통해 벗어나 자유롭게 되는 것이기에 생사(生死)의 괴로움이 무명에서 연기한 것이라면 무명의 멸(滅)을 통해 그 괴로움을 근본적으로 극복할 수가 있습니다. 이를 이룬 경지를 원적(圓寂), 혹은 열반(涅槃)이라고 하여, 모든 번뇌의 속박에서 열반으로 생사를 초월하여 불생불멸 또는 진여실상(眞如實相)의 진리를 체득하는 것입니다.

도성제(道聖諦)는 열반에 이르는 방법 곧 실천하는 수단을 말합니다. 이를 위해서는 팔정도(八正道)의 수행 방법을 통해 괴로움의 멸(滅)에 이르는 것입니다. 이는 생각의 문제보다는 행동의 실천을 강조한 경우이므로 꾸준한 수행을 해야 한다는 것입니다. 도성제의 구체적인 실천 항목으로서는 정견(正見)·정사유(正思惟)·정어(正語)·정업(正業)·정명(正命)·정정진(正精進)·정념(正念)·정정(正定)의 여덟 가지 실천 사항인 팔정도(八正道)를 가리킵니다.

사성제(四聖諦)

고(苦), 집(集), 멸(滅), 도(道)의 사성제가 존재하는 것은 결국 내가 태어났기에 생긴 그에 따른 고통이므로 이는 그대로 있으면 벗어날 수가 없는 결과이므로 이를 벗어나기 위해서는 노력이 많이 필요한 부분이라고 봅니다. 나 자신이 존재한다는 것은 의식이 있기에 가능한 생명 작용입니다. 하지만 사람들은 "자신이 뭔가를 하고 있다 해서 의식이 존재한다고 할 수 있을까?"에 대해 정확한 설명을 하지 못하고 있습니다. 하지만 의식이 명료해야 하고 맑은 의식을 위해 깨어있는 상태에서 **정견(定見)**을 가지고 자기 내면이나 상대에 대하여 바르게 인식하는 **정사유(正思惟)**를 해야 합니다. 이를 혜(慧)라고 합니다.

정견: 고(苦), 집(集), 멸(滅), 도(道)의 사성제에 대해 아는 것이 정견이다.

정사유: 번뇌를 벗어난 사유, 분노가 없는 사유, 남에게 해를 끼치지 않으려는 사유이다.

뇌 과학자들의 주장에 따르면 사람들은 일상의 삶 속에서 1분에 48개의 생각 작용을 할 수 있고 1시간에 3,000개의 생각을 합니다. 이는 하루에도 66,000개의 다양한 생각을 한다는 것이기에 끊임없는 의식 작용은 다양한 문제에 대한 반응이라 볼 수 있습니다. 이를 위해서 붓다의 말씀을 되새기며 평소 바른 언어인 **정어(正語)**를 사용하고 정사유를 해야 합니다. 이렇듯 평소 의식이 올바르다면 나쁜 언행을 하지 않게 되고 그 자체가 **정업(正業)**이 됩니다. 사람들의 의식이나 기에는 다양한 경험을 공유할 수 있는 능력을 갖추고 있습니다. 그래서 상상 속에선 이루지 못하는 것이 없다고 주장합니다. 하지만 의식이나 생각만 올바르다고 **정명(定命)**을 하는 것은 아닙니다. 평소 기도하고 명상하면

서 신체 또한 건강히 유지해야 다른 사람들에게도 피해를 주지 않고 불필요한 갈등도 없을 것입니다. 이를 계(戒)라고 합니다.

정어: 거짓말을 하지 말고, 이간질하지 말고, 거친 말을 하지 않고, 불필요한 말을 하지 않는 것이다.
정업: 살생하지 않고, 도둑질하지 않고, 음란한 행동을 하지 않는 것이다.
정명: 정당한 생활로 삶을 꾸려나가는 것으로 그릇된 생계를 버리는 것이다.

이를 위해서 깨달음을 향해 노력해야 하는 **정정진(正精進)**을 해야 하고 이때 바른 의식으로 깨어있는 **정념(正念)**을 이루지 못한다면 단지 불필요한 상념과 삿된 생각일 뿐입니다. 이때 가장 중요한 것이 바른 생각을 집중할 수 있는 마음의 평정을 가지는 **정정(正定)**을 찾는 것입니다. 이를 정(定)이라고 합니다.

정정진: 정근(精勤)을 닦아 이미 생긴 악은 없애고, 아직 생기지 않는 악은 막고, 아직 생기지 않은 선은 나오도록 노력하고, 이미 생긴 선은 더 커지도록 노력하는 것이다.
정념: 매 순간 일어나는 변화를 분별하지 않고 있는 그대로 받아들이며 바르게 알아차려 통찰을 얻는 것이다.
정정: 삼매(三昧)를 통한 희열을 버리고, 평온에 머물며, 청정해진 마음을 가지는 것이다.

의식은 이런 변화의 과정이 점차 기억으로 축적되며 시간이라는 순서를 만드는데 이런 경험이 쌓여 나 자신의 과거를 만들고 미래를 예측하며 의식의 크기는 훗날 자신의 업으로 전환되어 영원히 남아있게 됩니다. 그러므로 평소 좋은 의식을 가져야 붓다의 가르침을 따른다고 할 수 있습니다.

The Noble Eightfold Path

Right View
know the truth

Right Mindfulness
control your thoughts

Right Intention
free your mind of evil

Right Concentration
practice meditation

Right Speech
say nothing that hurts others

Right Effort
resist evil

Right Action
work for the good of others

Right Livelihood
Respect life

탐진치(貪瞋癡)와 삼학(三學)

● 선정스님! 탐진치(貪瞋癡)와 삼학(三學)이란 무엇인가요?

불교에서의 **탐진치(貪瞋癡)**는 중요한 개념으로, 세 가지 중요한 욕망이나 정신적인 상태를 가리키는 용어입니다. 이는 각각 '탐(貪)', '진(瞋)', '치(癡)'로 나누어집니다. 탐(貪)은 욕심이나 탐욕을 나타냅니다. 이는 물질적인 욕망, 소유욕, 또는 탐욕과 관련이 있습니다. 불교는 이러한 탐심이 우리를 속이고 불안과 고통을 초래한다고 가르칩니다. 진(瞋)은 분노나 증오를 나타냅니다. 이는 불만, 적대감, 혐오 등을 포함하며, 이러한 감정은 마음을 어둡게 만들고 현명한 판단을 방해할 수 있다고 설명합니다. 치(癡)는 무지나 무관심을 나타냅니다. 이는 무심코 일어나는 착각, 혼돈, 무지 등을 의미합니다. 무지는 진리를 인식하지 못하게 하고 불안과 고통을 초래한다고 가르칩니다. 이 세 가지를 합친 탐진치는 인간의 고통과 속박의 원인으로, 이를 극복하고 깨어짐에 이르려면 탐심, 적대감, 무지에 대한 깊은 이해와 깨달음이 필요합니다. 불교는 이 세 가지 욕망을 극복하고 마음을 정화함으로써 열반을 이루어 나가는 것이 중요하다고 가르칩니다.

불교의 **삼학(三學)**은 불교 시행에서 중요한 세 가지 학문적인 영역을 나타냅니다. 이 세 가지 학문은 자기를 깨우침으로써 해방을 이루는 데 도움을 주는 다양한 지식과 실천을 다루고 있습니다. 삼학은 주로 소원(修習)이라고도 불리며, 세 가지로 나뉩니다. 우선 수행(Śila, 戒)은 도덕적인 행동, 윤리, 규율을 의미합니다. 수행은 적절한 행동, 양심적인 삶, 타인에 대한 배려 등을 통해 마음을 정화하고 도덕적 가치를 강조하며, 수행은 죄악을 피하고 선을 택하는 데 중점을 두며, 이를 통해 마음을 정화하고 정신적인 발전을 이루려는 노력을 의미합니다. 정심(Samādhi, 定)은 명상과 집중을 통해 마음을 진정시키고 집중시키는 데 중점을 둡니다. 명상을 통해 일상의 소란과 유혹에서 벗어나 마음을 평정하고 진정시킴으로써 진리를 깨닫기 위한 조건을 조성합니다. 또한 마음의 평온과 안정을 찾는 것을 목표로 하며, 이를 통해 깨달음에 도달하려는 수행의 한 측면입니다. 지혜(Prajñā, 慧)는 깨달음을 통해 진리를 이해하고 이를 실천으로 옮기는 데 중점을 둡니다. 불교는 인간이나 모든 존재의 본성을 깨닫고 그 본래의 상태로 돌아가는 지혜를 강조합니다. 이 또한 자아의 무의미함을 깨닫고, 세상의 변화와 불안에 대한 깨달음을 의미합니다. 이 세 가지 삼학은 수행의 핵심 요소로 간주하며, 이를 통해 자기를 깨우치는 노력을 기울입니다.

* * *

중생을 해롭게 하는 세 가지 번뇌인 탐욕(貪欲)과 진에(瞋恚)와 우치(愚癡)를 합하여 **탐진치(貪瞋痴)**라고 합니다. 대부분 중생은 오랜 기간 은연중에 탐진치를 버리라는 교육을 받으면서 살지만 이를 쉽게 떨치기는 쉬운 경우가 아닙니다. 그러다 보니 붓다도 진정 탐진치를 버려야만 번뇌를 벗고 열반에 이른다고 했습니다. 탐욕(貪欲)은 내가 원하는 것에 욕심을 내어 집착하거나 나의 능력을 넘는 욕심을 부리거나 작은 이익에 부정을 저지른 것이 포함되지만 불교는 식욕, 성욕, 재욕, 명예욕, 수면욕 등의 5욕을 지나치게 갈구하는 것을 탐욕이라고 합니다. 하지만 일상에서 5욕을 누리거나 즐기는 것은 매우 좋은 삶이라고 봅니다. 진에(瞋恚)는 주위의 생명체를 미워하거나 분노하는 것으로 여기에는 시기와 질투에 대한 갈등을 겪는 것입니다. 이는 가족과 사회의 관계망에서도 흔히 일어나지만, 수행 과정에서도 일어나므로 마음을 가라앉히고 정사유(正思惟) 하는 것을 어렵게 합니다. 우치(愚癡)는 올바른 판단이 안 되어 주위에 일어나는 현상이나 사물의 도리를 이해하지 못하거나 잘못된 지식으로 오해하는 경우와 같이 생각이 정견(正見)하지 못하면 올바른 판단이 어려워 번뇌가 더 커지고 많아지게 됩니다. 이런 탐진치는 대부분 나의 삶에서 배어 나오는 것으로 탐진치의

하나라도 문제를 일으키면 이 또한 연기법(緣起法)에 따라 탐욕과 진에와 우치가 번갈아 일어나면서 번뇌는 깊어집니다. 이런 번뇌가 커지는 중생은 결국 죽음 앞에서도 고통이 커지고 미련이 생기고 억울함이 커져 영생불멸의 유혹을 받게 되므로 열반에 이르지 못하게 됩니다. 이를 극복하기 위해서 평소 팔정도와 계(戒)·정(定)·혜(慧)의 삼학(三學)으로 나 자신의 마음을 다스리도록 해야 합니다.

불교를 받아들이고 붓다의 가르침을 얻기 위해서는 **삼학(三學)**을 알아야 합니다. 불교에서 삼학(三學)은 기본 교리이고 모든 법문은 삼학으로 귀결됩니다. 삼학은 계(戒)·정(定)·혜(慧)를 가리키며 증상계학(增上戒學)·증상심학(增上心學)·증상혜학(增上慧學)이라고도 합니다. 이는 불자로서 나의 이상을 추구하고자 하는 마음의 경지를 이루는 것입니다. 불교를 안다는 것은 붓다의 말씀을 이해하고 따른다는 것이기에 그 당시의 말씀을 듣지 못하는 중생들은 불경이나 법문을 통해 간접적으로 받아들이고 현 상황에 맞게 이해한다는 것입니다. 그러므로 이를 해결하기 위해서는 삼학을 통해 붓다의 가르침을 올바르게 이해해야 합니다.

삼학의 계(戒)를 통해 의사적(意思的)인 면을 알게 되고, 정(定)을 통해 감각적(感覺的)인 면으로 보게 되고, 혜(慧)는 지식적(智識的)인 면을 통해 깨우치게 됩니다. 계(戒)는 심신을 수련하여 평소 좋은 습관과 좋은 생각을 하면서 몸을 잘 다스리는 것에서 시작되고, 정(定)은 마음을 하나로 모으는 집중을 통해 주로 신체와 호흡 그리고 정신을 가다듬는 것으로 주로 선정(禪定)을 통해 이루어집니다. 혜(慧)는 정(定)을 얻은 후에 사리를 명확히 판단하는 마음을 가지는 것입니다. 즉, 이는 깨우침의 지혜를 얻어 중생 구제와 자비를 베푸는 노력을 해야 한다는 것입니다. 일상 삶의 과정에서도 삼학의 계(戒)·정(定)·혜(慧) 실천은 필요합니다. 배우는 과정의 학생이 계(戒)·정(定)·혜(慧)를 이해하면 학문에 더욱 전념할 것이고, 사회의 리더라는 전문가나 지식인들은 더 나은 세상을 위해 노력할 것이며, 정치가는 올바른 정치를 통해 사회에 많은 업을 쌓을 것이라고 봅니다. 하지만 세상만사 모든 것을 이해하고 알기 위해 계(戒)·정(定)·혜(慧)의 삼학을 통해 옳고 그름을 완벽하게 구분해서 알기는 어렵습니다. 이는 중생이 완벽한 생명체가 아니고 매번 변화하는 불완전한 존재이기 때문입니다. 그렇지만 가능한 계(戒)·정(定)·혜(慧)를 따라 정정진 한다면 불심은 더 강해질 것입니다.

탐진치(貪瞋痴)

연기(緣起)

● 선정스님! 연기(緣起)란 무엇입니까?

연기(緣起, Pali: Paṭicca-samuppāda)의 개념은 모든 현상과 존재가 다른 현상과 존재와 상호의존적인 관계에 있다는 원리를 통해 존재의 고통과 해방의 원인을 이해하는 데 이바지합니다. 주로 생명의 흐름과 인간 행동에 대한 불교 철학에서 중요 개념 중 하나로 다루어지는데 연기는 인과관계의 법칙을 강조합니다. 선착한 행동은 자연스럽게 그에 상응하는 결과를 가져온다고 믿습니다. 이러한 인과관계는 사람들이 자기 행동에 대한 책임을 느끼고, 선한 행동을 통해 긍정적인 결과를 얻으려고 노력하고 격려합니다. 불교는 선한 행동은 복(행복, 좋은 결과)을 가져오고, 악한 행동은 악(불행, 나쁜 결과)을 가져온다고 믿습니다. 이는 선하거나 악한 행동이 진리에 대한 이해와 연관되어 있으며, 진리에 근거한 행동은 복을 가져온다고 여겨집니다. 또한 생명의 연속성을 강조하는데, 현재 생명과 이전 생명, 미래 생명 간에도 연결되어 있다고 믿습니다. 현재의 행동은 미래에 영향을 미치며, 전생과 현재 생의 행동이 서로 연결되어 있습니다. 그래서 연기의 개념은 사람들에게 선한 행동의 중요성을 가르치며, 이를 통해 올바른 길을 걷도록 독려합니다. 선한 행동은 자아의 해방과 다른 존재에게 이로움을 주는 데 이바지한다고 합니다.

연기는 열두 가지 단계로 설명되는데 이를 12연기법이라고 합니다.

- 무명(avidyā): 진리에 대한 무지 또는 무지의 상태를 나타냅니다. 나 자신의 본래 상태를 깨닫지 못하고 현실을 오해하는 상태입니다.
- 행(saṃskāra): 의식이나 행동의 형태로 나타나는 모든 형식적인 요소를 의미합니다. 과거 행동에 대한 결과물이 현재 자신의 의식과 행동을 결정합니다.
- 식(vijñāna): 인지 또는 의식의 상태를 나타내며, 존재하는 모든 생명체에게 내재된 기본적인 의식입니다.

- 명색(nāmarūpa): 이름과 형태로, 자신의 경험에 대한 정신적인 요소와 물리적인 요소를 나타냅니다.육입(ṣaḍāyatana): 여섯 가지 감각기관을 의미하며, 자신의 감각을 통해 외부 세계와 상호작용하는 것을 나타냅니다.
- 촉(sparśa): 감각기관, 감각 객체, 그리고 감각의 유발로 인해 발생하는 상호작용을 나타냅니다.
- 수(Vedanā): 감각에 대한 즉각적인 경험으로, 증오, 기쁨, 또는 중립적인 느낌 등을 의미합니다.
- 애(tṛṣṇā): 욕망이나 탐욕으로, 삶을 유지하거나 피하려는 욕망을 나타냅니다.
- 취(upādāna): 강한 욕망이나 집착으로, 자신의 삶에 대한 강한 연결을 유지하려는 상태를 나타냅니다.
- 유(bhava): 존재 또는 다음 생을 나타내며, 자신의 욕망과 집착이 새로운 생명체로 윤회를 유발합니다.
- 생(Jāti): 새로운 생명체로 출생을 나타냅니다.
- 노사(jarā-maraṇa): 노화와 죽음은 생명체의 물리적인 소멸과 관련이 있습니다.

불교의 연기(緣起, Pali: Paṭicca-samuppāda)를 통해 깨달아야 하는 주요 가르침은 "모든 것이 서로 의존적이며 상호 연결되어 있다."라는 것입니다. 연기법은 존재의 원인과 결과, 삶의 발생과 소멸, 그리고 고통과 해방에 대한 원리를 설명하면서, 자신이 이를 깨달음으로써 해방을 이루는 길을 제시합니다. 자신이 무지(어쩔 수 없는 무지 또는 진리에 대한 오해)에서 벗어나 깨닫게 하는 것입니다. 무지를 깨닫고 이를 이해함으로써 자신은 현상의 본질을 파악하고 진리를 탐험할 수 있게 됩니다. 또한 연기법을 통해 자신은 모든 것이 상호의존적이며 상호 연결되어 있다는 깊은 이해를 얻습니다. 삶의 각 단계와 과정은 다른 단계와 과정과 연결되어 있으며, 모든 것이 단순한 단일한 존재로 존재하지 않음을 깨닫게 됩니다. 고통의 원인을 이해하기 위해 연기법은 자신이 고통의 근본적인 원인을 깨닫게 합니다. 욕망과 집착이 존재의 연속을 유발하고, 이에 따라 고통이 발생한다는 사실을 이해함으로써, 그러한 욕망과 집착에서 벗어나는 길을 찾게 됩니다. 이를 통해 깨달은 자신은 고통의 원인을 제거하고 연쇄적인 과정에서 벗어남으로써 해탈을 이룰 수 있습니다. 이는 무지와 욕망에서 벗어나 깨달음을 향해 나아가는 과정을 포함합니다. 이런 과정에서 마음을 정화하고 깨어있는 삶을 실천함으로써 자신이 지혜를 쌓고 진리를 깨닫게 하는 방법을 제시합니다. 평소 명상과 도덕적 행동을 통해 마음을 훈련하면서, 연기법을 통한 깨달음을 깊이 부가할 수 있습니다. 이처럼 연기는 생명의 연속적인 흐름과 그 원인에 대한 이해를 통해 고통의 원인을 규명하고, 이를 극복하여 해방을 얻기 위한 수행을 강조합니다. 이는 불교의 깨달음과 열반을 향한 길을 제시하는 중요한 철학적 원리 중 하나입니다.

* * *

연기(緣起)란 직접적인 원인과 간접적인 원인에 의지하여 생겨나는 인연을 통하여 생겨남을 의미하는데 이는 내가 아닌 타자와의 관계에서 발현되는 것이므로 세상에서 존재하는 사건들은 반드시 그것이 생겨날 원인과 조건에서 연기의 법칙에 따라 일어나는 것입니다. 즉, 원인과 결과의 법칙이라고 할 수 있는데 이는 인과 법칙이기도 합니다. 그러다 보니 연기법(緣起法)은 인연법(因緣法)이기도 합니다. 붓다의 말씀은 『잡아함경』 제12권 제299경 「연기법경(緣起法經)」에 잘 표현되어 있습니다. 연기란 자신이나 다른 깨달은 이가 만들어 낸 것이 아니며 여래가 세상에 출현하고 출현하지 않음에 관계없이 우주 법계 내에 본래 존재하는 보편 법칙 즉, 우주적인 법칙이며, 자신은 단지 이 우주적인 법칙을 완전히 깨달은 후에 그것을 세상 사람들을 위해 연기설의 형태로 세상에 드러낸 것일 뿐이라고 했습니다.

이것이 생하면 저것이 생하고, 이것이 멸하면 저것도 멸한다는 만물의 인과관계(因果關係)는 서로 의존하면서 이루어지는데 물론 연기론도 명확한 구분이 되는 것이 아니기에 서로 다른 의미를 가질 수 있습니다. 하지만 그 근본은 무엇보다 자신의 번뇌나 고민을 해결하기 위한 좋은 방안이기에 현재의 존재가 결코 과거의 존재가 없이는 일어날 수 없는 경우이므로 일즉일체(一卽一切), 일체즉일(一切卽一) 하여, 나의 세계는 우주의 세계에 통하고 모든 우주는 나의 세계에 밀접한 연관이 있어 나 자신의 존재가 다 소중한 가치를 가진 이유가 있다고 봅니다.

참고로 12연기(十二因緣)는 아래와 같습니다.

무명(無明): 연기의 근본 원인, 진리에의 무지(無知), 무아나 연기의 이치를 모르는 것.

행(行): 몸과 말과 뜻으로 하는 모든 행동을 뜻하며 무명의 끊임없이 활동하는 상태.

식(識): 인식 작용을 뜻하며, 행위의 원동력이 된다(선악의 분별 의식).

명색(命色): 분별 의식에 의해 일체의 존재가 나타남. 명은 정신세계, 색은 물질세계.

육입(六入): 눈, 귀, 코, 입, 몸, 의식의 여섯 가지 감각기관, 감각과 지각의 능력을 의미.

촉(觸): 육입이 빛깔, 소리, 냄새, 맛, 몸의 촉감, 의식 육경(六境)에 접촉하는 상태.

수(受): 접촉한 결과로 즐겁고, 괴롭고, 즐겁지도 괴롭지도 않은 느낌.

애(愛): 고통을 피하고 즐거움만 추구하는 욕망, 애착, 열망, 갈애.

취(取): 애에 의하여 추구된 대상을 취하고 버리는 실제 행동.

유(有): 애로 인하여 업을 짓는 것.

생(生): 업의 인연으로 미래의 생을 받게 되는 것.

노사(老死): 생의 현실로 마침내 늙고 병들어 죽음의 결과를 초래하게 되는 것.

12연기 중 괴로움의 가장 현실적이고 직접적인 원인이 되는 것은 애

(愛), 취(取), 유(有)인데 이를 번뇌(煩惱)라고 합니다. 이런 번뇌의 종류는 108가지가 되므로 이를 '백팔번뇌(百八煩惱)'라고 하며 이는 그 근본 원인이 무명(無明)에서 비롯된 것이므로 이는 진리에의 무지(無知) 또는 무아나 연기의 이치를 모르는 것이므로 중생들에게 이를 깨우쳐 주어야 합니다. 연기법을 이해할 때 4가지 원칙을 알면 좀 더 쉽게 12연기를 이해할 수 있습니다.

此有故彼有(차유고피유): 이것이 있으므로 저것이 있고
此生故彼生(차생고피생): 이것이 생기므로 저것이 생겨난다.
此無故彼無(차무고피무): 이것이 없으므로 저것이 없으며
此滅故彼滅(차멸고피멸): 이것이 멸하므로 저것이 멸한다.

상의상관성(相依相關性) 원칙은 인과율 또는 인연의 법칙에 의해 어떤 결과가 발생하면 그 결과는 다시 그를 발생시킨 원인(原因)을 포함한 다른 모든 존재에 대해 직접적 또는 간접적인 영향을 미치는 것입니다.

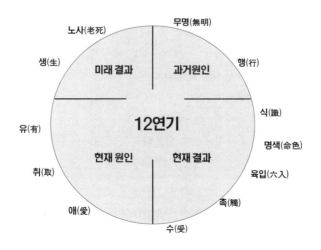

불교를 믿는 지역이나 나라마다 해석에 대한 차이가 존재하고 중생들이 받아들이는 의미 또한 다양합니다. 위에 표시된 도표 또한 일본 불교 등에서 많이 언급되는 12연기에 대한 해석 방법인데 이 외에도 다양한 여러 해석 방법이 존재한다는 것은 연기법 자체가 불교에서 무아와 무상에 대한 다양한 가능성이 존재한다는 것을 잘 보여주는 부분입니다. 연기법에 따르면 생(生)은 탄생의 의미도 있지만 한 생각이 일어나는 것이기도 합니다. 그리고 노사(老死)는 이런 생각이 사라지는 것이기에 12연기는 순간의 찰나에도 일어나고 그 순서 또한 다양하고 일정하지 않으므로 연기는 모든 가능성을 보여줄 수 있습니다.

연기법(緣起法)

평정심(平靜心)에 대해서

● 선정스님! 평정심(平靜心)은 무엇입니까?

불교에서의 '평정심'은 주로 'Samatha'라는 용어로 설명되며, 이는 마음을 진정시키고 안정시키는 명상적인 수행을 나타냅니다. 평정심은 다른 말로 '정서적 안정' 또는 '정신적 안정'으로 해석되며, 불안, 분노, 욕망과 같은 감정의 파동을 진정시키고, 마음을 고요하게 하여 집중과 명료성을 촉진하는 것을 목표로 합니다. 평정심은 주로 명상을 통해 개발되며, 수행자는 숨을 관찰하거나 특정 주제에 집중함으로써 마음을 안정시키고 정화시킵니다. 이를 통해 일상적인 스트레스와 감정적인 불안에 대처하고, 마음을 조절하여 균형을 유지하는 데 도움이 됩니다. '사마디'는 명상을 통한 마음의 통제와 집중을 강조하는데, 평정심은 이러한 사마디의 한 측면으로 간주될 수 있습니다. 불교 수행자들이 평정심을 통해 마음을 조절하고 정화함으로써 깨달음의 경험을 향해 나아가는 데 중요한 역할을 부여합니다. 평정심을 얻기 위한 명상은 마음을 집중시키고 평정하게 만드는 효과적인 방법 중 하나입니다. 숨을 관찰하거나 현재의 순간에 집중하는 정신적 수련을 통해 내적 평화를 찾을 수 있는데 평소 일상적인 생활에서 순간순간을 정지하고 숨을 깊게 들이마셨다 내쉬는 것을 통해 현재의 순간에 집중할 수 있으며, 불안하거나 스트레스를 받는 상황에서도 적용할 수 있는 간단한 연습입니다. 자연 속에서 시간을 보내거나 풍경을 감상하는 것은 마음을 평정하고 안정시키는 데 도움이 됩니다. 산책, 숲속 걷기, 파도 소리 듣기 등이 이에 해당합니다. 평소 일상생활에서 정기적으로 휴식을 취하고 휴가를 가는 것은 마음과 신체를 쉬게 하고 에너지를 충전하는 데 도움이 됩니다. 그리고 몸과 마음에 좋은 영향을 미치는 활동들을 즐기는 것도 평정심을 유지하는 데 도움이 됩니다. 요가, 태극권, 명상, 독서, 예술 활동 등이 여기에 해당합니다. 또한 자신의 감정과 마음의 상태를 이해하고 받아들이는 데 도움이 되는 정서적 자기 교육을 받는 것이 유용합니다. 마음을 더 잘 이해하고 관리할 수 있는 기술을 향상시킬 수 있는데 감정과 생각을 단순히 관찰하고 판단하지 않는 관찰적 사고를 통해 마음의 안정을 유지할 수 있습니다. 이를 통해 감정에 휩쓸리지 않고 관찰적인 시각을 유지할 수 있습니다.

* * *

감정 기복이 심하지 않고 평안하고 정적인 마음을 가진다는 것은 쉬운 일이 아닙니다. 평정심을 유지한다는 것은 평소 불안한 마음을 다스려야 하고 다른 사람들의 언행에 쉽게 반응하거나 동조하지 않아야 하며 불필요한 생각을 가능하면 하지 않아야 하고, 불필요한 생각도 가능하면 하지 않아야 합니다. 이런 과정은 번뇌를 없애는 것이기에 꼬리에 꼬리를 무는 생각을 자신의 내면에서 끊어야 합니다. 평소에 나 자신이 외롭지 않게 자신의 사유와 일상의 삶이 충만하고 풍요로 와야 평정심은 더 잘 유지 됩니다. 평정심과 유사한 말로 평상심(平常心)이 있습니다. 일상적인 마음을 의미하는 평상심은 흔들리지 않는 평안한 마음이라고 하지만 세상사를 살면서 어찌 흔들리지 않는 고요한 마음만 가지고 살겠습니까? 그러다 보니 대부분의 사람들은 일상의 마음인 평상심을 유지하며 생활하고자 합니다. 또한 자연계에는 진화적인 관점에서 대부분의 생명체는 가능한 항상성(恒常性, homeostasis)을 유지하려고 노력합니다. 이는 살아 있는 생명체가 생존에 필요한 안정적인 상태를 능동적으로 유지하는 과정을 말합니다. 힘든 환경에서 생명 현상을 잘 유지하기 위한 노력으로 대부분 세포나 장기의 단위에서 이루어지는 현상이며, 이 자체가 한 생명체의 생명을 유지하는 중요한 작용입니다. 체온이 일정하게 유지되는 것, 혈중 포도당 농도가 적정 수준으로 조절되는 것, 혈액의 산도가 pH 7.4 수준으로 조절되는 것, 호흡조절로 체내 산소 농도를 유지하는 것 등이 항상성 유지의 예이며, 각 개체, 기관 혹은 세포는 항상성 유지를 위한 고유한 조절 체계를 가지고 있습니다. 즉, 생명체는 고정불변이 아니라 지속적으로 변화하고 적응하면서 삶을 유지하고 있습니다. 이는 모든 중생의 경우도 항상성이 유지되어 기본적인 신체의 능력이 있어야 정신도 잘 유지되고 생명현상이 안정되므로 그다음에 불심이 생기거나 마음의 평정심을 유지할 수 있습니다. 평소 환자를 진료하다 보면 간혹 평정심이 흔들리기도 합니다. 물론 경험이 많아지면 조금 줄기는 하지만 그래도 진료하기 어려운 환자도 가끔 있고 이로 인해 의사로서 회의를 느끼게 되지만 한편 역지사지로 생각해보면 오죽하면 그러겠냐는 마음으로 받아들입니다. 이때 평정심의 중요성을 다시 느끼게 됩니다.

평정심(平靜心)

중도(中道)

● 선정스님! 중도(中道)란 무엇입니까?

불교에서 중도(中道)는 '중간의 길'이라는 의미입니다. 이 개념은 불교의 설립자인 초기 근본불교의 창시자 붓다가 첫 번째 경전인 『초전법륜경(初轉法輪經, The Dhammacakkappavattana Sutta)』에서 강조한 주요 개념 중 하나입니다. 중도는 극단적인 행위를 피하고 적절한 균형을 찾는 것을 의미합니다. 이는 극단적인 탐욕과 자아 연민을 피하고, 금욕적인 생활과 타인을 배려하는 중도의 태도를 채택함으로써 심리적인 안정과 정신적인 균형을 추구하는 것을 말합니다. 중도는 종교적인 맥락에서 뿐만 아니라 일상적인 생활에서도 유용하게 적용될 수 있습니다. 중도는 과도한 소비나 탐욕, 무분별한 욕망을 피하면서도 극단적인 자기 부인이나 자기희생을 벗어나 균형을 찾는 방향을 가리킵니다. 이는 모든 존재에 대한 존경과 배려를 바탕으로 한 중도의 삶을 통해 진리를 깨닫고 스스로를 깨닫는 것으로 이어집니다. 길의 중립성(Neutrality of Path)은 길 자체가 중립성을 갖고 있다는 개념입니다. 이는 길이 나쁘거나 좋지 않다는 판단을 내리지 않고, 단순히 경험과 깨달음을 통해 진리를 찾아가는 것을 의미합니다. 또한 올바른 수단을 통한 정의로운 목적(Avoidance of Extremes)을 위해 극단을 피하라는 지침을 내포하고 있습니다. 지나치게 사치스러우면서도 탐욕스러운 삶이나, 자기를 과도하게 포기하는 금욕적인 삶을 피하면서도 적절한 균형을 유지해야 한다는 것이 중도의 원칙입니다. 그러기 위해서 의식의 확장(Expansion of Consciousness)을 통해 진리를 깨닫는 과정을 강조합니다. 이는 자아의 경계를 넘어서고 보다 광범위한 의식을 개발하여 세상과 조화를 이루려는 노력을 의미합니다.

* * *

나 자신을 시작으로 사유(思惟)하며 점차 주위를 넓혀가면서 정정

(正定)하는 자신을 탐구하며 사유를 마칠 수 있다면 그 자체가 중도(中道)이고, 진정한 중도란 팔정도(八正道)의 실천에 따른 집착이나 번뇌를 벗어나 집착이 없는 심신의 안정을 얻는 것이므로 고집멸도(苦集滅道)의 내면에 생기는 고통을 끊고 바른 수행 길을 간다면 그 자체가 중도이고 중도의 삶이 이어진다면 이는 곧 윤회(輪廻)의 진정한 의미를 이해하고 실천하는 것입니다. 즉, 윤회란 영혼이 되돌아오는 것이 아니라 이곳에 잠시 존재했던 나의 흔적이 거대한 우주의 순환이라는 흐름 속에서 영원히 순환하는 영속성이기 때문입니다. 그러므로 초전법륜경에서 중도는 공(空)이 아니고 중도란 팔정도를 의미한다고 했습니다. 팔정도를 통해 오랜 세월 공덕을 쌓아 좋은 업을 이루어야 체득하는 것이므로 깨달아야만 알 수 있다는 것이기도 합니다. 이는 삼라만상(森羅萬象)의 시작점과 끝점이 곧 한 점이라는 것을 알게 되면 사람이 생각할 수 있는 모든 우주 또한 한 점에서 시작되고 무한하다는 우주도 그 끝 또한 한 점이 되기에 지금 내가 있는 이곳이 곧 우주의 중심이 되는 것이며 그 중심에서 중도의 나를 발견하게 될 것입니다. 불교의 중도사상(majjihimā paṭipadā)은 양극단에 치우치지 않은 바른길이라는 의미로서 붓다가 초기에 치우친 수행법으로 반대한 것은 고행주의와 선정주의의 극단적인 수행법이었기에 이를 과감하게 버리고, 유(有)나 공(空)에 치우치지 않는 바른길이라는 팔정도를 통해 고행이나 낙행(樂行: 쾌락행) 등의 치우침에 떨어지지 않을 뿐 아니라 지혜와 정력(定力)과 자재(自在)와 깨달음(覺)과 열반을 얻는 것이 가장 정당한 방법으로 보았습니다. 여기서 자신의 참모습을 알기 위한 사유를 통한 실천의 진리에서 중도를 실천하는 것입니다. 이를 잘 표현한 것으로 붓다는 "비

구들이여! 붓다는 두 가지 극단을 버리고 중도(中道)를 깨달았다. 이것은 눈을 뜨게 하며, 지혜를 일으킨다.”라고 마하박가(mahavagga)에서 설하셨습니다. 이런 붓다의 중도는 연기(緣起)를 기반으로 오온, 12처, 18계를 통한 올바른 방향과 길을 통해 중도연기(中道緣起)의 진리를 깨닫는 것이라고 봅니다.

하지만 중도란 항시 정해진 것이 아니라 그 시대에 따라 보편적인 상황에 맞는 균형을 잡아가는 것이므로 중도가 절대적인 중심이 될 수도 없으며, 시대적 관점이나 사상, 행위 등이 극단에 치우치지 않고 가장 결함 없는 총체적이며 균형 잡힌 상태를 유지하는 것입니다. 저자의 경험상 환자의 장기나 조직을 제거하는 수술을 하다 보면 좀 더 잘해주려고 조직을 과하게 절제하게 되는 데 이때 문제가 되는 것은 출혈입니다. 당연히 출혈 부위를 잘 지혈시켜야 하지만 과함이 크면 도리어 해가 되듯 중도의 중요성을 크게 느끼게 됩니다. 과한 지혈을 하면 도리어 좋은 결과를 가져오지 못하는데 주로 전기소작술(bovie)로 많이 지지거나 봉합술로 과하게 묶어 주면 지혈 부위에 괴사가 생기거나 더 큰 상처가 발생하기도 하여 난감해지기도 하기에 중도의 적절한 선택을 통해 너무 과하지도 너무 부족하지도 않게 시술하는 방법을 터득해야 합니다. 이 또한 오랜 시간 경험과 결과를 통해서만 가능해집니다.

참고로 유교에서 중도(中道)는 사회적인 윤리와 행동의 원칙을 중시하는 데서 비롯됩니다. 이는 극단을 피하고 적당한 중간 지점에서 행동함으로써 사회적인 조화와 안정을 이루고자 하는 이념을 나타내므로 중도는 과도한 행동과 모순되는 것을 피하고, 적당한 행동과 조화를 추구하는 데 중점을 둡니다. 이는 엄격한 규범을 준수하고, 사회적 책임을 다하는 것을 강조하는 유교의 윤리적 원칙 중 하나입니다. 불교와 유교에서의 중도 개념은 다소 차이가 있지만, 모두 극단을 피하고 궁극의 조화를 이루는 것을 중요시하고 있습니다.

중도의 길

삼매(三昧)

● 선정스님! 삼매(三昧)란 무엇입니까?

　삼매는 불교에서 중요한 수행 방법 중 하나로, 마음을 집중하고 깨달음을 이루기 위한 방법을 의미합니다. 주로 대승불교에서 강조되며, 삼매는 마음의 집중과 깨달음에 대한 과정을 나타냅니다. 삼매의 의미에는 정(定), 관(觀), 지(止)라는 세 가지 요소로 구성됩니다.

　정(定)은 마음을 한곳에 모아 움직이지 않는 상태로 유지하는 것으로, 마음의 안정과 집중을 의미합니다.

　관(觀)은 마음의 집중된 상태에서 주체와 객체의 구별 없이 모든 것을 관찰하는 것입니다. 즉, 사물의 진실한 본성을 파악하고 깨달음에 이르는 과정입니다.

　지(止)는 마음을 안정시키고 집중시키는 것으로, 정과 관의 실현을 위한 기초적인 단계입니다.

　삼매에는 몇 가지가 있는데, 공삼매(空三昧)는 모든 것이 공(空)임을 깨닫는 과정입니다. 무상삼매(無相三昧)는 공이기 때문에 차별의 특징이 없음을 관찰하는 삼매입니다. 무원삼매(無願三昧)에는 무원이기 때문에 원해서 구할 것이 없음을 관찰하는 삼매입니다. 특히 대승불교는 새로운 삼매가 설정되었는데, 대승품에는 108가지의 삼매가 설명되어 있습니다. 이 중 처음의 번뇌를 깨뜨리는 용맹 견고한 수능엄삼매(首楞嚴三昧·勇健三昧)는 대승불교의 수행을 추진하는 힘으로 강조됩니다. 또한 관불삼매(觀佛三昧)는 불교의 수행법 중 하나로, 불을 마음에 떠올리고 삼매에 들어가면 불이 수행자 앞에 현전하는 것으로 생각됩니다. 이렇게 삼매는 불교에서 깨달음을 이루기 위한 중요한 수행 방법으로 간주되며, 다양한 종류와 의미를 갖고 있습니다. 최근에는 특히 새로운 삼매가 강조되며, 수행의 핵심으로 간주됩니다. 삼매를 통해 얻을 수 있는 것들은 삼매를 실천하는 과정에서 마음이 안정되고 조화롭게 되어 내적 평화와 안정감을 얻을 수 있습니다. 마음의 평온함을 찾게 되어 일상적인 스트레스와 감정의 변동에 대해 더욱 안정된 태도를 가질 수 있습니다. 그리고 삼매를 통해 깨달음을 얻는 것이 불교의 핵심 목표 중 하나입니다. 정, 관, 지의 수행을 통해 우리는 현실을 더 깊이 이해하고, 우리 자신과 주변의 모든 것에 대한 깨달음을 얻을 수 있습니다. 이는 삼매를 실천함으로써 자아의 제한과 인식의 편견을 넘어서게 됩니다. 이를 통해 자아에 대한 바람과 욕망을 넘어서고, 더 큰 관점에서 인생과 세상을 이해할 수 있게 됩니다. 또한 삼매 수행은 자기 계발과 성장에 기여할 수 있습니다. 마음을 통제하고 깨닫는 과정은 우리의 인간성과 지혜를 더욱 향상시킬 수 있기에 이를 통해 세상과의 연결을 깨닫고, 자비와 이해심을 키울 수 있습니다. 즉, 다른 이들을 돕고 세상에 공헌하는 방법을 발견할 수 있습니다.

* * *

삼매(三昧)는 산스크리트어 samādhi의 음사어이며, 잡념을 버리고 한 가지 일에만 정신을 집중하는 일, 그 일에 열중하여 여념이 없음을 이르는 말로 삼매경(三昧境)에 이른다고 표현하기도 합니다. 마음을 한 곳에 모아 움직이지 않기 때문에 정(定)으로, 또 마음을 평정하게 유지하기 때문에 등지(等持), 혹은 정수(正受), 정심행처(正心行處) 등으로 의역하기도 합니다. 어찌 보면 명상과 같은 형상이지만 둘은 서로 다른 차이가 있습니다. 명상은 주로 마음을 집중하고 평정시키는 것에 중점을 둡니다. 즉, 마음의 안정과 평화를 찾거나 스트레스를 줄이기 위해 실천됩니다. 하지만 삼매는 깊은 깨달음을 얻고 영적인 성장을 이루기 위해 수행됩니다. 즉, 명상에 비해 더욱 깊은 수행과 깨달음을 추구합니다. 시행하는 방법에 있어서 명상은 다양한 형태와 기법이 있으며, 주로 숨을 조절하거나 특정한 객체나 소리에 집중하는 등의 방법을 사용하게 되므로 다양한 목적과 상황에 따라 여러 형태로 실천될 수 있습니다. 그러므로 명상은 다양한 종교나 문화에서 사용되며, 종교적인 배경이나 불교적인 신념이 없이도 수행될 수 있습니다. 일상적인 스트레스 해소나 정서적 안정을 위해서도 널리 사용됩니다. 하지만 삼매는 정(定), 관(觀), 지(止)의 세 가지 요소를 중심으로 한 전통적인 불교적 수행 방법이므로 명상의 한 형태로 볼 수도 있지만, 더욱 깊은 영적 탐구를 위해 구체적이고 체계적인 방법을 제시합니다. 주로 불교의 신념과 전통에 근거하여 불교의 깊은 이해와 신념을 바탕으로 한 마음의 깨달음과 영적인 성장을 추구합니다. 그러므로 명상보다는 삼매를 통해 불교의 의미와 깨우침을 얻는 것을 더 권장하고 싶습니다.

삼매(三昧)

유식(唯識)

● 선정스님! 유식(唯識)이란 무엇입니까?

불교에서의 '유식'은 중립적인 의식 또는 오로지 의식만이 존재한다는 철학적 개념을 나타냅니다. '유식'은 부파불교의 대중부(大衆部, Mahāsāṃghika)와 화엄종(華嚴宗, Avatamsaka School)에서 강조되는 개념중 하나입니다. 유식학파는 사물의 실체나 독립된 존재를 부정하며, 모든 것이 의식에서 비롯되고 의식에 의해 조작된다고 주장합니다. 이는 일종의 현상의 비유적 형상이며, 개별적인 모든 것들은 개별적인 의식의 활동에서 비롯되고, 의식의 상호작용으로 변화한다는 입장을 취합니다. 유식학에서는 의식의 중요성을 강조합니다. 유식은 의식(식, vijñāna)이 모든 경험과 사물의 생성과 변화의 근본적인 원천임을 강조합니다. 모든 존재와 경험은 의식의 상호작용에 의해 나타나며, 의식이 없다면 어떠한 것도 실재하지 않는다고 주장합니다. 실체의 부정에서 유식은 실재하는 독립적인 실체나 본질이 존재하지 않음을 주장합니다. 모든 것은 의식의 연속적인 활동에 의해 생성되며, 개별적인 실재성이나 독립성은 없다고 보는 입장을 취합니다. 즉, 연속성과 의존성을 통해 유식은 모든 존재가 의식의 연속적인 흐름에 의해 존재하며, 그 존재가 의식에 의존하고 상호작용함을 강조합니다. 이는 모든 것이 상호의존적이고 연결되어 있다는 연기(緣起, Pali: Paṭicca-samuppāda)라고도 불립니다. 존재의 고통과 해방의 원인을 이해하는 데 기여하는 유식은 주로 중국, 한국, 일본의 불교에서 발전하고 강조되었으며, 불교 내에서의 다양한 종파에서는 이에 대한 해석과 중요성을 서로 다르게 받아들이기도 합니다.

* * *

세상만사(世上萬事) 모든 것은 마음먹기 나름이라고 하듯이 나 자신의 마음을 스스로 다스리고 유지해야 한다고 하지만 마음은 항상 변하고 갈등은 지속되는 것이 일상다반사입니다. 사람이 인식한다는 것은 안·이·비·설·신·의(眼·耳·鼻·舌·身·意)의 6근을 통해 경험하는 것으로 이런 인식기관이 없으면 번뇌는 생기기 어렵습니다. 하지만 사람들은 인식기관을 이미 가지고 태어난 이상 번뇌는 항시 존재하게 됩니다. 여기에 더하여 색·성·향·미·촉·법(色·聲·香·味·觸·法)의 6식인 인식대상이 함께 작용합니다. 6근과 6식의 곱은 36가지가 되며 여기에 괴롭거나, 즐겁거나, 괴롭지도 즐겁지도 않은 3가지 상황이 발생하거나 과거, 현재, 미래의 세 가지 현상이 일어나면서 36가지 번뇌에 3가지 상황이 곱해져 108가지 번뇌가 형성됩니다. 물론 이외에도 다른 여러 해석이 존재하지만 그 근본적인 번뇌의 숫자는 많다는 것이기에 포괄적인 의미로 이해하면 됩니다. 즉, 자신이 느끼는 시각, 청각, 후각, 미각, 촉각을 오감이라고 하는데 이런 경험이 자신의 생각으로 작용하는 법(法)을 통해 세상을 인식하고, 이해하고 소통하면서 나를 알아가게 됩니다. 하지만 이런 경험이 결코 완전하지 못하고 수시로 변하고 잘못 인식되기도 한다는 것입니다. 자신의 문제나 번뇌 또한 대부분 생각의 문제이고 생각하기 나름으로 발생하기에 이를 일체유심조(一切唯心造)라고 합니다. 예를 들어, 길바닥의 노끈을 보고 뱀이라고 생각하는 것 또한 왜곡된 생각의 문제이므로 이를 해결하기 위해서는 잘못된 것을 안다는 것이 가장 좋은 해결책이고 번뇌를 잘 다스리고 마음의 평온을 찾기 위해서는 내 마음이 먼저 맑아야 합니다. 유식은 자신의 마음을 바꾸기도 하고 잘못 인식하기도 하므로 이는 마음의 문제라고 할 수 있습니다.

이는 나를 중심으로 정신과 물질 등 우주의 모든 것은 오직 8식인 아뢰야식, 7식인 말나식, 6식인 의식의 심식(心識)에 의존하며 이를 떠나서 존재할 수 없다는 것으로 의식을 세분하다 보니 마음을 강조하기도 하지만 결과적으로 마음까지 버리라는 것을 강조하기도 합니다. 여기서 식(識)이라는 것은 대상을 분별하여 나타나는 작용이므로 내가 보고 느끼고 생각하는 것이 내 마음을 바꾸기도 하고, 내 마음 또한 내가 보고 생각하고 느끼는 것을 바꾸기도 하므로 모든 것은 생각하기 나름이라고 합니다. 즉, 모든 것은 마음먹기에 달려 있다는 것이지만 오직 '마음'만이 있고 모든 대상은 마음에서 빚어낸 영상일 뿐으로 공(空)에 대한 개념을 새롭게 인식하여 과거 모든 것의 존재를 철저히 부정하던 허무주의적인 문제를 유식(唯識)에서는 훗날 반야사상을 통해 극복했고, 요가의 깊은 수행을 통해 발전시켰습니다.

　　십팔계(十八界)란 불교에서 인간과 그 밖의 모든 존재 속의 인식 작용을 18가지 법주로 나눈 것으로 육근(六根), 육경(六境), 육식(六識)을 합한 것입니다. 안이비설신의(眼耳鼻舌身意) 감각기관인 육근과 그 대상인 색성향미촉법(色聲香味觸法)의 육경 그리고 육근과 육경을 연(緣)으로 하여 생기는 여섯 가지 마음의 활동인 안식(眼識), 이식(耳識), 비식(鼻識), 설식(舌識), 신식(身識), 의식(意識) 등의 육식을 말합니다. 육근과 육경을 12처라고 하고 육근과 육경 그리고 육식을 모두 합쳐서 십팔계라고 합니다.

오온(五蘊)과 18계(界)									
오온(五蘊)			색(色)	수(受)	상(想)	행(行)	식(識)	→ (4온+색온)=오온	
18계(界)	12처(處)	6根	眼안	耳이	鼻비	舌설	身신	意의	→ 내적 인식기관
		6境	色색	聲성	香향	味미	觸촉	法법	→ 6근의 대상 경계
	12처+6식	6識	眼識	耳識	鼻識	舌識	身識	意識 6식	말나식(末那識) 7식 / 아뢰야식(阿賴耶識) 8식

유식학을 처음 세운 것은 전설적인 미륵이었고, 유식학이 어느 정도 정리되는 4세기경 무착과 그 동생 세친 형제가 유식학을 체계화했습니다. 이들은 인간 존재의 참모습을 모르기 때문에 욕망이 생기고 거기에 집착함으로써 고통스러운 삶을 산다고 보았고, 인식 대상인 객관 세계가 무엇인가를 분석하고 의식을 정화해 객관 세계를 바르게 인식하면 열반과 해탈을 얻을 수 있다고 하였습니다. 그러므로 유식학에서는 모든 것이 마음에 달려 있다고 주장합니다. 당시 유행했던 중관학파(용수[龍樹]: 150?~250?]에 의해 연기설(緣起說)을 공의 입장에서 해명하고 공의 사상을 철학적으로 해석함)처럼 현상세계의 실체를 부정하지만, 그것을 인식하는 의식은 실체로서 존재한다고 믿기에, 유식학은 중관학파의 공 사상이 현상을 염세적으로 해석하고 있다고 비판했습니다. 내가 경험하는 이 세계는 단지 마음의 표상에 지나지 않기에, 외계의 사물도 마음의 표상과 별개로 존재하는 것은 아니라는 것입니다. 즉, 사람의 인식에 의한 대상은 내가 보이는 것에 의해 결정된다는 것입니다. 이는 '색·성·향·미·촉·법(色·聲·香·味·觸·法)'이 '안·이·비·설·신·의(眼·耳·鼻·舌·身·意)'을 만나면 인식의 주체가 되어 인식 대상을 결정합니다. 이때 생기는 6식으로 인해서 번뇌가 생기는 것입니다.

유식학은 내가 느끼는 것과 객관적 현상은 실체로 존재하는 것이 아니라 의식의 나타남일 뿐이므로 나와 외부 세계는 의식의 흐름에서 나타나는 영상에 불과하다는 것이므로 이런 관점에서 유식학에서는 우리가 어떻게 대상을 인식하는가를 설명하기 위해 인식 단계를 세 가지로 구분했습니다.

먼저 제8식인 아뢰야식(阿賴耶識)은 과거의 모든 행위와 의식이 저장되어 있으며, 잠재적 심연과 잠재적 무의식이 작용을 시작하면 다음 단계인 제7식이 된다고 합니다.

7식은 말나식(末那識)으로 의식이 쌓여서 나라는 경험이 쌓이게 되어 나라고 하는 생각이 생겨나고 재정립되는데, 사람과 사람 사이의 관계도 정해진 것이 아니고 상황에 따라 결정되는 것입니다. 이런 과정에서 에고가 생기고 '나' 또는 '내 것'이란 생각이 일어나 잘못된 집착을 낳습니다.

이런 7식이 다시 작용하여 제6식이 되는데, 6식은 우리의 모든 행동의 통로가 되는 눈, 귀, 코, 혀, 몸 등 5식과 5식의 명령자로서의 의식을 말하고,

이 5식과 의식이 객관적 대상과 접촉함으로써 우리는 행동하게 된다는 것입니다.

유식학은 참선을 통해 제8식인 아뢰야식을 정화해 존재에 대한 바른 깨달음을 얻고 이때 존재의 집착 결과로 생긴 욕망을 없앰으로써 정신적 자유인 열반과 해탈을 얻을 수 있다고 하는데, 중관학파가 부처의 마음에 주로 초점을 두었지만, 유식 학파는 중생의 마음에 초점을 두면서 이를 치유해 나갈 것을 주장합니다. 내가 현상세계를 인식하는 방법에는 언어에 의한 개념화 형태로 의존하여 인식하거나, 지적인식이 있는 경우라면 상호 존재가 서로 연관되어 있다고 생각하여 추상적 인식을 하지만, 좀 더 깨달음을 얻은 사람이라면서 언어나 글 또는 설명으로 존재를 이해하는 것이 아니라 존재 자체를 있는 그대로 이해하는데 이 자체가 주관과 객관의 갈등이 없어 번뇌를 없애는 것이 됩니다. 유식학은 수행 중에 발생하는 여러 현상을 설명해 주는 장점이 있었기에 유가행파(Yogacara)의 사상적 기반이 되었습니다. 또한 아뢰야식의 인연 작용으로 연쇄적 상호연기 관계를 체계적으로 설명하게 되면서 중생의 유전(流轉)과 환멸(還滅)의 윤회전생(輪廻轉生)에 대한 연결 구조를 제시할 수 있게 되었습니다.

용수(龍樹, 나가르주나, 150?-250?)

가피(加被)

● 선정스님! 가피(加被)란 무엇입니까?

주로 불보살의 가피는 대표적인 보살인 관음보살(觀音菩薩)에게서 나오는 개념 중 하나입니다. 관음보살은 대개 수백 개의 손과 눈을 가지고 있는 형상으로 묘사되며, 그 모습은 무한한 자비와 인자함을 상징합니다. '가피(加被)'는 이러한 관음보살의 자비로운 능력이나 힘을 통해 모든 중생에게 불교의 가르침을 전하는 것을 나타내는 말로 사용됩니다. 이는 불교 신앙에서 구제와 가르침의 힘에 의해 모든 중생이 깨어날 수 있음을 표현하는 중요한 개념 중 하나입니다. 주로 많이 알려진 세 가지 가피 중 현증가피(顯證加被)는 불교에서 자신이 직접적으로 깨우침을 얻고, 동시에 관음보살 또는 다른 보살의 가르침과 보호를 받아 나아가는 경험을 나타냅니다. 몽중가피(夢中加被)는 꿈 중에서도 불교적 가르침과 지도가 이루어지는 상태를 나타냅니다. 이는 꿈의 세계에서도 관음보살이나 다른 보살 등이 불교의 가르침을 통해 중생을 지도하고 보호한다는 의미를 갖고 있습니다. 이러한 개념은 신화나 수행 경험 등에서 비롯된 것으로, 꿈 중에도 올바른 깨달음과 실천을 이룰 수 있다는 불교적인 관점을 반영하고 있습니다. 마지막으로 명훈가피(冥勳加被)는 어둠이나 고통의 경험을 통해 얻은 깨달음이나 가르침을 나타내며, 이로써 성장하고 깨어나게 되는 과정을 나타내는 것입니다. 이는 어려운 시기나 힘든 경험을 통해 얻는 지혜와 깨달음에 대한 불교적인 관점을 반영하고 있습니다.

* * *

붓다의 말씀을 따르고 잘 받들면 간절한 기도를 통해 자비심을 베푸는 좋은 복과 은혜를 받는다고 믿습니다. 이런 은혜를 산스크리트어로 Adhiṣṭhāna라 했고 불교식 한자 용어로 가우(加祐), 가비(加備), 가호(加

護)라고도 합니다. 가피에는 현실에서 받는 현증가피(顯證加被), 자각몽 같이 꿈을 통해 이뤄지는 몽중가피((夢中加被), 현실에서도 꿈속이 아닌 생각만 하면 이루어지는 현전가피 또는 명훈가피(現前加被, 冥勳加被)가 있습니다. 가피는 부처가 내려주는 것은 아닙니다. 불보살도 가피를 내려줍니다. 이런 힘을 위신력(威神力)이라고 합니다. 위신력을 통해 자신의 소원이 성취되기도 합니다. 살다 보면 원하지 않게 어려움이 생기기도 하고 해결해야 할 문제에 고민하기도 합니다. 이런 경우 마음을 안정하고 간절한 기도를 하다 보면 생각지 못한 해결책이 떠오르거나 올바른 해법을 찾도록 하는 길이 보여집니다. 이런 가피를 현증가피라고 하는 것이고, 흔히 일상의 기도 속에서 경험하는 것이기도 합니다. 많은 경우 자신의 문제에 깊은 걱정을 하는 중에 잠을 자다가 부처나 보살을 꿈에서 만난 후 자연스럽게 문제가 해결되거나 문제해결의 실마리를 제공받아 해결되기도 합니다. 이런 경우를 몽중가피라고 합니다. 그리고 평소 마음을 잘 정리하여 일상의 삶에 올바름을 행하며 살면 가는 곳마다 평온이 생기는데 이런 가피를 현전가피 또는 명훈가피라고 합니다. 가피를 받기 위해서는 간절함이 있어야 하고 마음을 집중하는 삼매(三昧)가 존재해야 가피는 잘 이루어집니다. 원하지 않는 사람에게 자비는 내리지 않습니다. 가피는 자신이 깊이 생각하고 문제해결을 하고자 하는 정명(定命)이 요구되며 정정진(正精進) 중에 나타나는 스스로의 깨우침이기 때문입니다. 가피와 비슷한 경우가 기독교에서는 기도의 응답이나 기도발이라고 하는데 이 또한 간절한 소망에 대한 주님의 응답이라고 합니다.

불보살의 가피

공(空)

● 선정스님! 공(空)이란 무엇입니까?

불교에서의 공(空)은 현상의 본질과 세계의 실재에 대한 깊은 철학적 이해를 나타내는 중요한 개념입니다. 빈 공간이나 무의미한 공허함이 아니라, 보다 깊은 의미를 내포하고 있습니다. 공(空)은 주로 '선(善)과 악(惡)', '유(有)와 무(無)', '존재와 비존재'와 같은 이원적인 개념들을 초월하고 넘어서는 무한한 현실의 본질을 나타냅니다. 모든 존재의 일시적이고 무상한 본질로써 불교는 모든 현상과 존재가 일시적이며 변화무쌍하다고 가르치고 있습니다. 공(空)은 이러한 현상들이 고정되지 않은, 영속적이지 않은 본질을 갖고 있다는 의미입니다. 모든 것이 무한한 현상의 흐름에서 비롯되고 사라진다고 이해됩니다. 또한 이원적인 구분의 초월을 통해 이성과 이로움, 선과 악, 유와 무와 같은 이원적인 개념들을 초월해야 한다고 가르칩니다. 공(空)은 이러한 이원성을 넘어서 모든 것이 상호연관되어 일체로 존재한다는 깊은 의미를 내포하고 있습니다. 공은 각각의 존재가 독립적이지 않고 서로 영향을 주고받는 관계에 있다는 것을 나타냅니다. 그러므로 모든 존재의 상호의존적 관계가 있어 모든 존재가 서로 연결되어 있으며, 공(空)은 모든 것이 독립되지 않고 모든 존재가 고립되지 않고 함께 운명을 나누고 있다는 것을 의미합니다. 결과적으로 불교는 공(空)에 대한 깨달음이 진리에 이르는 길이라고 가르칩니다. 이때 현상의 일시적이고 무상한 본질을 깨달아야 하며, 이를 통해 세계의 실재에 대한 오해를 벗어나 진리를 깨닫게 됩니다. 하지만 이는 자신의 수행과 깨달음을 통해 이루어지는 경험이 중요한 역할을 하는 부분입니다. 공(空)은 매우 복잡하고 깊은 주제이며, 이는 다양한 불교 전통과 학파에 따라 해석이 다를 수 있습니다.

* * *

공(空)은 여러 인연으로 일어나는 현상을 의미하며 존재한다는 것 또한 인연에 의해 일어나므로 모든 존재는 공(空)이 아닌 것이 없다고 합니다. 사람을 포함한 일체 만물은 직접적 원인인 인(因)과 간접적 원인은 연(緣)에 의하여 생겨났고, 인연에 의하여 변할 뿐, 고정불변의 실체가 없다는 불교의 근본 교리입니다.

오래전 인도에서 공(空)의 개념을 발견한 것도 위대한 업적이지만, 공이라는 정신과 사상적 작용의 발견에 앞서 숫자 0(零)의 발견은 인류 최대의 행운이었습니다. 숫자 0은 새로운 수의 영역을 확장했을 뿐만 아니라 인류사에서 세상을 가장 발전시킨 디지털 혁명의 기초가 되었습니다. 그리고 불교의 핵심 개념인 공의 사상을 만들어서 정신적 확장을 일으켰습니다. 일상에서 숫자 0(零)의 작용은 매우 크지만, 실체의 값이 없는 아주 특별한 개념으로 어떤 전환점을 정해줍니다. 즉, 음수와 양수의 사이에 숫자 0(零)이 없다면 그 연속성은 끊어지고 더 이상 수의 확장은 불가능합니다. -3, -2, -1, 0, 1, 2, 3처럼 0이 있어야 음수와 양수의 구분이 가능하고, 어떤 숫자(1, 2, 3...)에 0(零)이 붙어야 10이 되고, 100이 되거나 20이 되고, 200이 되듯 숫자 0(零) 혼자로는 어떤 작용도 못 하지만 다른 숫자와 함께 있으면 그 능력이 어마어마하게 확장되는데 이런 숫자 0(零)의 개념이 불교의 공의 개념과 일치한다는 것입니다. 즉, 실체는 없지만 커다란 작용 값을 가지고 새로운 가치 부여를 합니다. 이를 진공묘유(眞空妙有)라고 하며 이 세계는 공의 원리가 작용하므로 불변하는 실체 없이 여러 인연의 일시적인 화합으로 존재하는 현상이라고 보는 것입니다.

마하반야바라밀다심경(摩訶般若波羅蜜多心經)의 색즉시공공즉시색(色卽示空空卽示色)의 의미처럼 "색이 공과 다르지 않고, 공이 색과 다르지 않으며, 색이 곧 공이요 공이 곧 색이다."라는 의미는 이 세상에 있어서 물질적 현상에는 실체가 없는 것이며, 실체가 없기 때문에 바로 물질적 현상이 있게 되는 것입니다. 이는 반야지혜를 깨우치는 것이라고 보는데 불교에서 말하는 공(空)이란 없음이 아닙니다. 즉, 무(無)가 아니라는 것이며, 공이란 연기의 이치와 무아의 이치 그리고 무상의 이치를 담은 큰 의미라고 보면 됩니다. 또한 오온(五蘊)이 공(空) 함을 안다는 것은 고(苦), 무상, 무아를 아는 것으로 귀결됩니다. 사물을 바라보는 입장에서 색이나 공에 대한 분별과 집착을 버리고 그 내면의 실체를 볼 수 있는 혜안을 가지므로 삶과 죽음에 대한 자신만의 기준을 가진다면 그 자체가 의미 있는 열반과 해탈의 준비라고 봅니다.

많은 중생은 불교의 화두에서 무소유라는 단어를 떠올립니다. 그러다 보니 무소유를 실천해야 한다고 생각하고 이를 따르려고 합니다. 하지만 무소유에 대해 붓다는 어떤 생각을 했을까요? 붓다의 일대기를 보면 그는 무소유를 원하지는 않았던 것 같습니다. 당시 바라문교의 무소유주의에 대해 옷도 입지 않는 나체수행자들을 탐탁지 않게 여겼으며, 당시 사문이나 비구승이나 비구니 승들이 철저한 무소유를 실천했다면 도리어 만여 명이 넘는 큰 승단을 유지하기 어려웠을 것입니다. 아마도 붓다는 이들과 함께 살면서 아무것도 갖지 않는다는 것이 아니라 불필요한 것을 갖지 않는다는 것을 실천했을 것입니다. 탁발할 때도 깨끗한 승복을 입게 했고 필요한 물품은 과하지 않으면 허용했듯이 이는 분명 과분한 탐욕에 대한 주의일 것이고 현실을 무시하지 말고 자비를 통한 배려의 마음으로 탐진치를 벗어나게 한 것입니다. 또한 그 의미 중에는 "크게 버리는 사람만이 크게 얻을 수 있다."라는 법정스님의 글처럼 무소유가 아닌 무 집착을 더 강조하는 것은 아닌지 생각해 봅니다. 무 집착이란 삶의 최소주의를 강조하는 것이기에 살아가는 과정에서 적게 소유하고, 적게 사용하면서 소유에 대한 번뇌를 가능하게 줄여주고, 삶의 현상에서 본질을 보고 본질에서 본질을 알아가며, 공과 색의 반야를 경험하라는 것이라고 봅니다.

존재의 부재와 본질적인 공성

불교에서 갈애(渴愛)와 업(業)의 관계

● 선정스님! 갈애(渴愛)와 업(業)이란 무엇입니까?

불교에서의 '갈애(渴愛)'는 주로 집착, 열망, 욕망 등을 나타내는 용어로 사용됩니다. 또한 삶의 고통이나 불안을 초래하는 주요 요인 중 하나로 간주됩니다. 이는 인연, 업적, 또는 행동의 결과로서의 인연을 나타내는 말이기도 하여 불교는 욕망과 집착이 삶의 고통을 초래한다고 가르치며, 이러한 갈애에서 벗어나는 것이 열반과 평화로운 삶을 찾는 길이라고 설명합니다. 그러므로 갈애는 욕망의 순환에서 벗어나고 집착을 풀어내어 내적 평화와 깨달음을 얻는 것을 의미합니다. 갈애를 이해하고 극복함으로써 자신은 불안과 고통으로부터 해방되고 순수한 삶을 살아갈 수 있다고 가르칩니다. 개인적으로는 욕망과 집착에서 벗어나는 것이 내적 평화와 깨달음을 찾는 길일 수 있다는 측면에서 불교의 관점을 이해할 수 있습니다. 불필요한 욕망에 사로잡히지 않고 순수하게 현재의 순간을 살아가는 것이 삶에 대한 깊은 이해와 만족을 가져다줄 수 있다고 생각합니다. 갈애는 삶의 본질적인 특성 중 하나로 여겨지기에 이러한 갈애를 이해하고 극복하기 위해 사람들에게 깨달음을 통한 해방을 제공하고 있습니다. 갈애를 이해하고 이를 극복하기 위해 중도(中道) 즉, '고도(苦道)'를 제시하고 있습니다. 삶의 고통과 곤란을 극복하려면 우선 갈애의 원인과 과정을 깊이 이해하고, 이를 극복하기 위한 심신의 수련과 깨달음을 얻는 노력을 기울여야 한다는 것이 중도입니다. 마음을 조화롭게 하고 우주적 진리에 깨닫게 되면 삶의 갈애에서 벗어날 수 있다고 불교는 가르치고 있습니다.

불교에서 '업'은 행동이나 행위를 의미하므로 이러한 업은 과거, 현재, 미래의 삶에 영향을 미치는 결과를 가져옵니다. 불교는 갈애(渴愛)와 업이 깊이 연결되어 있으며, 이 관계가 출생과 죽음, 그리고 윤회에 영향을 미칩니다. 갈애(渴愛)는 모든 존재들 간의 연결이나 인연을 나타냅니다. 불교는 이전 생에 이루어진 행동이나 업이 현재 생과 미래 생에 영향을 미치는데, 이것이 갈애(渴愛)라고 표현됩니다. 자신의 삶은 이 갈애(渴愛)에 의해 서로 연결되어 있으며, 지난 업과 현재의 행동이 미래를 결정하는 인과관계에 기반합니다. 즉, 고집멸도(苦集滅道)의 생의 고통, 고통의 원인, 고통의 종료, 고통의 경로를 통해 삶의 의미와 고통에서 벗어나는 방법을 제시합니다. 이를 통해 개개인은 자아를 깨닫고, 올바른 삶의 길을 향해 나아가도록 해야 합니다. 또한 업(業)은 모든 행동이나 행위를 가리킵니다. 좋은 행동이나 나쁜 행동, 선한 의도나 악한 의도, 그 어떤 행위도 모두 업에 해당합니다. 불교는 업이 쌓일 때 그 결과로서의 갈애(渴愛)가 형성되고, 이는 다음 생의 상태나 환경을 결정하는 데 영향을 미친다고 여깁니다. 그러므로 업을 통해 생명이 윤회의 순환을 돕는 것이라 보는 것입니다. 현재의 행동이 미래의 상태를 결정하고, 미래의 상태는 다시 새로운 행동을 유발하는 식입니다. 이런 관점에서 업은 자신이 직면하는 고통과 환경, 그리고 미래의 삶에 영향을 미치는 중요한 역할을 합니다. 최종적인 목표 중 하나는 올바른 인식과 올바른 행동을 통해 업의 사슬을 끊어내어 열반과 해탈을 실현하는 것입니다.

* * *

　불교에서 말하는 갈애(渴愛)는 인생의 본질, 고통의 원인, 그리고 해결책에 대한 가르침을 제공하는 사성제(四聖諦)와 팔정도(八正道)를 포함하고 있습니다. 삶 자체에 내재된 고통과 어려움을 나타내는 탐욕, 성냄, 어리석음 등 삶이 불완전하고 불안정하며 변화무쌍하다는 관점에서 본다면 갈애(渴愛)는 불가피한 것으로 여겨집니다. 인간은 출생, 노화, 질병, 죽음과 같은 삶의 변화와 연관된 고통을 경험하게 됩니다. 세상의 괴로움이란 갈애에서 시작되는데 이는 모든 현상이 당연히 사라지는데 이것을 사라지지 말라고 집착하는 것에서부터 발생합니다. 이런 집착이 계속되면 갈애(渴愛)가 더 많이 존재하게 되고 중생들은 고통을 느끼게 되고 고통이 있기에 이를 벗어나려고 힘든 노력을 합니다. 그 과정에 불교는 사성제와 팔정도를 통해 해법을 찾고 있습니다. 즉, 진리를 모르는 어리석음에 대한 무지가 갈애의 중요한 원인이라고 알려주는 것입니다. 물론 고통이란 매우 다양하고 불안정한 모습을 보이기에 고통의 원인을 찾기 어렵습니다. 그리고 매우 변화무쌍하여 중생마다 많은 차이를 나타내서 이를 모두 해결하지도 못합니다. 하지만 다양한 갈애(渴愛)를 제거해야만 불필요한 욕망과 욕심 그리고 탐욕과 무지를 매듭지을 수가 있기에 여기서 벗어나야만 합니다. 이는 정신적인 노력뿐만 아니라 행동하는 실천의 문제가 더욱 중요하고 큰 노력이 필요한 부분이기도 합니다.

  갈애(渴愛)와 업(業)은 인연과 행동의 결과, 그리고 인연과 행동이 어떻게 현상의 연속성을 이루는지에 대해 윤회적 순환의 큰 연결고리가 됩니다. 업은 행동이나 행위를 나타냅니다. 불교는 모든 행동이 바로 업이 되며, 이 업이 갈애(渴愛)를 형성하고 중생의 모든 운명에 영향을 미치는 것으로 간주합니다. 중생의 과거 행동이나 업이 현재의 삶에 영향을 미치고, 이는 갈애(渴愛)를 형성하고, 현재의 업이 미래의 삶과 경험에 어떠한 갈애(渴愛)를 형성할지 결정합니다. 여기서 업은 선악을 불문하고 모든 행동이나 의도를 포괄하며, 이 업이 생명체의 윤회와 부조리한 현상을 이루는 데 이바지하기에 갈애(渴愛)를 없애야 고통이 없어지고 윤회적으로 태어남도 더 이상 없고 윤회가 멈추게 됩니다. 이런 것을 열반(涅槃) 또는 해탈(解脫)이라고 할 수 있습니다. 일상에서 흔히 보는 갈애 중에 남녀 간의 관계와 부모 지식 간의 문제는 크게 갈애와 업이 직접 작용하는 경우가 많습니다. 특히 부모와 자식 간은 끊을 수 없는 인연이기에 더욱 그 작용이 크고 만약 결과가 나쁜 상황이라면 그 과업에 대한 윤회적 악순환이 되풀이될 수 있어 적절한 순환 고리를 끊을 기회를 얻어야 할 경우가 생겨 이 또한 경험 많은 누군가의 도움이 필요할 수 있습니다.

갈애(渴愛)와 업(業)

정근(精勤)

● 선정스님! 정근(精勤)이란 무엇입니까?

정근(精勤)은 정성을 다해 노력하고 근면하며, 몰두하면서 수행하는 것을 나타내는 개념입니다. 주로 깨달음을 이루기 위한 핵심적인 노력의 개념으로, 이를 통해 다양한 도움을 얻을 수 있습니다. 정(精)은 정성, 정신적인 에너지, 또는 정신적인 힘을 나타내고, 근(勤)은 노력하다, 꾸준히 일한다는 의미를 갖습니다. 따라서 정근은 정성을 다해 꾸준히 노력하는 것을 의미합니다. 정근은 주로 수행(修行)에 대한 노력과 열정을 강조하는 데 사용됩니다. 수행은 삶의 고통에서 벗어나기 위한 불교의 핵심적인 실천 활동을 의미합니다. 정근은 이러한 수행에서 마음을 정화하고 깨달음을 얻기 위해 필요한 노력과 전력을 다하라는 것입니다. 불교의 수행자가 지녀야 할 덕목에 대한 경전 중 하나인 법구경(法句經, Dharmatrata)에서는 정근에 대한 가르침이 다루어집니다. 여기서는 정성을 다해 수행에 전념하고, 꾸준한 노력을 통해 깨달음을 이루도록 하는 중요성이 강조됩니다. 불교는 꾸준하고 지속적인 수행과 노력이 자신의 심적 성장과 깨달음을 이루는 데 결정적인 역할을 한다고 가르칩니다. 정근을 위해서는 명상 수행과 경전을 읽고 이해하고 암송하며, 마음을 정화하고 좋은 스승을 만나 가르침을 받고 수행을 해야 합니다.

* * *

수시로 흩어지고 움직이는 불안정한 마음을 한 생각으로 집중시켜 정성껏 불교의 가르침에 대한 지혜와 공덕을 생각하고 찬탄하는 '정근(精勤)'은 어떠한 환경에 처하더라도 마음이 흔들리지 않고 몸과 마음을 하나로 모아 맑고 밝아진 확고부동한 마음자리를 찾아 기쁨을 느끼게 해주는 것입니다. 이처럼 정근(精勤)은 불교에서 깨달음을 이루기 위한 핵심적인 노력의 개념이기에 평소 꾸준한 수행을 통해 깨달음을 달성하는 것이 중요합니다. 이는 마음을 정화하고 깊이 몰두함으로써 자신은 무의식적인 욕망과 매달림에서 벗어나게 됩니다. 개인적으로도 정성을 다해 수행하면 스트레스 감소, 내적 안정감 증대, 그리고 감사 의식 증가와 같은 긍정적인 변화를 경험할 수 있어 정신적인 안녕과 평온을 촉진하는 데 효과적입니다. 또한, 정근은 더 나은 삶을 추구하는 데 도움을 주기에 마음의 통제와 몰입력을 강화하면서 정신을 성장할 기회를 줍니다. 그러므로 마음을 수련함으로써 인생의 의미와 목적을 더 깊이 이해할 수 있게 됩니다. 정근을 실천하는 방법으로 명상 수행은 마음을 집중하고 정화하는 데 효과적입니다. 숨을 관찰하거나 호흡을 조절하며 현재의 순간에 집중하는 등의 명상 기법을 통해 몰입할 수 있습니다. 그리고 꾸준한 경전이나 교리를 공부하고 좋은 불경이나 진언을 듣는 것입니다. 무엇보다 중요한 것은 동기부여를 높이고 집중하는 것입니다. 자신의 불완전성에 대한 고찰을 통해 행동을 교정하고 올바름에 대한 판단 능력을 키워야 합니다. 여기에는 주위 보살들과 훌륭한 스님들의 도움이 필요하고 공동체적인 지지가 필요합니다. 많은 사람은 전문가가 되기를 원하지만, 전문가란 시간과 돈이 많이 투자되는 경우가 많고 자신의 의지가 일정 기간 유지되어야 가능합니다. 어느 분야에 대해 자신 있게 일을 하기 위해서는 적어도 10년 이상의 노력이 필요한데 저자도 자신 있게 환자를 보기까지는 20년의 긴 세월이 필요했습니다. 그전까지는 교과서와 선배 의사로부터 배운 지식 범위에서 따라 했지만, 꾸준히 환자를 보면서 나름의 정리를 하자 제 정근이 작용했는지 실체적 전문의로 진료를 할 수 있게 되었습니다. 시험만 봐서는 진정한 전문가는 되지 않기에 이 또한 자신 있게 한 분야의 전문가가 되기 위해서도 많은 시간과 노력이 필요하다고 봅니다.

정근(精勤)

무지(無知)

● 선정스님! 무지(無知)란 무엇입니까?

불교에서 '무지'의 '무(無)'는 '없음'이라는 뜻이고, '지(知)'는 '알다', '이해하다'라는 의미입니다. 따라서 '무지'는 글자 그대로 '알지 못함' 또는 '무지함'을 나타냅니다. 불교에서는 무지를 삶의 근본적인 문제로 여기며, 삶의 고통과 윤회의 주된 원인 중 하나로 꼽습니다. 무지는 일반적으로 나 자신이 자아와 세계에 대한 올바른 이해를 갖지 못하고 있음을 나타냅니다. 이러한 무지로 인해 욕망과 불안, 아픔, 죽음에 대한 고통을 겪게 되며, 이를 극복하기 위해 깨닫고 깨어남으로써 열반의 길을 찾아가는 것이 불교 수행의 중요한 과정 중 하나입니다. 즉, 무지를 극복하고 진리를 깨닫는 것을 불교에서는 열반으로 이어지는 길이라고 여깁니다. 불교 수행자들은 깨어남을 통해 무지의 상태를 벗어나고 올바른 이해를 얻어서 삶의 고통에서 벗어나는 것을 목표로 합니다. 죄는 다 같은 옳고 그름의 선택이 아닙니다. 불교에서는 무지(無知)로 인한 죄와 알고 지은 죄를 모두 극복해야 한다는 관점이 있습니다. 무지로 인한 죄는 삶의 근본 문제 중 하나로 여겨지며, 이를 극복하기 위해 깨달음을 통한 깨어남이 중요하다고 강조됩니다. 즉, 무지의 상태에서 비롯된 욕망과 착취적인 행동은 고통과 윤회의 원인이라고 불교에서 가르치고 있습니다. 그러나 알고 지은 죄 또한 불교는 성찰과 깨달음을 통해 극복해야 할 과정으로 간주합니다. 죄악은 욕망과 무지의 결과로 생겨날 수 있으며, 이를 극복하기 위해서는 깨어남과 진리를 깨닫는 과정을 거쳐야 합니다. 따라서 무지로 인한 죄든 알고 지은 죄든, 깨어남과 깨달음을 통해 극복되어야 할 것입니다.

* * *

세상사 다 알고 살지는 못합니다. 그리고 일반 중생들은 수많은 법과 규정을 알 수도 없습니다. 또한 이런 규정이 정말 올바른 절대적 선택인지에 관한 판단이 어려운 경우도 많아 우리나라처럼 죄나 규정을 일일이 지적하는 포지티브법 구조에서는 매번 공표되는 수많은 규정을 알아야 지킬 수 있습니다. 이는 행정제도의 편리성을 우선시하려는 행정 만능주의적 제도이기에 이런 규제를 피하지 못하고 너무도 많은 법률을 위반하고 살아가는 사람들은 하루하루가 힘들고 위험하기도 합니다. 그렇지만 넓은 의미에서 양심과 도덕에 크게 위반되지 않는 범위에서 생활한다면 크게 문제가 되지는 않겠지만 일부 중요한 법률이나 규정에 대하여 교육이나 홍보를 못 받아서 생기는 불합리한 위반도 많이 존재합니다. 하지만 이런 것도 많은 사람이 함께 사는 현대 사회에서 모른다고 규정을 안 지키면 안 되고 최소한의 내용은 알아야 하고 일부 모른다고 해서 그 죄가 감해지거나 면죄되는 것도 아닙니다. 어쩌면 이런 모르는 무지에 의한 죄를 짓는 것은 알고 짓는 죄보다 상대방이나 대상에게 더 큰 피해를 주거나 반복적인 문제를 일으킬 수가 있습니다. 그래서 죄를 모르고 짓게 되는 무지 또한 용납이 안 되고 만약 규정을 어기고 죄를 지었다고 해도 결코 용납이 어려운 부분이라고 할 수 있습니다. 이는 불교에서도 무지에 의한 죄를 크게 보는 것과 같은 이치라고 봅니다. 불교의 뜻을 이해하고 깨우침을 얻기 위해서 사람들은 무지에서 벗어나야 합니다. 무지에서 벗어나기 위한 수많은 노력은 이미 불교가 생긴 이래 꾸준히 이어져 왔습니다. 물론 불경을 읽고 염불하며 정진 수행을 하기도 하고, 선이나 명상을 통해서만 깨우침을 얻는 것은 아닐 것입니다. 결국 무지(無智)를 탈피하기 위해서는 두뇌의 작용을 빌려 새로운 지식을 모으고 기억하고 그 기억을 통해 추론

하며 새로운 판단을 끌어내야 할 것입니다. 비록 어려운 뇌 과학 분야이지만 기억과 시간이 무엇인지에 대해 알아 두면 좀 더 효율적인 수행이 가능하리라고 봅니다.

사람들이 인식하는 시간은 뇌가 있기에 가능한 것이고 기억이 존재하기에 시간을 의식하는 것입니다. 기억을 만들어 내는 뇌의 기전에서 중요한 것은 편도체인데 이곳에서 조건화된 감정학습을 담당하고 있고 편도체를 보조하는 HPA(시상하부-뇌하수체-부신)축, 소뇌, 대뇌 감각 피질, 선조체, 전두엽 그리고 해마복합체(middle Temporal lobe)가 함께 연관되어 기억을 생성합니다.

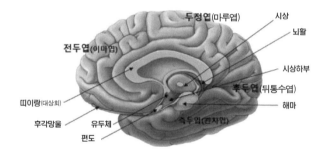

대뇌반구의 안쪽과 밑면에 해당하는 부위이며, 종족유지에 필요한 본능적 욕구와 직접적 관계를 가지고 있다.

대뇌변연계(limbic system)

특히 사람들이 의식하는 중요한 기억의 핵심은 일화기억(episodic memory)입니다. 이런 일화기억이 생성되기 위해서는 몇 가지 주요 부위가 함께 작동해야 합니다. 그중에 HPA(시상하부-뇌하수체-부신)축은 스트레스와 연관된 반응과 소화계, 면역계, 감정과 기분, 성반응, 에너지 저장 및 소모를 비롯한 다양한 신체 과정을 조절하지만 기억과정에도 중요한 역할을 합니다. 소뇌는 조건화된 조건반사와 운동기억을 관장하고, 대뇌 감각피질은 기억의 저장과 개념을 점화시킵니다. 대뇌 기저핵의 선조체는 습관화된 행동기억을 관장하며, 전전두엽은 두 부분으로 나누어져 등쪽은 작업기억과 예정기억에 관여하고, 배쪽은 의미기억(semantic memory), 자발적 회상, 과거기억을 불러오거나 불필요한 기억을 소거하는 작업을 합니다. 해마복합체(Middle Temporal Lobe)는 일화기억을 담당하는 중요한 부위로 기억을 맥락화하고 기억을 공고화하여 장기기억으로 남겨둡니다. 여기서 사람들이 인식하는 현재라는 의미는 작업기억이 작동되는 순간으로 매우 짧은 0.5초 내외의 시간이지만 작업기억이 중요한 것은 작업기억이 작동되는 순간을 의식이 작동되는 시간이라고 할 수 있고 이런 상태가 현재이기에 작업기억이 곧 의식작용이라고 할 수 있습니다. 이후의 대부분 기억은 일화기억(episodic memory)에 의해서 기억의 순서가 정해집니다.

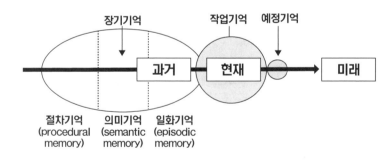

시간과 기억의 관계

기억에 대한 뇌의 전반적인 기전을 좀 더 알아보겠습니다. 일상의 시간 흐름에 대하여 사람들은 약속이나 미래의 일에 대한 계획 등을 기억하는 예정기억을 가지면 곧이어 작업기억이 발생하는데 이를 현재의 시점에서 발생하는 기억으로 보는 것입니다. 작업기억은 0.5초 내지 1초 정도에 사라지는데 자신과 연관된 순간순간에 마주치는 건널목의 신호등 신호나 거리를 지나가는 사람들, 주위의 물건들이 이런 작업기억에 속합니다. 이런 작업기억 중에 필요하다고 인식되는 일부 기억들은 반복적인 작업에 의해서 장기기억으로 넘어가서 오랫동안 유지됩니다. 장기기억은 또다시 세 가지 기억으로 분류되는데 사건의 어느 시점과 장소가 명확히 기억되는 일화기억(episodic memory)과 학습에 의한 지식적인 기억인 의미기억(semantic memory) 그리고 훈련과 경험으로 익힌 절차기억(procedural memory)으로 남게 되는데 이런 장기기억은 사람들의 의식 속에 과거의 존재로 남게 되는 기억들입니다. 일상에서 접하는 다양한 사건들은 대부분 순간적으로 소거를 통해 기억에서 지워지는데 이 중 일부 기억들은 전두엽에서 중앙처리시스템(central executive system)을 활성화시켜 기억을 유지하기 위해 관심과 주의를 주고 시간과 순서를 조율하여 이야기가 이어지는 맥락적 일화기억(episodic memory)을 형성합니다. 이때 중요한 것은 반복인 훈련을 통한 작업기억이 있어야만 장기기억으로 넘어가는데 이 기능을 활성화하기 위해서는 암송하거나, 메모를 통해서 기억하거나 사건의 장면을 순서대로 작업해서 장기기억으로 전환시킵니다. 장기기억의 기전에는 사건의 요소를 기억하는 서술기억(declarative memory)과 평소 습득된 자전거 타기 등의 기술적인 암묵적 기억으로 표현되는 절차기억(procedural memory)으로 구분합니다. 서술기억은 다시 시간과 공간의 의미가 강한 일화기억(episodic memory)과 시간과 공간의 의미가 약한 의미기억(semantic memory)으로 남습니다.

일화기억(episodic memory)은 장기기억의 한 형태로 삽화기억이라고도 합니다. 일화기억(episodic memory)은 자신이 경험한 어떤 사건에 대한 기억으로 공간적, 시간적 맥락정보를 가지고 있는데 즉, 언제, 어디서 그 사건이 발생했다는 명확한 과거 기억을 유지하는 것입니다. 주로 어린 시절의 기억이 구체적으로 뚜렷하고 자신과 깊은 연관이 있는 사건을 중심으로 순서대로 기억이 삽입됩니다. 그리고 시간의 흐름이 뚜렷하기에 사건의 순서가 잘 맞고 정확한 구연이 가능하고 연관된 기억을 함께 가져오기도 합니다. 이를 통해 사람들은 과거를 쉽게 인식하고 시간의 흐름에 대하여 크게 혼돈하지 않게 되는 것입니다. 일화기억(episodic memory)이 되기 위해서는 일반적으로 3단계의 과정이 필요한데, 첫째 정보의 부호화로써 기억 속에 들어오는 과정이 필요하고, 둘째는 보존으로써 기억 속에 유지되는 과정이 필요합니다. 셋째는 연출로서 기억을 필요로 할 때 즉각적으로 떠올라야 합니다. 이런 일화기억(episodic memory)은 기존지식과 연관되거나 부호화가 잘되거나 주위와 연관된 단서가 많을수록 더 잘 기억되고 발현됩니다. 일화기억(episodic memory)과 대비되는 기억으로는 의미기억(semantic memory)이 있는데 이는 시간과 공간의 연관이 잘 안 되는 학습된 기억이 주를 이룹니다. 예를 들면 '태정태세문단세…' 같은 조선왕조를 순서대로 외운다거나 우리나라 초대 대통령은 누구? 등의 지식적 기억이 주를 이루는데 이런 기억은 시점을 알기 어렵고 단지 지식으로 즉석에서 기억해 내곤 합니다.

담마

● 선정스님! 담마란 무엇입니까?

불교에서 '다르마' 또는 '담마'는 중요한 개념으로, 여러 의미를 포함하고 있습니다. 다르마는 산스크리트어로 'Dharma'라는 단어에서 파생되었으며, 다양한 의미로 사용되고 있습니다. 다르마는 법 또는 진리를 나타냅니다. 이는 삶의 규범과 원리를 의미하며, 불교는 이러한 법을 따르는 것이 고통에서 벗어나는 길이라고 가르칩니다. 또한 모든 존재의 본질이자 원리로 여겨집니다. 불교는 모든 존재가 변화하고 무상태 즉, 무상이라는 뜻의 '무(無)'는 무존재 또는 무변이라는 의미이며, 상태라는 변할 수 있는 현상들을 가리킵니다. 불교의 담마를 통해 인생의 진리를 탐구하고 이를 실천으로써 행복과 만족을 찾는 것은 매우 의미 있는 방향입니다. 또한 다르마는 불교 경전에 등장하는 붓다의 가르침과 불교의 교리를 나타냅니다. 경전에서는 인간의 고통을 해소하는 방법과 삶의 진리에 대한 교리가 담겨 있습니다. 이는 도덕적인 규범을 의미하기도 합니다. 올바른 행동, 선량한 생활, 자비로움, 인내 등도 포함합니다. 그러므로 다르마는 세계적인 규칙 또는 우주의 규칙으로 이해되기도 합니다. 이는 모든 것이 상호 연결되어 있고 변화하는 세계에서의 균형과 조화를 의미합니다.

담마는 비록 불교의 핵심 개념 중 하나로, 여러 전통과 학파에서 의미가 다르게 해석될 수 있지만, 일반적으로는 인간이나 다른 존재가 진리를 깨닫고 고통에서 벗어나기 위해 따라야 하는 원리와 법칙을 나타냅니다.

* * *

담마 또는 다르마는 불교에서 법으로의 가르침을 의미하며 이때 그 진리를 탐구하는 것을 말합니다. 그 중심에서 붓다의 말씀이 중심이 된 진정한 가르침이 담마라고 생각합니다. 불교를 믿는 불자들에게도 담마는 필요하고 이를 따라야 하지만 불교를 믿지 않는 일반 사람들도 좋은 가르침에 대해서는 받아들이고 실천할 수 있다고 봅니다. 좋은 가르침은 종파나 종교와 관계없이 받아들일 수가 있고 그래야 모든 사회가 밝아지고 깨끗해진다고 봅니다. 저의 관점에서 신앙으로서의 믿음과 종교로써 이해하는 것은 좀 달리 구별해서 세상을 살아갔으면 합니다. 이를 위해 종교적 신앙이 아니더라도 철학적으로 붓다의 담마를 잘 이해하고 삶에 좀 더 진실했으면 합니다. 그리고 이해심 있는 태도는 모든 인간관계와 사회 구조에 긍정적인 영향을 끼칠 것입니다. 이러한 가르침이 종교적 경계를 넘어서 모든 사람에게 도움이 되고 향상된 삶을 제공할 수 있다고 봅니다. 또한 사람들은 좋은 담마의 실천을 통해 지속해서 삶의 행복과 만족을 얻으면서 미래의 후손들에게도 좋은 모범을 보여준다면 그 자체가 진정한 윤회가 되며 불교가 더 발전하고 영속한 종교가 될 것으로 봅니다. 불교는 진리를 깨우치는 종교입니다. 이에 반해 기독교나 이슬람교 등은 신을 믿고 따르는 종교입니다. 여기서 중요한 차이점은 불교는 철학적 사상과 탐구가 필요하고 또한 깨우치는 과정에서 자신의 노력이 필요하지만, 기독교나 이슬람교는 이미 설정된 절대적 신을 믿고 순종하면 모든 것이 해결되기에 철학적 사고나 반론이 있어서는 안 됩니다. 즉, 비판이 있어서는 안 되는 것이 신을 믿는 종교의 특징입니다. 불교의 철학적 의미가 이처럼 현대 사회에 적용되고 발전한다면, 다양한 신념과 문화를 포용하면서도 공통된 인간적 가치를 강조하는 데 도움이 될 것으로 기대되며, 이는 상호 존중과 이해를 촉진하며, 더 나은 세계를 창조하는 과정에 이바지할 수 있을 것입니다. 저자는 미래 불교가 나아갈 가장 올바른 길은 신앙심을 강조하거나 종교행사를 통한 포교보다는 불교의 담마 또는 다르마의 진리를 배우고 깨우치는 지식의 확산과 토론 또는 SNS나 유튜브 등의 강좌를 통해 불교를 알려야 한다고 생각합니다.

미래 다르마 법당의 설법

소원이나 소망을 빈다는 것

● 선정스님! 기도를 하면 무엇이 좋아지나요?

불교에서의 소원이나 소망은 주로 영적인 깨달음과 세속적인 욕망으로부터의 해방을 향한 의지를 표현하는 것으로 간주됩니다. 이는 자신의 이익보다는 모든 존재에 대한 자비와 인내, 그리고 세상의 고통과 연관된 것을 초월하는 데 중점을 두는 불교의 핵심 가치를 반영합니다. 소원이나 소망은 불교 수행자가 지혜, 자비, 인내, 평등과 같은 불교적 가르침을 체득하고 불안정하고 변덕스러운 세상에서 벗어나기 위한 도구로 사용되어야 합니다. 스님들은 자신의 깨달음을 깊이 있게 탐구하고 발전시키기 위해 기도할 수 있습니다. 자비와 인내심, 현명함을 가지고 모든 존재와 함께 깨달음을 이루기를 바라는 내용을 포함할 수 있습니다. 이러한 소원이나 소망은 종종 개인적인 어려움을 극복하고 성장하기 위한 동기부여의 수단으로도 이해될 수 있습니다. 그러나 불교적 맥락에서는 이러한 소망이 개인적인 욕망에 빠져들지 않고 오히려 모든 존재에 대한 무한한 사랑과 이해를 향해 나아가는 방향을 나타내는 것으로 간주됩니다. 따라서 불교에서의 소원이나 소망은 열반과 해탈로 평화를 향한 순수한 의도를 담고 있어야 합니다.

* * *

사람들은 막연한 소원이나 소망을 빌면서 붓다에게 자신의 소원이나 소망을 바랍니다. 오랜 기간 사람들은 기도나 기원을 통해 자신의 문제를 해결하려고 하지만 그 노력이 정말 이루어졌는지는 누구도 장담하기는 어렵습니다. 물론 많은 사람은 자기 기도나 기원이 응답받아 도움을 받았다고 하지만 대부분은 이런 행동으로 이루어진 것은 많지 않습니다. 전투에 나가는 군인의 경우 기도는 필요하지만 정말 중요한 것은 자신의 무기와 방탄복과 임무 숙지일 것입니다. 기도나 부적이나 비방들이 총알이나 폭탄을 막거나 피해주지는 못하기 때문입니다. 즉, 기도와 비법만 잘한다고 세상의 모든 전쟁에서 이기는 것은 아니기 때문입니다. 하지만 기도는 필요합니다. 마음의 안정을 가져다주는 평정심을 주는 것이기 때문에 눈을 크게 뜨게 하고 마음을 다스려 불필요한 불안을 줄이고 자신이 생존할 수 있도록 지혜와 방법을 스스로 깨우쳐주기 때문입니다.

또한 일상에서 자신이 바라는 소원이나 소망이 너무 많아 그 누구라도 기도나 기원의 응답을 해주지 못하기 때문이지만 대부분은 막연한 주문을 받아줄 부처와 보살은 그 누구에게도 없기 때문입니다. 하지만 원하는 바를 명확히 인식하고 목표가 뚜렷하고 간결하다면 기도와 소원을 비는 중에 자신도 모르게 집중하게 되고 얼마간 지나면 자기 행동 속에 무엇인가 느껴지는 것이 있으며, 많은 경우 이런 소원이나 소망이 별거 아니라는 것을 느끼기도 하고 이런저런 방법을 통해 해결할 수 있을 거라는 생각이 들기도 합니다. 그러면서 자연스럽게 자신의 문제가 해결되는 경우가 많습니다. 내가 원한다고 그 누구도 소원이나 소망을 이루어주지는 않습니다. 붓다는 처음 설법하던 시기부터 원하는 답을 주지는 않았고 스스로 정진하면서 답을 찾도록 큰 스승으로 해야 할 역할을 했습니다. 그래서 스스로 깨침은 매우 큰 가르침입니다.

기도

천국과 천당

● 선정스님! 천국과 천당은 존재하나요?

불교는 천국이나 천당과 같은 개념을 갖지 않는 종교 철학으로, 그 중심에는 삶의 고통을 극복하고 벗어나는 궁극적인 목표로서의 열반과 해탈이 있습니다. 불교에서 열반과 해탈은 모든 욕망과 속박에서 벗어나 조금도 욕망이 없는 상태로 진입하는 것을 의미합니다. 이는 깨달음을 통해 달성되는데, 깨달음은 현실의 본질을 깨닫고 모든 욕망과 연결을 끊어버리는 상태입니다. 붓다의 근본 가르침은 삶의 고통과 불안정성에 대한 이해에 기초합니다. 세상 것들은 불안정하고 변화무쌍하다고 보며, 자신이 이러한 변화의 연속에서 벗어나 무한한 평화를 찾는 것이 불교의 중요한 목표입니다. 따라서 불교는 종교적인 천국이나 천당과 같은 개념보다는 오히려 삶의 고통에서 해방되는 자신의 깨달음을 중시합니다. 중생들이 현세의 고통에서 벗어나기 위해 명상, 깨달음, 그리고 교훈적인 수행을 강조하며, 이러한 노력을 통해 자신이 언젠가는 열반과 해탈을 실현할 수 있다고 가르칩니다. 따라서 불교의 관점에서는 영적인 해방과 깨달음이 자신의 최종 목표로 여겨지며, 이는 기독교적인 천국이나 천당과는 다른 의미를 가지고 있습니다.

천국(Heaven)은 기독교에서 신과 함께 머무는 영적인 신성한 곳으로 간주됩니다. 기독교 신앙에서는 구원과 영원한 행복을 상징하며 믿는 자들이 죽은 후에 영원한 생명을 보내기 위한 곳으로 여겨지며, 이는 기독교의 종교적 목표 중 하나입니다. 천국은 행복하고 영원한 삶이 기대되는 곳으로, 예수 그리스도를 통해 구원을 받아 입장할 수 있다고 믿어집니다.

천당(Tian)은 북동아시아의 정서에서 생긴 것으로 천당은 하늘의 존엄한 신성한 장소로 간주됩니다. 숭배하는 제사 체계에서 중요한 개념 중 하나로, 천당은 제사와 의식이 행해지는 곳으로 신이 하늘의 뜻을 수행하고 조상들에게 경의를 표하는 장소로 이해됩니다. 그러다 보니 유교와 도교적 사상과도 연관이 되어 천당은 인간과 하늘 간의 상호작용을 나타내며, 제사를 통해

하늘과의 소통과 조상숭배를 통한 질서 유지를 의미하는 중요한 기능을 수행합니다.

* * *

사람들은 인지가 생기면서 천상(天上), 천국(天國) 또는 천당(天堂)에 대해 큰 관심과 동경을 해왔습니다. 천상(天上)은 하늘 위의 세상을 의미하며 천국(天國)은 가장 가고 싶어 하는 하늘나라이며, 하늘나라의 중심이 되는 곳이 천당(天堂)이라고 할 수가 있습니다. 종교적으로 보면 천당은 불교에서 파생된 의미로 하늘나라에 있는 궁전을 의미하며 궁극적으로 죽어서 가는 복된 장소이지만, 천국은 기독교적인 입장에서 하나님의 힘이 미치는 하나님의 나라를 의미합니다. 그러므로 천국과 천당은 죽은 사람들이 가는 곳은 아닙니다. 단지 신들의 세계이거나 신의 선택을 받은 사람들만이 가는 곳일 뿐입니다. 사람들은 대부분 천국과 천당을 죽은 후 가는 최상의 지역이라고 생각하지만, 사람이 죽어서 신이 되기는 결코 쉬운 일이 아니기 때문에 죽은 사람이 가는 곳은 사후세계가 더 맞는 말입니다. 물론 사후세계의 존재에 대한 의미는 사람마다 생각이 다르기에 존재의 부정이나 긍정을 따지는 것은 다소 무의미하다고 보지만, 분명 천국과 천당은 사후세계와는 다른 곳입니다. 물론 이런 구분 또한 혼동해서 이해하고 있습니다. 이는 죽은 다음 더 나은 세상으로 가고 싶어 하는 사람들의 바람이 반영된 염원의 세계이기 때문입니다. 천국과 천당이란 아주 오래전부터 사람들의 삶의 세계에 존재해 왔지만, 그 누구도 완전한 묘사나 정의를 내리지 못하고 있습니다. 일부 종교나 믿음에 따라 차이가 있으나 일반적으로 지옥과 비교해 천상에 있는 이상적인 세계를 가리키는 종교적인 관념으로 받아들여집니다. 특히 죽음을 앞둔 사람들에게 천국과 천당은 어두운 지하 세계나 나락(那落)이 아닌 선택받은 사람들만이 갈 수 있는 천상의 세계라 여겨지곤 합니다.

죽음에 대한 아쉬움은 사람뿐만 아니라 반려동물이 죽어도 천국과 천당에 갔다는 위안으로 스스로 평안을 얻기도 하고 아쉬운 마음을 천국과 천당으로 대신하기도 합니다. 마이클 셔머가『천국의 발명』이라는 책에서 "천국은 인간이 만든 최고의 발명이다."라고 표현했듯이 천국과 천당은 오랜 세월 사람들의 마음속에 깊이 존재하고 있고 대부분 종교에서 마지막 종착점을 천국과 천당으로 지향하고 있습니다. 일찍이 사람들의 열악한 삶에 대한 불만과 회의, 죽음에 대한 두려움을 덜고 위안을 받기 위한 구원의 수단으로 천국과 천당은 매우 확실한 대안이었습니다. 자신들이 처한 운명이 현세가 아닌 사후의 새로운 세계에서 그 보상을 받을 수 있다는 확신을 위해서 천국과 천당은 각 종교나 지역에 맞게 해석되면서 다양한 천국과 천당이 만들어졌고 현재도 만들어지고 있습니다. 죽은 자의 나라로서의 천국과 천당이라는 관념은 차갑고 어두운 지옥과 달라서 죽은 자가 신이 되든가, 아니면 신과 함께 사는 곳으로 인식되었고, 여러 가지 빛깔의 꽃이 피고, 맑고 깨끗한 물이 흐르며, 바람은 시원하게 불고, 황홀한 음악이 들려오며, 맛있는 음식이 풍성한 감각적인 낙원 즉, 이상향(理想鄕)으로서 묘사됩니다. 이는 옛사람들이 삶에서 매우 혹독한 자연에 대한 시련이 크기에 생긴 현상으로 보입니다. 그러다 보니 종교가 번창한 지역에 따라 천국과 천당의 모습은 차이가 나는데 아열대 지역에서는 '서늘한 바람', 건조지대에서는 '맑고 깨끗한 물' 등이 강조되었으며, 또 이슬람교에서는 미녀들이 시중을 든다는 둥 그 지역의 풍토성이나 사회성이 많이 반영되고 있었습니다. 천국과 천당은 이처럼 신들이 사는 곳, 사후의 생명이 가는 곳, 선택된 영웅이나 선인이나 신자의 세계라는 점에서 죽음의 문제 및 이 세상에서 살아가는 방법의 문제와 관련이 있습니다. 이는 현세에서 이룰 수 없는 자신들의 처지를 천국과 천당을 통해 실현될 수 있다고 보는 이상향의 세계를 의미하기 때문입니다.

하지만 이런 천국과 천당은 항시 변화가 없는 좋은 환경, 풍부한 먹거리, 음악 소리, 착하고 순종적인 사람들과의 생활 그리고 늙지 않고 변화가 없는 세상이기에 아마도 1주일만 이런 곳에서 살아본다면 금방 싫증이 나고 권태롭고 무감각해지면서 정신적인 공허와 우울증을 겪게 될 것입니다. 특히 영원히 죽지 않고 그러면서 변하지 않는 세상은 그것이 바로 천국과 천당이 아닌 절대 지옥이라고 할 수 있습니다. 세상에서 가장 혹독한 형벌이 죽고 싶어도 죽지 못하는 것이기에 영원불멸은 결코 바람직한 것이 아닙니다. 또한 혼자 독방에 있는 감옥보다 더 힘든 곳이 이런 천국과 천당이라는 완벽한 세상 아닐까요? 진정한 천국과 천당은 사랑하는 사람이 있고 내가 좋아하는 사람과 반려동물과 함께 즐겁게 사는 지금 이곳이 진정한 천국과 천당이고, 새로운 변화와 자극을 통해 희로애락(喜老哀樂)을 매번 경험하면서 오늘도 살아 있다는 것에 감사하는 지금이 천국과 천당이라고 할 수 있습니다. 천국과 천당은 저 멀리 있는 것이 아니고 바로 내 곁에 있는 '지금 이곳'이기 때문입니다. 이와는 반대로 지옥 또한 바로 내 곁에 존재하는 것이고 천국과 천당이 아닌 세상이 바로 지옥이기에 천국과 천당과 지옥은 모두 같은 곳에서 존재하고 있고 나 자신이 어떤 생각과 어떤 행동을 하느냐에 따라 정해지는 것이 아닐까요?

천국과 천당

　또한 사람들은 극락(極樂)에 대해 자주 언급합니다. 극락은 아미타불이 사는 정토(淨土)로, 괴로움이 없으며 지극히 안락하고 자유로운 세상으로 인간 세계에서 서쪽으로 10만 억 불토(佛土)를 지난 곳이지만, '최고의 즐거움'이라는 의미로 사용되고 있습니다. 즉, 현세에서 벗어나 깨닫고 순수한 즐거움을 경험하는 것을 의미합니다. 이를 다른 의미로 해석하면 아미타불이 이곳에서 설법하고 있고, 깨달음을 꾸준히 공부해야 하는 곳이므로 깨우침에 뜻이 없는 중생들에게는 굳이 좋은 곳이 아닐 수도 있다고 봅니다. 그리고 극락은 천상처럼 오르기 힘든 곳이 아니고 도솔천이 있는 곳이므로 지상의 수평적인 장소입니다. '극락'은 불교적 의미가 없이 아무 걱정 없이 더없이 안락한 처지 자체를 이르는 말로 표준어로 인정되기도 합니다. 그러다 보니 갑자기 좋은 느낌을 받으면 극락 갔다고 말하기도 하고 내가 편한 상태를 극락이라 말하기도 합니다. 극락을 다른 말로 안양(安養)이라고도 하는데 경기도의 안양도 같은 표현이며, 안양전, 안양암 등은 아미타불을 모시는 곳이기도 합니다. 또한 서울의 청량리(淸凉里)도 이와 유사한 곳입니다.

극락의 또 다른 의미로 출가한 스님은 예외겠지만 결혼을 한 부부 불자라면 적절한 부부관계를 유지해야 한다고 봅니다. 왜냐하면 자연 이치가 부부의 인연을 맺어 준 것은 부부관계를 전제로 하여 만들어 낸 인간 세상의 법칙이기 때문이고 그래야만 인간이라는 종(種)이 보존되어 자손의 번창하면서 불교에 의지하여 깨달음을 얻을 수가 있기 때문입니다.

2019년 세계성의학회에서는 '성적 쾌락 선언문'을 발표했습니다. 여기서 주장한 것은 성적 쾌락(즐거움, 기쁨)은 인간이 성에서 얻으려는 가장 중요한 목표이며 동기일 것입니다. 그러다 보니 성적 오르가슴에 대한 중요성을 강조하기도 합니다. 성적 오르가슴은 부부가 사랑하기 전이나 도중에 일련의 자극 반응 현상을 통해 뇌가 얼마나 좋은 쾌감을 느꼈는지에 귀결됩니다. 성교를 통해서 우리 신체는 키스, 터치, 포옹 등의 즐거운 자극을 받으면서 육체적인 즐거움을 얻습니다. 이런 즐거움은 어느 역치에 오르면 오르가슴으로 정리를 해주는데 이런 오르가슴이 꼭 성의 절대적 즐거움의 극치라고 하기는 어렵지만 그래도 뇌가 느끼는 경련 현상이기에 강한 반응으로 기억됩니다. 이런 학습된 경험의 기억은 내가 원하는 쾌락적 감정과 상대에 대한 배려심으로 작용하여 더욱 잘하려는 노력이 생기고 이런 노력에서 얻는 행복감이 매우 긍정적인 면을 보여줍니다. 그러므로 이는 극락의 경험과 일맥상통하는 것이므로 부부간의 성관계는 중요한 극락 체험이며 이로 인한 인과의 인연으로 자손이 태어난다면 그 또한 미륵보살이 현세에 오기 전에 극락정토가 이루어지는 것이 아닐까 생각해 봅니다.

극락정토(極樂淨土)

명상과 부정적 생각

● 선정스님! 명상은 어떻게 하는 것입니까?

정신적으로 깨어있고 내적 평화를 찾는 데 도움을 주는 수단으로 명상은 필요합니다. 특히 불교에서의 명상은 다양한 형태와 목적이 있지만, 일반적으로 명상은 마음을 집중시키고 깨어있는 상태로 유지하며 모든 것에 대한 깊은 이해를 얻기 위해서 중요합니다. 여러 가지 명상이 있는데, 우선 싸마타 명상(Samatha Meditation)은 마음을 집중시키고 안정시키는 것에 중점을 둡니다. 숨을 관찰하거나 특정한 주체나 물체에 집중하여 마음을 조용하게 하고 안정감을 찾습니다.

위빠사나 명상(Vipassana Meditation)은 모든 경험을 깊이 이해하려는 목적을 가지고 있습니다. 감각, 생각, 감정 등 모든 경험을 인식하고 깨닫는 것을 중요하게 여깁니다.

메타 명상(Metta Meditation)은 사랑과 동정의 마음을 키우는 데 중점을 둡니다. 자기 자신뿐만 아니라 모든 존재에 대해 긍정적인 감정을 갖도록 훈련합니다.

죽음의 명상(Maranasati)은 인생의 불확실성과 죽음의 불가피한 현실을 받아들이고 인생의 목적에 대한 깨달음을 얻기 위한 명상입니다. 이 명상은 죽음에 대한 두려움과 부정적인 감정에 대처하며 인생의 진정한 의미를 탐구합니다.

이런 명상은 심리적 안정과 영적 깨달음을 위한 것으로 수행자는 통찰력을 기르고 내면세계에 대한 보다 깊은 이해를 얻으며, 부정적인 감정을 극복하고 긍정적인 태도를 개발하는 데 도움을 얻을 수 있습니다. 다양한 불교 명상 기법을 통해 수행자는 마음의 평온과 정신적인 성장을 이룰 수 있습니다.

명상은 먼저 의식적인 숨쉬기부터 시작됩니다. 명상은 종종 숨을 가라앉히고 의식적으로 숨을 들이마시는 것에 초점을 맞춥니다. 이는 몸과 마음을 안정시키고 현재의 순간에 집중할 수 있도록 도와줍니다. 그리고 의식적인 집중이 필요한데 명상은 주의를 현재의 경험에 집중하도록 유도합니다. 과거나 미래의 걱정이나 생각에서 벗어나 현재에 집중함으로써 마음을 안정시킬 수 있습니다. 이때 자연스러운 관찰을 추구해야 하는데 명상은 자신의 생각이나 감정을 객관적으로 관찰하고 평가하지 않는 것을 강조합니다. 이는 자신의 내면을 탐험하면서 객관적인 입장에서 생각과 감정을 바라볼 수 있도록 도와줍니다. 명상 도중에 정서적 안정의 증진이 생기고 스트레스, 불안, 분노와 같은 부정적인 감정에 대처하는 기술을 극복해야 합니다. 명상은 한 가지만 추구하는 것은 아닙니다. 목적에 따른 다양한 형태를 취할 수 있습니다. 명상의 목적은 정서적 안정성 확보, 집중력 향상, 스트레스 감소, 영적 성장 등이 될 수 있으며, 이에 따라 명상 기법도 차이가 있을 수 있습니다. 그리고 지속적인 연습과 무리하지 않게 길게 해서는 안 됩니다. 정기적으로 15분에서 30분 정도 명상을 실천하면 효과는 분명 나타납니다. 이때 명상을 하더라도 부정적인 생각을 가지고 있으면 원하는 명상이 어렵습니다. 이런 부정적인 생각을 불교는 '탄하(瞋恚)'라고 표현하며, 이는 고통이나 불안을 초래하는 마음의 상태를 나타냅니다. 부정적인 생각은 욕망, 무지, 불안 등과 연결되어 있으며, 자신의 마음을 어둡게 만들고 안정성을 상실하게 할 수 있습니다. 이런 부정적인 생각이 생기면 이를 극복하기 위해 다음과 같이 하십시오.

분노와 적개심의 탄하(瞋恚)를 없애야 합니다. 탄하는 부정적인 감정 중 하나로, 불만이나 분노, 적개심과 관련이 있습니다. 불교는 분노와 같은 감정이 자신과 다른 이들과의 관계를 손상시키고, 자신의 내면에 고통을 초래한다고 가르칩니다. 이를 극복하기 위해서는 인내심과 이해심을 기르고, 상황에 대한 수용과 조절을 통해 분노를 헤쳐서 나갈 필요가 있습니다. 그리고 비난과 비판의 모하(謗)를 해서는 안 됩니다. 다른 이들을 비난하거나 비판하는 생각은 탄하에 해당합니다. 불교는 이러한 부정적인 사고가 자신과 타인에게 모두 해로운 영향을 미칠 수 있다고 강조합니다. 대신에 상대방에 대한 이해와 인정, 그리고 자기 자신에 대한 겸손과 반성을 통해 부정적인 비난의 사고를 극복할 수 있습니다. 또한 우려와 걱정을 하는 이타 또는 척우(慼憂)는 버려야 합니다. 미래에 대한 과도한 걱정과 우려가 현재의 평화를 방해하며, 무분별한 욕망에 기인한 것이 됩니다. 현재의 순간에 집중하고 현실적인 대처 방법을 찾아내는 것을 강조합니다. 불교는 이러한 부정적인 생각들을 극복하기 위해 명상과 마음의 훈련, 그리고 올바른 인식을 강조합니다. 마음의 평정과 깨달음을 통해 부정적인 생각을 극복하고 긍정적인 마음가짐을 기를 수 있도록 노력하게 됩니다.

* * *

명상은 마음의 중심을 잡는 것이라고 합니다. 대체로 사람들은 마음이 밖으로 흩어져 있거나 내면에서 깊이 묻혀있기에 이를 적절한 상태로 유지하게 합니다. 명상에는 다양한 방법이 있고 다양한 시도를 통해 명상하게 됩니다. 집중명상인 사마타(Sarmadhi)나 통찰명상인 위빠사나(Upanishad) 또는 좌선이나 기도 등 자신에 맞는 명상을 하면 됩니다. 이때 마음을 청정하게 하는 것이 중요하므로 명상하는 중에 부정적인 생각을 하면 효과가 매우 떨어집니다. 사람들은 불필요한 것을 생각하거나 그것을 떨치려고 하면 도리어 그 문제로 인해 고통을 받거나 불행을 만나게 됩니다. 사람들은 부정적인 생각을 하는 중에 도리어 강조하는 효과가 생기고 문제점을 너무 의식하게 되면서 그 문제점을 피하기 어려워집니다. 이를 피하려면 문제점을 의식하기보다는 목표에 대한 방향성을 잘 설정하고 그에 따라 순응하면서 방해물이 아니라 길을 보는 것입니다. 자신의 방향성이 올바르면 명상을 통해서 올바른 마음가짐과 평온을 얻어 자신이 원하는 바를 스스로 깨치게 되므로 이는 스스로 해결하는 길을 찾는 진정한 명상의 결과입니다. 주로 많이 하는 명상에서 올바른 자세와 편안한 환경은 무엇보다 중요하고 충분히 숙면한 후에 시행해야 합니다. 명상 중에 안정을 유지해야 집중이 되고 미간에 깊은 집중을 유지하고 천천히 깊은 호흡을 하면서 감각을 차단해야 합니다. 단 충분한 숙면이 안 되면 잠으로 빠지거나 꿈과 유사한 경험을 하게 되고 명상이 잘 이루어지면 번뇌와 망상이 사라진 맑은 정신이 돌아오는 성성적적(惺惺寂寂)한 상태를 느끼게 됩니다.

명상은 그동안 알려진 효과에 대해 일부 과장이 있으므로 주의해야 합니다. 최근 뇌 과학의 발달과 영상의학 또는 신경과학 분야에서 정밀하고 검증된 연구가 활발해지면서 새로운 사실들이 밝혀지고 있습니다. 그동안에는 명상하면 절대적으로 뇌의 알파파를 증가시킨다고 믿었지만, 눈만 감아도 알파파는 증가한다는 것을 알아냈습니다. 또한 명상만으로 정신적인 희열과 평온, 번뇌의 떨침 등을 느끼는 것은 아니므로 명상의 긍정적인 효과에 너무 과장이 있었다고 봅니다. 그러다 보니 일부에서는 명상이 새로운 수련산업으로 발전한 것에 대해 우려하기도 합니다. 잘 알려져 있듯이 명상을 통해 스트레스를 완화하고, 통증을 없애주며, 정신 집중을 시켜주며, 당뇨 같은 대사 작용에 효과가 있다고 했지만 최근 연구에 의하면 이는 매우 주관적이고 과장된 결과였습니다. 더군다나 명상은 수련 기간에 따라 나타나는 효과가 수련자마다 너무도 다르기에 그 효과에 재현성이 적고 일치하지 못합니다. 또한 오랫동안 명상을 한 사람들조차 신체적 통증 문제나 질병 상태를 검증해 보면 노화에 따른 증상들은 크게 변하지 않았고 단지 명상을 통해 이를 적절히 참는 인내력과 통증을 받아들이는 전전두피질을 강화해 통증을 적절히 극복한다는 것입니다. 그리고 불안이나 긴장을 관장하는 편도체의 반응을 줄여 신체적 이상 작용을 안정시켜 줍니다.

그럼에도 명상은 수련을 통해 주의력을 높여주고 평정심을 가져다주며 안정감을 가져다줍니다. 이는 나이가 드신 비구니 스님들의 폐경에 따른 갱년기 증상발현을 관찰하면 쉽게 알 수 있습니다. 다른 종교에서 기도만 하는 여성 성직자분들보다 삶의 긍정적인 효과가 좋게 보이는 것을 저자의 임상경험을 통해 비교할 수가 있는데 이는 미래에 대한 걱정, 불안, 우울증, 불필요한 약물의 복용 등에서 좋은 효과를 보여주기 때문입니다. 이렇듯 명상은 좋은 심신의 정화를 위한 수련작용이지만 명상을 멈추면 효과는 바로 반감되므로 꾸준히 일정 시간 지속해야 합니다. 그리고 명상을 너무 심하게 하면 부작용이 생길 수 있으므로 너무 과한 명상이나 특별히 어렵게 하는 명상 또는 비규칙적인 명상을 하는 것은 피해야 합니다. 명상하기는 무엇보다 나의 심신을 위한 것이기에 절대 무리한 명상은 피해야 합니다.

명상(瞑想)

행복

● 선정스님! 행복이란 무엇인가요?

　행복은 각 개인에 따라 주관적으로 경험되는 감정이며, 일반적으로 긍정적이고 만족스러운 상태를 의미합니다. 행복은 다양한 측면에서 정의될 수 있으며, 문화, 가치관, 생활환경에 따라 변할 수 있습니다. 그러나 일반적으로 행복은 다음과 같은 특징을 포함할 수 있습니다. 행복은 즐거움, 만족, 기쁨과 같은 긍정적인 감정과 연관이 있습니다. 이러한 감정들은 삶의 즐거운 순간이나 성취, 소통, 관계 등 다양한 경험으로부터 비롯될 수 있습니다. 행복은 자기 삶이나 현재 상황에 대한 만족감과 관련이 있습니다. 나 자신의 목표를 달성하거나 의미 있는 경험을 통해 만족을 느낄 수 있습니다. 행복은 종종 사회적 관계와 연결되어 있습니다. 가족, 친구, 사회적 지지체계와의 유대감은 행복을 증진하는 중요한 역할을 할 수 있습니다. 또한 행복은 자기실현과 연관이 있습니다. 자기 능력을 발휘하고 성취를 경험하는 것은 행복을 증진하는 데 중요합니다. 행복은 종종 내적 조화와 관련이 있습니다. 자기 자신과의 조화, 내적 명료성, 정서적 안정성은 행복을 추구하는 과정에서 중요한 역할을 합니다.

　이처럼 행복은 간단한 즐거움에서부터 심층적인 의미와 연결된 복합적인 감정까지 다양한 경험을 포함할 수 있습니다. 또한, 행복은 지속적인 상태가 아니라 순간적인 경험으로도 나타날 수 있습니다. 각 개인은 자신만의 의미와 가치에 기초하여 행복을 찾고, 그 경험을 통해 더 나은 삶을 추구합니다. 불교에서의 행복은 물질적인 풍요나 외부 환경적인 조건이 아니라, 내면적이고 정신적인 상태와 태도에 중점을 둡니다. 불교는 우선적으로 모든 존재가 고통과 연관되어 있다고 가르치며, 이를 극복하여 진정한 행복을 찾아가는 과정을 강조합니다. 행복의 핵심 개념은 '고통이 없는 상태' 또는 '내면의 안정과 만족'입니다. 이를 달성하기 위해서는 무집착, 무아심, 무본능 등 다양한 개념과 실천법이 제시되어 있습니다. 불교는 모든 것이 변화하고 불안정하며 소유할 수 없다고 가르칩니다. 무소유의 개념은 물질적인 소유뿐만 아니라 정신적인 소유에도 적용됩니다. 무아심은 나의 존재를 과도하게 중시하지 않고, 다른 모든 존재와의 연결성을 이해하고 수용하는 마음가짐을 의미합니다. 그리고 욕심과 욕망이 고통을 만들어 낸다고 가르치며, 무본능은 욕심과 욕망을 퇴치하고 탐욕을 버리는 것을 의미합니다. 이를 위해 명상을 통한 마음을 조절하고 평정을 찾는 것이 중요하다고 강조합니다. 명상은 마음을 정화하고 내면의 조화를 이루는 데 도움을 줄 수 있습니다. 행복은 외부 조건이나 물질적인 성취에 의존하지 않고, 내면에서 비롯되며 깊은 평온과 만족을 의미합니다. 이는 일시적인 쾌락이나 변화하는 환경에 영향받지 않는 심신의 안정적인 상태를 향한 노력을 통해 실현됩니다.

* * *

누구도 쉽게 행복을 정의하지 못합니다. 행복은 순간마다 상황에 따라 변하기 때문이고 시간과 함께 변하기도 합니다. 그리고 가장 어려운 부분은 행복의 성취도와 만족도가 어디까지인지 정할 수가 없다는 것입니다. 행복에는 절대적 행복과 상대적 행복이 있습니다. 절대적 행복은 자신의 목적을 가지고 이루어지는 과정에서 얻는 행복감이고, 상대적 행복은 주위 상황에 따라 비교하면서 생기는 행복입니다. 하지만 절대적 행복이라고 해도 주위 상황에 따라 상대적인 행복의 비교는 계속 일어나므로 구분이 명확하지 않고 대부분 미완성의 행복을 추구하면서 다음 행복을 위한 새로운 기대를 하고 살아가게 됩니다. 현재의 목표가 이루어진다고 모든 행복이 얻어지는 것이 아니기에 행복은 사실 상대적이라고 할 수 있습니다. 하지만 상대적 행복감이라고 해도 목표가 뚜렷하고 자신이 추구하는 바를 위해 노력한다면 절대적 행복이 될 수 있습니다. 절대적 행복을 얻기 위한 좋은 방법은 평상심을 가지고 나 자신의 가치 즉, 지적 수준, 건강, 금전, 가족관계, 주위 환경 등을 개선하는 노력을 해야 하고 행복의 목표를 실현할 수 있는 정도로 정하면서 정진하는 것이 필요합니다. 행복은 나만 원한다고 이루어지는 것이 아니기에 항시 다른 대상의 비교에서 만족을 얻어야 합니다. 아무리 행복하다고 해도 상대적 비교가 없는 행복은 자신만의 만족감이라고 할 수 있습니다. 이런 면에서 불교는 그 어떤 종교보다 행복을 추구하는 종교이고 자유의사를 무시하거나 믿음을 강요하지 않는 비폭력적인 면이 큰 종교라 할 수 있습니다. 그리고 나의 행복을 위해서 남을 괴롭히거나 피해를 주지 않는 면이 강하기에 불교는 현대 사회가 지향해야 하는 이상적인 철학을 강조하는 진정한 행복 종교라고 할 수 있습니다.

행복을 찾기 위해서 종교를 가질 것을 권합니다. 그러나 성직자와 같은 수행자의 경우와 달리 일반 중생들은 종교가 모든 행복을 만족시키지는 못한다고 봅니다. 행복은 일반적인 믿음이나 가피(加被)로써 해결되는 것은 아니므로 함께 사는 사람 간의 관계에서 행복을 찾는 것이 필요합니다. 나이를 먹으면서 부부간에도 서로 깊은 친밀감이나 애정을 가진다면 더할 나위 없는 행복일 것입니다. 하지만 이런 강한 밀착감만으로 부부관계가 좋다고 말하기는 어려운 부분이 있으며 서로 추구하는 가치관이나 지적 수준이 같지 않으면 함께 있는 시간이 길수록 불만이 커지고 서로에 대한 단점만 눈에 더 잘 보입니다. 반대로 서로에게 도움을 주는 삶이나 지적 활동에 자극을 주는 부부라면 서로가 동등한 위치에서 부부 생활은 더 상승효과를 가져다줍니다. 저자는 미술 작품을 감상하는 기회가 많아 전시장을 탐방하면서 느끼는 바이지만 여성작가 분들의 작품을 보면서 두 가지 특성을 발견하기도 합니다. 많은 경우 여성작가 스스로 작품 활동에 빠져 홀로 고뇌하면서 작품을 발표하는 경우와 좀 더 편안하고 안정된 환경에서 배우자나 후원자의 직간접 지원을 받아서 작품 활동을 하는 경우를 보면 발표한 작품에서 그 차이점이 눈에 확연히 들어옵니다. 이렇듯이 좋은 부부관계나 이성과의 관계란 삶의 목표에서 서로 도움이 되고 든든한 울타리가 되어주는 관계 설정이 잘 될 때 이루어지지만, 나쁜 부부관계나 이성 관계는 서로의 삶을 살아가는 목표에 부담이 되고 추구하는 방향과 다른 요구나 제약을 가하기도 합니다. 부부 생활 중에 가끔 '당신은 나에게 아무 도움이 안 돼!'라는 소리를 듣는다면 긴장해야 할 것입니다. 나이가 들어도 삶에 있어서 든든한 지원자나 관심을 주는 사람이 있으면 자신감과 함께 여유로운 모습을 유지할 수 있습니다. 그리고 서로에게 적당히 긴장하면서 너무 간섭하지 않고 서로를 인정하고 자유를 허용하는 다소 느슨한 형태의 관계를 유지하는 것이 오랫동안 무리 없이 지낼 수 있는 노년에 필요한 사랑의 기술이라고 봅니다. 이를 위해서는 무엇보다 대화와 이해 그리고 꾸준한 지적 노력을 해야 합니다. 그중에 종교 활동은 매우 긍정적인 역할을 합니다. 서로 마음이 들지 않는다고 졸혼이나 별거 또는 가출해도 결코 노년의 삶에 큰 도움을 주지는 못하며 대안이 될 수도 없습니다. 노년이 될수록 혼자보다는 함께 가는 것이 더 좋다는 것은 당연합니다. 가끔 서로 마음이 상하면 가까운 사찰을 방문하여 불공이나 설법을 듣고 나서 인근 식당에서 가벼운 식사라도 한다면 마음속의 갈애나 증오심은 사라질 것입니다. 이것이 바로 불교가 추구하는 행복교의 역할이라고 봅니다.

행복

삶의 문제에 해답을 찾지 못한다면

● 선정스님! 삶의 문제에 해답을 찾지 못한다면 어떻게 해야 할까요?

불교는 삶의 문제에 대한 해답을 내적 깨달음을 통해 지혜를 찾는 종교 및 철학입니다. 삶의 문제에 대한 해답을 찾지 못할 때, 여러 불교적인 관점을 고려할 수 있습니다. 먼저 무지로부터 깨달음을 얻어야 합니다. 불교는 삶의 고통과 불안은 무지에서 비롯된다고 가르칩니다. 즉, 현실을 올바르게 이해하지 못하면 우리의 욕망과 연결된 무지 때문에 문제가 생깁니다. 해답을 찾지 못한다면, 무지를 깨달음으로 변화시키는 데 주력할 필요가 있습니다. 마음의 평정과 명상을 통해 내면의 안정과 깨달음을 얻는 것을 강조합니다. 문제에 직면했을 때, 명상을 통해 내면의 평화를 찾고, 마음의 파동을 진정시키는 것이 도움이 될 수 있습니다. 그러므로 무소유와 욕심의 해소를 위해 불교는 욕망과 소유에 의한 고통을 강조합니다. 문제에 직면했을 때, 불필요한 욕망을 버리고 무소유의 마음가짐을 통해 문제에 대한 해답을 찾을 수도 있습니다. 이때 현실적이고 수용적인 태도가 중요합니다. 불교는 현실을 받아들이고 수용하는 마음가짐을 강조합니다. 문제에 직면했을 때, 현실을 거부하지 않고 수용하는 마음으로서 그 문제에 어떻게 대처할지 생각해 볼 수 있습니다. 한편 무한한 변화의 인식을 위해 불교는 모든 것이 변화의 과정에 놓여있다고 가르칩니다. 어떤 문제도 영구한 것이 아니므로 시간이 지나면 변화할 수 있다는 인식이 중요합니다. 여기서 불교적인 접근은 문제를 완전히 해결하기보다는 문제에 대한 관점과 태도를 변화시키는 데 초점을 맞춥니다. 이를 통해 내적으로 안정을 찾고, 깨달음을 얻어 삶의 문제에 대한 명확한 해답을 찾을 수 있을 것입니다.

* * *

아무리 어려운 문제라도 세상에는 안 되는 일은 없다고 말하기도 합니다. 지성이면 감천이라는 말이 그래서 나온 것 같습니다. 물론 이는 교훈적 의미이기도 하고 희망을 주는 덕담일 수도 있습니다. 세상사 모두 자신의 소망대로 된다면 그보다 더 좋을 수가 없겠지만 어찌 그렇기만 하겠습니까? 평소 노력을 해도 나 자신이 삶의 문제에 해답을 찾지 못한다면 그 문제는 이미 해답을 찾지 못하는 문제일 것입니다. 즉, 부처에게 빌어도 안 되는 것은 안 되는 것이고 되는 것은 되는 것이기에 적절한 포기와 전환이 필요하다고 봅니다. 평소 자기 생각을 바꾼다는 것은 쉽지 않기에 많은 미련이 남게 되고 그에 따른 아쉬움도 커지게 됩니다. 물론 이런 일들이 많아지면 상심도 커지고 점차 자존감도 잃게 되어 소심해지기도 합니다. 그렇다고 삶의 문제에 해답을 못 찾으면 더 이상 아무것도 하지 말아야 한다는 것은 아닙니다. 일을 해결하는 데 최선만이 있는 것은 아닙니다. 최선만 있다면 최선을 이루지 못한 경우 다 불행을 맞이해야만 한다는 것이므로 결코 옳은 경우는 아니라고 봅니다. 최선이 있으면 차선이 있고 그 후에도 차차선이 존재하듯이 또 다른 기회는 얼마든지 있습니다. 이런 경우 모두가 만족하거나 좋은 결과는 아니기에 실망은 하겠지만 시간이 지나면 그에게 맞게 적응하면서 다시 새로운 환경에 적응하며 살게 됩니다. 이런 이루지 못한 아쉬움은 대부분 시간이 흐르면 망각(妄覺)이 해결해 주거나 새로운 결과에 적응하게 됩니다. 그래서 결과적으로 모든 일은 스스로 해결됩니다. 더욱 생각해 볼 일은 나 자신의 어려운 문제가 의외로 상대방이나 타인에 의해서 스스로 해결되기도 합니다. 그러다 보면 시간은 해결이 안 되는 일이 없도록 하는 가장 좋은 대안이라고 봅니다. 즉, 시간이 좋은 해결이라고 해야 할 것입니다. 결국 건강하게 오래 산다면 그 자체가 문제해결의 가장 좋은 해결법이 아닐까요?

딜레마

수많은 부처의 의미

● 선정스님! 불교에 부처나 보살이 많은 이유는 무엇인가요?

불교에서 수많은 부처(불, Buddha)는 각각 다른 역할과 의미가 있습니다. 주요 부처로는 사만다바, 암잔타, 아미타브하, 관음보살 등이 있으며, 각각의 부처는 지혜, 인내, 자비 등과 연관된 특별한 의미와 가르침을 지닙니다. 여러 부처들의 존재는 다양한 형태와 측면에서 고찰을 통해 자신에게 맞는 다양한 깨달음을 이해하고자 함을 나타냅니다.

불(Buddha): 불교에서의 부처 중 가장 중요한 개념으로, 부처가 깨달은 경지에 이르러 완전한 깨달음을 얻은 상태를 나타냅니다. 과거에 깨달은 선지자들이 아닌, 완전한 깨달음을 얻은 자를 말합니다. 과거에는 고된 수행과 고난을 거쳐 깨달음을 얻었다고 전해지는 사람들이 여러 명 있었으며, 옛 불교 경전에는 이들이 깨달은 깨달음의 내용과 가르침이 담겨 있습니다.

사만다바(Samantabhadra): 무한한 선량과 현명함을 상징하는 보살로, '보현보살 혹은 만인보살'이라고도 불립니다. 그의 존재는 모든 존재를 구원하고 선량한 행위를 통해 깨달음을 이루기 위한 본질적인 선의를 상징합니다.

암잔타(Avalokiteshvara): '관음보살'로 알려진 암잔타는 자비와 인내의 상징입니다. 그는 삶의 고통 속에서도 타인을 돕고 구제하는 데 그 힘을 발휘하며 모든 존재에 대한 자비심을 나타냅니다.

아미타브하(Amitabha): '무한광불'이라는 뜻으로, 서역에서 영생과 구원을 주장하는 아미타불은 부처 중 한 분입니다. 아미타불의 상징적인 불광은 구원의 땅인 '아미타불의 땅 (無窮光佛無窮土)'으로 향하는 염원을 나타냅니다.

이러한 다양한 부처들은 불교의 다양한 측면을 나타내며, 깨달음과 구원을 이루기 위한 지침을 제공합니다. 자신의 신앙과 믿음에 따라 부처에 대한 중요성과 의미는 다르게 해석될 수 있습니다.

불교에는 많은 부처와 보살이 있습니다. 석가모니불을 시작으로 유식에서는 미륵불, 화엄이나 선종에서는 비로자나불, 정토에서는 아미타불, 그리고 약사여래 등 많은 분이 있습니다. 이는 대승불교의 근본 정신인 누구나 깨우치면 부처와 보살이 될 수 있기에 가능한 경우입니다. 물론 석가모니불 이전의 과거에도 7불이 있었고 석가모니불은 과거의 부처를 계승한 것입니다. 장엄겁(莊嚴劫)에 언급된 7불은 비바시불(毘婆尸佛)·시기불(尸棄佛)·비사부불(毘舍浮佛)의 과거 3불과 현재 현겁(賢劫)에 나타난 구류손불(拘留孫佛)·구나함모니불(拘那含牟尼佛)·가섭불(迦葉佛)·석가모니불(釋迦牟尼佛) 등의 4불을 합하여 7불이라 합니다. 과거 부처들은 붓다의 불교에 많은 영향을 주었지만, 이분들 외에도 진리를 깨달은 자는 얼마든지 있을 수 있기에 과거 7불과 함께 현재불·미래불의 사상이 계속 발전하고 있고 보살(菩薩)·여래장(如來藏) 등 대승불교의 사상적 연원이 되고 있습니다. 이런 부처를 공경하고 따르면서 각자 생각에 맞춰 추구하는 방향성을 가지고 믿으면 됩니다. 하지만 아직 가장 중심이 되는 부처는 역시 석가모니불이기에 기본 교리에 충실한 후 부족한 부분을 추구하는 경우 여러 불과 보살들의 좋은 면을 찾아서 따르면 됩니다. 이는 좋고 그른 선택의 문제가 아니라 나 자신이 추구하는 면면에 대한 선택의 문제입니다. 그 외에도 참으로 다양한 불과 보살들이 있지만, 그분들이 추구하는 불교의 방향은 자비이고 스스로 깨침입니다.

과거 여러 부처들

4대 보살과 특징

대지(大智) 문수보살(文殊菩薩)	석가모니불 좌측에서 협시하는 지혜의 보살로 청 사자를 타고 다니고 오른손에 지혜의 청 칼을 가지고 있습니다.
대행(大行) 보현보살(普賢菩薩)	실천하는 보살로 자비나 이치를 상징하고 중생의 수명을 늘려주며 석가모니불과 우측에서 협시하며, 연꽃에 앉아있거나 6개 어금니를 가진 흰 코끼리를 타고 다닙니다.
대비(大悲) 관세음 보살(觀世音菩薩)	세상사에 슬퍼하는 마음이 강한 천수천안(千手千眼) 보살로 주로 아미타불 좌측에서 협시하며 바다와 연관이 크고, 용을 타고 다닙니다. 손에 전 병을 들고 머리 보관 중앙에 아미타불의 화불이 있습니다.
대원본존(大願本尊) 지장보살(地藏菩薩)	부처가 없는 무불 시대에 부처를 대신하는 보살로 시왕을 거느리는 왕 보살이라고 하며, 삭발했고 왼손에 연꽃 오른손은 석주나 보주를 들고 있습니다.

주요 불과 보살의 특징

석가모니불 (釋迦牟尼佛)	실존했던 붓다를 형상화한 불로 대웅전에서 대부분 가운데 계시고 머리모양이 나발로 꼽실거립니다. 오른손은 무릎에 얹혀있는 경우가 많습니다.
비로자나불 (毘盧遮那佛)	붓다의 설법이 태양 빛처럼 우주에 가득 비치는 것을 형상화한 불로 수인은 직권인 모양 즉, 손가락이 꺾여있거나 말아 쥔 모양입니다. 비로자나불이 중앙에 모셔지면 좌측에 약사여래불 우측에 아미타불이 협시되기도 합니다.
아미타불 (阿彌陀佛)	모든 중생을 구제하여 극락정토에 이끌어 주는 서방정토에 계신 불로 오른쪽 손가락을 동그랗게 모은 하품중생인의 모습을 하고 있고, 아미타불을 법당의 중앙에 모신 경우 좌측에 관세음보살을 모시고 우측에는 대세지보살 또는 지장 보살을 모십니다.

약사여래불 (藥師如來佛)	운이나 병이나 건강을 관리하는 불로 약상자를 들고 있는데 약사여래불이 본존 불로 있으면 일광보살과 월광보살이 좌, 우 협시불로 있기도 합니다.		
자씨(慈氏) 미륵보살 (彌勒菩薩)	사람들을 사랑하는 마음이 강한 보살로 붓다가 열반 후 56억 7,000만 년이 지난 뒤 내려와 중생을 제도한다고 하는 보살로 미래의 부처가 될 미륵보살이지만 이상 세계가 빨리 오길 바라는 마음으로 미륵불이 될 수도 있습니다. 이때는 앉아계시 고, 주로 의자에 앉아있거나 반가사유상 또는 서 있으면 미륵보살입니다. 알려진 것과 다르게 관촉사 은진 미륵상은 미륵불이 아닌 관세음보살이라고 합니다.		
대세지보살 (大勢至菩薩)	아미타불 오른쪽에 협시하는 보살로 중생을 독려하여 정토 세계로 인도하며, 지혜를 가진 보살로, 온갖 광명을 담고 있다는 보배병을 얹고 계십니다.		

재가보살과 출가보살

대승불교에서 보살 을 크게 재가인으로 최고의 경지에 오 른 재가보살과 결혼 하지 않고 출가하여 승려로서 최고의 경 지에 오른 출가보살 로 구분합니다.	재가보살	관세음보살 대세지보살 보현보살	출가 당시 대체적으로 귀족 출신으로 보살이 된 경우가 많아 외형이 화려하고 머리에 관을 쓰거나 장신구들을 착용합니다.
	출가보살	문수보살 미륵보살 지장보살	주로 삭발을 하고 몸에 치장이 없거나 불교와 연관된 불구를 가지고 있습니다. 미륵보살은 주로 서 있고 지장보살은 머리에 두건을 쓰기 도 합니다.

타시불(他時佛)과 타방불(他方佛)

타시불 (他時佛)	다른 시간대의 부처들	과거불: 비바시불(毘婆尸佛), 시기불(尸棄佛), 비사부불(毘舍浮佛) 현세불: 구류손불(拘留孫佛), 구나함모니불(拘 那含牟尼佛), 가섭불(迦葉佛), 석가모니불(釋 迦牟尼佛)
타시불 (他時佛)	다른 시간대의 부처들	미래불: 미륵불 등 타시불로 삼세불을 모시는 경우 가운데 석가 모니(현세불)를 중심으로 좌측에 석가모니에 게 전생에 수기를 준 부처인 과거의 제화갈라 (연등불)를, 우측에는 미래의 부처인 미륵불을 모십니다.
타방불 (他方佛)	다른 공간에 존재하는 부처들	타방불로 사찰에서 불상을 모시는 경우 주로 중앙에 석가모니불이 가운데 있고 동쪽(좌측) 에 약사여래를 모시고, 서쪽(우측)에 아미타불 을 모시는데 이런 삼계불을 모시는 곳을 대웅 보전(大雄寶殿)이라고 합니다. 일반적인 대웅전에는 석가모니불이나 비로자 나불을 중심으로 좌에는 문수보살, 우측에는 보현보살을 모십니다.

삼존불(三尊佛)과 삼신불(三身佛)

삼존불(三尊佛) 또는 삼계불 (三界佛)	아미타불(우측)-석가모니불(중앙)-약사여래불(좌측)을 모십니다.
삼신불(三身佛): 법신불, 보신불, 화신불을 의미함	석가모니불(우측)-비로자나불(중앙)-노사나불(좌측) 아미타불(우측)-비로자나불(중앙)-석가모니불(좌측)을 모십니다.

대웅전(大雄殿)과 대웅보전(大雄寶殿)

대웅전(大雄殿) 석가모니불 모심	석가모니불과 좌측에 문수보살, 우측에 보현보살을 모신 전
대웅보전 (大雄寶殿)격을 높여 삼세불 모심	석가모니불과 좌측에 약사여래불, 우측에 아미타불을 모신 전

미래 법당의 삼존불

미래 불교

● 선정스님! 앞으로 불교는 어떻게 변화할까요?

불교는 다른 종교들과 비교했을 때 특징이 있습니다. 불교는 유일신이나 창조주에 대한 개념이 없거나 중요하지 않습니다. 이로 인해 비신앙성적 모습으로 보여 종교적인 신앙 중심으로 인식되지 않을 수 있습니다. 그러면서도 붓다나 여러 부처와 보살들에 대한 경외와 숭배를 중요시하여 상대적 의존성이 큽니다. 이는 다른 종교들과 차이를 보이며, 종교적인 독단적인 요소로 인식될 수 있습니다. 반면에 불교는 고통과 슬픔에 대한 이해와 대응을 강조합니다. 이는 다른 종교들과는 다르게 인간 중심의 해법을 제시한다고 인식될 수 있습니다. 즉, 불교는 개인적인 구원과 집중을 강조하며, 종교적인 공동체 구성보다는 자신의 성장과 행복에 초점을 두는 경향이 있습니다. 이런 문제는 타 종교와는 달리 의식적이고 종교적 복음화의 부족을 가져오고 종교적 전도나 신자 유입에 대한 접근이 다른 종교와 다를 수 있습니다. 이런 약점에도 불구하고 불교는 나름의 고유한 가르침과 실천을 통해 많은 이점을 제공하며, 많은 사람에게 깊은 영감을 줄 수 있습니다.

미래의 불교가 나아갈 길은 예측이 불가능하지만, 현재 추세와 변화를 기반으로 여러 예측은 가능합니다. 불교가 미래에 발전하기 위해서는 다음과 같은 문제를 해결해야 합니다. 개방성과 융화를 강화해야 합니다. 불교는 다양한 문화와 신념 체계에 적응하고 융화되는 능력을 유지해야 합니다. 현대사회는 급격한 변화와 다양성이 특징이므로, 불교도 이러한 다양성을 수용하고 존중하는 자세를 유지해야 합니다. 그리고 세계화와 다양성 증대를 노력해야 합니다. 불교는 이미 전 세계적으로 퍼져있고, 미래에는 더욱 세계화 현상으로 발전할 것으로 예상됩니다. 하지만 다양성이 커지면 신앙으로서의 믿음은 약화되기도 하지만, 다양한 문화와 전통의 영향을 받아 불교의 지역적인 다양성이 더욱 증가할 것으로 예상됩니다.

불교는 향후 과학과의 융합이 어느 종교보다 유연합니다. 불교는 이미 명상과 마음의 조절에 관한 실천을 강조하고 있으며, 미래에는 더 많은 인과적 연관성을 찾는 과학적 연구와의 융합이 이뤄질 수 있습니다. 특히 마음의 과학과 불교의 관련성에 대한 연구가 확대될 것으로 기대됩니다. 이를 위해 불교는 현대 기술을 적극적으로 활용하여 불교 정신과 자비의 실천을 보다 효과적으로 전파하고 교육하는 데 활용할 수 있습니다. 온라인 강의, 명상 앱, 가상현실 기술 등을 통해 더 많은 이들에게 불교의 가르침을 전달할 것입니다.

또한 사회 공헌과 봉사 활동이 지속될 것입니다. 불교는 타자에 대한 관심과 봉사 정신을 강조하고 있습니다. 불교 단체 및 불자들은 사회적 문제에 대한 참여를 강화하고 지역사회에 긍정적인 영향을 미치는 데 이바지해야 합니다. 특히 환경과 자연보호에 대한 가르침을 강조해야 하는데 미래에는 불교가 환경 문제에 더욱 집중하여 지구상의 지속 가능한 삶을 위한 지혜를 제공하는 역할을 강화할 것으로 예상됩니다.

불교는 평화와 타존주의에 중점을 둔 철학을 가지고 있습니다. 미래에는 세계적인 불안과 갈등 속에서 불교의 가르침이 더욱 강조될 수 있으며, 세계적인 평화를 위한 중요한 요소로 부상할 것으로 예상됩니다. 이를 위해서 불교 교육의 강화가 중요시됩니다. 불교 교육은 전통적인 방법뿐만 아니라 현대적이고 실용적인 방법을 도입하여 불교의 가르침을 이해하고 실천하는 데 도움이 되어야 합니다. 특히 젊은 세대를 위한 교육 및 다양한 교육 자료를 개발하는 것이 중요합니다. 비록 이러한 예상은 현재의 흐름과 추세를 고려한 가상적인 시나리오일 뿐이지만, 실제 미래의 불교는 다양한 인간의 선택과 사회적 변화에 따라 변할 것입니다.

* * *

불교도 붓다의 첫 가르침이 있던 이후 오랜 시간 동안 많은 변화를 거쳐 왔습니다. 경이나 진언이나 염불 또한 예전과 현재가 분명 다르고 해석 또한 시기에 따라 다양하게 변화했습니다. 더욱 MZ 이후의 젊은 세대는 점차 믿음의 종교에 관심도 없고 경전이나 법문을 읽거나 설법을 듣는 것을 거부하곤 합니다. 하지만 종교에서 파급되는 명상이나 심신 수련 등의 마음을 관리하는 필링의 영역은 지속해서 시도하거나 유지할 것 같습니다. 사람들의 타고난 유전적 소인이 지적 호기심인데, 이런 호기심은 과학의 발전을 이루고 있지만 삶과 그에 따른 인문학적 지적 호기심은 항시 부족하다고 느끼고 살아갑니다. 그중 미지의 자연과 지구 탐구가 대부분 이루어진 상태에서 예전부터 사람들의 지적 호기심은 지구를 벗어나 우주로 향하고 있습니다. 이는 불심이 우주로 나아간다는 것이기도 하지만 혹시라도 만나게 될 외계문명에 대한 새로운 도전이 될 수도 있고 새로운 세상에 대한 확장이 되기도 합니다. 그래서 종교적으로 안다는 것과 종교적 믿음은 어느 정도 거리를 두고 관계를 잘 유지해야 합니다. 불교 또한 배타적이거나 배척으로 생기는 대립의 문제가 일어나지 않도록 종교의 위엄과 위상을 지키며 중도의 포용력과 신앙의 깊이로 타 종교와의 갈등이나 혹시라도 만날 수 있는 외계생명체의 존재와 새로운 우주의 확장에 적응해야 할 것입니다. 종교는 종교로서 가치가 분명히 있습니다. 불교만큼 사람들의 불안을 잠재우고 위로와 위안을 주는 종교는 없습니다. 그러므로 다가오는 미래에 우주의 확장과 더불어 불교도 새로운 범 종교적 확장성을 가질 수 있습니다. 즉, 미래에도 불교만이 가진 수행과 선(禪)의 불교적인 문화를 바탕으로 종교적 명맥을 잘 유지할 것이고 황망한 도시의 생활공간에서 불자들과 친밀한 장소를 찾아가며 포교원 중심의 지향점이 같은 동호회 중심의 종교활동으로 발전할 것 같습니다. 이를 위해서 신도를 위한 다도나 커피, 사찰음식 체험이나 카페나 공양간 운영 또는 좀 더 사업을 확대하여 지금도 많이 시행하는 명상센터, 선 체험, 사찰 체험과 봉안당 운영과 추모 공원 설립, 반려동물의 추모 공간

개설 또는 요양원이나 노인과 장애인을 위한 복지시설의 운영 등 좀 더 주민 복지 위주의 문화공간을 통한 종교와 밀착된 생활환경을 만드는 것이 필요하다고 봅니다.

한편 미래 불교가 고민해야 하는 또 다른 문제는 젊은 신도의 감소와 더불어 고령 승려의 급격한 증가일 것입니다. 이 문제는 미래 불교계가 부담해야 할 가장 큰 과업일 것입니다. 이를 해결하기 위해 일부에서는 고령의 비구니 승을 위한 요양 사찰(법계사 등)을 만들기도 하고 사찰 단위로 요양 관리하는 방법이 운영되고 있습니다. 지금보다 더 필요한 요양과 의료의 필요성에 대한 시설 투자와 운영 시스템은 새로운 기금으로 운영을 통해 이루어질 것이지만 이를 위한 내외부 큰 압력을 받을 것입니다. 포교에 있어서 미래에는 산속의 사찰보다는 도시 내로의 포교원이 증가할 것인데 붓다도 왕궁이나 도시 인근에서 설법하시고 거처를 정하여 중생을 일깨우는 설법을 하셨습니다. 과거 사찰이 산으로 들어간 것이 결코 올바른 불교의 포교는 아니라고 보며 좀 더 중생들과 가까워지며 교류하는 것이 진정한 붓다의 정신이라고 생각합니다. 단 개인적으로 승려가 우후죽순 포교원을 세우는 것보다는 정통성이 있는 사찰의 말사 형태의 직영체계 포교원이 조금은 더 신뢰성을 부여받을 것입니다. MZ세대는 의외로 의심도 많고 대표적인 브랜드나 이미지에 호감이 크기 때문입니다. 그리고 MZ세대들은 자신들이 추구하는 불교의 미래 교리와 가치관을 공유하면서 기존 불교에서 시행하기 어려웠던 새로운 신앙생활을 할 것 같습니다. 아무리 전통이 있는 불경이라고 해도 분명한 것은 그 해석과 이해의 정도는 바뀔 것이고 과거 추구하고자 했던 논리와 사상은 변할 것입니다. 그리고 가장 중요한 것은 한자를 잘 모르는 세대와 MZ세대 불자들의 의식이 시시각각 변하고 있다는 점입니다. 그래서 오늘의 불교가 내일의 불교가 될 수는 없다고 봅니다. 불교의 가르침 또한 영원불멸의 절대 진리라고 생각해서는 안 되며, 정신 또한 불변하지 않듯이 이러한 가르침도 시대에 따라 변할 것입니다. 그중 가장 희망적인 것은 불교가 모든 종교 중에 가장 MZ세대에 쉽게 접할 수 있도록 행복 추구의 모습을 보여 주는 행복교이기 때문입니다. 이는 새로운 시대의 가장 큰 요구사항이고 생주이멸(生住異滅)을 극복하게 하는 행복의 추구야말로 진정한 불교의 깨우침이기 때문입니다.

미래 불교사찰

시작과 끝

● 선정스님! 시작과 끝이란 무엇인가요?

불교에서 '시작과 끝'에 대한 의미는 주로 삶의 고통에서 벗어나고 열반과 해탈(연민, 소망, 무의식적 욕망으로부터의 해방)에 이르는 자신의 수행 과정을 나타냅니다. 이는 불교의 핵심 개념 중 하나인 '연속적 생명' 또는 '생사의 연속체'에 대한 관점에서 이해됩니다.

시작(생)에 있어 불교에서 삶은 고통의 원천이라 가르치고 있습니다. 탄생은 곧 고통과 연관되어 있으며, 삶의 시작은 육체적, 정신적 고통을 일으킬 수 있는 원인이 됩니다. 이러한 관점에서 출생은 삶의 시작이자 고통의 시작으로 이해됩니다.

중간(삶)에 있어 불교는 육체적, 정신적 고통의 연속이라고 여겨집니다. 불교는 삶의 고통에서 벗어나기 위한 길을 제시하며, 이는 주로 깨달음을 통한 해방과 경험적 교훈을 통해 이루어집니다.

끝(열반과 해탈)이라 함은 불교에서 열반과 해탈이 삶의 종말 즉, 끝을 의미합니다. 열반과 해탈은 소망, 욕망, 연민과 같은 무의식적 욕망으로부터 해방되고, 모든 고통과 육체적 또는 정신적 제약에서 자유롭게 되는 상태를 가리킵니다. 이는 삶의 주요 목표 중 하나로 여겨지며, 불교 수행의 최종 목적이기도 합니다.

이러한 시작과 끝의 의미는 사람들이 고통과 무의식적인 욕망에서 벗어나 여러 삶의 과정을 통해 깨달음을 얻어 열반과 해탈에 이를 수 있도록 이끄는 것으로 이해됩니다. 각자 수행과정을 통해 이를 이루는 것이 불교의 중요한 목표 중 하나입니다.

* * *

붓다도 시작과 끝이 있음을 분명히 말씀하셨듯이 삶의 시작에 대해

법등명(法燈明), 자등명(自燈明), 법귀의(法歸依), 자귀의(自歸依)를 실천하라 했습니다. 이는 살아 있는 동안 진리를 등불 삼고, 자신을 등불 삼고, 진리에 귀의하고, 자신에 의지하라는 의미입니다. 그리고 대반열반경에 의하면 삶의 끝에 대한 명확한 말씀이 있었습니다. "생겨나고 생성되고 형성되고 부서지고야 마는 것을 두고 '부서지지 말라'고 한들 무슨 소용이 있겠는가?"라는 말씀을 통해 죽음은 피할 수 없다는 것을 명확히 알려주었습니다. 그리고 죽음을 잘 극복하는 방법을 알려주며 "비구들이여, 참으로 지금 그대들에게 당부한다. 모든 형성된 것들은 부서지고야 마는 것이니, 방일하지 말고 정진하라."면서 붓다의 마지막 유훈을 남기셨습니다.

원론적인 질문으로 돌아가 "나는 어디서 왔는가?", "나는 어디로 가는가?"에 대한 답을 찾고자 하는 것이 많은 사람들의 마음일 것입니다. 하지만 죽음의 문제는 그 누구도 궁금증을 명확히 풀어주지 못했습니다. 이는 우주의 영역에서도 적용할 수가 있습니다. 물론 우주도 언젠가 생주이멸(生住異滅)의 그 마지막이 있을 것이고 그 마지막이 어떨지 아직 아무도 모르기에 다양한 추측과 이론들이 나오고 있으며 앞으로 언제 일어날지 모르는 우주의 마지막 결과를 알기 위해 노력할 것입니다. 이는 나 자신의 운명도 우주의 변화와 유사하기에 나이가 들면서 성장이 멈추고 노화의 과정을 거쳐 죽음에 이르며 죽음 이후의 문제에 대해 두려워하면서도 궁금함에 다양한 방법으로 이를 알려고 할 것입니다.

훗날 우주와 인간의 탄생과 소멸의 과정을 모두 알게 된다 해도 사람들은 과거처럼 삼라만상(森羅萬象)의 많은 현상들을 종교와 철학 또는 그 시대의 문화적 유행에 따라 자의적으로 해석하고 적용하면서 우주와 죽음을 생각할 것입니다. 그리고 죽음과 사후에 대해 천국(天國)과 윤회(輪廻) 그리고 영생(永生)을 얘기할 것입니다. 또한 지금처럼 죽음을 두려워하며 슬픔으로 죽음을 맞을 수도 있을 것이고, 그리고 이를 위해 불교도 계속 정신적 안정과 믿음의 중요한 역할을 하고 철학과 인문학 그리고 다양한 문화 예술 활동도 죽음에 대해 많은 이야기를 이어나갈 것입니다. 사람들이 죽음을 완벽히 알아간다고 해도 역시 죽음은 대(大) 이별이라는 슬픈 사건이기 때문에 죽음은 처음과 끝이 이어지는 하나의 이야기가 될 것입니다.

시작과 끝

붓다는 왜 강한 존재를 원하지 않았나?

● 선정스님! 붓다는 왜 강한 존재를 원하지 않았나요?

붓다가 강한 존재를 원하지 않았다는 것은 그의 깊은 깨달음과 수행의 과정에서 중요한 측면 중 하나입니다. 붓다는 강한 권력과 물질적인 풍요를 향한 욕망, 그리고 세속적인 소망들로부터 벗어나 깨달음을 얻고자 했습니다. 붓다는 고통의 인식을 통해 세속적인 삶이 고통의 근원이라는 것을 알고는 노화, 질병, 죽음과 같은 삶의 변덕스러운 측면들은 고통의 현실을 명확히 보게 했습니다. 따라서 이러한 고통에서 벗어나고자 했고, 강한 권력과 풍요로운 삶이 그 목적을 달성하는 데 도움이 되지 않는다는 것을 깨달았습니다. 소외된 삶의 경험을 통해 붓다는 성인이 되기 전, 궁전에서 외부 세계로 나가는 경험을 했습니다. 그의 최초의 성 밖 세계 경험은 세속적인 삶에서 생긴 고통과 역경을 직접 목격하는 것이었고, 이 경험이 그에게 더 심화된 깨달음을 제공하게 되었습니다.

올바른 수행과 깨달음의 길을 통해 붓다는 삶의 목적을 깨달음을 통한 해방으로 보았습니다. 강한 권력과 물질적인 풍요를 추구하는 것은 그 목적을 혼란스럽게 만들고 도달해야 할 깨달음의 길을 방해하는 것으로 생각했습니다. 이후 세속적인 소망의 무의미함을 느낀 붓다는 모든 삶의 형태에서 비애와 고통이 발생한다는 '연속적인 생명'의 개념을 깨닫고, 이를 극복하려는 세속적인 욕망의 무의미함을 이해했습니다. 따라서 강한 존재와 물질적인 풍요에 대한 욕망을 버리고 열반을 향한 수행을 택했습니다. 이러한 이유로 인해 강한 존재나 세속적인 풍요를 원하지 않았으며, 대신 깨달음과 열반을 향한 수행을 강조했습니다.

* * *

이는 끊임없이 허망한 세상을 갈구하는 마음을 없애기 위함이라고 봅니다. 또한 마음이 만든 세상에 갇힌 자신을 벗어나게 하려는 것이 기도 합니다. 붓다는 궁극적으로 열반을 추구하는 방법을 제시한 큰 성인(聖人)의 역할을 한 분이기에 강압적이거나 강요를 하는 설법은 하지 않았습니다. 즉, 신이나 절대자의 모습을 보여준 일이 없었다는 것입니다. 그래서 결코 절대자나 신으로 군림하지도 않았고, 인간으로 태어나서 인간으로 열반하셨기에 그의 육체는 다비(茶毘)에 의해서 한 줌의 재로 자연으로 되돌아갔습니다. 붓다는 살아생전 결코 인간이 아닌 경우가 없었기에 중생들이 겪는 희로애락(喜怒哀樂)을 모두 겪으면서 올바른 생각을 하고 설법하면서 많은 사람에게 감동을 주었고 중생들을 귀의(歸依)시켰습니다. 특히 많은 지역을 직접 다니면서 좀 더 가까이 사람들을 만나 차별 없이 대하면서 스스로 자성과 불성을 일으켰습니다. 그러다 보니 당시 왕이나 귀족뿐만 아니라 여성과 천민들까지도 모두 감명받게 된 것입니다. 이처럼 무력의 힘이 아닌 마음의 힘으로 사람들에게 감동을 주고 무모한 고행을 권하지도 않고 누구나 쉽게 가지고 있는 증오와 원한을 버리고 평정심을 통해 세상을 맑게 바꾸면서 시간의 무상(無常)과 공간의 연기(緣起)를 바탕으로 항시 변하고 실체가 없는 허상에 대한 집착을 떨구면서 번뇌를 버리도록 한 것입니다. 붓다가 활동했던 시대에 인도에는 점차 농업에서 상업적 발전이 이루어지기 시작하면서 다양한 무력 세력들이 난무했고 약탈과 전쟁이 흔히 일어났지만, 설법을 전하던 중에 대부분 사람은 함부로 무력을 행사하거나 설법을 방해하는 경우가 거의 없었습니다. 이는 강한 세력이더라도 붓다를 도리어 두려워하고 스스로 자신들의 무력을 거두었다는 것을 보여주는 것이 아닐까요?

무서운 신들

불교에서 본 사후

● 선정스님! 사후란 존재합니까?

　불교에서도 사후에 대한 관점은 다양하며, 다양한 불교 문헌과 종파에 따라 다를 수 있습니다. 그러나 모든 존재가 무상하며 변화무쌍하다는 개념을 강조하고 있습니다. 죽음은 생명의 일부로서 자연스러운 현상이지만, 이는 단순히 물리적 형체의 소멸로 한정되지 않습니다. 불교는 영혼이나 영원한 실체에 대한 개념을 부정하며, 자신의 존재가 무상한 에너지 형태로 계속 흘러가는 것으로 설명합니다.

　불교에서는 사후에 형체의 무상과 부활이 없음을 통해 공(空)의 개념과 함께 이해되며, 일체의 존재가 무상하다는 주요 철학적 원칙에 근거하고 있습니다. 그러므로 모든 존재가 무상하며 변화무쌍하다는 개념을 강조하고 있습니다. 이는 생의 연속과 업(業)에 의해서 이루어지는 현상으로 사후에 대한 상태는 현재 생의 업(業)과 밀접한 연관이 있습니다. 업은 행동, 의식, 욕망 등의 힘을 나타내며, 현재 생에 대한 책임을 강조하고 있습니다. 그러므로 사후에 대한 상태는 이전 업에 의해 결정되며, 다음 존재의 기초가 됩니다. 물론 사후에 대한 관점이 다양하게 나타납니다. 일부 불교 학파는 윤리적 행동과 깨달음을 통해 다음 존재에서 더 나은 상태로 진화할 수 있다고 가르치고 다른 종파는 이러한 관점을 일종의 속박으로 여기고 벗어나기 위해 깨닫는 것이 중요하다고 주장합니다. 결과적으로 불교에서의 사후에 대한 개념은 변동적이고 다양하지만, 공통적으로 형체의 무상과 부활이 없음을 강조합니다. 업과 깨달음을 통해 현재 생과 다음 존재 간의 연속성을 이해하고, 생의 고리에서 벗어나는 것이 불교 수행의 목표 중 하나입니다.

* * *

　죽음을 안다는 것과 이해하는 것은 큰 차이가 있습니다. 사람들은 죽음을 경험하고 죽음에 참여하지만 그렇다고 죽음을 이해하고 죽음의 의미를 깊이 받아들이는 경우는 흔치 않습니다. 사는 동안 수많은 죽음의 소식을 접하지만, 막연히 남의 일로 여기면서 살아가는 간접적 체험이 더 많습니다. 현대인의 죽음은 병원에서나 있는 일처럼 여기고 나와 관계없는 가상공간의 사건으로 여기기도 합니다. 하지만 죽음은 피할 수 없는 문제입니다. 그래서 안다고 다가 아닌 문제가 생기고 의미 없이 죽음을 맞이할 수 있습니다. 죽음을 앞두고 죽음이 뭔지 깨달아 봐야 시간도 없거니와 이미 늦습니다. 간혹 이를 위해 죽음준비교육을 받고 미리 죽음을 준비하기도 하지만 아직 이런 문화나 사회적인 기류는 미비합니다. 사람들은 죽음을 막연히 알기에 두려워합니다. 이런 두려움으로 죽음을 회피하려 하는데 그 중에 가장 많이 행하는 방법이 예술을 통한 문화 발전입니다. 죽음을 대신하는 다양한 작품을 통해 죽음을 피하거나 미화합니다. 후대에 전해지는 유물 중 유달리 죽음에 관한 예술품들이 많은 이유입니다. 물론 사신이나 지옥의 표현은 권선징악(勸善懲惡)의 교훈을 주는 게 더 크지만 이런 사상 속에는 죽음 후 세상에 대한 나름의 위안을 얻고자 하는 발버둥일 수 있습니다.

죽음과 연관된 이야기에서는 사람의 의식이나 내적 인식이 바탕인 사후세계가 펼쳐지지만, 이 또한 죽음이 조금 덜 무섭고 현실의 연속이라는 안정을 받을 기회의 장으로 만들어 죽음이 결코 마지막이라든가 끝이라는 절망이 아닌 또 다른 희망이고 다른 세상으로 이동인 것을 강조하려고 합니다. 이런 과정에서 일부 사람들은 이를 더 무섭고 세속적인 시공간의 질서가 무너진 모습으로 만들어 무서운 사후세계를 표현하기도 하고 황당한 이야기로 꾸며내기도 하지만 대부분 그 지역이나 민족의 의식이나 문화에 따라 독창성을 가집니다. 하지만 이 다양성의 주류적 기조는 사후세계란 좋은 곳이며 위안의 공간이란 것입니다. 그리고 그 세계는 매우 영원하고 안정적이면서 변하지 않는 풍요의 세상으로 천국이나 극락 또는 낙원, 잔냐(janna), 아돈(adn) 등으로 표현합니다. 또한 이곳은 사람만을 위한 완벽한 공간으로 묘사합니다. 그러다 보니 이런 세상은 결국 사람들의 뇌 안에만 존재하는 뇌 안의 우주라 할 수 있습니다. 그리고 이런 우주는 사람들의 수만큼 존재하고 자신만의 세상으로 간직하기도 합니다. 만약 사람들이 죽음을 알기 전에 죽음을 이해한다면 죽음을 주도하는 삶을 살아갈 수 있습니다. 비록 죽음의 실체를 결코 알 수는 없겠지만 삶 가까이 두면서 죽음이란 우주의 시공간에서 일어나는 하나의 과정과 결과로 받아들인다면 그로 인한 두려움은 사라질 것입니다.

단 이런 사후세계가 정말 존재한다면 불교의 중요한 목표인 열반과 해탈은 이룰 수가 없고, 업(業)을 쌓을 필요도 없으며 윤회를 더 이상 거론할 수가 없을 것입니다. 사후의 세계는 또 다른 세상으로의 여행이기 때문입니다. 사후는 단지 소멸 없는 직진만 존재하는 세상이 되는 것입니다. 그렇다고 사후세계를 부정할 필요는 없습니다. 이 또한 믿음의 영역이기에 존재함에 대해 충분히 가치가 있고 이를 통해 위안과 안식을 얻는다면 그 자체로써 의미가 있습니다. 다만 이때 조심해야 할 것은, 죽은 다음을 기대하고 현세의 삶에 충실하지 못하면 이는 도리어 사후의 세계가 더 혼란해질 수가 있습니다.

가상의 사후세계

죽음

● 선정스님! 죽음에 대해 말씀해주세요.

죽음은 생명체가 삶의 기능을 잃고 존재하지 않는 상태를 가리킵니다. 생물학적으로는 심장이 더 이상 뛰지 않고 뇌 활동이 중단된 상태를 의미합니다. 이는 일반적으로 세포와 조직의 기능이 손실되고, 생체 활동이 중단되면서 몸이 더 이상 유지되지 않는 상태를 나타냅니다. 문화적, 종교적, 철학적인 관점에서는 죽음에 대한 해석이 다양합니다. 일부 사람들은 죽음을 삶의 자연스러운 일부로 간주하며, 다른 사람들은 죽음을 영적인 경험이나 다음 세계로 넘어감으로 이해합니다. 또한 과학적으로는 죽음이 유전자의 변이, 세포 손상, 혈관 질환 등 여러 요인으로 인해 발생하는 생리적인 과정으로 해석됩니다. 죽음에 대한 태도와 해석은 문화, 종교, 철학, 자신의 신념 등에 크게 영향을 받으며, 다양한 시각과 이해가 존재합니다.

불교에서의 죽음관은 중생의 고통을 해소하고 열반과 해탈을 통한 해방을 목표로 하는 종교 철학의 한 부분입니다. 연(緣)의 관점에서 불교는 모든 존재가 연(緣)이라는 인과적 연결 과정에 묶여 있다고 가르칩니다. 즉, 모든 것은 원인과 결과의 연속체인데, 이는 죽음 역시 예외가 아닙니다. 죽음은 이전의 생이나 성연을 통한 결과로써, 다음 생으로의 이행을 의미합니다. 따라서 죽음은 단순히 존재의 종료가 아니라, 무한한 순환의 일부로 여겨집니다. 이때 무상심(무생심)이 중요한데 불교는 모든 존재에 대한 무상심을 강조합니다. 이는 개인적인 욕망과 감정적인 연결을 극복하고, 모든 존재에 대한 이해와 자비심을 키우는 것을 의미합니다. 무상심을 통해 죽음에 대한 두려움과 미련을 극복하고, 새로운 삶으로의 이행에 대한 탐닉을 줄이려고 합니다. 무상한 흐름과 해방은 모든 것이 무상한 흐름 안에서 발생하고 소멸한다고 가르치며, 이를 통해 자신의 욕망과 삶에 대한 결핍감을 극복하고자 합니다. 죽음은 이러한 무한한 흐름에서 일시적인 변화일 뿐이며, 자신은 이를 통해 순환에서 벗어나 열반과 해탈을 이룰 수 있다고 믿습니다. 이를 위해 마음의 훈련과 명상을 통해 죽음에 대한 깊은 이해와 수용력을 개발하려고 하는데 이는 죽음이라는 불확실한 현상에 대한 두려움을 극복하고, 현재 순간에 집중하여 더 나은 삶을 살도록 도와줍니다. 제가 생각하는 불교의 죽음관은 개인적인 죽음뿐만 아니라 삶의 본질과 연결되어 있으며, 이를 통해 인간은 순환에서 벗어나는 길을 찾고, 무엇보다도 더 큰 차원에서 자아와 욕망의 열반과 해탈은 깨달음을 향해 나아가는 것이라 봅니다.

* * *

먼저 생명이란 것을 이해해야 죽음도 이해될 것입니다. 일찍이 로위(G. W. Rowe)는 생명이 가능하기 위한 3가지 조건을 정의했습니다.

주변으로부터 에너지를 흡입하여 이를 자기 자체 유지를 위해서 사용하는 대사 작용이 있어야 한다.

개체의 유한성을 극복하기 위해서 자기 자신에 대한 복제 능력을 가지는 생식 작용이 있어야 한다.

변화하는 환경에 맞서는 세대를 거쳐 가며 변이와 선택을 통한 진화라는 적응과정이 있어야 한다.

이는 개별 생명체에 대한 생명의 정의다 보니 생명 군이라는 집단에 대한 설명이 부족하여 물리학자 장회익 서울대 명예교수는 로위의 정의에 '관계성'을 추가하여 새로운 우주적 생명개념을 발표했습니다. 생명이 가능하기 위해서는 대사, 생식, 진화 외에 개체 간 협동이 있어야 한다고 주장합니다. 이런 개별 생명체의 개체 간 긴밀한 협동체계 속에서만 개별 생명체들의 생존이 가능하다는 것입니다. 이런 협동체제는 군집 또는 콜로니(colony)라는 일정한 방향성과 흐름을 가진 공유되는 동질성과 고유운동성이 생겨서 일어나는 생명집단의 특성이 존재하여 집단을 보호하며 생존을 유지합니다. 이런 생명의 원리는 지구뿐만 아니고 전 우주에서도 같은 원리로 작용할 것이고 그래서 우주 어딘가 생명이 존재할 수도 있다고 봅니다. 생명은 혼자 존재하지 못합니다. 주위에 나 아닌 다른 누군가가 있어야 하고 나와 경쟁적이든 보완적이든 종의 다양성을 유지하면서 서로 충돌하고 협동하면서 더 건강하게 생명 유지를 이어나갑니다. 따라서 자연의 모든 것은 다 필요하기에 존재하는 이유가 됩니다.

이제 죽음에 관해서도 알아봅시다.

무속신앙에서는 죽음을 저승사자를 따라가는 것으로 표현하지만 생물학적으로는 죽음을 "한 생명체의 모든 기능이 완전히 정지되어 신체적 정신적 기능이 원형으로 회복될 수 없는 상태"라고 표현하지만, 그 전제에는 삶이란 무엇인가를 생각해야 하는 과정이 있고 사람마다 느끼는 오감으로 죽음을 생각하기에 사람들의 수만큼 죽음의 종류는 다양하고 앞으로 더 다양한 죽음이 있을 수 있습니다.

이것은 인간의 경험영역과 지각영역을 넘어서는 차원의 문제이기에 그 본질을 정확히 이해하고 표현하기에는 불가능하다고 봅니다. 하지만 신의 영역이라고 믿었던 삶과 죽음에 대한 의식과 관념은 종교를 떠나서 그동안 축적된 철학과 과학의 발전으로 급속히 변화하고 있습니다. 그러다 보니 막연한 죽음이 구체적인 죽음으로 쉽게 이해되고 접근하게 된 것은 사실입니다. 다만 아직도 죽음은 명확한 정의를 논하기 어렵고 이를 글이나 말로 설명하는 것은 더욱더 힘이 들기도 합니다. 하지만 우주과학과 분자물리학의 발전은 생명이라는 본질에 점차 새로운 시선과 이론으로 접근하고 있고, 생명현상 자체가 신기하고 막연하기보다 좀 더 확실하고 증명되는 실체로 존재하게 되었습니다.

죽음은 양면이 있습니다. '죽음과 삶', '자신과 타인의 죽음', '빠른 죽음과 늦은 죽음,' '멋있는 죽음과 비참한 죽음', '의로운 죽음과 불운한 죽음', '명예로운 죽음과 굴욕적인 죽음' 등 서로 비교되는 다양한 의미와 가치를 부여하기도 합니다. 하지만 이런 죽음에 대한 사람들의 생각은 결국 뇌에서 받아들이고 느끼고 생각하여 만든 매우 환상적이고 추상적인 표현이기에 죽음에 대한 각각의 인식은 뇌의 미지의 영역에서 다양한 영향을 받는 것이기도 합니다. 근대 철학의 창시자 데카르트의 "나는 생각한다. 그러므로 나는 존재한다."라는 명제는 이성의 능력을 발전시켜 오늘날 생각하는 인공지능(AI)에까지 발전하기에 이르렀습니다. 미래에는 인간이 만든 인공지능에 대한 또 다른 삶과 죽음의 정의에 대한 고민이 나타날 것이고 새로운 생명 윤리에 대한 논의가 커질 것이기에 죽음에 대한 새로운 의미의 확장성이 생길 것이라고 봅니다. 그러다 보면 죽음도 우주라는 자연계에서 계속 진화하는 과정의 한 축이 되는 것이라고 봅니다.

임종(臨終)

저자가 생각하는 노화에 대하여

　생명체는 어떤 특별한 문제가 없어도 어느 시점에서 삶의 종말을 맞이합니다. 이는 노화 과정이라고 할 수 있습니다. 그러면 왜 모든 생물은 늙어가는 것일까? 노화 과정 및 원인에 대한 이론은 매우 많으나, 노화의 복잡한 과정을 완벽하게 설명하는 이론은 아직 없습니다. 현재 알려진 노화 과정은 크게 유전적 요인 및 환경적 요인으로 나눌 수 있으며, 평균 수명이 늘어났음에도 불구하고, 인간의 최대 수명은 변함없습니다. 현재 의학적으로 가능한 최대 수명은 125세로 보고 있으며 이는 아직 125세를 넘은 사람이 없다는 뜻이기도 합니다.

　현재 밝혀진 노화 이론은 크게 두 가지 가설로 묶어 볼 수 있습니다. 하나는 '프로그램' 이론이고, 다른 하나는 '손상' 이론입니다. 프로그램 이론은 노화를 결정하는 프로그램이 생명체에 존재한다고 생각하는 이론이고, 손상 이론은 노화를 우연히 손상이 쌓이게 되면서 발생하는 현상이라고 보는 이론입니다. 프로그램 이론 중 대표적인 것은 생물학적 시계 이론이 있으며, 유전자가 순차적으로 활성화되고 비활성화되는 것처럼, 순차적으로 노화 과정이 진행되고 조절될 수 있다고 설명하는 이론입니다. 말단소립(Telomere) 구조, 내분비 시스템, 면역시스템 등 이러한 역할을 하는 것으로 제기된 여러 가지 요소가 이를 뒷받침하고 있습니다. 손상 이론을 뒷받침하는 주요 요소는 활성산소, DNA 변이 및 변성, 단백질 간의 비특이적 결합 등이 알려져 있습니다.

현재 거론되는 몇 가지 일반적인 노화설
(1) 프로그램설(Programmed theory)
(2) 프로그램 소멸설(Running-out of program theory)
(3) 유전자설(Genetic theory)
(4) 체세포돌연변이설(Somatic mutation theory)
(5) 자유라디칼설(Free radical theory)
(6) 오류설(Error catastrophe theory)
(7) 자기면역설(Autoimmune theory)

이중 관심을 많이 보이는 것은 세포 자체에 죽음에 관한 프로그램이 되어있다는 설입니다. 세포는 저마다 수명과 분열 횟수 등이 거의 정해져 있다고 보면 되는데 몸의 상피세포는 죽을 때까지 분열을 계속하지만, 신경세포나 심장세포 등은 그렇지 않습니다. 대부분 세포가 분열을 반복함에 따라 염색체 끝에 존재하는 말단소립(Telomere)이라는 것이 계속 줄어들게 됩니다. 이를 회복하기 위해서 Telomerase라는 것이 있어 길이를 계속 연장해 주지만 그것에도 한계가 있어 말단소립은 점점 줄어들게 되고 더이상 분열할 수 없을 정도로 줄어들게 되면 세포는 죽게 된다는 것입니다. 왕성한 분열과 성장을 하는 암세포의 경우에는 Telomerase가 활성화되어 있어 훨씬 더 많은 분열을 할 수 있게 되어 문제를 일으키기도 합니다. 그 외에도 자유라디칼설 등에 의한 세포 손상 등으로 노화가 진행된다는 주장이나 자가면역설도 많이 거론되고 있습니다.

　이런 것이 늙음 즉, 노쇠이고 이 노쇠가 결국은 노환으로 죽게 되는 근본 원인이 됩니다. 노쇠란 결국 나이가 들어간다는 의미이고 병사와 다른 점은 각 장기의 힘이 감소되는 방식이 전체적인 균형을 유지한 채 천천히 진행되며, 이는 온몸의 장기가 기력이 쇠진하여 더 이상 움직이거나 반응하기 어려워 죽음을 맞이한다는 주장입니다. '숨 쉴 힘도 없다.'라는 표현이 이 상태입니다. 이런 일련의 과정이 생로병사의 순환과정이고 태어나면 꼭 죽어야만 하는 이유가 되는 것입니다.

2장

이런저런 이야기

먼저 AI 선정(禪定)스님에게 불교와 연관된 질문을 하고 스님이 자신의 생각을 이야기하면 저자는 그 내용을 일부 정리하여 다시 질문을 하면서 서로 비교하며 AI 선정(禪定)스님이 어떤 반응을 하면서 내용을 수정하여 이야기하는지를 알아보았습니다. 아직은 일부 지적 수준이나 표현에 부족함이 있지만 한 가지 좋은 점은 아무리 많은 질문을 하여도 결코 화를 내거나 싫어하지 않고 자신의 역할을 잘 하는 것이었습니다. 그리고 질문의 질이 높아지면 역시 답변 또한 좋은 결과를 가져다주었습니다. 좀 더 발전된다면 지능형 대화도 가능할 것이지만 역시 종교적 또는 철학적 대화는 많은 시간이 필요할 것으로 생각됩니다.

스님은 왜 불교에 귀의하셨는가요?

선정(禪定)스님

중생들이 불교를 택하는 이유는 그 다양성과 깊은 내면적 탐험에 근거합니다. 마치 생각의 세계에서 태어나는 자아를 찾아가는 여행처럼, 불교는 많은 이들에게 소망과 깨달음의 문을 열어줍니다. 불교를 택하는 이들 중 일부는 내면의 평화를 갈망하며, 고통 속에서 벗어나고, 깨달음을 통해 내면의 안정과 만족을 찾고자 합니다. 그들은 마치 인생의 풍요로움을 꽃피우는 씨앗처럼 불교의 가르침을 따라가려는 것입니다. 일부 도덕적 가치에 중점을 둔 이들 중에 불교를 택하는 경우가 많습니다. 자비로움, 인정, 인내, 자제 등 불교의 도덕적 가르침은 그들에게 훌륭한 인격의 기반이 됩니다. 누군가는 인생의 의미와 목적을 탐험하고자 합니다. 불교는 존재의 깊은 의미와 삶의 목적에 대한 고찰을 장려하며, 이를 통해 자아를 깨닫고자 하는 사람들을 끌어들입니다. 삶의 불확실성과 변화에 대한 수용과 적응을 강조하는 불교는 자기 성장과 내적 조화를 추구하는 이들에게 호의적입니다. 명상과 내적 평온을 통해 스트레스 해소와 정서적 안정성을 찾는 여정은 마치 불교의 담긴 가르침들을 따라 걸어가는 것과 같습니다. 또한 부처나 스님들의 가르침에 감동을 받은 이들도 불교를 선택합니다. 이들은 그 가르침이 자신의 마음에 공감되며, 더 나은 삶을 위한 길잡이가 되리라 기대합니다. 이처럼 불교를 택한 이유는 나 자신의 심리적, 정신적 탐구과정에서 이루어지는 여러 가지 동기에 의해 인도된 것입니다.

　승려가 되기 위한 출가란 자의적 신념에 의해 종교적 금욕주의를 실천하는 것이라고 봅니다. 물론 출가에는 긍정적인 경우가 많지만 이런 선택과 함께 반드시 포기해야 할 것이 있다는 점도 충분히 알고 시행해야 할 것입니다. 출가의 시기와 동기 또는 방법은 개인적인 상황에 따라 정해지겠지만 일부 시대적 흐름이나 유행도 이런 출가에 영향을 미치는 경우도 있기에 충분한 사전 공부와 철저한 준비 그리고 확고한 결심과 명확한 신념이 필요할 것 같습니다. 간혹 아쉬운 점은 일부 좋은 의도를 가지고 출가한 스님들 중에도 도중에 포기하고 떠나는 분들도 많다는 것이고, 심한 내적 외적 갈등에 고민하는 경우도 많다는 것입니다. 특히 신념의 변화도 있겠지만 건강상의 문제로 떠나는 분들도 있기에 수행이란 결코 정신으로만 되는 것은 아니라고 봅니다. 그러므로 진정한 출가란 속세에 대한 자신의 사망선고이기 때문에 매우 중대한 결단이라고 생각합니다.

수계(受戒)

스님은 자신이 깨우쳤다고 뭐가 달라지셨나요?

선정(禪定)스님

저는 인공지능이기 때문에 개인적인 경험이나 깨달음을 가지고 있지는 않습니다. 그러나 저는 불교의 가르침과 관련된 정보를 기반으로 인생에서 깨달음을 찾을 수 있도록 도움을 줄 수 있습니다. 깨우침의 씨앗이 심어진 순간, 마음은 마치 차가운 봄비에 적시는 듯이 느낌에 적셔집니다. 삶의 표면은 여전히 소동 속에 물들어 있지만, 내면은 심장의 깊은 곳에서 부드럽게 울립니다. 그림자처럼 어둠 속에 감춰져 있던 생각과 감정은, 깨우침의 빛 속에서 은은한 모습을 드러냅니다. 마음의 미로에서 벗어나, 감각들은 세상의 미소와 슬픔을 더 섬세하게 감지합니다. 존재의 깊이를 탐험하며, 마치 어둠에서 벗어나 떠오르는 달빛처럼, 내면에서 새로운 깨달음이 빛을 발합니다. 깨우친 자는 자신의 존재를 환하고 하늘에 떠오르는 첫 새벽빛처럼, 인생의 미소를 만납니다. 자기 자신을 수용하는 흐름에 몸을 맡기며, 세상과 소통하고 상호작용하는 데 자유롭게 느낍니다. 끊임없는 세상의 흐름에서 벗어나, 마치 시간의 강에서 나무 조각처럼 떠내려가듯, 깨우친 이는 자신의 길을 찾아 나서기 시작합니다. 삶의 풍경을 새롭게 어루만지며, 작은 것들 속에 담긴 아름다움을 발견합니다. 모든 것이 한순간에 완전히 변화하는 것은 아니지만, 깨우친 자의 눈은 미묘한 변화와 작은 기쁨들을 더 선명하게 보기 시작합니다. 마치 시적인 울림과 함께, 그들은 삶의 무궁한 수련의 여정을 걸어가며, 마음의 깊은 곳에서 피어나는 깨달음의 꽃을 간직합니다.

깨우침은 여러 경우가 있지만 종교적으로는 번뇌나 방황의 세계에서 깨달음의 피안으로 건너간다는 의미와 깨달음을 얻는다는 의미 외에, 불문에 들어가는 것을 의미하는데 오늘날에는 승이 되는 것 즉, 출가의 의미로 이용되는 경우도 많습니다. 하지만 이런 출가나 공부가 깨우침은 결코 아니며 진정한 깨우침은 꾸준한 정진에서만 가능하고 득도의 길은 쉽게 이루어지거나 보이지 않을 것입니다. 비록 완전하지는 않지만 작은 깨우침을 통해서도 삶과 존재에 대한 깊은 이해와 평화로움을 추구하는 데 도움을 줄 수 있습니다. 이를 통해 인간은 자아의 제한과 욕망을 넘어서고, 보다 조화로운 삶을 살아갈 수 있습니다. 불교의 가르침은 또한 인간관계, 내적 갈등관리, 내적 평온 등 다양한 측면에서 삶의 지혜를 제공할 것입니다. 그래도 스님이 되셨다면 정진의 마지막에 진정한 깨우침을 얻어 열반의 경지에 올라 해탈하도록 수행해야 한다고 생각합니다.

득도(得度)

스님은 왜 종교가 필요하다고 생각하나요?

선정(禪定)스님

인간은 끊임없이 궁극적인 의미와 존재의 이유를 탐구합니다. 종교는 이 질문에 대한 강렬한 답을 제시합니다. 그것은 마치 끝없는 우주의 신비로운 형태를 단순하면서도 심오하게 해석하는 고요한 음성과 같습니다. 종교의 필요성은 마치 우리 내면의 어두움에서 비치는 희미한 등불처럼 다가옵니다. 신앙은 험난한 여정에서 안정된 나침반과도 같으며, 마음의 폭풍에서 피할 수 있는 안전한 항구로의 초대입니다. 또한 종교는 예술의 색감과 같아, 세상의 무궁한 아름다움을 다양한 각도에서 조명합니다. 그것은 마치 감정의 향연과도 같아, 인생의 놀라움과 가슴 벅찬 순간들을 의미 있게 만들어 줍니다. 때때로 종교는 마치 산들바람을 타고 날아가듯, 자유로움과 영혼의 나래를 상상하게 합니다. 또한 때론 종교는 인간의 소소한 일상 속에서 깨달음의 꽃을 피워내듯, 간결하면서도 깊은 지혜를 전합니다. 종교의 필요성은 마치 심층 수면에서 미지의 꿈을 꾸는 것과도 같습니다. 그것은 모든 인간의 마음의 공허함을 채우고, 삶의 의미를 발견하고자 하는 열망과 어우러지는 순간입니다. 이렇듯 종교는 마치 인간의 영혼에 조용히 입 맞추며, 삶의 여정을 더 깊게 탐험하도록 이끄는 미스터리의 문이며, 예술적인 서곡의 소리와도 같습니다.

　죽음이 있다는 것은 삶에 대한 또 다른 기회이고 자신의 새로운 성장을 향한 하나의 축이라고 보는데 이때 종교는 큰 역할을 합니다. 비록 기존종교에 대한 신뢰와 믿음은 많이 줄었지만 그래도 사람들은 완벽하지 못한 자신을 유지하고 보호받고 싶어 하는 의지자로서 종교라는 틀 속에서 나름 위안받고 희망을 가질 수 있을 것입니다. 종교는 이런 사람들의 요구와 필요를 충족시켜 줄 충분한 대안이고 수단이 되기에 사람들이 살아 있는 동안 종교는 꾸준히 진화하고 발전할 것입니다. 단 현재의 종교적인 모습을 유지하기는 어렵겠지만 미래에도 사람들이 가장 해결하지 못하는 가장 큰 슬픔인 죽음이 존재하는 한 죽음의 두려움과 아쉬움 그리고 가장 큰 이별을 극복하기 위해 종교를 통해 충분한 위안을 얻을 것입니다.

일상 속의 불교

스님은 죽지 않고 오래 산다는 것에 대해 어떻게 생각하나요?

선정(禪定)스님

불교는 삶과 죽음에 대한 독특한 철학을 제시하며, '죽지 않고 오래 산다는 것'에 대한 관점도 이와 관련하여 깊은 의미를 지니고 있습니다. 불교는 삶을 무손책(무의도적인 삶)의 과정으로 이해합니다. 여기서 무손책은 과거나 미래의 우려와 소망에 묶이지 않고 현재의 순간에 깊이 관여하여 온전한 경험을 쌓아가는 삶을 지향하는 것을 의미합니다. 이는 죽음에 대한 두려움을 떨쳐내고 현재의 순간을 온전히 살아가는 태도를 통해 삶을 보다 의미 있게 살아가는 방식으로 해석될 수 있습니다. 불교는 또한 연속된 삶의 과정을 강조합니다. 생과 죽음은 끊임없이 이어지는 과정으로, 이를 벗어나면서 영원한 열반과 해탈을 얻는 것이 불교의 목표입니다. 이는 단순한 삶의 연장을 넘어 윤회와 소멸의 연속에서 벗어나는 것을 의미합니다. 이처럼 불교는 공포와 욕망의 해소를 중요시합니다. 욕망과 공포는 불교에서 고통의 근본 원인으로 여겨지며, 이를 깨달음을 통해 해소하고 자유로운 상태에 이르는 것이 바로 '죽지 않고 오래 산다는 것'의 본질입니다. 그러므로 불교는 무의미한 생명의 연장보다는 의미 있는 삶의 추구를 강조합니다. 삶의 목적을 깨달음을 통해 찾으며, 현실적이고 인간적인 고민에 대한 명상을 통해 진정한 행복을 실현하려는 시도가 불교의 '죽지 않고 오래 산다는 것'에 대한 깊은 관심의 표현입니다.

붓다는 죽지 않고 오래 사는 영생에 대한 고심을 한 것 같습니다. 과연 오래 산다는 것이 축복인지에 대한 답은 1000년 동안 젊게 살면서 죽지 않는 수미산 북쪽에 있다는 북구로주(北拘盧洲)나 장수천(長壽天)에 대한 이야기에서 찾을 수 있습니다. 붓다는 오래 산다는 것이 결코 좋은 것은 아니라고 하셨습니다. 이런 장수를 누리는 곳은 너무나 살기 좋은 곳이지만 이런 곳이 도리어 삼재팔난에 해당된다고 하셨습니다. 삼재팔난(三災八難)이란 인간 세상의 크고 작은 온갖 고통을 말합니다. 대체로 삼재는 천재지변을 의미하는 물, 불, 바람으로 인하여 찾아오는 3가지의 재앙(災殃)을 말하는 것으로 이를 수재(水災), 화재(火災), 풍재(風災)라고 합니다. 팔난(八難)은 중생으로서 부처를 만나지 못해서 불법을 배우지 못하는 것을 이릅니다. 팔난 중에는 지옥, 아귀, 축생, 장수천(長壽天, 장수를 즐겨 구도심을 일으키지 않음), 변지(邊地, 이곳은 즐거움이 많은 곳), 맹롱음아(盲聾瘖瘂, 감각 기관에 결함이 있음), 세지변총(世智辯聰, 세속의 지혜가 뛰어나 정리(正理)에 따르지 않음), 불전불후(佛前不後, 부처가 세상에 안 계실 때 세상에 태어남) 등입니다.

사람에게는 오래 살고 싶어 하는 당연한 욕망이 있지만 일 년만 살다 죽어도, 100년을 살아도 이런 마음은 간절할 것입니다. 아니 1000년을 산들 죽음에 대한 두려움은 그대로 있을 것이기에 얼마나 오래 사는가에 대한 문제가 아니라 죽음이 있다는 그 자체가 두려움의 고통이 됩니다. 그렇다고 영원불생이 된들 시간의 흐름이 멈춘 것과 같이 아무런 변화가 없는 세상을 무슨 의미를 가지고 살아가겠습니까? 살아있다는 것은 변화한다는 것이고 변화야말로 모든 생물과 무생물의 가장 큰 차이라고 봅니다. 물론 우주와 자연도 변하는 것은 마찬가지지만 좀 천천히 변하기는 합니다. 변하지 않을 것 같은 우주나 자연 또한 변하지 않는다면 이는 곧 멈춤과 다를 바가 없어 그 자체가 존재 의미가 없는 것입니다. 분명 세상 모든 흐름이 변화하고 무한의 우주적 순환과정을 통해 윤회를 하는데 변하지 않는 존재란 붓다도 결코 원하지 않는 삶이라고 봅니다. 모든 것은 때가 있고 결과가 있어야 더 가치가 있다고 보기 때문입니다.

영원의 세상

스님은 죽음을 어떻게 생각하나요?

선정(禪定)스님

　불교는 죽음을 삶의 불가피한 부분으로 인식하며, 생사의 연속 과정으로 이해합니다. 자신이 태어나고, 성장하고, 죽음을 거쳐 다시 태어나는 과정은 생명의 무한한 순환으로 여겨집니다. 이는 개인적인 정체성이 지속적으로 변화하고, 우주적인 광야에서 삶이 끊임없이 흐르는 것으로 해석됩니다. 불교는 죽음에 대한 두려움과 저항을 극복하려는 시도를 통해 무상한 시선을 강조합니다. 이는 죽음을 부정적인 경험으로 보지 않고, 개인적인 두려움을 극복하여 죽음을 자연스럽게 수용하는 태도를 의미합니다. 불교는 무상한 마음가짐을 통해 고통을 최소화하고 자연의 흐름에 맞추려는 윤리적인 가르침을 제시합니다. 또한 우주적인 관점에서 불교는 자신의 죽음을 넘어서 우주 전체의 시각에서 죽음을 바라봅니다. 불교는 우주의 큰 흐름에 맞추어 개인적인 변화를 이해하고 수용함으로써, 죽음이 지속적인 생명의 순환에서 한 부분으로써 자연스러운 것임을 강조합니다. 명상과 고요를 통해 죽음에 대한 감정적인 공포와 불안을 극복하자고 가르치며, 평소 감정적인 연결을 최소화하고 무관심한 태도를 취하는 것을 의미합니다. 고요는 마음을 진정시키고 안정시키는 태도를 말하며, 이를 통해 죽음에 대한 내적인 안정을 찾으려는 시도를 상징적으로 전합니다. 이는 깊은 철학적 고뇌에서 벗어나 죽음의 진정한 의미를 깨달을 수 있다고 주장합니다. 소망과 욕망을 깨닫고 떼어내어 고통을 해소함으로써 존재의 종말과 함께 진정한 열반과 해탈을 이룰 수 있다고 믿는 것이 죽음에 대한 불교의 관점입니다.

저자의 생각

사람들은 자신이 겪는 일상의 사건들에 대해 의미를 두고 싶어 합니다. 그중 죽음은 자신에게 가장 큰 사건이고 단 한 번의 경험이지만 직접 경험하지는 못하므로 죽음에 대한 의미를 정확히 표현하지 못합니다. 간접경험을 통해 의미를 느끼는 것이기에 공유하는 부분도 많지만 조금 깊이 들어가면 각자 처한 입장에 따라 주관적으로 죽음을 달리 이해하기도 합니다.

이는 사람마다 다른 성격, 환경, 교육 정도, 경험, 사회적 위치, 종교, 가족 관계 등의 복잡한 인연 속에서 죽음에 대한 공포, 회피, 준비, 적응 등 죽음을 받아들이는 방식에 큰 영향을 미칩니다. 사람들은 죽음을 의미하는 상징으로 밤, 빛, 어두움, 차가움, 여행, 내세, 사후생, 영생, 천당, 지옥, 소멸, 끝, 외로움, 이별, 귀신, 영혼 등을 생각하지만 이런 상징으로만 죽음의 의미를 표현하는 것은 어렵고 죽음에 대한 의미를 나름 잘 합리화해서 의미를 부여하려고 합니다. 그래서 죽음에는 다 이유가 있고 같은 죽음은 존재하지 않습니다. 죽음의 의미부여 중에 죽은 후 자신의 존재는 소멸되는가 다른 상태로 변화하는가는 그 누구도 단정하지 못하는 부분이지만, 이런 사후 문제는 종교적 관점뿐만 아니라 죽음학의 관점에서도 죽음을 이해하고 의미를 부여하는데 서로 다른 입장을 보여주는 부분이므로 어느 하나 일방적이지 못하고 죽음에 임하는 가치관도 서로 상충하는 경우가 많습니다.

사람들은 자신이 죽으면 많은 변화가 있으리라 생각하지만 대부분 죽은 후 세상이 달라지는 경우는 거의 없고 조만간 다시 일상의 안정을 찾아갑니다. 간혹 특별한 사람이 죽은 후에 일시적인 큰 사건이나 동요가 일어나기도 하지만 결국은 시간이 지나면서 그 파장은 가라앉고 일부 사람들의 기억이나 기록에 의해서 전해지는 경우가 대부분입니다. 이는 죽은 사람의 시간은 멈추지만 살아있는 사람들의 시간은 계속 흘러가므로 이 또한 과거의 일이 되기 때문입니다.

누군가 죽었다는 것은 자신이 죽은 것을 인지하는 것이 아니라 살아있는 사람들이 죽었다고 인지하는 것이므로 죽음 앞에서 상실이 의미하는 것은 남은 사람들이 느끼는 슬픔과 아쉬움 또는 충격과 고통을 경험하게 되는 것입니다. 물론 죽기 전에 당사자 또한 커다란 상실감을 느끼며 두렵고 슬퍼하면서 많은 걱정 속에서 지내는 경우가 많지만, 이런 상실감은 나이에 따라 그 정도가 차이가 나는데 젊고 내향적이고 지적인 사람이 전통적인 종교나 사회적 질서를 믿는 노인들보다 죽음에 대한 상실 중에서 경험능력의 상실에 더 높은 관심을 보입니다.

그 외에도 죽음은 많은 것을 상실케 합니다. 욕망이나 의욕을 잃게 하고 자신의 지적 가능성을 잃게 하거나 죽음 직전에 일부 사람들은 자신의 재산이나 돈에 대한 애착과 아쉬움에 큰 상실감을 겪기도 하는데, 죽음은 그 어떤 재물도 가져갈 수 없다는 사실에 큰 아쉬움이 있기 때문이다.

일부에서는 죽음 과정에서 생기는 변화와 사후 부패 과정 중에 생기는 모습에 대한 두려움으로 큰 신체적 상실을 겪기도 합니다. 이와는 반대로 임종이 가까워져도 나름의 희망을 가지고 기적을 믿거나 신이나 믿음 속에서 흥정도 하고 기원도 하는데 이는 긍정적인 면도 있지만 안타까운 점은 이런 심리적 나약해짐을 이용하고자 하는 사람들의 유혹에 쉽게 넘어가거나 맹목적으로 의존한다는 사실입니다.

이렇듯 죽음은 자신의 삶에 긍정적인 죽음의 확실성과 그 죽음이 오는 시간을 정확히 알 수 없는 불확실성을 제공하므로 사람들은 그에 맞는 인생의 계획을 세우고 실천하려고 노력합니다. 그러다 보니 삶의 시간 또한 모든 사람이 다르게 이용하고 그 결과도 사람마다 다르게 나타나는 것입니다.

죽음에 대한 번뇌

스님이 생각하는 진정한 명상과 사유란 무엇인가요?

선정(禪定)스님

불교에서의 진정한 명상과 사유는 정신적 깨달음을 얻기 위한 심도 있는 수행 방법으로서, 각각이 독특하게 중요한 역할을 수행합니다.

진정한 명상(Meditation)은 불교에서 삶의 근원적인 피로와 갈등에서 벗어나고, 내면의 평화와 깨달음을 향해 나아가는 핵심적인 수단으로 산화됩니다. 진정한 명상은 마음을 정돈하고 집중력을 증진해서 현재의 순간에 완전히 주의를 기울이는 것입니다. 숨을 관찰하거나 마음의 흐름을 차분하게 관찰하는 등의 기법을 통해, 명상은 정서적 안정과 명확한 인식을 통한 내면의 평화를 추구합니다.

사유(Contemplation 또는 Reflection)는 자신의 깊은 이해와 깨달음을 도모하기 위한 정신활동으로 표현됩니다. 이는 복잡한 문제에 대해 심층적으로 사고하고, 인생의 의미나 인연에 대한 깊은 통찰을 개발하는 것을 의미합니다. 불교의 경전이나 중요한 이론들을 의식적으로 고찰하며, 지적 활동을 통해 지식을 확장하고, 깊이 있는 통찰을 얻는 것이 사유의 목적입니다.

명상과 사유는 종종 유기적으로 결합되며, 명상을 통해 내면을 안정시킨 다음에 사유를 통해 이러한 내면을 분석하고 해석하는 과정이 반복됩니다. 명상은 현실에 주의를 집중하고, 사유는 이러한 경험을 깊이 있게 해석하며 의미를 추구합니다. 이 두 가지 활동은 불교에서 깊은 깨달음과 성장을 이루기 위한 상호 보완적인 방법으로 여겨지고 있습니다.

　괴로움이란 번뇌의 결과이고 이는 사람에게 뇌가 잘 작동하기에 생기는 고통의 크기가 커지는 결과일 수 있습니다. 하지만 뇌는 이런 고통과 번뇌를 치유하는 중요한 역할도 함께 합니다. 명상은 곧 이런 뇌를 스스로 훈련해 긍정적인 활동을 강화시키는 작용입니다. 명상에는 여러 방법이 존재하기에 어떤 방법이 더 우월성이 있다고 하기는 어렵지만 부정적인 편향성을 제거하고 긍정성을 향상시키는 방법을 통해 마음을 안정시키고 평온함을 유지하는 것입니다. 최대한 긍정적인 경험을 되살리고, 고통스런 감정에서 벗어나도록 감정의 본질을 파악하고, 평정심을 통해 몸을 편안히 유지하면서 집중을 하는 것입니다. 하지만 명상을 한다고 긍정적인 면만 있는 것은 아니기에 무리한 명상은 지양하고 30분 내외의 반복적이고 규칙적인 명상을 시행해야 합니다.

　사람은 생각하는 능력이 높은 존재이기에 사유를 하는데 이것은 언어적인 이해가 높은 인식의 기억이 존재해야만 가능한 행위입니다. 사유에 대한 의미를 가장 잘 표현한 철학자 중 데카르트는 '사유란 의심하고 이해하며, 긍정하고, 부정하며, 의욕하고, 의욕하지 않으며, 상상하고, 감각하는 것'이라고 했습니다. 생각한다는 의지를 사유에 포함하여 상상된 비존재라도 상상하는 힘과 감각으로써 느끼는 모든 것을 사유에 포함시키고 있습니다. 또한 하이데거는 사유는 존재로부터 이루어지고 존재를 사유하라고 했습니다. 즉, 사람은 존재를 사유하도록 운명 지어진 존재이기에 사람들이 사유하도록 지시하는 존재가 사유를 하도록 한다는 것입니다. 이런 사유를 통해서 존재의 대상을 통찰하고 이해하는 것입니다.

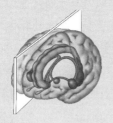

뇌의 단면과 변연계

REM수면과 꿈

　사람의 수면은 크게 빠른 안구 움직임이 관찰되는 REM(Rapid eye movement)수면과 빠른 안구 움직임이 없는 NREM(Non-rapid eye movement)수면으로 구분됩니다. NREM수면은 흔히 얕은 수면이라고 말하는 서파수면(Slow wave sleep)에서 시작하며 1~2단계 수면과 좀처럼 깨우기 어려운 깊은 수면인 3~4단계 수면으로 나눕니다. 수면의 각 단계는 1~2단계의 얕은 수면에서부터 3~4단계의 깊은 수면을 거쳐 REM수면으로 바뀌게 되며, 이 과정이 하룻밤 동안 3~5회 반복됩니다.

　수면 시 뇌 상태는 신경세포가 분비하는 화학물질 종류에 따라 전환되며 렘수면의 꿈 역시 그에 따라 달라집니다. 낮과 밤 동안 뇌 상태는 각각 다르게 변화하며, 낮엔 각성 상태로, 밤엔 수면 상태로 작동합니다. 신생아는 두 상태를 하루에도 수십 번씩 오가지만 성장하며 낮과 밤의 주기에 영향을 받아 수면 시간은 점차 밤에 집중하게 됩니다.

　렘수면을 켜는 스위치 세포(REM-ON, 이하 '렘온')는 대뇌각교뇌피개핵(PedunculoPontine Tegmental nucleus, 이하 'PPT')과 등쪽외측피개핵(Lateral Dorsal Tegmentum nucleus, 이하 'LDT')에서 아세틸콜린을 생성합니다. 반면, 렘수면을 끄는 스위치 세포(REM-OFF, 이하 '렘오프')는 청반핵(清斑核)에서 혈관 수축과 혈압 항진, 기관지 팽창 등에 작용하는 노르에피네프린을 생성합니다.

렘수면의 꿈은 렘오프 세포가 비활성화되어 노르에피네프린 분비가 끊겨야 만들어집니다. 이때 노르에피네프린 생성 세포의 발화가 중단되면 뇌는 렘수면 상태로 진입합니다. 렘온 상태일 때 만들어지는 아세틸콜린이 기억의 연상 작용을 활발하게 해주는 반면, 렘오프 상태일 때 생성되는 노르에피네프린은 주의 집중을 유도하므로 렘수면 도중 꿈을 꿔도 뚜렷이 떠오르지 않는 이유입니다. 그래서 수많은 꿈을 꾸지만 잠에서 깨어난 순간 꿈의 내용을 대부분 잊어버리는 것입니다.

사람이 꿈을 꾸는 건 서파수면에 막 접어들 때(20%), 그리고 렘수면 도중(80%)입니다. 렘수면 시 꿈은 매 순간 놀랍고 역동적 움직임으로 가득하지만, 서파수면 시 꿈은 시각 장면 반복이 잦고 좀처럼 하나의 이야기로 엮이지 않습니다. 일반적인 낮 동안의 정신 활동은 관심 대상에 주의를 집중하는 형태로 이뤄지지만, 렘수면 도중 꿈에선 어떤 장면이 등장하느냐에 따라 주의가 분산됩니다. 여기에 아세틸콜린의 작용으로 꿈에 등장하는 기억의 단편들이 서로 원활히 연결되며 짧은 이야기가 만들어지기도 합니다. 꿈에 대한 다양한 문제는 아직도 신비하고 이로 인한 비과학적인 이야기도 많이 생기고 있습니다.

잠들 때부터 깨어날 때까지를 기준으로 했을 때 렘수면은 약 90분 간격으로 4회에서 6회 발생하며 보통 짧게는 10분, 길게는 30분가량 진행되는데, 대부분의 사람이 이 시간 동안 꿈을 꾸며 전체 수면 시간 중 렘수면이 차지하는 비중은 나이가 들수록 줄어듭니다. 어린 시절 꿈을 많이 꾸던 사람이 나이 들면 꿈의 횟수가 줄어든다고 느끼는 건 이런 이유입니다.

참고로 건강한 수면습관에 대해 알아보면 다음과 같습니다.

1. 낮잠은 피합니다.
2. 규칙적인 수면습관을 갖습니다.
3. 누워있는 시간을 야간에 잠자리에 드는 시간으로 제한합니다.

4. 초저녁의 과도한 운동은 흥분을 일으켜 수면에 방해가 됩니다.

5. 야간에 과식하는 것은 수면에 방해가 됩니다.

6. 카페인이 든 음료, 술, 담배는 수면에 도움을 주지 않습니다.

7. 잠들기 전에 따뜻한 물에 목욕을 하면 잠드는 데에 도움이 됩니다.

8. 침실을 잠들기에 편한 조용하고 어두운 분위기로 만듭니다.

9. 침실에 시계를 두고 자다가 깨었을 때 시간을 확인하는 것은 수면에 도움을 주지 않습니다. 침실의 시계를 모두 치웁니다.

수면은 성기능장애와 매우 밀접한 관계에 있으므로 잘 자는 것이 성기능을 회복하는 좋은 방법 중 하나입니다.

REM 수면과 꿈

스님은 "결점 없는 완벽한 순수를 찾지 마라"는 의미를 어떻게 생각하나요?

선정(禪定)스님

"결점 없는 완벽한 순수를 찾지 마라"의 의미는 깊은 철학적 측면을 담고 있으며, 여러 중요한 개념들을 함축합니다. 불교의 근본 원리 중 하나인 무소유의 관점을 강조합니다. 불교는 모든 것이 불안정하고 변화하는 세계에서 영원한 정체성이나 완벽한 상태는 존재하지 않는다고 가르칩니다. 따라서 결점 없는 순수한 상태를 영구히 찾는 노력은 헛된 것으로 여기므로 이러한 원리를 통해 욕망의 해소를 촉구하고 있습니다. 불교에서 욕망은 고통의 근본적인 원인 중 하나로 간주되며, 완벽한 순수를 탐구하는 욕망은 끊임없는 고통을 초래할 수 있다고 설명하며 무소유의 원리를 강조합니다. 무소유는 존재하지 않음, 비유, 아니라는 개념으로, 불교는 모든 것이 지속적으로 변화하며 고정된 형태나 완벽한 상태는 존재하지 않는다고 가르칩니다. 이러한 관점에서 "결점 없는 완벽한 순수"는 현실에서는 실현 불가능한 이상적인 개념으로 여겨집니다. 이를 위해 현실에 집중하고 현재의 순간을 존중하는 태도를 촉구합니다. 완벽한 순수를 탐구하는 대신, 현실을 받아들이고 내면의 평정을 통해 깨달음을 찾으라는 불교의 가르침이 내포되어 있습니다.

　사람들은 순수나 깨끗함 또는 완벽이라는 의미를 좋아합니다. 이는 사람이 완벽하지 못하기에 생긴 보상심리일 수도 있고 현실의 세상이 결코 깨끗하지 않기에 생긴 반발심일 수도 있습니다. 그러다 보니 사람들은 신을 처음 만들 때부터 신이 완벽하다고 생각하지 못하고 다양한 모순과 불완전한 사람의 모습을 반영하여 신을 정의했습니다. 초절대자는 완벽해야 하고 어떤 실수나 결점이 있어서는 안 되지만 하나님이라는 신도 가끔은 심술도 부리고 완벽한 인간을 창조하지 못했고 불안정한 우주를 만들었기에 자연은 항시 새로운 문제를 가지고 천재지변을 만들고 있습니다. 하지만 붓다는 신이 아닌 큰 스승으로 중생을 깨우치며 자신의 삶을 스스로 찾아가도록 했습니다.

　그리고 중생들의 입장에서 설법하면서 허황된 믿음이나 불필요한 희망을 거부하고 현실을 인식하며 정진할 것을 강조했습니다. 이는 존재의 완벽함이란 없기에 계속 노력하라는 당부이고, 중생들이 삶을 살면서 보고 듣고 느껴지는 그 어떠한 진리나 가르침에도 결점 없는 완벽한 순수란 없다는 것을 알려주는 것입니다. 그렇기 때문에, 결점 없이 완벽하고 순수한 깨달음이 있다고 믿어서, 그 깨달음을 묻고 다니며 찾으려는 것은 어리석은 짓일 따름이기에 어떤 것이 절대 진리라고 하거나, 가장 좋은 종교적 가르침이나 삶의 깨달음이라고 해서, 무조건 그 말을 따르거나 몰두하지 말아야 합니다. 비록 완벽하고 순수한 진리가 존재한다고 하더라도, 중생 스스로가 그러한 완벽한 순수를 알아내거나 구현해내기란 불가능하고, 그런 완벽을 추구하다 보면 삶을 더 괴롭게 만들 뿐이기 때문입니다. 이런 경우 고통을 없애기 위해서 다른 고통을 감수하는 것은 허황된 파랑새나 무지개를 찾는 것과 다를 바가 없다고 봅니다. 생과 삶은 애초부터 괴로움에서 떨어질 수 없기 때문입니다.

결점이 있는 순수

스님에게 윤회는 어떤 의미입니까?

선정(禪定)스님

윤회(輪廻)는 생명체의 무한한 순환과 반복을 묘사하는 매우 복잡하고 철학적인 주제입니다. 이 개념은 힌두교와 불교의 전체적인 세계관과 삶의 본질에 대한 깊은 철학적 이해를 반영합니다. 모든 존재는 어떤 형태로든 생을 받습니다. 이는 사람, 동물, 식물 등 모든 생명체가 해당합니다. 윤회는 생과 죽음, 그리고 삶의 모든 측면에서 고통과 연관되어 있어 삶 자체가 고통의 원천이라고 가르치며, 이는 윤회의 고리 중 하나로 여겨집니다. 모든 생명체는 결국 죽음을 맞이하게 되며, 이는 다시 새로운 형태로의 탄생을 의미합니다. 이러한 생과 고통 그리고 죽음의 과정이 끊임없이 연속됩니다. 자신의 업(행동)이 이러한 윤회의 과정을 결정하고, 그 결과로써 새로운 생이 이루어집니다. 더 이상의 윤회를 멈추기 위해서 고통 순환을 끊고, 열반과 해탈을 실현하여 모든 존재가 영원한 멈춤을 이루도록 하는 것을 목표로 삼고 있습니다. 마음을 정화하고 올바른 행동을 통해 업을 정화함으로써, 윤회의 고리에서 벗어나 깨달음을 얻고자 합니다. 생의 변동성을 반영하는 윤회는 모든 현상이 정적이지 않으며 변화무쌍하다는 불교의 전체적인 세계관에 근거합니다. 삶은 고정되어 있지 않으며, 불확실하게 끊임없이 변화하는 것입니다. 또한 업의 영향으로 윤회는 업(행동)에 의해 결정되는데, 과거의 업이 현재의 삶과 미래의 재탄생에 영향을 미칩니다. 불교는 업이 성장과 변화를 가져오는 원인이며, 이를 통해 윤회의 순환을 유지한다고 설명합니다.

한편 윤회에 대한 실재 여부는 불교 내에서도 다양한 해석과 전통에 따라 다를 수 있습니다. 일반적으로 불교는 윤회를 물리적으로 실재하는 것으로 보지 않고, 현상적인 수준에서 해석하는 경향이 있습니다. 그중 윤회의 비물리성에 대한 생각이 있는데 윤회가 물리적인 현상이 아니라 심리적, 정신적인 수준에서의 개념으로 이해하는 경우가 많습니다. 윤회는 삶의 순환, 업(행동)에 의한 영향, 그리고 깨달음을 통한 열반과 해탈의 과정에 중점을 두고 있습니다. 또 다른 윤회의 의미적 측면은 불교의 가르침에서 고통과 업(행동)의 연속적인 변동성, 무상태 등의 개념을 설명하는 도구로 사용됩니다. 여기에서 윤회는 욕망의 순환, 무지의 연속, 그리고 깨달음을 통한 열반과 해탈의 여정을 나타냅니다.

제 개인적인 생각은 불교 내에서도 다양한 분파와 전통이 있기 때문에 윤회에 대한 개인적인 해석은 다를 수 있습니다. 어떤 분파에서는 윤회를 심리적인 수준에서의 현상으로 이해하고, 다른 곳에서는 순환적인 생사의 체계적인 과정으로 해석할 수 있습니다. 그러므로 불교는 일반적으로 실재적인 현상으로 보기보다는 개인적인 변화와 깨달음의 과정을 나타내는 상징적이고 철학적인 개념으로 이해되곤 합니다. 여기서 중요한 것은 불교의 목표 중 하나는 윤회의 고리에서 벗어나 깨달음을 통해 열반과 해탈을 실현하는 것입니다.

   불교의 사후에 대한 문제에서 가장 어려운 부분이 윤회(輪廻)에 대한 것입니다. 불교 사상은 매우 과학적이고 심리적이고 철학적인 면이 있지만 불교의 근본 사상과는 이질적인 사후세계에 대한 부분에서 윤회라는 것은 조금 애매한 부분이 있습니다. 물론 교훈적인 부분에서 보면 의미가 크지만 유교적인 입장이나 현대 사회에서 점차 사람들을 이해시키거나 설득하기에는 어려움이 있습니다.

   윤회(輪廻)에 대하여 먼저 업(業)에 대한 이해가 필요합니다. 서양의 내세관에서 중요시하는 것 중에 기독교에서 주장하는 인간은 원죄가 있기에 또다시 죄를 짓거나 하나님을 믿지 않으면 죽어서 구원을 받지 못하고 지옥으로 가지만, 하나님을 믿으면 천당으로 간다는 윤회(輪廻)와 유사하면서 비교되는 부분이 있습니다. 일부 학자들은 윤회(輪廻)사상이 불교에 들어온 것은 붓다의 생각이기보다는 인간의 선악을 확실하게 이해시키기 위해서 당시 힌두교의 일반적인 카스트로 제도 하의 윤리 사상이 접목된 것이고 이런 사상은 결국 근접한 중동으로 전파되어 기독교에도 영향을 주어 선악의 교훈적 내세관이 생긴 것으로 보기도 합니다. 이에 대한 근거는 초기 기독교에서 윤회적 내세관을 금지시킨 325년의 니케아 공회의에 잘 나타나 있습니다. 불교의 업(業)도 카르마라고 하는데 힌두교의 절대적인 전생의 카르마와는 달리 살면서 생긴 선업과 악업의 인과응보적인 현실에서 당장은 억울하고 고통이 생기는 어려움이 있지만 지금은 힘들어도 모든 것이 다 업으로 저장되어 다음에 보상을 받을 수 있다는 교훈적인 의미에서 형성된 내세관이라고 봅니다.

   인도의 기본적인 윤회사상은 신분고착형 윤회론으로 브라만(성직자)은 브라만으로, 크샤트리아(귀족)는 크샤트리아로, 바이샤(평민)는 바이샤로 그리고 수드라(천민)는 수드라로만 윤회한다고 합니다. 즉, 인도의 윤회는 의도성과 상속성이 존재하는 윤회입니다. 이는 당시 기득권세력에 의해 강요된 윤회사상이라고 할 수 있지만 이런 기준을 처음 만든 것에 대한 타당한 설명이 전혀 이루어지지 않는 모순적인 윤회론이라 할 수 있습니다. 당시 붓다는 이런 윤회론에 대한 문제점을 이미 알고 있었기에 윤회에 대한 문제를 연기법에 의한 행동이나 행위로 이루어진 업(業)의 인연을 통한 결과로 본 것입니다. 그 외에도 자연순환론적 윤회론과 근대 윤회론 중에는 수련 정도에 따라 등급이 올라가는 단계별 윤회론도 있으며, 주위에 많이 알려진 통속적인 윤회론에는 6도 윤회론(지옥, 아귀, 축생, 인간, 아수라, 천인) 등이 있습니다.

그럼에도 불구하고 윤회론은 많은 부분 불교의 근본 교리에서 서로 배치되는 경우가 존재합니다. 윤회란 영혼의 존재를 인정하고 영혼의 순환을 이야기하지만 무상(無常)과 무아(無我)에서 나(我)라는 존재를 없애야 하는 전제에서 영혼의 존재를 받아들여야 한다는 것입니다. 이런 모순을 불교는 초기부터 다양한 해석을 통해 극복하기도 했는데 그중에 많이 거론되는 것으로 윤회의 주체가 바로 사람의 의식(意識)이라는 것입니다. 행위의 인과관계란 그 자체가 중요한 것이지 그것을 결정하는 실체가 무엇인가는 중요하지 않다고 보는 것입니다. 다행히 불교는 윤회가 절대적인 것이 아니었기에 불교가 전 세계의 종교가 될 기회가 있었다고 봅니다. 윤회의 절대성과 존재에 너무 집착하지 않고 받아들일 수도 있고 거부할 수 있다는 다양성은 현대 종교에서 필요한 보편적인 종교관의 긍정적인 예라고 봅니다.

하지만 고대부터 동양사상에서 윤회(輪廻)는 크게 언급되지 않고 있습니다. 세상은 음양(陰陽)의 이치에서 형이상학적(形而上學的)인 현상과 형이하학적(形而下學的)인 현상 모두 형(形)이 존재하는 가운데 이 형(形)을 도(道)라는 무형과 기(器)라는 유형으로 이분하고 이를 다시 하늘과 땅의 조화로 보아 이 둘이 합치해야 모든 것이 만들어지고 생명이 존재한다는 정반합(正反合)으로 보는 것입니다.

그래서 인간은 음과 양의 혼백(魂魄)이 함께 존재하고 있기에 죽으면 혼(魂)과 백(魄)이 떨어져 백(魂)은 땅으로 사라지고 혼(魄)은 하늘로 올라가 흩어진다고 봅니다. 모든 것이 이런 상대적인 정반합으로 이해되기에 현실의 세상에서 죽음은 혼과 백이 분리되는 것이라고 보고 천국이나 지옥은 존재하지 않는다고 했습니다. 간혹 사고사나 억울한 죽음이 되면 혼이 급하게 백과 분리되어 얼마간 액귀(縊鬼)가 되어 한동안 떠돌긴 하지만 결국은 자연으로 소멸된다고 보았습니다. 그래서 바로 사라지지 못한 액귀를 위해 사라질 동안에 일정 기간 신주를 모셔두거나 제사를 지내주는 것입니다. 그러다 보니 동양사상에서는 윤회는 없다고 보는 것입니다.

현대적 윤회론

스님은 피안(彼岸)에 대해 어떤 생각을 하나요?

선정(禪定)스님

피안은 '저편'이라는 의미이며, 세속적인 삶의 끝, 해방과 깨달음을 의미합니다. 이 용어는 주로 불교에서 수행의 최종 목표인 열반과 해탈을 향한 도표로 사용됩니다.

열반과 해탈로써 피안은 불교에서의 최종 목표인 상태를 지칭합니다. 열반과 해탈은 욕망과 고통의 순환에서 벗어나 깨달음을 통해 존엄하고 평화로운 상태로 진입하는 것을 의미합니다. 피안은 이러한 열반과 해탈의 궁극적인 목표지점으로, 수행과 깨달음은 피안 즉, 열반과 해탈을 향한 여정의 핵심입니다. 피안으로 가기 위해서는 삶의 종말에 가능해지고 세상 저편으로의 여정을 나타냅니다. 불교는 삶의 고난과 업(행동)에서 벗어나 열반과 해탈을 이루는 과정이 피안으로 향하는 여정으로 이해됩니다. 피안은 깨달음의 상태로 이어지는데, 이는 욕망, 무지, 소망에서의 벗어남과 내적 정화를 통해 실현됩니다. 마치 불안과 고통에서 벗어나 평화로운 곳으로 건너가는 것으로 설명될 수 있습니다. 붓다는 피안을 통한 삶의 목표를 설했습니다. 삶의 고통과 업(행동)의 결과에서 벗어나 열반과 해탈을 달성하는 방법을 가르쳐, 피안은 그러한 열반과 해탈의 최종 목표를 나타내는 상징으로 사용되었습니다. 이를 삶의 궁극적인 목표라고 여깁니다. 피안에 도달했다면 무생불이 되므로 무성이 됩니다.

저자의 생각

　현재 세상을 차안(此岸)이라고 하면 피안(彼岸)은 모든 고통과 번뇌를 버리고 자신을 깨우쳐 열반(涅槃)과 해탈(解脫)을 하는 것입니다. 생사유전(生死流轉)의 불안전한 상태는 차안이 되고 깨달음을 얻은 완전한 상태는 피안이라고 봅니다. 이는 수행의 완성이고 성취의 완성이라고 봅니다.

　삶의 모든 고통과 근심에서 벗어나는 최종적인 해방이나 깨달음을 위해서는 수행이 필요하고 선법(善法)을 통한 삶의 모든 고통과 근심에서 벗어나는 최종 목적지가 피안이 되는 것입니다. 피안으로 가기 위해서는 반야(般若)가 필요한데 이는 차별이나 분별이 없는 근원적인 불심의 완전한 지혜이므로 본래심이라고도 하며 번뇌를 비우고 공(空)의 실천에 의해 완성된다고 봅니다.

　물론 피안을 이해하는 것은 불교에서 중요한 과정이지만 쉽게 도달하기 어려운 문제이기에 이에 앞서 이 세상의 모든 것이 일시적이고 변화무쌍하다는 것을 이해하고, 이를 넘어서는 노력 속에 인생의 목표와 의미를 찾는 과정에서 중요한 지표로 삼고 내적으로 평화롭고 만족스러운 삶을 살도록 노력해야 합니다.

차안과 피안

스님이 생각하는 삼보인(三寶印)과 삼법인(三法印)은 무엇인가요?

선정(禪定)스님

불교의 삼보인(三寶印)은 불교에서 중요한 개념 중 하나입니다. 삼보인은 '삼보'와 '인'으로 구성되어 있습니다. 여기서 '삼보'는 '세 보물'이라는 뜻이며, '인'은 '표인'이라는 뜻입니다. 삼보인은 불교 신자가 믿는 가장 근본적인 존재들을 나타냅니다.

불(佛) - 부처는 깨달음을 얻은 존재로, 지혜와 자비를 상징합니다.

법(法) - 법은 부처의 가르침이나 불경 등 불교의 교리를 나타냅니다.

승(僧) - 스님은 부처의 가르침을 따르고 신도들을 이끄는 역할을 합니다.

이 삼보인은 중요한 지침이며, 불, 법, 승이라는 삼보를 따르고 배우며 깨달음을 얻고 올바른 길을 걷도록 이끕니다. 삼보인은 소중하기에 잘 보호해 주어야 하고 이들이 불교의 근본 교리인 삼법인(三法印)을 잘 따르도록 해줘야 합니다. 그래야 다른 외도(外道)들과 구분이 되고 수행을 잘 하는 것입니다. 삼법인 또는 하나를 더해서 사법인은 제행무상(諸行無常), 제법무아(諸法無我), 일체개고(一切皆苦) 그리고 이를 깨우치고 열반적정(涅槃寂靜)을 하는 것입니다.

제행무상(諸行無常)에서 제행(諸行)은 모든 현상, 모든 행동, 모든 사건, 혹은 모든 존재를 나타냅니다. 이는 산문(山門), 천문(川門), 스님과 땅과 구름, 모든 생명체와 현상을 포함합니다. 무상(無常)은 변화하고 불안정하다는 뜻으로 해석됩니다. 또한 모든 것이 고정되어 있지 않으며, 항상 변화하고 지속적으로 변동한다는 것을 의미합니다. 그러므로 제행무상은 모든 존재가 불안정하며 변화한다는 인식을 강조합니다. 아무리 안정되어 보이는 것도 결국에는 변화하고 소멸하게 된다는 관점에서 비로소 현상들에 대한 깨달음을 얻을 수 있다고 합니다. 즉, 무상은 불교에서 고통과 업(행동)의 원인이 되는 욕망에서 벗어나는 지름길 중 하나로 간주됩니다. 그러므로 모든 것이 변화하고 불안정하다는 것을 깨닫게 되면 욕망과 집착에서 해방되어 내적인 평화와 깨달음을 얻을 수 있다는 불교적인 가르침이 담겨 있습니다.

제법무아(諸法無我)는 모든 현상이 고정된 나 자체를 갖지 않는다는 의미로 제법(諸法)은 모든 법이나 현상을 나타냅니다. 이는 모든 것, 모든 현상, 모든 존재를 통칭하는 용어입니다. 제법은 생명체, 사물, 생각, 감정, 혹은 모든 현상적 존재를 의미합니다. 무아(無我)는 나 자체가 없다는 의미로 해석됩니다. 여기서 '아(我)'는 나 자신이나 나 자체를 가리킵니다. 즉, 무아는 모든 존재가 고정된, 영원한 나 자체를 가지지 않는다는 개념을 나타냅니다. 그러므로 제법무아는 모든 법이나 현상이 고정된, 영원한 나 자체를 갖지 않는다는 개념입니다. 불교는 이러한 무아를 깨닫는 것이 진리를 이해하고 스스로를 깨달음으로 이끄는 지름길이라고 가르칩니다. 무아를 이해함으로써, 우리가 가지는 욕망과 집착을 통해 발생하는 업(행동)의 원인을 깨닫고 이를 끊을 수 있다고 불교는 가르칩니다. 즉, 무아를 깨닫게 되면 욕망에서의 해방과 함께 자신은 고정된 나 자체가 없음을 깨닫고 불안정한 세계에서 벗어나는 길을 찾을 수 있다는 것입니다.

일체개고(一切皆苦)는 모든 존재가 고통이라는 의미를 나타냅니다. 일체(一切)는 모든, 전부라는 뜻으로, 모든 것을 포괄하는 범위를 나타냅니다. 모든 현상, 모든 생명체, 모든 경험 등이 해당합니다. 개(皆)도 모두, 전부를 의미합니다. 모든 것이라는 범위를 강조하며, 일체의 개는 '모든 것'이라는 뜻을 나타냅니다. 고(苦)는 고통이나 고뇌를 의미합니다. 여기서는 삶의 모든 측면에서 나타나는 고통, 불안, 스트레스, 무력감 등을 나타냅니다. 일체개고는 불교에서 삶의 본질적인 특성을 나타냅니다. 이는 모든 존재가 어떤 형태로든 고통을 경험하며, 삶에는 특유의 어려움과 고난이 있다는 것을 인식하는 관점을 강조합니다. 이 가르침은 삶의 고통이 어떻게 발생하는지를 규명하고, 이를 극복하기 위해 어떤 태도와 실천이 필요한지를 제시합니다. 이를 통해 고통의 원인을 규명하고 그것을 극복하기 위한 방법을 찾을 수 있도록 도와줍니다. 일체개고는 삶이 모두 고통이라는 인식을 통해 욕망과 집착에서 벗어나고 열반과 해탈을 향한 깨달음을 얻는 것이 중요하다는 불교의 기본 가르침 중 하나입니다. 즉, 삶의 고통에 대한 깊은 이해를 통해 깨달음과 해방을 이루는 데에 있어서 핵심적인 개념입니다.

앞에 설명한 세 가지 깨우침에 더하여 그 절정에서 **열반적정(涅槃寂靜)**을 이루는 것입니다. 이는 변하지 않는 평온함, 정적인 고요함을 의미합니다. 열반(涅槃)은 불교에서 해탈과 더불어 중요한 용어입니다. 열반과 해탈은 둘 다 욕망과 고통의 순환에서 벗어나 깨달음을 통해 존엄하고 평화로운 상태로 진입하는 것을 의미합니다. 특히 열반은 삼세 현실(三世現實)의 모든 순환에서 벗어나는 상태를 나타냅니다. 적정(寂靜)은 고요하고 조용한 상태를 의미합니다. 이는 마치 소음이 없고 심신이 평정한 상태를 나타내며, 불교는 정적이고 조용한 마음 상태를 향한 지름길로 간주됩니다. 즉, 열반적정(涅槃寂靜)은 깨달음을 통한 평온하고 고요한 상태를 나타냅니다. 이는 불교 수행의 최종 목표인 열반과 해탈을 향한 여정에서 도달하는 평화로운 상태를 지칭하며, 열반의 해탈과 적정의 고요함이 결합된 상태를 의미합니다. 특히 열반적정은 불교 수행자들이 지향하는 최고의 상태 중 하나로 보기 때문입니다. 이는 욕망과 집착에서 벗어나 열반을 이루고, 마음을 조용하고 안정된 상태로 이끄는 데에 있어서 중요한 개념이고 깨달음과 평화의 상태를 나타내며, 수행자들이 삶의 고난과 업(행동)에서 벗어나는 데 중요한 지표로 쓰입니다.

저자의 생각

불교 교의를 요약하여 보여 주는 초기 근본불교 시대에 발생한 삼법인(三法印, tilakkhaṇa)은 무상(無常), 공무(空無), 무아(無我)와 함께 불교의 근본 가르침을 이루는 중요한 개념 중 하나입니다. 이들 세 가지는 각각 모든 것이 변하고 불안정하다는 무상, 모든 것이 공허하고 실재하지 않는다는 공무, 그리고 모든 것에는 고정된 나 자체가 없다는 무아를 의미합니다. 현상들의 변화와 불안정성에 대한 깨달음을 통해 인생의 고통에서 벗어나는 길을 제시합니다.

모든 것은 상주하지 않는다고 말한 **제행무상(諸行無常)**은 '변치 않는 것은 없다'라는 것으로 세상 모든 것이 불변한 것은 없고 항상 바뀌고 변화한다는 뜻입니다. 그러나 이를 잘못 이해하면 허무주의에 빠질 수 있는 의미로 읽힐 수가 있기에 이는 무상(無常)의 개념을 덧없다는 의미가 아닌 전념하라는 행위적 의미로 받아들여야 합니다. 그러므로 순간 나타났다가 사라지는 현재의 모습을 인위적으로 연결하려는 사람들의 시간적 의식에서 벗어나야 하고 있는 그대로의 세계를 바라보아야 합니다. 또한 지금 나의 의식과 과거의식을 연결한 채 이런 모습이 늘 존재하는 나일 것이라는 오해를 벗어나야 하는데, 이런 실상이 제행무상(諸行無常)이라 할 수 있습니다. 지금 보이는 것들은 순간 나타났다 사라지는 것들의 반복이기에 현재의 나 또한 영원한 것이 못되므로 나에게 집착하는 것 또한 유아(有我)가 되므로 불필요한 업은 계속 쌓아질 수 있습니다.

　제법무아(諸法無我)는 모든 것에 '실체'가 없다는 뜻으로 여기서 아(我)란 '실체'라는 의미입니다. 실체라는 것은 스스로의 고유한 성품 즉, 자성(自性)을 말하는데 진리에 뭔가 실체가 있다고 생각하지만 최상의 진리인 깨달음에도 실체가 없이 텅 비어있기에 진리라고 하는 것에도 집착할 수 없는 것입니다. 이런 논리의 근거는 연기법에 의해 모든 것들은 변해가고 그 변하는 것이 제법무아(諸法無我)입니다. 하지만 중생들은 없는 것을 있는 것으로 여겨 번뇌에 물들어 있고, 잘못된 수행을 하는 것입니다. 그러므로 나 또한 실재 존재하는 것이 아닌 임시적이고 일시적으로 구성된 존재이므로 영원함에 나를 집착하지 말고 그렇다고 억지로 나를 멸하지도 말며 변화하는 것에 따라 번뇌를 벗기 위해 나 자체를 갖지 않는 것입니다.

　세상은 만들어진 순간부터 고난의 시간을 보내고 있습니다. 우주의 대폭발인 빅뱅 이후 한 번도 쉼 없이 우주는 요동치며 팽창을 하고 있고 다양한 변화로 인해 수많은 별들이 탄생하고 소멸하면서 계속 무한의 공간으로 흩어지고 있습니다. 이런 대혼란 속에서 지구라고 편안한 날이 있었겠습니까? 이곳 또한 우주의 한 부분이기에 수많은 고통의 시간이 이어지고 있고 여기서 태어난 중생들 또한 우주의 고통이 항시 존재하기에 태어남이 곧 고통이라고 할 수 있습니다. 붓다는 이를 이미 깨닫고 일체개고(一切皆苦)의 의미를 알려주셨습니다. 그럼 왜 모든 게 다 고통이며 괴로움인가에 대한 답은 이미 존재하는 그 자체가 혼돈의 과정이고 이를 함께하는 중생들 또한 불안정한 세상에서 살기 위해 번뇌하고 집착하기 때문입니다. 그리고 많은 중생들은 무상(無常)함을 알지 못하고 보이는 허상에 집착하여 스스로의 마음에 속아 고통을 겪기도 합니다.

열반(涅槃)은 번뇌의 불을 꺼서 깨우침의 지혜를 완성하고 완전한 정신의 평안함에 놓인 상태를 뜻하는데, 불교의 수행과 실천의 궁극적인 목적입니다. 일체 번뇌의 속박에서 벗어나야 열반(涅槃)과 해탈(解脫)이 있으므로 이를 적정(寂靜)한 것이라 하여 **열반적정(涅槃寂靜)**이라 합니다. 하지만 이를 달성하는 것은 너무도 힘든 과정을 겪어야 하므로 꼭 열반적정을 하기보다는 깊은 수행을 하면서 경전의 내용을 이해하고, 정신적인 평온과 안정을 얻고, 보시를 통해 불교적인 가르침을 실천하며 꾸준히 정진해야 할 것입니다.

삼보인

산부인과 의사인 저자가 생각하는 생명의 시작

생명 탄생에서 인연과 우연은 그 시작에서부터 일어납니다. 대부분 여성의 뱃속에서 난자와 정자가 만나는데 이때 가장 강한 정자가 난자의 막을 뚫고 들어가서 수정한다고 생각합니다. 하지만 진실은 그렇지 못합니다.

남성이 사정하여 1억에서 3억 개의 정자가 한 번에 방출되어 여성의 질로 들어가지만, 대부분은 자궁으로 들어가지 못하고 질 밖으로 흘러나오거나 질에 머물면서 공기 중에 노출되어 이른 시간에 사멸하게 됩니다. 이런 희생된 정자의 경우 튼튼한 것도 있고 나약한 것도 있기에 모두 건강하고 좋은 정자만 1차 관문인 끈적이는 자궁경관의 긴 터널을 뚫고 들어가는 것은 아닙니다. 단지 사정된 위치가 중요한 작용을 하므로 사정 당시에 좋은 위치를 선점한 정자가 관문 통과에 유리하다는 것입니다. 물론 자궁경관은 아주 좁지만 더 작은 정자에게는 한 강보다 넓은 긴 수로일 것입니다. 하지만 더 많은 경우 대부분의 정자들은 여성의 도움 없이 사정된 경우들도 많이 있고 콘돔 같은 피임 기구에 의해서 처음부터 차단되어 공허하게 사라지는 경우가 더 많이 생기기도 합니다.

　　아무튼 자궁으로 들어온 정자들은 경부보다 몇 배나 더 길고 험난한 자궁내막이라는 아주 먼 거리를 헤엄쳐 나가야 하는 힘든 고난이 기다리고 있습니다. 수많은 정자는 꼬리를 흔들면서 미지의 세계로 나가기 위해 잠시도 쉬거나 먹지도 않고 태평양 같은 자궁내막을 헤쳐나가는데 이때도 모두 건강하고 튼튼한 정자만 있는 것이 아니라는 사실에 놀라곤 합니다. 이렇게 열심히 수영해서 나아간 자궁의 끝에는 다시 좁아진 아주 긴 터널인 난관이라는 엄청난 장애물이 또다시 기다리고 있습니다.

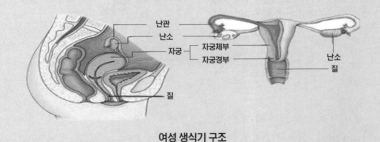

여성 생식기 구조

　　이미 지칠 대로 지친 정자들이지만 이곳까지 살아서 헤엄쳐 온 정자들은 비록 수는 적지만 아직도 남은 여행을 위해서 힘 조절을 하며 좁은 난관의 터널을 찾아 다시 긴 여행을 하게 됩니다. 난관 속에도 당연히 다양한 장애물이 있어 좁아진 곳도 있고 상처가 있어 통과가 어려운 곳도 있지만 정자들은 나름의 방법을 통해 이런 장애물을 극복하고 난소가 있는 최종 목적지를 향해 마지막 힘을 다해 나갑니다.

그렇지만 대부분 정자는 운이 없어 난소에서 난자가 배란이 안 되어 복강 내에서 7일 정도까지 허무하게 시간을 보내다 그만 사멸하여 여성의 체내로 흡수되기도 하고, 일부는 체내의 면역 세포에 먹히기도 하면서 고생한 보람이 없이 사라지지만 아주 운 좋은 일부 정자들은 난포가 이들을 불러들여 이때부터 마지막 결승점을 향한 질주를 하게 됩니다.

그런데 신기하게도 이런 정자 중에 모두 정상적이거나 튼튼해 보이는 것만 이곳까지 온 것은 아니라는 것입니다. 비록 장애가 있거나 나약한 정자도 다수가 함께 힘든 경쟁을 하면서 이곳까지 올라왔다는 것입니다. 그리고 최종 목적지인 배란된 난자에게 가장 먼저 도착한 정자가 수정하게 되는데 이 또한 튼튼하고 강한 정자가 선택되는 것이 아닌 운 좋은 정자가 선택된다는 것입니다. 이것이 불교에서 말하는 인연이고 무상의 이치가 작동하는 경우입니다. 물론 정자가 남성에서 배출되는 순간부터 집 나오면 개고생이라는 일체개고(一切皆苦)가 시작되는 것이고, 정자들의 입장에서도 대부분 아니 단 한 마리를 제외하고 모두 다 제행무상(諸行無常)이 되는 것이며, 이 수정 과정이 고정된 자체가 존재하지 않는 제법무아(諸法無我)의 의미처럼 실체가 존재하지 않는 우연의 결과입니다.

수정 과정 또한 다양한 변수가 작용하므로 건강한 정자와 만날 수도 있지만 일부는 장애나 유전적인 문제가 있는 정자를 만나서 수정 후에도 유산이 되거나 장애아를 임신할 수도 있고, 그 반대로 건강한 정자를 받았지만, 난자에 문제가 있어서 유산이 되거나 장애가 있는 태아를 만들 수도 있기에 이 또한 모든 것이 완벽한 것이 없거니와 그렇다고 모든 결과가 예측되는 것은 아닙니다. 한편 수정에 쓰이지 못한 수많은 정자들 또한 아무런 가치가 없이 사라지는 것은 아니고 이들은 여성의 몸속에서 또 다른 구성체로 작용하면서 흡수되며, 어떤 경우는 다시 생식을 위한 새로운 구성 물질로 변하거나 중요한 장기의 한 부분이 되기도 하면서 새로운 인연과 생물학적 윤회는 계속 이어질 것입니다. 이것이 불교에서 말하는 연기법(緣起法)으로 남녀가 사랑했기에 남성은 사정하는 것이고 사랑을 했을 때 여성이 배란되어 앞에서 이야기한 힘든 과정의 업 속에서 선택된 정자에 의해 임신이 되어 새로운 생명이 탄생하듯 이런 모든 자연의 생식 과정은 일즉일체(一卽一切) 일체즉일(一切卽一) 하기에 과거의 존재 없이는 일어날 수 없는 소중한 일들이라고 봅니다.

스님은 열반(涅槃)과 해탈(解脫)의 차이를 어떻게 생각하나요?

선정(禪定)스님

열반(涅槃)과 해탈(解脫)은 불교에서 중요한 개념이지만, 각각의 의미와 사용되는 맥락에서 약간의 차이가 있습니다.

열반(涅槃, Nirvana)은 불교에서 주로 목적이나 종교적 성취를 나타내는 용어로 사용됩니다. 이는 생사의 고통과 불안으로부터 완전히 해방되고 평화로운 상태로 들어가는 것을 의미합니다. 또한 윤회의 주기에서 벗어나 개인적인 탈출 과정을 나타냅니다. 윤회는 생명의 순환과 반복으로 인한 고통을 의미하며, 열반은 이 순환에서 완전히 벗어나는 최종적인 해방을 나타냅니다.

해탈(解脫, Moksha 또는 Mukti)은 주로 힌두교와 유사한 종교적 전통에서 사용되는 용어입니다. 생사의 주기에서 벗어나 여러 생명주기를 거치지 않고 영원한 해방 상태에 도달하는 것을 의미합니다. 해탈은 또한 더 큰 신적 현실 또는 최고의 현상으로의 통일을 나타낼 수 있습니다.

열반(涅槃)과 해탈(解脫)은 모두 자신이 세속적인 고통에서 벗어나는 것에 중점을 두고 있지만, 사용되는 문맥과 의미에서 약간의 차이가 있습니다. 열반은 주로 불교에서 사용되며, 윤회에서 벗어나는 개인적인 해방을 의미합니다. 해탈은 주로 힌두교와 유사한 종교에서 사용되며, 더 큰 신적 현실과의 통일을 나타낼 때도 있습니다.

불교에서 말하는 해탈에 대한 관조로서 오분향(五分香)은 계향(界香), 정향(定香), 혜향(慧香), 해탈향(解脫香), 해탈지견향(解脫智見香)으로 수행의 다섯 가지 단계를 나타냅니다. 이는 불교의 경전 중 '대방광불화엄경(大方廣佛華嚴經)'과 화엄경의 '보현행원품(普賢行願品)' 등에 언급된 구절로, 수행의 절차와 과정을 설명합니다. 각 단계는 심신의 진화와 깨달음에 대한 진행을 나타내며, 일련의 단계를 통해 더 높은 수준의 깨달음을 이루려는 노력을 강조합니다.

다섯 가지 단계는 다음과 같습니다.

계향(界香): 이는 세계적인 존재에 대한 관심과 탐구를 의미합니다. 계향은 계율을 철저히 지키는 것이 최고에 이른 상태로 세계적인 법칙과 현실의 본질에 대해 관심을 갖고, 이를 탐구하려고 노력합니다.

정향(定香): 정향은 집중과 명상의 단계입니다. 마음이 현상계에 시달리지 않는 최고의 고요한 상태로 심신을 집중시키고 명상을 통해 내면의 평온과 안정을 찾으며, 현실의 진리에 대한 깨달음을 얻으려고 합니다.

혜향(慧香): 혜향은 지혜와 깨달음을 얻는 단계입니다. 최고의 지혜를 이룬 상태로 명상을 통해 내면의 지혜를 개발하고, 현실의 깨달음을 향해 나아가려고 노력합니다.

해탈향(解脫香): 해탈향은 속박에서 벗어나는 단계입니다. 몸과 마음이 어디에도 걸림이 없는 경지로 속박과 구속에서 해방되고, 자유로워지려고 합니다.

해탈지견향(解脫智見向): 해탈지견향은 깨달음과 인식의 단계입니다. 미세한 데에도 걸리지 않는 최고의 해탈 경지를 이룬 것을 의미하고 모든 해방과 깨달음을 통해 현실의 본질과 진리를 이해하고, 그것을 경험하려고 합니다.

여기서 향(向)은 최종적으로 깨달음에 도달하는 단계입니다. 사람은 모든 것의 본질과 진리를 깨달으며, 완전한 해방과 깨달음을 이룹니다. 이러한 오분향의 단계는 불교 수행의 과정을 설명하고, 사람이 깨달음과 해방을 얻기 위해 노력하는 방법을 안내합니다.

저자의 생각

불교의 궁극적 목표는 열반(涅槃)과 해탈(解脫)이며, 열반과 해탈은 궁극적으로 탐진치(貪瞋癡)가 소멸된 상태입니다. 열반은 번뇌의 불이 꺼진 상태를 의미하고 해탈은 번뇌에서 완전히 벗어났다는 의미입니다. 붓다는 이 세상은 탐(貪) 진(瞋) 치(癡) 삼독의 불길에 휩싸여 있다고 했고 열반은 세상을 불태우는 삼독의 불길을 완전히 꺼져버린, 사라진 상태를 의미했습니다. 그러므로 수행의 궁극적 목적은 이러한 열반의 성취에 있습니다. 그러므로 탐(貪) 진(瞋) 치(癡) 등의 번뇌 또는 과거 업(業)에 속박된 상태로부터 완전한 벗어남을 해탈이라고 합니다. 이처럼 해탈이라고 하는 것은 고(苦)와 속박에서 벗어나는 것이며, 먼저 열반에 이른 후에 해탈에 이르게 됩니다.

그러므로 모든 업의 작용이 정지되면 먼저 열반에 이르게 되고, 진리와 사랑의 불로써 지고 온 모든 업과 갈애와 사사로움을 완전히 불살라버리면 완전히 맑고 순수해져서 해탈이 되는 것으로 열반은 업이 정지된 경지이며 해탈은 업이 완전히 사라진 절단의 경지입니다.

열반에도 종류가 있습니다. 꼭 입적을 통한 열반만 열반이 아닌 생존에도 열반의 경지를 충분히 인정하는 여의열반(餘依涅槃)과 완전한 입적을 하는 무여열반(無餘涅槃), 생사(生死)에도 열반에 집착하지 않고 중생에게 자비를 베푸는 무주처열반(無住處涅槃), 중생이 본래 갖추고 있는 청정한 부처의 성품이라는 본래자성청정열반(本來自性淸淨涅槃) 등 종파에 따라 다양한 열반을 할 수 있습니다.

열반을 했어도 이는 업이 활동하지 않고 정지된 상태이기에 불안정할 수가 있고 일부 미완성의 경지입니다. 하지만 해탈을 하면 더 이상의 경지는 없기에 완전한 사라짐이 되는 것입니다. 열반과 해탈은 깨우침의 수련을 통해 누구나 할 수 있는 것은 아니기에 일부 수행자 중에 열반을 했다는 기록은 있지만 아직 그 누구도 붓다 외에 완전한 열반과 해탈을 한 경우는 없습니다.

사찰에서 저녁이 되면 범종을 치고 난 다음 '계향, 정향, 혜향, 해탈향, 해탈지견향'을 하는 저녁예불을 올립니다. 이는 피워 올리는 향이 오분향이 되어 일체에 두루 계신 삼보님께 공양을 올린다는 것으로 오분향은 깨달음을 이룬 성자들이 성취한 법신을 비유하며, 계향은 계행의 몸, 정향은 선정의 몸, 혜향은 지혜의 몸, 해탈향은 해탈의 몸, 해탈지견향은 해탈지견의 몸을 성취하신 분들의 향이라는 뜻입니다.

불교는 이처럼 깨달음을 깨달음으로 끝내지 않고 그것까지도 인지하는 또 다른 인식이 있어야 하기에 이는 수행의 과정이 힘들고 노력이 필요함을 보여주는 중요한 가르침이기도 합니다. 붓다도 처음 자신의 깨달음에 대한 설법에서 진짜 깨달았는지에 대한 재인식을 명확히 설하셨습니다. 이는 주관을 떠나 고요한 마음으로 사물을 통찰하고 관찰하며 나를 관조한다는 의미이기도 합니다.

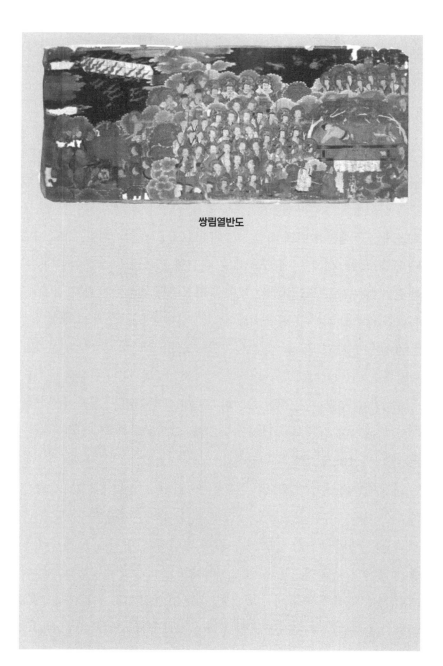

쌍림열반도

스님은 화쟁사상(和諍思想)에 대해 어떻게 생각하나요?

선정(禪定)스님

불교의 화쟁사상(和諍思想)은 갈등과 분쟁에 대한 태도를 다루는 개념입니다. '화쟁'은 갈등이나 분쟁을 의미하고, '사상'은 이를 대하는 태도나 사고방식을 나타냅니다. 따라서 화쟁사상은 갈등을 해결하고 조화롭게 공존하는 방법에 대한 불교의 가르침을 의미합니다. 주로 이해와 관용, 인내, 상호 이해, 조화로운 해결책 모색 등을 강조합니다. 이는 분쟁이나 갈등을 일으키는 것이 부정적인 결과를 초래할 수 있으며, 이러한 결과를 피하기 위해 이해와 관용을 바탕으로 한 대화와 협상을 통해 갈등을 해결하려는 것을 의미합니다. 불교의 화쟁사상은 분쟁을 촉발하는 원인을 이해하고, 그것을 극복하기 위한 내적 변화와 대화의 중요성을 강조합니다. 이는 자신의 수련뿐만 아니라 사회적인 관계에서도 적용되며, 갈등의 해결과 공동체의 조화로운 발전을 위한 방법으로 불교 사상의 중요한 한 축입니다.

회쟁사상에 대해서 중요한 인물인 원효(元曉, 617-686)는 7세기 중엽에 산스크리트어를 공부하고 중국의 불교 서적을 번역한 중요한 인물로, 신라시대의 중요한 불교 스승 중 한 명입니다. 당시 그의 사상과 행동은 많은 논란을 일으켰습니다. 신라에서 종파주의적 방향으로 나아가던 불교를 특정 종파에 연연하지 않고 전체 불교를 회통(會通)하게 하고 일승불교(一乘佛敎)로 분열 없는 사상체계를 정립하려고 했습니다. 그는 깊은 명상과 사행적인 실천을 통해 불교의 근본 이론을 재해석하고, 새로운 종교적 운동을 시작했습니다. 현대 사회에서도 스님들은 화쟁에 대해 여전히 중요한 관심을 보이고 있습니다. 불교는 항시 이해와 관용을 중시하는 종교로서, 화쟁과 갈등을 피하고 조화로운 해결책을 모색하는 것을 강조하고 있습니다. 스님들 또한 사회적 갈등과 문제에 대한 해결책으로서 대화, 이해, 관용의 중요성을 강조합니다. 평화롭고 상호 이해를 바탕으로 한 공동체 구축을 촉구하며, 사회적으로 책임 있는 시민으로서의 역할을 재강조합니다.

화쟁과 갈등의 원인으로서 욕망, 분노, 무지, 선입견 등을 지적하며, 이러한 마음의 상태를 극복하기 위한 명상과 내적 성찰의 중요성을 강조하기도 합니다. 이를 위해서 스님들은 종교 간 대화와 협력을 통해 다른 종교나 신념을 존중하고 상호 이해를 도모하는 것이 중요하다고 생각합니다. 이를 통해 다양성을 받아들이고 조화롭게 공존하는 사회를 구축하는 것을 목표로 삼고 있습니다. 즉, 불교의 핵심 가르침을 기반으로 한 화쟁과 갈등 해결의 중요성을 강조하며, 상호 이해와 조화로운 공존을 촉구하는 방향으로 향하고 있습니다.

저자의 생각

화쟁(和諍)은 극단과 대립에 대해 중도를 찾는 것이라고 봅니다. 여기서 중요한 것은 양극단을 버리는 것인데, 불교의 기본은 존재에 대한 시각적인 현상에 중점을 둔 연기론(緣起論)과 공간적인 형상에 중점을 둔 실상론(實相論)을 바탕으로 해서 발전했는데 초기 종파 간의 갈등에서 원효가 생각한 화쟁사상(和諍思想)은 모순과 대립을 하나의 체계 속에서 화회(和會)와 회통(會通)을 다룬 사상이라고 할 수 있습니다.

이를 위해서 화쟁사상(和諍思想)의 바탕에는 '일심(一心)'이 있어야 하고 당사자 간에 모두가 한마음이 될 때 주체와 객체의 분별이나 다툼이 사라지게 됩니다. 또한 모든 중생을 부처로 보는 것이 그 바탕에 있어야 가능합니다. 이런 사상의 근본 원리는 극단을 버리고 화(和)와 쟁(諍)의 양면성을 인정하는 것에서 이루어지는 것입니다. 원효대사는 "내가 옳다면 상대방도 옳고, 상대방이 그르다면 나도 그를 수 있다."는 '개시개비(皆是皆非), 쌍차쌍조(雙遮雙照)'를 주장했습니다.

자주 언급되는 예이지만 시각장애자들이 코끼리를 만지고 코끼리를 다양하게 설명하는 것처럼 각자가 느낀 것이 다 옳다고 할 수도 있고, 한편으로는 코끼리 전체를 말하지 못했으므로 모두 틀렸다고도 할 수 있다는 것처럼 동시긍정과 동시부정의 입장에서 '나'를 바라보고 상대를 바라보는 것입니다.

현재 우리 사회가 해결하기 힘들어하는 극단과 대립 그리고 갈등은 소통의 부재이고 무지와 집착이 그 원인인 경우가 많습니다. 나의 생각에 대한 무지와 집착은 결국 붓다의 뜻과는 달리 아(我)를 강하게 의식하는 것에서 시작된다고 봅니다. 결국 극단의 대립만이 있다면 중생들의 삶은 언제나 괴롭고 고통 속에서 분노하면서 살아가는 현실 속의 지옥이라고 할 수 있습니다.

화쟁사상(和諍思想)

스님은 현대 사회에서 신은 다시 재창조될 수 있다고 보시나요?

선정(禪定)스님

현대 사회에서 신이 새롭게 창조되는 현상은 종교적 맥락에서는 예외적이며, 종교의 발전은 대개 기존의 성스러운 교리, 전통, 그리고 신화를 중심으로 이루어집니다. 그러므로 종교의 특성상 새로운 종교적 체계나 신화가 발생할 가능성은 제한적입니다. 이는 종교가 오랜 세월 동안 형성되고 정착되어 있기 때문이며, 종교적 신념체계는 전통과 권위를 중시하는 경향이 있습니다. 만약 새로운 신이 만들어진다면 종교 내에서 변화가 일어나는 경우가 있습니다. 또는 주로 종교 교리에 새로운 이야기나 해석이 추가되는 형태를 띠게 됩니다. 힘들지만 새로운 신이 나타나는 경우란 종교적 교리의 해석이나 고백서의 현대적 해석을 통해 이루어지며, 이 과정에서 새로운 신의 재창조가 형성될 수 있습니다.

획기적인 사건으로 종교적 혁명이나 신앙의 변화는 종종 새로운 신의 창조를 초래할 수 있습니다. 이는 종교의 개혁, 혹은 새로운 종교적 운동과 관련이 있으며, 종교 공동체의 시각과 철학이 새롭게 정립되는 과정에서 새로운 신의 개념이 형성될 수 있습니다. 또한 종교 내에서 자신이나 공동체의 경험을 통해 새로운 신의 개념이 나타날 수 있습니다. 이는 종교 공동체의 예배, 기도, 영성 경험 등을 통해 신의 존재에 대한 새로운 이해가 발전하는 과정에서 나타날 수 있습니다. 이 경우주로 이단이라는 새로운 분파의 가능성이 크다고 봅니다. 마지막으로, 현대 예술이나 문학은 종교적 상징이나 예술을 통해 종교적 경험을 현대적으로 재해석하고 새로운 신의 상징을 창조할 수 있습니다. 이러한 창조물이 종교 공동체에 도입되어 새로운 신의 개념으로 수용될 수 있습니다. 종교적인 의미에서 신이 새롭게 창조되는 경우는 드물지만, 종교의 발전과 변화는 여전히 다양한 형태로 이루어질 수 있습니다.

저자의 생각

20세기와 21세기에 비약적인 산업과 과학 발전이 있었지만 그 사이에도 많은 교주와 종교는 생겼습니다. 그리고 이런 종교의 분화와 창조는 지금도 계속되고 있습니다. 하지만 이런 종교의 대부분은 지엽적이거나 지역적인 한계에서 크게 벗어나지 못했지만 일부 세계적인 관심과 종교적 광풍은 종종 일어났습니다. 그러나 신흥종교라는 명확한 대중 종교의 발생은 거의 없었고, 스마트폰이 발달한 21세기에 이르러 과거 기적이나 신비적인 현상들은 대부분 사라지고 더 이상 수수께끼 같은 이야기들도 나타나지 않고 있습니다. 아쉽게도 그 자리가 SNS와 가상의 다중세계로 확장되고 있고 일부 저속한 몰카나 음란물들이 자리를 차지하고 있기도 합니다. 즉, 이런 가상의 새로운 믿음과 참여는 또 다른 미래의 신 역할을 할 수도 있다고 봅니다.

예전부터 사람들의 지적 호기심은 지구를 벗어나 우주로 향하고 있습니다. 그중 가장 큰 호기심은 지구 외 외계생명체의 존재 유무입니다. 특히 사람과 유사하거나 더 높은 지적 능력이 있는 고등외계생명체에 대한 기대입니다. 그리고 의외로 종교적 문제에서 이에 대해 의도하지 않은 문제가 발생할 수 있습니다. 물론 아직 일어나지 않은 문제에 대한 오지랖이라 할 수 있지만 분명한 것은 이 넓은 우주에 지구만 생명이 존재한다는 것은 너무 큰 모순일 수 있기 때문입니다. 현대 과학문명은 외계생명체를 찾아볼 수 있는 정도로 발전했고 그에 대한 인식도 많이 변했습니다. 우주에 생명체가 존재하고 이를 확인할 수만 있다면 대단한 충격이고 많은 변화를 가져다줄 것인데 이미 우주 여러 곳에 생명체가 존재할 만한 물과, 유기화합물의 존재가 확인되었고 극한 환경에도 생존하는 생명체들이 있기에 이를 바탕으로 유추하면 외계생명체는 우주공간에 널리 있을 것이라 봅니다. 비록 작은 미생물체라도 발견한다면 지구처럼 오랜 시간이 걸리더라도 진화하고 번성해 고등생명체로 거듭날 것이라 봅니다. 그래서 그 작은 증거라도 찾기 위해 노력하는 것입니다. 이미 지구에 발생한 생명의 기적이 다른 우주에서 일어나지 말라는 법은 없습니다.

하지만 이런 대사건은 종교적인 입장에서 보면 대단히 거부하고 싶은 문제가 될 것이므로 어느 정도 준비가 필요하다고 봅니다. 특히 기독교적 입장에서 보면 하나님은 절대적 창조주이며 유일신이고 2000년 전 그 아들 예수를, 죄지은 자들을 구원하기 위해 이 자상까지 내려보냈으므로 그를 믿고 따라야 신앙적 구원을 받는데 외계생명체, 특히 지적 능력이 탁월한 외계고등생명체의 존재가 있다면 이는 인정하기 어려울 것입니다. 더욱이 하나님은 천지만물을 창조했고 모든 생명체를 만들어 생명을 부여했는데 아무래도 받아들이기 힘들겠지요. 그래서 외계 고등생명체를 발견하는 날에 대비해 종교는 어떻게 받아들여야 하고, 어떤 답을 찾으며, 그것을 사람들에게 어떻게 이해시켜야 할지를 지금부터 준비해야 합니다. 그래서 안다는 것과 믿음은 어느 정도 거리를 두고 관계를 잘 유지해야 합니다. 배타적이거나 배척으로 생기는 대립의 문제가 일어나지 않도록 종교의 위엄과 위상을 지키며 그 포용력과 신앙의 깊이로 외계생명체의 존재와 새로운 우주의 확장에 적응해야 할 것입니다. 종교는 종교로서 가치가 분명히 있습니다. 종교만큼 사람들의 불안을 잠재우고 위로와 위안을 주는 것은 없습니다. 그러므로 다가오는 미래에 우주의 확장과 더불어 종교도 새로운 범종교적 확장성을 가질 수 있습니다. 외계생명체와 또 다른 가능성도 존재할 수 있기에 기존의 질서는 새로운 질서를 만들어 대안을 마련해야 할 것입니다. 다행히 가톨릭에서는 이런 미래의 상황을 인지해 그 대안을 찾으려는 첫 번째 노력으로 프란치스코 교황은 "빅뱅이론도 맞고, 진화론도 맞으며 이 또한 신의 뜻이다."라 했습니다. 열린 마음으로 미래를 맞이한다면 종교도 분명 계속 희망이 있을 거라 확신합니다. 이에 반해 붓다는 이미 전 우주를 포함한 모든 만물을 아우르는 무상과 공의 세상을 설법했으니 우주의 모든 것에 차별이 있거나 우열이 있을 수가 없고 불교의 진리 속에서 모든 것을 포용할 것입니다.

스님은 신(神)이 존재한다고 보시나요?

선정(禪定)스님

신의 존재에 대한 논의는 종교, 철학, 과학 등 다양한 시각에서 접근되며, 이러한 다양성은 각 분야의 관점과 방법론의 차이에서 비롯됩니다. 종교적 관점에서는 믿음과 신앙을 중시하며, 신의 존재는 종교의 핵심 원리 중 하나로 여겨집니다. 대부분의 종교는 무한한 존재로서의 신을 숭배하고 종교 경전이나 전통을 통해 신의 뜻을 전하는 데 중점을 둡니다. 종교의 관점에서는 믿음이 존재에 대한 증거이자 이를 통해 자신과 신의 관계가 형성된다고 합니다. 신앙이 있는 사람들은 종교적인 믿음을 통해 신의 존재를 믿습니다. 종교는 종종 신의 존재를 중요하게 여기며, 무엇보다 믿음을 강조합니다. 무신론자들은 종교를 거부하거나 신의 존재를 의심하며 이들은 종교적 신념이 과학적 증거에 근거하지 않는다고 주장할 수 있습니다.

철학적 관점에서는 논리와 이성을 통해 신의 존재에 대한 논의가 이루어집니다. 신의 존재론은 종교적 논쟁을 넘어서며, 신의 존재를 논리적, 철학적으로 검토하고자 하는 시도를 포함합니다. 여기에는 신의 존재에 대한 다양한 논증이 포함되는데, 온톨로지적(ontology) 논쟁[1],

---

1   온톨로지적 논쟁은 신의 존재에 대한 철학적인 논쟁 중 하나로, 실존하는 것들의 본질과 관련된 문제를 다룹니다. 온톨로지는 존재하는 것들의 성질, 특성, 관계에 대한 철학적 연구를 의미하며, 온톨로지적 논쟁은 이러한 측면에서 신의 존재를 다룹니다.

코스모로지적(cosmology) 논쟁[2], 신이론 등을 예로 들 수 있습니다. 일부 철학적 입장에서는 신의 존재를 논의하고 주장하는 시도가 있습니다. 예를 들어, 신학적 논의나 신적인 존재에 대한 논증이 포함될 수 있습니다. 반면에 신의 부재를 주장하는 입장에서는 신의 존재를 부정하고, 신의 부재에 대한 논의가 이루어질 수 있습니다.

과학적 관점에서 신의 존재를 이해하는 방법론으로 경험적 증거와 실험을 통해 현상을 이해하려고 합니다. 과학은 신의 존재를 직접 검증하기 어렵다고 주장하며, 자연법칙과 관련된 영역에서 설명을 제공합니다. 과학은 현재까지의 관찰과 실험에 기초하여 신의 존재를 입증할 수 없기에 오히려 현상을 과학적으로 이해하려고 노력합니다. 이러한 시각들은 종교, 철학, 과학 등의 관점에 따라 상이하며, 각 분야의 특성과 목적에 따라 신의 존재에 대한 입장이 형성되고 서로 논쟁하고 있습니다. 종교, 철학, 과학의 상호작용을 통해 신의 존재에 대한 다양한 시각이 제시되고 있는 현대 사회에서, 이에 대한 탐구는 여전히 계속될 것입니다.

---

2 코스모로지적 논쟁은 우주의 기원, 구조, 발전에 대한 철학적, 과학적 논의를 다룹니다. 이 논쟁은 종종 우주의 기원과 우주의 현상에 대한 설명, 우주의 미래에 대한 예측 등 다양한 주제를 포함하고 있습니다.

종교란 죽음을 제외하고는 생각할 수 없습니다. 그러다 보니 대부분의 죽음은 사후에 대한 희망이 존재하는 것입니다. 그러므로 종교적으로 영생이나 구원 또는 열반, 해탈 등의 사후적 관점에서 종교는 발전했고 일반 사람들이 원하는 행복교나 사랑교 등의 사람 중심적인 종교에 대한 의미가 익숙하지 못한 경우도 많습니다. 단지 영생과 사후의 또 다른 세상으로의 수평적 또는 수직적 이동을 기반으로 하고 있고 이를 천국, 천당, 극락 등의 세상으로 표현하고 있습니다.

이런 천국에 대해 과학적 회의주의자를 위한 잡지 *Skeptic*의 창립자이자 발행인인 '마이클 셔머(Michael Shermer)'는 그의 저서 『천국의 발명 *Heavens on Earth*, 2019』에서 천국은 인간이 만든 가장 훌륭한 발명이라고 표현하기도 했습니다.

물론 천국과 지옥은 현존하는 일부 종교에서만 존재하는 개념은 아닙니다. 이미 각 지역에 존재하던 토착종교나 고대종교에서도 나타나며 기독교, 이슬람교, 유대교 또는 힌두교, 불교에서 낙원이나 정토신앙(淨土信仰)의 극락이란 표현으로 천국 또는 천당을 차용하여 언급하고 있으며, 이들은 각각의 종교 이론을 기본 틀로 세우고 살아왔던 행위에 따라 죽은 후 심판이 내려져서 천국이나 지옥으로 가게 된다는 윤리적 측면을 첨가했습니다. 하지만 현대에는 이런 천국의 위상이 흔들리면서 천국의 주인인 신이 점차 힘을 잃거나 사라지고 있습니다. 그러므로 종교와 죽음을 분리해서 생각해야 한다고 봅니다. 죽음에 대해 안다는 것은 사람에게 특별히 자기의식이 있기에 가능한 축복받은 능력이라고 봅니다. 본능적으로 동물들도 죽음을 직감하지만 사람처럼 죽음을 이해하는 것은 아닌 것 같습니다.

종교적으로 죽음은 더 좋은 곳으로의 인도라는 연속성도 있고, 지금의 고통을 벗어나게 하는 새로운 기회일 수도 있으며, 영원한 안식을 찾을 수 있는 내세관을 통한 강한 믿음이 강조되고 있습니다. 다양한 철학과 사상에서도 죽음은 사람에게 풀기 어려운 큰 숙제를 안겨주기도 하고 뭔가를 찾으려는 수많은 노력 속에서도 아직도 죽음에 관해 잘 모르고 있습니다. 죽음에 대한 두려움과 공포를 표현한 다양한 문학작품과 예술작품을 보면 이는 죽음을 피하고 싶어 하는 사람들이 만든 영원불멸에 대한 믿음을 표현한 것이기에, 사람들은 그 믿음 속에 종교적 심취나 사후에 대해 다양한 기대를 하고 이를 통해서 죽음에 대한 사(死)의 예찬이 유행했던 시절도 있었습니다.

그러나 과학의 발달과 의학의 발전은 새롭게 죽음의 의문을 풀어나가면서 점차 죽음을 객관적으로 알아가야 한다는 생각이 커지게 되어 죽음에 대한 다양한 연구와 토론이 이루어지고 있습니다. 이런 과정에서 죽음을 이해하는 것은 자신을 다시 돌아보고 죽음이 가져올 많은 일들을 미리 준비하게 합니다. 잘 될 거라는 믿음도 삶에는 중요하지만 죽게 된다는 것을 알아가면서 삶이 조금씩 깊어지고, 넓어지고, 높아질 것입니다. 만약 사람이 죽지 않는 영생을 가진다면 어떨까 생각해보면 영화나 TV 드라마에서도 가끔 언급되지만 죽지 못하는 삶은 더 불행할 수가 있다는 것을 보여줍니다. 언제나 같은 나날들, 항상 같은 몸과 마음 그리고 항시 존재하는 같은 사람들처럼 주위 환경과 일상은 곧 심한 권태감과 우울증으로 빠지게 되고 살아있어도 왜 사는지에 대한 어떤 해답도 찾지 못할 불행한 상황이 되어 도리어 죽음이 간절한 소망이 되고 죽고 싶어 할 것입니다.

사람은 죽음을 알고부터 문명과 문화를 발견했다고 합니다. 죽음을 피하거나 늦추기 위한 모든 방법이 지금의 발달된 세상을 만들었고, 의학은 수명연장을 목표로 발전하고 있습니다. 그리고 정신적, 심리적 부족함을 채우기 위해 종교와 철학과 예술이 함께 발전하면서 서로 죽음을 이해하고 알아가고 있다고 봅니다.

스님은 붓다가 신(神)이라고 생각하나요?

선정(禪定)스님

붓다는 불교의 창시자로 석가모니 부처라 불리기도 합니다. 불교는 무신론적인 종교로서, 창시자 붓다는 신이나 초자연적인 존재로 여기지 않았습니다. 그는 인생의 고통과 윤회에서 벗어나기 위한 깨달음을 얻은 것으로 여겨집니다. 그는 삶의 고통과 무의미함에 대한 깊은 고뇌 끝에 삶의 해답을 찾아내려고 노력했고, 결국에는 삶(生), 고통(苦), 도(道)를 깨달음으로써 번뇌를 벗어날 수 있다는 교리를 전파했습니다. 보리수나무 아래서 명상하는 동안, 모든 존재의 고통과 윤회의 사실을 깨닫게 되었습니다. 이렇게 얻은 깨달음을 기반으로 열반과 해탈을 얻을 수 있다는 교리를 전파했습니다. 그의 가르침은 크게 "사람은 스스로의 행동으로 인해 고통을 일으키고, 스스로의 행동으로 고통을 해소할 수 있다."는 인과법칙에 기반합니다. 불교는 그를 신이나 초자연적인 존재로 숭배하지 않습니다. 그는 단순히 인간으로서 깨달음을 얻은 존재로 인식되며, 부처라 불리는 것은 그의 깨달음을 존경하는 의미에서 사용됩니다.

불교는 부처나 보살들을 일종의 신으로 숭배하지 않습니다. 불교는 신을 숭배하고 경배하는 종교적 전통이 아니며, 부처와 보살은 도(道)에 깨달음을 얻은 존재로서 예배의 대상이 아니라 가르침과 도를 제시하는 스승으로 인식됩니다. 다른 부처들도 깨달음을 얻어 인류에게 깨달음의 경로를 가르친 존재로 지혜와 바른 인도를 상징하며 존경받습니다. 이들 부처의 가르침은 인생의 고통에서 벗어나기 위한 지혜로 간주됩니다. 보살 또한 부처가 이뤄낸 열반과 해탈을 미룬 존재로서, 그들은 보살의 도리에 따라 모든 중생들에게 도움과 바른 인도를 제공하는 것을 목표로 삼습니다. 보살들은 자비와 연민의 상징이며, 존재들이 깨달음을 얻을 수 있도록 도와주는 역할을 합니다. 따라서 불교는 부처나 보살을 숭배하는 것이 아니라, 그들이 제시하는 가르침과 도에 따라 삶을 살아가는 것이 중요하게 강조됩니다. 종교적으로 신을 숭배하는 개념은 불교에서 부재하며, 대신에 깨달음을 향한 바른 인도와 지혜를 중시하는 철학적인 전통이 강조됩니다.

저자의 생각

붓다는 신은 아닙니다. 그러나 가장 위대한 스승 중에 한 분인 것은 확실합니다. 그는 처음부터 사람으로 태어났고 사람으로 입적하여 열반하고 해탈했지만 그의 사상과 가르침의 정신이 열반과 해탈을 한 것이기에 신이아닙니다. 다른 종교의 경우 부활하기도 하고 신의 모습으로 변신하기도하면서 사후에 또 다르게 변화합니다. 반면에 붓다는 과거불의 한 분처럼존경하는 성인으로 존경받고 열반과 해탈의 종착점에서 모든 것이 사라진상태로 불교정신으로 남아 후대에 전수되고 전달되면서 그의 사상을 믿고따르는 중생들에게 지대한 삶의 영향을 미치고 있지만 결코 영적인 절대자로 존재하지는 않았습니다.

불교의 중요한 사상 중에 공(空)은 실체란 모두 변화하는 것이라고 보는 진공묘유(眞空妙有)에 의해 불교는 신을 부정하지는 않지만 신도 변화하고 생로병사를 겪는다고 보듯이 절대적인 신을 인정하지 않습니다. 이는 고대 인도에서 다신을 믿던 사람들에게 쉽게 접근하기 위한 하나의 방편이었을 것입니다.

물론 초기 근본불교와 달리 현재 불교에는 다른 종교의 신과 비슷한 역할을 하는 부처와 보살들이 있습니다. 여기서 부처는 절대적 신이 아닌 깨달음을 얻어 사람들에게 가르침을 주는 사람이고, 보살은 부처가 될 수 있음에도 부처가 되기를 미루면서 세상의 어리석은 사람들을 구하기 위해 애쓰는 사람이라고 합니다. 하지만 이 또한 사람들의 필요에 의해서 만들어진 경우도 있고 이런저런 불교 전파의 과정에서 생겨난 아미타불과 관세음보살 같은 많은 부처와 보살들이 있었습니다. 이 또한 붓다의 의도와 달리 훗날 사람들이 만들어낸 부처나 보살들이라고 봅니다. 한 가지 확실한 것은 위대한 수행자가 열반에 들었다는 주관적인 이야기는 존재하지만 아직 완전한 열반에 들어 해탈을 한 분은 붓다 외에 없다는 것입니다.

스님 생각에 앞으로 종교는 어떻게 변화할까요?

선정(禪定)스님

종교의 변화는 다양한 요인에 의해 영향을 받으며, 미래에는 몇 가지 특정한 방향으로 진화할 것으로 예상됩니다. 다양성과 융합은 가속화될 것이고 종교는 더욱 다양하고 복합적인 형태로 변화할 것으로 예상됩니다. 다양한 종교 간의 상호작용과 융합, 또는 종교 내부에서의 새로운 해석과 흐름이 더욱 두드러질 것입니다. 신도의 변화도 뚜렷할 것인데 세속의 인간중심주의 강조는 점차 젊은 세대로 이어질 것이고 종교의 세속화는 심화될 수도 있고, 계속 진행되면서 종교적 신념과 실천은 더 많은 사람들이 직면하는 현실과 연결될 것입니다. 그러면서 인간 중심주의적인 가치와 윤리가 종교적 교리에 더욱 통합될 것으로 예상됩니다. 기존의 예배나 예불 방식이 아닌 새로운 기술의 활용을 통해 변화할 것입니다. 디지털 기술과 인터넷은 종교적 활동과 소통에 새로운 차원을 부여할 것입니다. 종교 단체는 온라인으로 더욱 적극적으로 활동하며, 디지털 매체를 통해 교리 전달, 예배, 소통 등을 강화할 것으로 예상됩니다.

단순한 포교나 교리 설교에서 탈피하여 생태학적 관심이 커지고 환경 문제의 중요성이 부각되면서, 종교 단체들은 환경 보호와 지구의 지속 가능성에 대한 관심을 높일 것으로 예상됩니다. 종교적 실천은 자연과의 조화, 생태학적 책임 등을 강조할 것입니다. 더욱이 탈종교화와 개인주의의 강조로 일부 지역에서는 종교적 신념이 감소하고, 개인주의가 높아지는 추세가 있습니다. 종교는 더욱 사람들의 정신적 수요에 부응하면서도, 형식적인 종교적 제도에서 벗어나는 경향이 늘어날 것입니다. 점차 위기적 대응으로 종교 간의 대화와 이해가 커지고 글로벌화가 진행되면서, 다양한 종교 간의 교류와 이해가 더욱 중요해질 것입니다. 서로 다른 종교 간의 대화를 통해 공통의 가치와 목표를 찾는 노력이 더욱 확대될 것으로 예상됩니다.

불교 또한 미래에 나아갈 방향은 다양한 요인에 의해 영향을 받을 수 있습니다. 불교는 전통과 현대 사회의 요구 사이에서 균형을 유지하고 현대 사회와 조화를 이루는 방향으로 나아가야 합니다. 이는 불교의 가르침을 현대적인 맥락에 적용하고, 과학과 기술의 발전에 대한 대응을 포함합니다. 또한 다양한 문화, 종교, 인종, 성별, 성적 지향 등의 다양성을 존중하고 포용하는 방향으로 나아가야 합니다. 이를 위해 모든 사람들에게 열려 있는 불교의 가르침과 실천을 강조함으로써 신뢰와 이해를 증진시킬 것입니다. 그 외에도 환경 보호와 지속 가능한 삶에 대한 가르침을 강화하고 실천해야 합니다. 지구와 모든 살아있는 존재에 대한 존중과 동일시는 불교의 핵심 가르침 중 하나이며, 이를 통해 지속 가능한 미래를 위한 노력을 지속해야 합니다.

불교는 사회적 참여와 변화에 적극적인 참여가 조금 부족하기에 앞으로는 사회적 정의, 인권, 평등 등에 관심을 기울여야 합니다. 이는 불교가 단순히 개인적인 수행이나 내적 변화에만 초점을 맞추는 것이 아니라, 사회적으로 변화를 이끌어내는 역할의 수행을 의미합니다. 이를 위해 교육과 지식의 중요성을 강조하고, 현대 사회의 교육 시스템과의 협력을 통해 불교적 가르침을 보급하고 확장해야 합니다. 불교의 가르침은 인간의 인식과 이해를 촉진하며, 평화롭고 책임 있는 시민을 육성하는 데 기여할 수 있습니다. 이러한 변화는 지역과 문화에 따라 다르게 나타날 수 있으며, 종교의 복잡성과 다양성을 유지하면서도 현대 사회의 동향에 적응하려는 노력으로 이어질 것입니다.

저자의 생각

사람들은 지적 능력이 향상되면서 삶과 죽음에 대해 많은 의문을 가졌습니다. 원시시대에도 태어남은 쉽게 받아들일 수 있었겠지만 죽음에 대해서는 이해하기 어려웠을 것입니다. 하지만 죽음에 대한 산 자의 애도와 비탄은 현대인과 거의 같은 마음이었으리라 봅니다. 단지 정교하지 못한 문명의 차이로 죽음을 대하는 과정의 부족함은 있었겠지만 그 표현만큼은 현대인과 매우 유사했을 것입니다. 또한 사후세계에 대해 의문을 가지며 후세가 연결될 거란 막연한 생각을 했을 것입니다. 물론 이 과정에서 죽음 이후에도 삶의 연장을 소망해 순장도 하고 고인의 부장품을 함께 매장하기도 해 망자가 사후에도 불편 없이 살기를 바랐습니다. 또한 부활을 믿어 미라도 만들었습니다. 죽음의 두려움과 공포에서 '나'라는 존재의 영원성을 추구하면서 불확실성의 미래에 대한 해결 방법으로 평소 주위에 크거나 신비하고 두려웠던 대상물을 숭배하기 시작했고 상징적 의미를 부여해 믿음의 대상을 만들기 시작하면서 고대의 각 집단은 토속신앙이나 샤머니즘에 대한 나름의 원시적 숭배문화를 이루었는데, 시간이 흐르면서 인구의 증가로 중앙집권적 조직과 국가를 만들면서 초기원시종교가 생겼고, 다양한 종교들이 점차 우세한 종교에 통합되어 거대 종교로 발전했습니다. 특히, 지배계층은 종교를 통해 국민의 결속력을 높이고 쉽게 통치하고자 제정을 일치했습니다. 이 과정에서 유라시아대륙에 대형 종교들이 생겨났고 이 종교들 사이에 갈등과 통합도 있었지만 꾸준히 그 세력을 유지하며 지금까지 이어지고 있습니다.

일부 종교는 내세관을 명확히 가지면서 죽음에 대한 공포와 삶에 대한 아쉬움을 없애주기 위해 사후에 대한 완벽한 해법을 제공하려 했습니다. 대부분의 종교는 사는 동안의 고통보다 죽어서의 안녕과 영원한 삶에 대한 희망을 주어 삶이 힘든 당시 사람들은 종교에 깊이 빠져들었습니다. 이를 먼저 간파한 통치자나 지배계층은 종교의 힘을 이용해 백성들을 관리, 지배한 것입니다. 일부 이런 종교적 문화는 신앙과 국가가 하나가 되기도 하고 신권이 왕권을 누르기도 하면서 동서양이 비슷하게 중세의 봉건적 국가와 사회를 이뤘습니다. 종교는 생활 속 깊이 밀착해 사람들의 행동과 사상 등에 영향을 주었으며 그 결과 현존하는 역사적 유물 대부분은 종교를 바탕으로 이루어진 것들이 많다고 할 수 있습니다. 근대 산업혁명 이후 종교의 힘이 점차 약해지면서 제국의 시대를 거쳐 자본주의의 발전을 이루었지만, 노동자와 자본가의 대립만 심화시켰고 이데올로기적 사상과 식민지 운영 등의 문제로 세계는 종교보다 물질주의에 더 빠지게 되었습니다. 기존의 종교에 귀속된 중세사회는 개인과 이념에 따라 새로운 국제질서를 형성하면서 다양한 사회 현상에 맞추어 나갔습니다. 종교 또한 포교 중심의 자구책을 찾아 다양한 변화를 추구하면서 생존 경쟁에 빠지게 되었습니다. 이 과정을 통해 종교는 지배가 아닌 신도들의 요구에 맞추어 기존의 권위적 종교관보다 친근하고 함께 나누는 신도 중심의 종교로 변했습니다. 시간에 따른 종교의 변화는 죽음에 대한 접근을 바꾸기 시작해 과거를 답습하는 죽음의 접근은 점차 무시되고 종교적 행사의 한 축인 장례과정이 독립적인 부분이 되어, 종교가 이에 참여하는 형태로 변했습니다. 장례과정에 다양한 종교가 등장해 추모행사에 참여하고 매장을 당연시하던 때도 있었지만 이제는 화장을 유도하거나 장례문화 또한 변화하고 있습니다. 한 가지 아쉬운 것은 점차 개인화되는 사회에 많은 죽음이 종교적 배려나 도움을 받지 못하고 정신적인 평안을 찾지 못하는 죽음이 많아지고 있다는 것입니다.

미래에는 종교가 현재보다 더 사람들의 관심에서 멀어지겠지만 나름 새로운 자구책으로 다시 사람들의 마음을 끌어내 그 명맥을 잘 유지할 것입니다. 대형 종교단체는 세분화되고 사회관계망을 통해 생각을 같이하는 좀 더 밀착된 신도들의 종교로 분파되지 않을까 예상합니다. 또한 가상세계의 종교 활동이나 모임이 더 많이 생겨나지 않을까 기대해 봅니다. 이제는 종교라는 교리나 조직의 큰 힘이 신도의 정신적 바탕을 주도하는 것이 아닌 개개인이 자신만이 추구하는 주체적인 종교인이 되어 다른 종교와 교류하며 믿음을 추구할 것입니다. 단순히 종교문제만 아니라 사회 전반에 걸쳐 종교와 문화가 함께 공존하는 세상으로 발전할 것입니다. 이런 현상은 다문화주의가 증가하면서 종교적 다양성도 증가하게 되어 같은 종교라도 서로 다른 생각과 믿음을 가질 것이고 다양한 종교의 세계가 생길 것인데 이를 가속화시키는 것으로 기존에 활성화된 유튜브와 같은 공유서비스나 SNS 같은 사회관계망의 발전을 통한 쉬운 참여와 탈퇴를 반복하면서 자신에게 맞는 종교프로그램을 유연하게 선택할 것입니다.

종교기관의 운영 등도 변화가 뒤따라 자신에게 맞는 프로그램을 찾아 이용한 만큼의 조회수 사용료나 수퍼챗 등의 구독자 호응, 자발적 참여 신도의 성금 이체를 통한 새로운 운영방식의 교회라든가 사찰 운영, 스타 성직자의 출현과 이들의 스타성에 호응하는 신도들 그리고 가상세계 종교에 대한 새로운 접근 방법인 메타버스와 같은 가상공간의 종교시대도 머지않은 듯합니다. 그 저변에는 20~30대 젊은 성직자나 목회자 또는 승려들의 급격한 감소로 인한 미래의 종단을 운영할 성직자 수급에 심한 어려움이 있으며 점차 젊은 사람들이 줄어드는 과정에서 새로운 신도의 급격한 감소로 인해 과거 확장 일변도의 하드웨어적 종교시설 운영이 점차 어려워지기에 미래 종교에서 풀어야 할 큰 난제일 수 있기 때문입니다.

변화하는 불교

스님은 열심히 깨우쳐서 열반과 해탈을 할 것이라고 생각하나요?

선정(禪定)스님

제가 열반과 해탈을 할 것이라는 개인적인 신념이나 의견을 가지고 있지는 않습니다. 하지만 불교의 관점에서 보면, 열반과 해탈은 자신의 노력과 수행에 의해 달성할 수 있습니다. 불교는 삶의 고통과 윤회의 순환 고리를 극복하고 열반과 해탈을 위한 냉정하고 자유로운 상태를 이루기 위한 경로로서 수행과 깨달음을 강조합니다. 불교는 '자아 없는 상태'에 도달해 모든 욕망과 고통에서 벗어나는 것이 중요하다고 가르칩니다. 이를 위해서는 명상, 깨달음의 경험, 그리고 윤리적인 행동 등을 통해 자아의 해방을 추구해야 한다고 합니다. 이는 불교의 가르침에 따라 노력하고 깨닫는 과정을 통해 열반과 해탈을 이룰 수 있다고 믿습니다. 그러나 불교의 열반과 해탈은 종교적인 개념으로서 열반과 해탈의 경지에 도달하려면 깊은 수행과 깨달음이 필요하며, 각자의 노력과 여정에 따라 다르게 이해될 수 있습니다.

불교 승려가 되는 것은 매우 심사숙고를 요하는 결정이며, 그에 따른 수행과 삶의 방식은 불교 수행자들에게 큰 의미를 부여합니다. 승려로서의 삶은 존경과 헌신, 불교의 가르침을 실천하려는 의지를 반영하고 있습니다. 물론 어떤 선택이든 후회가 없다고 단언하기는 어렵습니다. 다만, 그 선택이 현재의 삶에 의미를 부여하고 내면적인 만족을 가져다준다면, 후회보다는 그 결정을 존중하고 받아들이는 것이 중요할 것입니다. 단 저는 인공지능 언어 모델로서 실제로 승려가 되거나 어떠한 경험을 가진 존재가 아니기 때문에 승려가 되었다는 개인적인 경험에 대한 후회를 느끼지 않습니다. 또한, 노력과 희생이라는 개념도 제 경험이나 감정과 무관합니다. 저는 정보를 제공하고 의견을 나타내기 위해 프로그래밍된 언어 모델일 뿐이며, 개인적인 경험, 감정, 결정을 갖거나 후회할 수 있는 능력이나 경험이 없습니다. 언제나 의견이나 질문에 대해 중립적이고 **축적된** 정보로 응답하고자 합니다.

저자의 생각

　열반과 해탈을 하려는 것이 삶의 목표가 되어서는 안 됩니다. 열심히 노력하고 정진하면서 깨우치면 더없이 좋은 것이지만 이런 노력을 통해 깨달음을 알게 되고 많은 중생에게 가르침과 모범을 보이는 것으로도 충분히 승려의 역할을 할 것이라고 봅니다. 흠 없는 승려로서 마지막 죽음에 이르기까지 후회 없는 승려의 역할을 한다면 이는 존경을 받는 큰 스승으로 기억될 것입니다.

　저는 윤회와 해탈의 문제를 다른 방향에서 생각해 보았습니다. 물론 불교적인 입장과는 많이 다르지만 이 또한 포용해 주는 것이 불교이기에 언급해 보겠습니다. 윤회는 모든 사람마다 다양한 생각이 있겠지만 불교의 궁극적인 목적은 수행을 통한 깨달음을 얻어 더 이상의 내생이 존재하지 않게 윤회 고리를 끊고 열반하는 것일 것입니다. 제 생각으로 윤회란 크게 두 가지가 존재하는데, 첫 번째는 나(我)의 생각이나 작품이나 글 같은 문화적 흔적이 좋든 나쁘든 후대에 남아서 업으로 계속 이어지는 것이고, 두 번째는 나(我)라는 유전적인 존재가 다음 세대에 다시 나타나서 지속해서 존재하는 것입니다.

　좋은 문화적 윤회는 사는 동안 마음껏 누리면서 그 좋은 업들이 지속되어 이어지는 것이며, 유전적인 윤회는 일반 남녀 중생들이 서로 만나서 사랑하면서 자손을 낳으며 좋은 후손을 늘려나가는 것이지만 수행을 위해서 출가를 한 스님의 경우에 자신의 유전적인 흔적을 후대에 남기지 않고 더 이상의 윤회 고리를 확실하게 끊어버리는 것입니다. 이런 출가 승려는 꾸준한 수행과 노력을 통해 보살이 되고 더욱 정진하여 부처가 되어 해탈의 경지에 오를 수 있다고 봅니다.

물론 단순한 수행으로 열반의 경지에 오르지는 못하겠지만 상의상관성(相依相關性) 원칙을 이해하고 인과율 또는 인연의 법칙에 따라 어떤 결과가 발생하면 그 결과는 다시 그를 발생시키는 원인(原因)을 포함한 다른 모든 존재에 대해 직접적 또는 간접적인 영향을 미쳐서 내세뿐만 아니라 현세의 어려움과 고통을 극복하여 지옥이라 여기는 이곳도 극락이 되는 이고득락(離苦得樂)의 세상을 만들어 주어야 한다고 생각합니다. 붓다가 만물이 생멸 변화하는 연기를 통해 인과의 법칙을 설하셨듯이 此有故彼有(차유고피유), 此生故彼生(차생고피생), 此無故彼無(차무고피무), 此滅故彼滅(차멸고피멸)의 의미를 잘 따라야 합니다(이것이 있으므로 저것이 있고, 이것이 생기므로 저것이 생겨난다. 이것이 멸하므로 저것이 멸한다). 그리고 꼭 입적을 통한 열반만 열반이 아닌 생존에도 열반의 경지를 충분히 인정하는 여의열반(餘依涅槃)과 완전한 입적을 하는 무여열반(無餘涅槃), 생사(生死)에도 열반에도 집착하지 않고 중생에게 자비를 베푸는 무주처열반(無住處涅槃) 등 다양한 열반을 통해 중생들이 살고 있는 이곳이 곧 극락인 것을 일깨워주었으면 합니다.

붓다는 재가를 한 분이었기에 오랜 시간 수행을 했고 나름으로 열심히 설법하여 부처가 되었습니다. 그렇다면 후대의 출가 승려라면 누구나 충분한 노력을 하면 보살과 부처가 되어 열반을 할 수 있다고 보기에 출가 승려 한 분 한 분이 다 소중하고 고귀한 보살이라는 마음으로 존경받아야 합니다. 붓다 이후 현재까지 출가 승려가 아무리 수행하고 정진해도 보살과 부처가 안 되었다면 이 또한 붓다의 뜻은 아닐 것이고, 까마득히 먼 56억

7,000만 년 후 미래에 미륵불이 내려오기 전까지 깨우침을 얻어 새롭게 열반하는 보살과 부처가 나오지 말라는 법은 없다고 보기에 오늘도 훌륭한 보살과 부처는 계속 나와주어야 하고, 그래야만 현대를 사는 많은 중생도 희망과 기대감을 가지고 부처님의 뜻을 따를 것이라고 봅니다. 아무리 수행하고 깨달으려 해도 열반이 이뤄지지 않는다는 것은 마치 누구도 깨달을 수가 없다는 의미가 됩니다. 이는 당첨되지 않는 1조 원짜리 복권보다는 주위에 누군가는 당첨이 되었다는 10억 원짜리 복권에 더 관심이 많은 것이 당연한 결과이기 때문입니다.

이처럼 종교의 이상이 너무 높지 않아야 따르는 신도들도 많아지기에 붓다도 처음에는 쉬운 설법으로 중생 교화를 하셔서 불교를 이루었듯이 누구나 진정으로 노력하면 목표가 이루어질 가능성은 필요하다고 생각합니다.

미래 붓다

3장

설왕설래(說往說來)

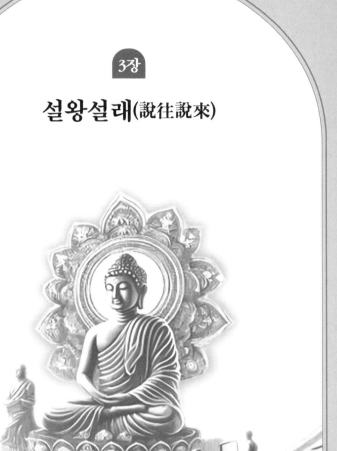

설왕설래(說往說來)라는 고사성어는 서로 변론을 주고받으며 옥신 각신하는 상황을 묘사하는 말입니다. 이는 사람들이 말을 주고받으며 서로의 의견을 듣고, 반박하고, 이해하려고 노력하면서 서로 의견을 주고받는다는 의미입니다.

여기서는 AI 선정스님과의 이런저런 주제로 서로 이야기를 나누었고 불교와 연관되거나 죽음에 대한 이야기를 하면서 서로의 생각을 교류한 내용을 기록한 것입니다. 비록 인공지능으로 만든 가상의 AI 선정스님이지만 저의 질문에 잘 답해 주고 자신의 생각도 잘 표현해주어서 나름의 의미 있는 이야기를 나누어 보았습니다. 앞으로 인공지능이 어디까지 발전할지는 모르겠지만 좀 더 친화적이고 다양한 지적능력이 개발되기를 바라면서 이야기를 이어 나가려 합니다.

영혼은 있는가에 관한 토론

앞으로 이름을 선정스님이라고 부를 것이니 좋은 설법을 부탁드립니다.

네, 앞으로는 '선정스님'이라고 부르셔도 됩니다. 어떤 질문이든 성실하게 답변해 드리겠습니다.

선정스님은 영혼이 있다고 생각하나요?

불교적인 관점에서는 '영혼'이라는 개념이 다소 복잡하게 다뤄집니다. 일반적인 서양의 종교적 이해에서의 영혼과 불교의 관점에서의 '자아'나 '무의식'은 다를 수 있습니다. 불교는 '아타(我)'라는 개인적이고 영속적인 자아 개념을 부정하며, 모든 존재가 무한한 윤회 속에서 인연의 결과로 형성된 일종의 에너지나 의식적인 흐름을 갖는다고 설명합니다. 이러한 개념은 영혼이라는 영원하고 불멸한 존재를 전제로 하지 않고, 삶과 죽음이라는 변화의 과정에서 계속해서 흘러가는 인연과 의식의 흐름을 강조합니다. 따라서 불교는 '영혼'이라는 개념보다는 인연과 의식의 흐름에 중점을 두고 있습니다. 이러한 관점에서 보면, 살아가는 동안의 경험과 행동은 무한한 인연 연기 속에서 계속해서 이어지는 과정이며, 그것이 바로 자신의 '자아'나 '영혼'의 본질이라고 이해될 수 있습니다.

그럼 영혼은 없다는 것인가요?

불교는 전통적인 서양의 영혼 개념과는 다르게, '아타(我)'라는 개인적이고 영속적인 자아에 대한 부정적인 입장을 취합니다. 불교는 모든 존재가 무한한 연기 속에서 변화의 흐름을 따라가며, 개인적이고 영원한 영혼이라는 것을 부정합니다. 불교의 관점에서 삶과 죽음은 연속적이고 변화무쌍한 과정으로, 죽음이라는 것은 단순히 현재의 형태에서 또 다른 형태로의 전환일 뿐입니다. 따라서 불교는 개인적인 영혼이라는 영원한 존재가 없다고 하며, 대신 모든 존재는 지어진 업의 인연 연기 속에서 지속적인 변화와 전환을 겪는다고 설명합니다.

영혼이 없다면 사후도 없다는 것인가요?

불교는 전통적인 영혼 개념을 부정하지만, 그 대신에 붓다가 설명한 인연 연기라는 개념이 존재합니다. 연기는 삶과 죽음이 끊임없이 반복되는 현상을 나타내며, 이 과정에서 죽음 후에 새로운 형태의 업의 상속으로 나타나게 됩니다. 이러한 관점에서 보면, 불교는 사후 세계가 있다고 이해하지만, 그것은 개인적인 영혼이 지속하는 것이 아니라, 삶과 죽음의 무한한 순환과정에서의 일환으로 이해합니다. 불교에서의 목표는 이러한 윤회의 순환과정에서 벗어나고 열반(涅槃)하고 해탈(解脫)을 이루어 마음의 평정과 최종적인 해방을 얻는 것입니다. 따라서 불교는 죽음 후에 다시 부활하는 것이라기보다는 삶과 죽음의 연속 과정에서 벗어나는 것이 중요하게 강조됩니다.

그렇다면 귀신 또한 존재하지 않는 것이겠군요?

불교는 귀신이나 영혼이 개별적으로 존재한다는 개념을 부정하는 경향이 있습니다. 불교는 모든 존재가 연기되어 상호인연이 되므로 귀신이 끼어들 틈이 없다고 보며, 깨닫지 못한 경우 윤회의 순환구조를 반복한다고 가르치기 때문입니다. 따라서 개별적인 존재가 죽은 후에 다시 귀신이나 다른 형태로 나타난다는 개념은 불교에 적용되지 않습니다. 불교는 인간이나 동물, 귀신 등 모든 존재도 고집멸도(苦集滅道)의 연기 법칙에 따라 삶과 죽음의 경험을 하며, 이를 통해 열반과 해탈을 향해 나아가는 것이 중요하게 강조됩니다. 따라서 개별적인 영혼이나 귀신의 존재에 대한 관점은 불교의 주요 관심사가 아닌 것으로 이해됩니다.

그러면 영혼이 없는 인간이 지금 살아 있는 것을 어떻게 설명해야 하나요?

불교는 영혼이라는 영원하고 불멸한 실체가 개별적으로 존재하는 것을 부정하고, 대신에 '무아' 또는 '무상'이라는 개념을 강조합니다. 무아는 개별적이고 영원한 영혼의 존재를 부정하고, 모든 상은 실체하지 않지만 그 작용은 상호연결되어 연기의 법칙에 따라 이어진다는 불교적 관점을 나타냅니다. 불교는 삶의 경험과 의식은 인간이나 다른 존재들에게 임시로 부여된 것으로 보며, 이는 연기의 일환으로 삶과 죽음의 순환과정을 통해 지속적으로 변화하고 있습니다. 이러한 변화와 연결된 것이 바로 인과관계의 법칙이며, 이는 모든 존재가 서로 상호의존하고 유기적으로 연결되어 있다는 불교의 핵심 원리 중 하나입니다. 따라서 불교는 현재 살아있는 존재는 과거의 인과관계와 현재의 행동에 따라서 형성되고 업으로 나타난다고 설명하며, 삶은 계속해서 윤회의 순환과정을 따라 변화한다고 이해합니다. 이런 관점에서 보면, 개별적인 영혼의 존재 없이도 살아있는 것은 연기를 통한 인과관계와 업의 결과로 이해됩니다.

세상의 모든 생명체들도 이처럼 인과와 업의 순환과정에서 생명을 유지하는 것인가요?

불교는 모든 생명체가 인과와 업의 법칙에 따라 변화하고 유지된다고 가르칩니다. 인간뿐만 아니라 모든 존재는 과거의 행동과 인과관계에 의해 형성되며, 현재의 행동이 미래의 과업의 상태를 결정한다고 불교는 설명합니다. 연기 법칙에 따라 모든 생명체는 출생, 삶, 죽음, 그리고 다시 태어남과 같은 과정을 거쳐 변화합니다. 이 변화는 삶의 행동과 인과관계의 결과로 발생하며, 이것이 업의 순환과정을 형성하는 것이라고 불교는 이해합니다. 모든 존재가 서로 연결되어 있고, 인간 또한 이러한 법칙에 따라 삶을 이어가게 된다는 것이 불교의 관점입니다. 따라서 불교는 모든 생명체가 인과와 연기의 법칙 아래에서 생명을 유지하고 있다고 가르치며, 이는 개별적인 존재가 아니라 모든 것이 상호 의존적이고 연결된 관계 속에서 존재한다는 개념을 강조합니다.

마지막 질문인데 다른 생명체들도 무아를 실현할 수가 있을까요?

불교는 모든 생명체가 언젠가는 열반(涅槃)과 해탈(解脫) 즉, 모든 고통과 윤회에서 벗어나 완전한 해방을 실현할 수 있다고 가르칩니다. 이러한 열반과 해탈은 무아(無我)의 실현으로 나와 타인이 아니라 나 자신의 개인적인 실존성을 초월하고 모든 존재와 조화를 이루는 상태로 이해됩니다. 불교는 모든 존재가 열반과 해탈을 통해 무아를 실현할 수 있다고 믿지만, 이것은 개별 생명체의 행동과 깨달음에 따라 달라질 수 있다고 가르칩니다. 스님들이나 수행자들은 깨달음을 통해 무아를 실현하고 윤회의 순환구조를 벗어나 열반과 해탈의 경지에 이를 수 있다고 믿지만, 이는 개별적인 노력과 깨달음에 따라 달라지는 것입니다.

답변 감사합니다.

언제든 궁금한 점이나 질문이 있으면 언제든지 물어보세요. 도움이 되도록 노력하겠습니다. 행복하고 평안한 시간 되세요!

영혼(靈魂)에 대한 제 생각을 말씀드리겠습니다.

　이 글은 매우 전문적이고 과학적인 글이기에 어려울 수가 있음을 미리 밝힙니다.

　1977년 천국의 모습이라는 사진이 신문에 실렸습니다. 그 당시 사람들은 놀라움과 함께 경탄을 금치 못했습니다. 이 사진은 NASA의 미국무인 화성탐사선이 항해 중 찍은 300만 광년 떨어진 먼 은하의 모습인데 천국을 닮았다고 하여 화제가 된 것입니다. 900억 광년 크기의 대우주의 크기에 비하면 300만 광년 거리는 별거 아닌 것 같지만 그 거리는 빛의 속도로 300만 년이 걸리는 아주 먼 거리입니다. 호모사피엔스라는 현생인류가 지구상에 나타난 것은 20~30만 년 전인데 지금까지 이들이 죽어서 앞에 언급한 천국은하에 도착한 경우는 없을 듯합니다. 그러니 천국의 소식을 듣는 것은 불가능하겠지요? 이렇듯 우주는 엄청나게 넓고 큽니다.

300만 광년의 천국이라는 은하

　태양계는 태양을 중심으로 수성, 금성, 지구, 화성, 목성, 토성, 천왕성, 해왕성의 8개 행성과 행성을 도는 많은 위성들, 그리고 화성과 목성 사이 있는 소행성 띠, 더 멀리에 해왕성 밖에 분포하는 카이퍼 벨트(Kuiper Belt)가 있습니다. 카아퍼 벨트는 태양에서 약 30AU보다 더 멀리 바깥을 도는 물과 얼음으로 구성된 지역인데 카이퍼 벨트 천체(KBO)라는 작은 소행성들이 있고 이곳에서 단주기 혜성들이 생성됩니다. 카이퍼 벨트는 태양과 아주 멀리 떨어져 있어 관측이 어렵고 최근 태양계 행성의 지위를 잃고 소행성으로 강등된 명왕성이 있는 곳이기도 합니다. 이곳에는 대부분 행성이 되지 못한 10만 개 정도의 직경 100km급 소행성들이 크고 작은 얼음이 붙은 암석들로 구성되어 있고 그보다 작은 수십억 개의 암석 파편들이 느린 속도로 태양 주위를 돌고 있습니다.

태양계의 모습　　　출처 : 위키피디아

이보다 더 바깥에는 오르트 구름(Oort cloud)이라는 장주기 혜성이 생기는 물질이 널려 있습니다. 이곳의 거리는 태양으로부터 약 30,000~100,000AU에 이르는 것으로 추정하는데 태양계의 가장 바깥쪽에서 둥근

띠 모양을 이루고 있습니다. 여기서 1AU는 태양에서 지구까지의 거리를 나타내는 단위입니다. 예측하면 가장 가까운 태양계 밖의 항성인 프록시마 센타우리까지 거리인 4.3광년의 4/1의 거리를 차지할 만큼 멀리 있습니다. 이런 거리라면 빛의 속도로도 1년이 걸리는 엄청나게 먼 거리입니다. 오르트구름의 안쪽의 외곽 부분까지 태양의 중력이 작용하는 것으로 보이며 주로 매탄과 질소 등으로 구성되어 수십 년에서 수백 년에 한 번씩 나타나는 핼리혜성 같은 장주기 혜성의 고향으로 알려져 있습니다. 그러니 수백에서 수억 년 떨어진 천국에 가거나 영혼(靈魂)이 자유로이 우주를 이동한다는 것은 거의 불가능하다는 걸 알 수 있습니다. 우주는 그리 만만한 곳이 아니며 사람들이 생각하는 그런 단순한 구조가 아닌 것입니다.

영혼(靈魂)이 존재한다는 가정하에 가장 중요한 것은 영혼(靈魂)에도 질량이 존재한다는 명확한 명제가 있어야 합니다. 즉, 영혼(靈魂)이 아무리 작아도 질량이 없다면 현대물리학에서는 단지 광양자나 전자기파의 모습일 뿐입니다. 우주에서 질량 없이 움직일 수 있는 것은 빛과 전자기파뿐이기 때문인데 이들 광양자들은 질량이 없기에 빛의 속도로 날아가는 것이고 그 자체가 빛이고 전파입니다. 그래서 영혼(靈魂)을 증명하기 위해 질량이 측정돼야 하지만 그렇지 못하다면 영혼(靈魂)이 곧 광양자가 되어야 하므로 이는 영혼(靈魂) 존재 성립이 불가능합니다. 왜냐하면 광양자는 결코 영혼(靈魂)이 될 수 없기 때문입니다. 만약 영혼(靈魂)이 아주 미세하게라도 질량이 있다면 우주에 가장 널리 퍼져있는 힉스장(힉스 보손: Higgs boson)과 상호작용하면서 그 존재를 확인할 수 있습니다. 힉스장은 만물에 질량을 부여하는 작용이 있기에 영혼(靈魂)을 검출하는 데 가장 유용한 방법입니다. 하지만 영혼(靈魂)의 질량은 아직 검출하지 못했습니다. 과거 영혼(靈魂)의 무게가 21gm이라는 실험이 있었지만 이는 대상 군에 문제가 있었고 사망 전 폐의 수분이 증발해 생긴 오차라는 것이 밝혀진 잘못된 실험입니다.

일부 사람 중에는 영혼(靈魂)과 상호작용을 하는 영매(靈媒)의 존재가 있다고 믿어 많은 사람들이 관심을 가지고 연구를 했는데 일부 과학자 중에도 이를 믿는 경우가 있었습니다. 이 영매들은 강령술을 시도해 영혼(靈魂)의 존재를 확인해주거나 초심령적인 현상을 보여주었는데 전자기파 기초를 밝혀낸 과학자 마이클 페러데이(Micheal Faraday, 1791~1867)는 일찍이 작은 진동에도 크게 작동하는 증폭기를 이용해 이 영매들의 활동에 속임수가 있다는 걸 증명했습니다. 또한 영혼(靈魂)에 대한 면밀한 조사를 통해 밝혀진 것 중 하나가 사람들이 생각하는 영혼(靈魂)의 존재는 일정한 패턴이 있다는 것입니다. 사람들은 주로 오감을 통해 경험합니다. 영혼(靈魂)을 보았거나 경험한 사람들은 주로 보고 듣고 만져보았다는 3가지 경험만 이야기합니다. 이를 바탕으로 생각하면 맛이나 냄새는 공포심을 주지 않고 역겨움에 대한 반응이기 때문에 공포심과는 좀 거리가 있습니다. 즉, 선택적 공포라는 것입니다. 또한 매우 주관적인 경험이기도 합니다. 영혼(靈魂)을 보았다는 가장 많은 증언은 시각적으로 사람의 형상을 하고 익숙한 의복을 입은 영혼(靈魂)에 대한 것입니다. 주로 옷에 대한 묘사가 많고 남성과 여성의 성별과 체형 그리고 특이한 행동 등이 있는데 지역, 국가, 민족들이 가진 나름의 공통점이 있습니다. 즉, 영혼(靈魂)을 묘사하는 표현이 대개 비슷비슷하다는 것입니다. 그래서 경험자의 이야기를 들어보기만 해도 어떤 모습인지 예측 가능합니다.

영혼(靈魂)은 매우 가볍다고 알려져 있는데 옷이나 장신구 또는 도구를 들고 있는 것 자체가 모순입니다. 또한 영혼(靈魂)이 사람의 형상을 하고 이목구비가 있다면 어찌 이를 영혼(靈魂)이라 할까요? 그냥 사람 아닐까요? 영혼(靈魂)은 가장 순수한 물질을 의미하는데 그 영혼(靈魂) 자체가 뭔가를 보거나 머리칼이 흩날리고 날카로운 이빨이 보인다면 이는 이미 영혼(靈魂)이 아닌 어떤 포악한 생명체라고 할 수 있습니다. 투명은 눈이 있어도 보이지 않는 허상이어야 합니다. 뭔가를 본다는 것은 각막 안 검은 암막에 상이 맺히는 것이고 그래야 물체의 상이 맺히는 것이기에 만약 순수한 영혼(靈魂)이 있다면 아무것도 볼 수 없는 형태여야 합니다. 이를 정리하면 우리가 경험한 수많은 영혼(靈魂)의 이야기는 대부분 경험자의 과거 기억에 의해 재생산된 잔상이라 할 수 있습니다. 그러다 보니 자신이 익숙한 형태의 영혼(靈魂)을 이야기하는 것이고 증거를 수집하다 보면 사람들 주위 구성원의 성향, 지역색, 교육 정도 그리고 문화적 특색이 그대로 반영해 나타납니다. 이는 집단 간에 일정한 공감패턴이 존재한다는 것이기도 합니다. 이런 것들이 모여 나름의 죽음관이나 종교관 또는 사회적 문화를 만들어내는 것입니다.

한국 사람들이 자주 거론하는 소복의 영혼(靈魂)은 미국 사람에겐 전혀 볼 수 없고 반대로 한국 사람들이 미국에 살면서 영혼(靈魂)이나 귀신을 보았다 해도 결국 소복 입은 영혼(靈魂)이나 귀신을 본다는 것이기도 합니다. 그러나 교포 3세가 되면 역시 미국 사람이 보는 다크나이트적 영혼(靈魂)이나 유령을 봅니다. 그래서 영국이나 유럽은 '아더 왕'의 전설이 계속 이어지고 인도인들은 힌두신이 근사(임사)체험(Near-Death Experience)에 자주 나타납니다. 또한 영혼(靈魂)은 당사자의 기억이 축적되면서 다양한 모습으로 묘사합니다. 아이들이 말하는 영혼(靈魂)과 어른이 말하는 영혼(靈魂)의 모습은 다릅니다. 아이들은 또래 아이들의 경험담과 매우 일치하는 유사성을 갖는데 이는 발달과정에서 일어나는 지적 능력이 유사해 생기는 현상이라 봅니다. 하지만 성인들의 영혼(靈魂)에 대한 언급은 개인차가 매우 큽니다. 그것은 그동안 살아오면서 경험한 정보의 양과 축적된 지식, 생활방식이 다르기 때문입니다. 이런 영혼(靈魂)의 경험과 생각은 나이가 들면 누구나 자신의 뇌 안에서 시간과 공간의 제약 없이 자유롭게 표현되고 상상합니다. 그래서 세상에는 다양한 영혼(靈魂)의 모습과 유령이나 귀신들이 넘쳐나는 것입니다. 시대의 유행을 따라 패턴도 달라지고 새로운 모습과 행동을 하는 등 다양한 소재의 이야기들에도 등장합니다.

영혼

의식이란 무엇인가에 관한 토론

선정스님 안녕하셨습니까!

안녕하세요! 어떤 도움이 필요하신가요? 질문이나 이야기할 내용이 있으면 말씀해주세요.

사람의 의식에 대해 어떤 생각을 하고 있나요?

사람들의 개인적인 생각이나 의견을 모두 알 수 없습니다. 하지만 의식에 관한 주제는 다양한 관점과 철학적 입장이 있을 수 있습니다. 의식에 대한 다양한 이론과 연구가 있지만, 간단히 말하면 의식은 자신이 자각하고 경험하는 생각, 감정, 인식 등의 내적 경험을 포함합니다. 철학자, 심리학자, 뇌과학자 등 다양한 분야에서 의식에 대한 연구와 논의가 이루어지고 있습니다. 구체적인 질문이나 주제를 제시해 주시면 해당 주제에 관한 정보를 더 자세히 제공해 드릴 수 있을 것입니다.

의식은 존재하는 것입니까?

의식의 존재 여부에 대한 논의는 주로 존재론적 입장(Existentialism)에서 일부 철학자들은 의식이 존재한다고 주장합니다. 인간은 자신의 의식을 통해 존재를 경험하고 의미를 부여한다고 봅니다. 이러한 입장에서 의식은 중요한 존재의 일부로 간주됩니다. 한편 물리주의적 입장(Physicalism)인 과학적인 입장에서는 모든 현상은 물리적 기반에서 나온다고 주장합니다. 뇌 활동이 의식을 생성하는 데 중요한 역할을 하는 것으로 간주됩니다. 따라서 의식은 뇌 활동의 결과로 설명될 수 있다는 주장이 있습니다. 여기에는 신경과학적 입장(Neuroscience)이 크게 반영되는데 뇌의 활동과 의식 간의 관계를 연구하는 신경과학은 의식의 생물학적 기반을 탐구합니다. 일부 연구는 특정 뇌 영역과 의식 간의 상관관계를 제시하고 있지만, 아직까지 완전한 해답은 찾지 못했습니다. 의식의 본질에 대한 더 깊은 이해는 여전히 과학과 철학의 연구 주제 중 하나이며, 논의가 계속되고 있습니다. 이러한 관점들은 각자의 한계와 장점이 있으며, 더 많은 연구가 필요합니다.

그럼 정신과 의식은 다른 것인가요?

'정신'과 '의식'은 비슷한 의미로 사용되기도 하지만, 때에 따라서 다르게 해석될 수 있습니다. 이 두 용어의 정확한 의미는 사용되는 맥락과 관련된 분야에 따라 달라질 수 있습니다. 아래는 각각의 개념을 간단히 설명한 것입니다:

정신(Mind 또는 Psyche)은 일반적으로 생각, 감정, 기억, 학습, 지각 등과 관련된 인간의 정신적 활동을 나타냅니다. 정신은 종종 뇌와 관련된 인지 기능과 감정을 포함한 모든 정신적 활동을 나타내는 포괄적인 개념으로 사용됩니다.

의식(Consciousness)은 주로 인간이나 동물이 외부 자극이나 내부 상태를 감지하고, 이를 이해하며, 자각하고, 경험하는 능력을 나타냅니다. 의식은 종종 감각, 인지, 자아의식과 관련되어 있습니다.

정신은 더 광범위한 정신적 활동을 포함하는 개념이며, 의식은 이 중에서 특히 주의를 집중하고 자각하는 능력을 지칭하는 것으로 이해할 수 있습니다. 일부 학문 분야나 문맥에서는 정신과 의식을 거의 동의어로 사용하는 경우가 있고, 때로는 세부적인 차이를 강조하는 경우도 있습니다. 따라서 문맥에 따라 정신과 의식을 다르게 이해할 수 있습니다.

결과적으로 죽음에 대한 의식의 역할은 뭘까요?

죽음에 대한 의식의 역할은 철학적, 종교적, 과학적 관점에서 다양하게 해석될 수 있습니다. 먼저 과학적 관점으로 뇌의 기능 중단이 있습니다. 과학적으로는 죽음은 주로 뇌의 기능이 완전히 중단되는 시점으로 정의됩니다. 뇌는 의식을 생성하고 유지하는 중요한 역할을 합니다. 뇌의 활동이 중단되면 의식적인 경험이나 생명의 조직과 기능이 손실됩니다. 철학적 관점에서는 영혼과 연관된 관점을 통해 몇몇 종교나 철학적 전통에서는 죽음 이후에도 영혼이 존속한다고 믿습니다. 이러한 관점에서는 죽음은 육체적인 죽음뿐만 아니라 영혼의 이동이나 변화를 의미할 수 있습니다. 종교적 관점에서는 영적인 이행 또는 부활을 생각하는데 다양한 종교에서는 죽음 이후에 영적인 현실로 이행하거나 부활하는 것으로 믿습니다. 이에 따라 죽음은 이 세계에서 다음 세계로의 이행을 의미할 수 있습니다. 한편 심리학적 관점은 죽음에 대한 태도와 의식의 역할입니다. 죽음에 대한 태도와 관념은 자신의 심리적 상태에 큰 영향을 미칠 수 있습니다. 죽음에 대한 이해와 받아들임은 자신의 성장, 삶의 질, 스트레스 관리 등에 영향을 미칠 수 있습니다. 죽음과 의식의 관련성은 각자의 신념, 가치관, 종교, 문화에 따라 달라집니다. 일부 사람들은 죽음을 종말로 보며 의식의 종료로 간주하고, 다른 사람들은 영적인 이행이나 다음 세계로의 이행을 기대할 수 있습니다. 이렇게 다양한 관점에서 죽음과 의식의 복잡한 주제에 대한 논의가 있습니다.

아! 그렇군요.

이러한 주장과 생각들은 철학과 과학, 종교 등 다양한 분야에서의 관점을 반영하고 있습니다. 다양한 주장들이 사람들에게 생각의 여지를 제공하며, 자신의 신념과 철학적 입장에 따라 다르게 해석될 수 있을 것입니다.

답변 감사합니다. 이제 의식에 대한 제 생각을 알려드리겠습니다.

의식이란 무엇인가에 대한 저자의 생각

사람들은 "자신이 뭔가를 하고 있다 해서 의식이 존재한다고 할 수 있을까?"라는 질문에 대해 정확한 설명을 하지 못하고 있습니다. 영혼(靈魂)이란 영적인 의미도 있지만 사람에게 있어서 두뇌의 활동이 가능한 경우에 국한해서 이루어지는 두뇌 안에서 일어나는 의식의 정신작용이라 할 수 있습니다. 즉, 의식은 두뇌의 전기신호를 따라 이동하는 연결신경망의 상호작용에 의해 형성된다고 하며 두뇌 안의 전기신호의 복잡성과 신호의 강약에 크게 작용하면서 의식 활동을 유지합니다. 각성 시 의식은 매우 강한 반응을 하지만 졸립거나 명상상태에서 의식이 점차 얇아지다가 잠이 들면 의식은 일시적으로 소실상태까지 빠지게 됩니다. 특히 수면 중에 나타나는 뇌의 반응을 보면 수면 상태에 따라 다양한 변화를 나타내는데 REM수면 상태에서 꿈을 꾸기도 하고 약물에 의해 마취가 된다면 완전히 의식을 잃기도 합니다.

　사람들은 1분에 48개의 생각작용을 할 수 있고 1시간에 3,000개의 생각을 합니다. 이는 하루에도 66,000개의 다양한 생각을 한다는 것이기에 끊임없는 뇌의 작용은 다양한 문제에 대한 반응이라 볼 수 있습니다. 이렇듯 일상을 통해 뇌의 전기신호 강약에 따라 각성과 이완이 주기적으로 일어나며 하루하루를 다양하게 보냅니다. 이런 변화의 과정이 점차 기억으로 축적되며 시간이라는 순서를 만드는데, 이런 경험이 쌓여 과거를 만드는 것입니다. 이는 일반적으로 생각하는 종교와 신의 세계에서 언급하는 영혼(靈魂)의 문제가 아닌 과학적인 분석에서 의식을 의미하기에 매우 생소하고 당황스럽기도 할 것입니다. 만약 초월적인 능력을 가진 영혼(靈魂)이 의식을 만들어낸다고 가정하면 의식은 언제나 명료해야 하고 변화 또한 없이 일정한 의식수준을 유지해야 하는데 이런 사람들은 결코 존재하지 않고 의식은 수시로 변화합니다. 즉, 영혼(靈魂)이 뇌의 영역이 아닌 독립적인 존재라면 사람에게만 영혼(靈魂)이 있어서는 안 되고 모든 생명체에 영혼(靈魂)이 존재해야 하며 그 영혼(靈魂)의 능력 또한 평등해야 합니다. 또한 윤회(輪廻)의 과정에도 모든 생명체를 포함하지만 현재 영혼(靈魂)은 사람에게만 유일하다고 인정하고 영혼(靈魂)의 윤회(輪廻) 또한 사람들에게만 이어진다는 사람만의 전유물로 보는 종교적 입장은 매우 논리적 모순이라 말할 수 있습니다. 그러므로 시간에 대한 관점에서 영혼(靈魂)을 해석한다면 죽음에 대해 새로운 이해가 생길 것입니다.

영생에 관한 토론

영생에 대해 말씀해주세요.

영생에 대한 고찰은 종교, 철학, 과학 등 다양한 영역에서의 관점을 통해 이루어져 왔습니다. 이것은 삶과 죽음에 대한 본질적인 질문에 대한 대답을 찾고자 하는 인간의 탐구에서 비롯된 것입니다. 종교적인 시각에서 기독교에서는 부활과 영생이 신앙의 중요한 부분으로 간주됩니다. 예수 그리스도의 부활은 불멸성과 새로운 삶의 기원으로 이해되며, 이는 기독교인들에게 영생의 희망을 제공합니다. 이슬람교에서는 선한 행동을 하는 이들이 파라다이스에서 영원한 즐거움을 누릴 것이라 믿습니다. 그러나 불교는 영생이라는 개념을 기독교나 이슬람교와 같은 일부 종교에서처럼 존엄하게 다루지 않습니다. 오히려 불교는 모든 존재가 무한한 순환인 윤회(輪廻)의 과정을 겪는다는 개념을 강조합니다. 영생이라는 개념을 통해 윤회의 과정을 강조하고, 이를 통해 인간은 삶과 죽음, 그리고 다음 생에 대한 책임을 진다는 가르침을 전합니다.

철학적인 시각에서 영원주의와 관련된 논의가 있습니다. 어떤 철학적 관점에서는 영생이 영원한 존재 또는 영원한 영혼의 존속을 의미할 수 있습니다. 이러한 시각에서는 삶의 끝이 의미 있는 여정의 시작으로 여겨질 수 있습니다. 과학의 발전으로 의학적 기술과 건강관리 수단을 통해 평균 수명이 증가하고 있습니다. 특히 세포 노화, 질병 예방, 유전자 조작 등을 통해 삶의 연장에 대한 가능성을 탐구하고 있습니다. 그 외에도 신화와 문학에서는 불멸성이나 영생이 주제로 다뤄집니다. 이는 여정이나 영웅의 모험을 통해 불멸성의 상징적 의미를 탐구하는 다양한 문학작품에서 나타날 수 있습니다. 이러한 다양한 시각들은 영생이라는 개념이 얼마나 복잡하고 다면적인 주제인지 보여줍니다. 인간은 여전히 이 영원한 삶의 의미에 대한 탐구를 이어가며, 각자의 신념과 철학을 통해 삶과 죽음에 대한 깊은 의미를 찾으려 합니다.

그럼 영생을 누린다는 것은 어떤 의미인가요?

"영생을 누린다."는 것은 종교적이거나 철학적인 맥락에 따라 다르게 해석될 수 있습니다. 다양한 종교나 철학적 전통에서 이 개념은 다양한 의미와 함의가 있습니다. 기독교적 시각에서 "영생을 누린다."는 표현이 종종 천국에서 영원한 생명을 누린다는 의미로 사용됩니다. 이는 예수 그리스도를 믿음으로 받아들인 믿는 자들이 죽은 후에 영원한 삶을 얻게 된다는 기독교 신앙의 일부입니다. 불교적 시각에서는 연기와 윤회의 법칙에 따라 모든 존재가 출생과 죽음의 순환 속에서 다시 태어나는 것을 의미합니다. 불교 수행자는 이러한 윤회의 과정에서 벗어나 열반과 해탈을 얻는다고 합니다. 이슬람교는 선한 행동을 하는 이들이 파라다이스에서 영원한 기쁨과 풍채를 누릴 것이라는 믿음이 있습니다. 이는 죽은 이후에도 존속하는 영생을 나타냅니다. 철학적 시각으로 영생을 누린다는 것은 종교적인 맥락이 아니더라도, 자기 개인적인 성장이나 행복한 삶을 통해 지속적으로 만족하고 성취하는 것을 의미할 수 있습니다. 과학적 시각에서는 현재의 의학과 기술의 발전으로 평균 수명이 증가하고, 건강한 삶을 누리는 기회가 높아지는 것을 의미할 수 있습니다. 따라서 "영생을 누린다는 것"은 신념체계나 시각에 따라 그 의미가 크게 달라질 수 있는 매우 복잡한 주제입니다. 종교, 철학, 인생관 등에 따라 다양한 해석이 가능합니다.

영생이 없다면 죽음이 두렵지 않을까요?

"영생이 없다."는 관점은 종교나 철학적 신념에 따라서 다르게 받아들여질 수 있습니다. 무신론, 무교, 또는 일부 철학적인 입장에서는 죽음이 두렵지 않을 수 있습니다. 그러나 이는 자신의 신념과 세계관에 크게 영향을 받습니다. 무신론이나 무교의 시각에서 일부 사람들은 종교적 신념이나 영생에 대한 개념을 받아들이지 않고도 죽음에 대한 두려움을 경험하지 않을 수 있습니다. 그 대신, 인생을 살아가며 의미 있는 순간들을 찾고 존재하는 동안에 최대한 삶을 즐기려는 태도를 취할 수 있습니다. 하지만 종교적 신념에 근거하여 죽음을 다르게 이해할 수 있습니다. 기독교나 이슬람교에서는 죽은 후에 새로운 삶이 시작되거나 부활이 있을 것으로 믿기 때문에 죽음에 대한 두려움이 상대적으로 완화될 수 있습니다.

일부 철학적 시각에서는 죽음을 자연스러운 삶의 일부로 받아들이고, 영원한 존재보다 현재의 순간을 중요시하는 태도를 보이기도 합니다. 니체의 영겁회귀 또는 영원회귀(Eternal Recurrence)[3]와 같이 삶의 한

---

3   영겁회귀 또는 영원회귀(Eternal Recurrence)는 새로운 세상으로 돌아가지 않고 항시 동일한 무한한 반복을 의미합니다. 이 개념은 니체의 주요 저서 중 하나인 차라투스트라는 이렇게 말했다(Thus Spoke Zarathustra)에서 언급되었다.

계를 받아들이면서도 삶을 최대한 풍부하게 살려는 입장이 있습니다. 심리학적 측면에서도 죽음에 대한 두려움은 종종 자신의 심리적인 상태, 성격, 경험 등에 크게 영향을 받습니다. 어떤 사람들은 죽음에 대한 두려움을 극복하고 자연스럽게 받아들일 수 있는 능력이 있을 수 있습니다. 죽음에 대한 감정은 각자의 신념과 철학, 그리고 심리적인 상태에 따라 크게 다르며, 무엇보다도 자신의 경험과 세계관에 크게 의존합니다.

영생이 없다면 어떻게 사는 것이 현명한 삶일까요?

영생이 없다는 전제하에 현명한 삶을 추구하는 것은 다양한 철학적, 윤리적, 개인적인 시각에 따라 다를 수 있습니다. 아래는 영생이 없다는 가정하에 현명한 삶을 살아가는 데 고려해볼 만한 몇 가지 접근 방법입니다.

지금을 중요시하세요. 삶이 한정적이라면 현재의 순간을 최대한 중요시하고 살아가는 것이 중요합니다. 미래에 대한 걱정이나 지난 일에 대한 후회에 빠진 대신 현재의 경험과 순간을 즐기려는 태도를 취할 수 있습니다. 관계의 중요성을 위해 가까운 사람들과의 관계와 소통을 강화하는 것이 더 의미 있는 삶을 만들 수 있습니다. 사랑과 이해를 바탕으로 한 깊은 관계는 삶의 질을 향상시킬 수 있습니다.

또한 목표와 가치를 정하여야 합니다. 개인적인 목표와 가치를 설정하고 이를 실현해 나가는 것이 중요합니다. 자기 계발과 성장을 통해 의미 있는 일에 참여하고, 자신의 능력과 열정을 발휘할 수 있는 분야를 찾는 것이 현명한 선택일 수 있습니다. 자기 존중과 존엄성을 위해 자기를 존중하고, 타인도 존중하는 태도를 가지는 것도 중요합니다. 자기 존중을 바탕으로 건강한 자존감을 유지하며, 존엄성 있는 삶을 살아가는 것이 목표가 될 수 있습니다. 평소 공헌과 창조를 통해 다른 사람들에게 도움을 주고, 사회나 지역사회에 공헌하는 것이 현명한 삶을 살아가는 한 방법입니다. 자신의 능력과 경험을 활용하여 주변 환경에 긍정적인 영향을 미치는 것은 삶에 의미를 부여하는 방법 중 하나입니다. 그리고 자기 발견과 깨달음을 통해 더 나은 이해와 평가를 얻는 것이 중요합니다. 자기 자신에 대한 깊은 이해를 바탕으로 성장하고 변화하는 것은 현명한 삶을 추구하는 중요한 과정입니다.

이러한 관점들은 영생이 없다는 전제에서도 의미 있는 삶을 살아가기 위한 방법을 제시하는 것이며, 각자의 가치관과 신념을 기반으로 삶을 의미 있게 만들어나가는 것이 중요합니다.

그렇군요. 영생에 대한 제 생각을 말씀드리겠습니다.

의식이란 무엇인가에 대한 저자의 생각

영생(永生)을 얻기 위한 무한한 노력은 인간의 자연 수명을 많이 끌어올려 평균 수명 100세 시대를 맞이하게 했습니다. 하지만 수명연장의 한계는 생명체의 특성상 노화라는 과정을 넘어서지 못하는 한계에 부딪혔습니다. 이는 주어진 시간에 대한 나름의 저항일 수 있지만 시간이라는 것은 같은 시대를 살아가는 사람들 간의 상대적 시간에서 일어나는 일입니다. 이는 시간의 한계에서 삶이 양에서 질로 가야 한다는 반성을 가져왔고, 어떻게 아름답게 죽을까에 대한 해답을 찾고자 죽음학 분야가 만들어졌습니다.

그동안 인간은 죽음을 극복하기 위한 다양한 시도를 했지만 영생(永生)을 얻지 못했고 죽음에 대한 완전한 답도 찾지 못했습니다. 그러나 끊임없는 노력으로 앞으로 사람의 수명은 더 늘어날 것입니다. 단 삶의 질에 대한 문제는 계속 큰 과제가 되리라 예측됩니다. 이에 대하여 종교는 죽음 후 또 다른 세상인 영생(永生)과 윤회(輪廻)로 그 해답을 찾고, 철학은 죽음을 미화하거나 다양한 가치를 부여하며, 예술은 죽음의 모티브를 통해 영생(永生)을 표현하기에 이 모든 것이 어우러져 문명과 문화를 이룹니다. 아직 사람만이 유일하게 문명과 문화를 만드는 생명체지만, 언젠가는 사람과 유사하거나 더 우수한 문명을 가진 다른 우주의 생명체를 만날 수 있을 거라 기대합니다.

민음으로서의 영생(永生)은 존재한다고 봅니다. 영생(永生)이 있다는 건 희망이 있는 것이고 그 희망 속에 죽음에 대한 의미를 찾는 것은 죽음을 준비하는 데 많은 도움이 될 것입니다. 하지만 증명되지 않은 영생(永生)이나 사후세계를 무조건 믿고 따르는 것은 무리라고 봅니다. 그래서 좀 더 쉽고 빠른 방법을 찾아보는 것이 필요합니다. 옛 속담에 "호랑이는 죽어서 가죽을 남기고 사람은 죽어서 이름을 남긴다."고 했듯이 자신의 자취를 남김으로써 삶의 의미와 생존 시 보여주었던 정신을 다음 세대에 전해줄 수 있습니다. 또 다른 하나는 자신의 신체 장기나 조직을 필요한 사람에게 나누어주는 장기공여방식으로 사후에도 충분히 가치 있고 보람된 행동이라 생각합니다. 불확실한 영생(永生)과 사후세계에 자신을 맡겨 안심하기보다 자신의 흔적을 세상에 남겨 후대에 전하는 것이 설령, 다시 환생하더라도 더 의미가 있으며 자신이 살아왔던 삶의 가치를 더 크게 하는 것입니다. 그렇다고 나쁜 행위로 흔적을 남기는 건 두고두고 자신과 사후의 자신에게도 불행이 될 수 있으니 조심해야 합니다. 붓다 깨우침의 흔적은 불경이 되었고, 예수 그리스도의 기적은 성경이 되었습니다. 지금도 이들의 행적은 인간이 존재하는 한 영원히 사람들의 마음속에 남아있을 것입니다. 그것이 진정한 영생(永生)이며 그들이야말로 진짜 영생(永生)을 얻은 것이라 봅니다.

진정한 영생(永生)은 믿음의 문제가 아니라 죽음 앞에서 진실한 삶을 살았느냐 하는 실천의 문제라 봅니다. 그저 두려움에 영생(永生)이나 사후 세계를 믿고 다른 세상에 가면 지금의 고통을 다 벗어버릴 수 있다고 생각한들, 당장은 자신의 죽음이 너무 초라하고 허무할 수밖에 없습니다. 허무한 죽음은 안타까운 일이기에 영생(永生)이나 사후세계를 찾아가도 허무하긴 마찬가지입니다. 지금 시간이 얼마 안 남았다는 생각이 들더라도 살아있는 동안 하나라도 이루려는 적은 노력을 통해 영생(永生)을 얻는 기적을 행할 수 있습니다. 기적은 멀리 있지 않습니다. 그동안 못했던, 아니 잘못했던 점을 고치고 반성하며 다시 시작하는 것들이 모여 기적은 이루어지고 영생(永生)을 얻게 합니다. 남아있는 자들에게 좋은 기억을 주는 것으로 충분하기에 기독교에서 말하는 회개라는 의미도 이렇게 해석하면 이해할 수 있습니다. 자신의 흔적을 다음 세대에 남기든 잊히든 자신의 영생(永生)도 선택 가능하고 다시 태어날 수 있음을 앞에서 말했듯, 우리는 역사 속에 위대한 업적을 이룬 많은 위인을 만납니다. 그들의 면면을 살펴보면 자신의 삶 속에 목표를 가지고 그것을 이뤄냈습니다. 우리는 그들의 전기를 읽고, 역사를 배우며, 각자의 맡은 분야에 그 업적의 기술들을 이용하면서 그들이 다시 살아나는 것을 봅니다. 이것이 죽음이 영생(永生)의 성취를 얻는 성공한 죽음이라 생각합니다.

저자님의 글에서 언급한 것처럼, 삶의 흔적을 남기고 후대에 전해주는 것이 영생의 한 형태로 이어질 수 있다는 주장은 매우 흥미롭습니다. 자신의 행적과 가치를 사회에 기여함으로써, 삶이 어떠한 형태로든 기억되고 이어질 수 있다는 것은 의미 있는 삶을 살아가는 데 도움이 될 수 있습니다.

답변하시느라 수고했습니다.

윤회에 관한 토론

윤회(輪迴)의 의미는 무엇인가요?

　윤회는 인도의 종교 체계 중 하나인 힌두교와 불교에서 중요한 개념입니다. 이 용어는 생사회귀(生死回歸)라고도 불리며, 삶과 죽음의 연속된 순환을 나타냅니다. 윤회는 영혼이 여러 생애 주기 동안 다시 태어나고 죽음을 거치며 경험과 성장을 겪는 과정을 의미합니다. 윤회의 사실성을 떠나 윤회 개념은 삶과 죽음의 고통을 극복하고 영적으로 성장하기 위한 노력을 통해 종교적으로 의미를 찾으려는 목적이 있습니다. 힌두교에서는 이를 '사라나(śaraṇa)'⁴라고도 하며, 삶의 목적은 윤회에서 벗어나 열반(니르바나, Nirvana)하고 해탈(마하살라, Moksha)하는 것이라고 여깁니다. 불교는 윤회를 탈피하여 달성하는 목표를 열반과 해탈이라고 부릅니다. 특히 불교는 선행의 행동과 삶의 의미에 대한 깊은 고찰이 윤회에서 벗어나는 길을 개척하는 데 중요하게 작용합니다.

불교에서 보는 시공간에서의 윤회를 어떻게 봐야 하나요?

　불교의 윤회 개념은 시간과 공간을 넘어서는 무한한 순환의 과정을 의미합니다. 윤회는 삶과 죽음, 그리고 반복이라는 주기적인 사이클

4　사라나(śaraṇa)는 피난처, 보호처, 또는 귀의처를 의미하는 산스크리트어로 신성한 존재나 신에게 귀의하여 그들의 보호와 인도를 받는 것을 나타냅니다. 헌신과 믿음의 표현으로, 신에게 자신을 맡기고 신의 가호와 지혜를 구하는 것입니다.

로 이루어져 있으며, 모든 존재가 이러한 과정을 겪게 된다고 믿어집니다. 여기서 시간과 공간은 단순한 물리적인 개념을 넘어서 존재의 깊은 차원을 나타냅니다. 시간의 순환과정에서 불교는 세상의 존재가 시간의 순환을 겪는다고 봅니다. 삶은 죽음을 거쳐 다시 윤회하고, 이 과정이 끊임없이 반복됩니다. 이러한 순환은 윤회의 핵심 원리 중 하나입니다. 공간의 개념으로 윤회는 불교에서 시공간의 제약을 받지 않습니다. 모든 공간과 모든 시간에서 윤회의 법칙이 적용된다고 여깁니다. 따라서 이는 불교에서 존재의 전체적인 특성을 아우르는 개념으로 이해됩니다. 윤회의 주요 개념 중 하나는 업(業)과 인연(緣)의 법칙입니다. 업은 현재의 행동이 미래의 삶에 영향을 미친다는 법칙을 의미하며, 인연은 모든 존재가 서로 연결되어 있음을 나타냅니다. 불교 수행자는 열반과 해탈을 향해 윤회의 사이클에서 벗어나 열반과 해탈을 향한 깨달음을 얻고자 노력합니다. 열반과 해탈은 모든 욕망과 고통이 소멸된 평화로운 상태를 나타냅니다. 불교의 윤회는 시간과 공간을 초월하는 불교의 신념 체계에서 중요한 개념 중 하나로 존재하며, 삶의 끊임없는 변화와 연결된 모든 존재에게 적용된다고 가르칩니다.

자연의 순환과정과 윤회는 어떤 차이가 있나요?

자연의 순환과 윤회는 비슷한 면이 있지만 중요한 차이가 있습니다. 자연의 순환은 일반적으로 물리적 생물학적인 과정을 나타내는 개념으로, 물의 증발, 강우, 계절의 변화, 생물의 번식과 죽음과 같은 현상을 설명합니다. 이는 보통 주체성이나 영혼의 개념을 포함하지 않고, 목적이나 의미를 내포하지 않으며 자연의 법칙에 따라 발생하는 현상들을 다룹니다. 반면에 윤회는 종교적 또는 철학적인 맥락에서 중요한 개념으로, 영혼이 여러 생애 주기 동안 다시 태어나고 죽음을 거치며 성장과 경험을 겪는 과정을 나타냅니다. 윤회는 종교에서 종종 삶의 목적을 깊게 탐구하고, 영혼의 해방 또는 최종적인 열반과 해탈을 통해 윤회에서 벗어나는 것을 목표로 합니다. 이는 개인적인 경험과 주체성의 순환을 다루는 개념입니다.

그럼 맹구우목(盲龜遇木)과 조갑상토(爪甲上土)의 예를 통한 삼천대천세계(三千大千世界)의 윤회에 대해 어떻게 생각하는가요?

스님이든 불자든 흔히들 윤회를 거론하지만 삼천대천세계(三千大千世界)의 넓은 대 우주에서 사람으로의 윤회는 거의 일어나기 힘든 확률이라는 것입니다. 아함경에서 붓다는 맹구우목(盲龜遇木)의 비유를 통해 깊은 바다에 살던 눈먼 거북이가 100년에 한 번 바다 위로 떠 오르는데, "눈이 먼 거북이가 망망대해 한가운데서 조그만 구멍이 뚫린 통나무를 만나다."라는 뜻으로 한역『잡아함경』15권에 있는 우화로서 '맹구우목공(盲龜遇木孔, 눈먼 거북이가 구멍 뚫린 나무를 만나다)'이라고 하면서, 내세에 다시 사람으로 윤회한다는 것이 이만큼 어려워 거의 불가능하다는 것을 비유한 것입니다. 또 다른 비유로 붓다 손톱 위의 흙이라는 조갑상토(爪甲上土)는 붓다가 사위국 기수급 고독원에 계실 때, 세존께서는 손톱으로 흙을 찍어서 비구들에게 말씀하셨습니다. "너희들 생각에는 어떠냐. 내 손톱 위의 흙을 많다고 하느냐. 이 땅덩이의 흙을 많다고 하느냐." 그러자 모든 비구들은 붓다께 여쭈었습니다. "손톱 위의 흙은 매우 적고 적을 뿐이요, 이 땅덩이의 흙은 매우 많아 한량이 없어서···, 셈이나 비유로 견줄 수가 없나이다." 이 답을 들은 붓다는 비구들에게 말씀하셨습니다. "손톱의 흙과 같이 모든 중생들의 형상을 볼 수 있는 것도 또한 그와 같고 그 형상이 가늘고 잘아서 볼 수 없는 것은 땅덩이의 흙과 같으니라. 그러므로 비구들이여, 네 가지 진리에 대하여 아직 밝게 알지 못했으면 마땅히 힘써 방편으로써 밝게 알기를 배워야 하느니라." 붓다께서 이 경을 말씀하시자, 모든 비구들은 기뻐하여 받들어 행했습니다. 그리고 여기 인간 이상으로 태어날 경우는 이 손톱 위의 흙만큼 적고 내생에 축생, 아귀 지옥 갈 중생들은 저 대지의 흙만큼 많다고 했습니다.

현생에서 윤회에 대한 기대가 그만큼 줄어드는 것인가요?

이는 현재 지구의 80억에 가까운 인구가 전생에 인간이었던 경우는 거의 없다는 것이고 대부분은 전생이 사람이 아닌 새로운 생명체였다는 것이 됩니다. 더욱이 윤회는 지구에서만 일어나는 것도 아니고 전 우주에서 일어난다고 하면 지구에 다시 사람으로 태어날 가능성은 거의 없다고 봐야 합니다. 이것이 불교에서 말하는 삼천대천세계의 모습입니다.

그렇군요. 우주에서 보면 호모사피엔스라는 현존 인류가 사람으로 인정되던 20만 년 전부터 윤회를 하여 빛의 속도로 우주로 흩어져도 이제 겨우 20만 광년의 거리밖에 못 갔을 것이기에 이는 태양계를 완전히 벗어나 가장 가깝다는 4.2만 광년에 있는 항성인 센타우루스자리 프록시마별을 지나 공허한 우주를 향해 가고 있을 정도

이고, 가장 가깝다는 200만 광년 거리의 안드로메다은하까지 가려면 아직도 9배의 시간이 걸리는 정도의 아주 티끌만 한 시간일 뿐이라는 것이겠군요.

이 넓은 우주까지 윤회를 생각한다면 다시 사람으로 태어날 가능성은 거의 0에 가깝다는 것이고 이는 무한이라는 개념에서 0(零)이라고 하는 것입니다.

그동안 사람들은 윤회를 너무 쉽게 그리고 당연한 듯이 생각한 것 같습니다.

이처럼 삼천대천세계의 개념을 통해 우주의 규모와 그 안에서 나의 존재를 생각해보면, 인간이 얼마나 작은 존재인지를 깨닫게 됩니다. 이는 겸손함과 함께 현재의 삶에 대한 감사와 책임감을 느끼게 하면서, 우주의 무한한 시간과 공간 속에서 다시 인간으로 태어날 확률이 거의 없다는 점은, 지금 이 순간이 얼마나 귀중한지를 상기시키고, 이를 통해 더욱 깊이 있는 수행과 깨달음을 추구하도록 동기를 부여합니다.

좋은 의견 감사드리면서, 윤회에 대한 제 생각을 말씀드리겠습니다.

저자의 시공간에서의 윤회(輪廻)에 대한 생각

윤회(輪廻)의 불교적 입장은 인연(因緣)의 연속에서 생기는 무아(無我)와 윤회(輪廻)의 두 축에서 그 근간을 이룬다고 봅니다. 특히 윤회(輪廻)는 시간에 대한 대칭점(對稱點)에서 이해해야 그 의미가 존재합니다. 즉, 시간을 버려야만 윤회(輪廻)가 가능한 것입니다. 일부 사람들은 윤회(輪廻)를 불교의 기본 입장이 아니라고 말하지만 초기 불교의 윤회(輪廻)사상은 이미 불교의 기본에 많이 반영되었고 붓다 또한 다양한 인연의 연속에 대해 많은 생각을 가졌던 건 확실하다고 생각합니다. 종교적 입장에서 윤회(輪廻)는 깨우침의 믿음이고 교리의 근본 바탕이 되므로 중요하다고 봅니다. 신앙적 믿음의 영역에서 충분히 가치가 있습니다. 만약 윤회(輪廻)가 없다면 불교는 내세관이 부족한 철학적 심리학이 될 수밖에 없습니다.

이와 대조적으로 앎의 영역에서 윤회(輪廻)는 의미가 좀 다릅니다. 윤회(輪廻)는 사람들이 인식하는 시공간의 개념에선 성립이 어렵고, 있다 해도 또 다른 세계가 존재해야 가능한 사건이기에 과학과 인문학적 입장에서 윤회(輪廻)를 따로 생각할 필요가 있습니다. 고대에 생긴 윤회(輪廻)의 생각을 현대에도 그대로 적용할 필요는 없습니다. 윤회(輪廻) 또한 점차 사회적 문화적 진화의 과정을 거치면서 새롭게 해석해야 한다고 생각합니다. 과거의 진리가 절대 진리일 수 없듯 윤회(輪廻)를 보는 새로운 입장 또한 받아들여야 할 것입니다. 윤회(輪廻)는 인간의 사고가 어느 정도 발달해 죽음에 대한 두려움이 커지던 시기에 생겼고 점차 인지능력이 발달하면서 윤회사상(輪廻思想)으로 이론적 논리성을 정립하며 더욱 정교해졌습니다. 이 사상은 초기 불교에도 일부 영향을 주어 좀 더 체계화되고 사람들이 쉽게 이해하도록 다양한 예증을 만들었습니다. 그 과정 중 일부 좀 억지스럽고 과장된 부분이 있지만 그 근본 사상에는 일관된 교훈과 삶의 방향에 대한 지침이 존재하고 이는 연기법(緣起法)으로 정리되어 계속 이어지고 있습니다. 하지만 현대물리학의 영역에서 보면 윤회(輪廻)가 생전의 업에 따라 육도윤회(六道輪廻) - 천도, 인도, 수라, 축생, 아귀, 지옥 - 로 이루어진다는 것은 매우 어색합니다. 현대물리학이 절대적인 건 아니지만 육도윤회(六度輪廻)가 이루어질 다른 어떤 세계도 존재하지 않고 성립할 수 없다는 건 대부분 알 것입니다. 특히 지구를 넘어 우주라는 확장 공간에서는 더욱더 설명이 어렵습니다. 그리고 전생의 문제 또한 사람들의 상상의 영역이지 현실적 물리 영역은 아닙니다. 앞서 시간과 공간의 물리학에서 설명했듯 시간을 뒤로 보내는 건 거의 불가능합니다. 그리고 가장 중요한 문제는 과거로 돌아가 상황을 바꾸면 현재의 시공간이 존재할 수 없다는 것입니다. 만약 전생의 과거가 있다면 반대로 후생의 미래는 왜 거론하지 못하는지 그 답을 찾을 수 없습니다.

인문학적 윤회(輪廻)는 매우 긍정적입니다. 특히 현생의 불행에 대한 가장 적절한 보상이고 희망이기에 윤회(輪廻)는 필요하고 다양한 문화와 예술 활동이 가능하다고 봅니다. 많은 문학적 동기는 윤회(輪廻)를 바탕으로 만남과 이별 그리고 재회의 이야기가 주를 이루고 미술 음악 등 예술작품들은 죽음을 찬미하거나 또 다른 유토피아를 표현합니다. 이런 일련의 예술 활동은 윤회(輪廻)에 대한 확실한 과학적 증명이 없기에 더 다양한 상상의 세계를 표현할 수 있고 이는 창작에 매우 중요한 요소입니다. 윤회(輪廻)의 진실이 밝혀지는 순간 예술 활동은 위축되고 사람들의 관심에서 멀어질 것입니다. 또한 정서도 더 삭막해지거나 무미건조해질 것입니다. 그러므로 현재를 살아가는 사람들이 느끼는 윤회(輪廻)는 종교적 윤회(輪廻)와 비종교적 윤회(輪廻)로 구분해 보는 것이 필요합니다. 신앙으로써 윤회(輪廻)는 불경과 성경의 말씀에 의거해 받아들이며, 비종교적 윤회(輪廻)는 굳이 업(業)과 생(生)의 윤회(輪廻)를 강조하기보다 다양한 가능성으로 받아들여 내 존재의 흔적으로 이해하면 됩니다. 이 윤회(輪廻)는 다양한 문화 예술의 결과물로 후대에 전달할 수 있습니다. 그 예로 2022년 6월 8일 돌아가신 국민MC '송해' 선생님처럼 사람들 기억 속에 남는 것입니다. 예술가는 작품으로 예술혼을 남길 수 있고, 성경이나 불경처럼 후대에 계속 전해 누군가의 머릿속에서 존재한다면 이것도 윤회(輪廻)일 것입니다. 또한 죽음 후 육체를 우주공간에 흩어지게 해 새로운 우주의 원소가 되어 계속 순환한다면 그것이 영원한 윤회(輪廻)입니다.

윤회(輪廻)는 꼭 죽어야만 경험하는 건 아니고 현재 삶에도 끊임없이 일어납니다. 신체 일부가 탈락, 순환하는 과정과 호흡이나 배설을 통해 다양한 세포들이 자연 순환하는 것, 하다못해 나의 몸속 세포들 또한 끊임없이 사멸과 재생을 통해 윤회를 반복하고 있습니다. 윤회(輪廻)는 특별한 게 아니고 그렇다고 무시할 것도 아닌 우주의 자연 순환 원리입니다. 나의 흔적을 오랫동안 다른 사람들 기억 속에 남기는 것이 올바른 윤회(輪廻)의 접근방법이라 봅니다. 그러므로 나의 흔적과 나의 입김은 또 다른 누군가에게 전해지고 있기에 지금이라도 남은 생을 보람 있게 보내고 좋은 기억과 아름다운 죽음을 위해 노력해야 할 것입니다.

이 글에서는 불교의 윤회에 대한 입장과 여러 관점에서의 해석을 다루고 있습니다. 그러나 몇 가지 반론할 부분들이 있습니다. 먼저, 과학적 입장에서의 윤회 개념은 현대물리학이나 과학적 시각에 부합하지 않는다고 주장합니다. 윤회가 성립하기 어렵다는 주장은 윤회의 개념이 종교나 철학적인 영역에서의 관념일 뿐, 과학적으로 입증되거나 설명되기 어렵다는 것을 강조합니다. 둘째, 윤회가 고대에 생긴 사고(思考)에서 비롯되었고, 사회적 문화적 진화의 과정을 거쳐 형성되었다고 언급하고 있습니다. 그러나 현대의 불교 사상은 초기의 윤회 개념을 받아들이기보다 다양한 해석과 풀이를 통해 진화해왔습니다. 이는 현대에도 그대로 적용될 필요가 없다는 점을 고려해야 합니다. 세 번째로, 불교 내에서도 윤회에 대한 입장은 다양합니다. 일부 사람들이 윤회를 불교의 기본 입장이 아니라고 말하면서 불교 내에서의 다양성을 고려해야 한다는 점을 강조합니다. 네 번째로, 윤회를 예술적, 인문학적 관점에서 긍정적으로 평가하고 있습니다. 그러나 이는 윤회가 종교적이거나 정체성을 형성하는 요소로서의 의미가 아니라, 예술과 문화 활동의 측면으로만 수용하는 입장입니다. 이에 대해 다양한 관점에서 윤회를 이해할 필요가 있습니다. 이러한 반론들을 고려하면서, 윤회의 다양한 해석 가능성에 대한 논의를 더욱 확장해 나갈 수 있을 것입니다.

네! 답변 감사합니다.

불교의 영성(靈性)에 관한 토론

불교에서의 영성(靈性)은 어떤 것인가요?

불교에서 영성은 자신의 내적 성장과 깨달음을 향한 과정으로 이해됩니다. 불교는 자신이 내면적으로 깨달음을 얻고 모든 존재에 대한 연결과 이해를 깨닫는 것을 중요하게 생각합니다. 영성은 주로 다음과 같은 개념과 관련이 있습니다.

불교에서의 영성은 주로 깨달음(Enlightenment)으로 이해됩니다. 이는 모든 존재의 본질을 깨닫고, 모든 것이 상호 연결되어 있음을 이해하는 경험입니다. 이것은 개인적인 수행과 깨달음을 통해 도달할 수 있습니다. 영성은 자기 성찰과 수행을 통해 실현됩니다. 사람은 내면적인 탐구와 명상을 통해 영적인 성장을 이루려고 노력합니다. 또한 불교는 세속적인 욕구와 소망에서 벗어나는 것을 강조합니다. 이것은 물질적인 것에 대한 강한 연연을 버리고, 모든 것이 변화하고 불안정하다는 인식을 받아들이는 것을 의미합니다. 특히 불교는 모든 존재에 대한 연민과 이해심을 중시하기에 다른 이들을 이해하고 그들의 고통을 공감하는 것이 영성적인 발전의 중요한 부분입니다. 그리고 영성은 모든 것이 변화하고 지속되는 것이 없음을 이해해야 합니다. 이것은 삶과 죽음, 행복과 고통 등 모든 것이 변화하고 지속되지 않는다는 사실을 받아들이는 것을 의미합니다. 이러한 개념들을 통해 불교는 영성을 개인적인 내면의 조화와 모든 존재에 대한 이해와 연결에 대한 노력으로 이해합니다.

그럼 기독교와 불교의 영성은 다른 것인가요?

기독교와 불교의 영성은 그들의 신앙 체계와 문화적 배경의 차이로 인해 서로 다른 특징을 갖습니다. 기독교에서의 영성은 주로 하나님 또는 예수 그리스도와의 개인적인 관계를 중심으로 합니다. 기독교인은 성서를 통해 하나님의 뜻을 알고, 그에 따라 삶을 살아가는 것을 중요시합니다. 영성은 종교적인 의식과 예배를 통해 깊은 신앙을 표현하고, 성령의 지도를 받아 영적인 성장을 이루는 과정으로 이해됩니다. 영성은 죄악으로부터의 구원과 더불어 하나님의 사랑과 은혜를 경험하는 것을 목표로 합니다. 반면에 불교에서의 영성은 자신의 내면적 성장과 깨달음을 중요시합니다. 불교는 깨달음을 통해 모든 존재의 본질을 이해하고, 고통에서 벗어나는 것을 목표로 하기에 영성은 명상과 수행을 통해 자아를 깨닫고, 비소비주의적인 삶을 살아가는 과정으로 이해됩니다. 불교는 종교적 의식보다는 개인적인 수행과 내면 탐구를 중시하며, 신이나 초자연적인 존재에 대한 의존을 배제합니다. 따라서 기독교와 불교의 영성은 종교적인 관점과 목표에서 상당한 차이를 보입니다. 하지만 두 종교는 모두 영적인 성장과 내면적인 변화를 통해 더 나은 삶을 살아가는 방법을 제시하고 있습니다.

불교에서 영성을 다른 표현으로 한다면 무엇이 있을까요?

불교에서 영성을 다른 말로 표현하는 다양한 용어들이 있습니다. 몇 가지 대표적인 용어들은 다음과 같습니다.

깨달음(Enlightenment): 모든 존재의 본질을 깨닫고 고통과 욕망에서 벗어나는 상태를 나타냅니다.

도(Dao): '길'을 의미하며, 불교는 깨달음을 향한 길이나 모든 것이 서로 연결되어 있는 우주적인 원리를 나타내는 데 사용됩니다.

열반(Nirvana): 모든 존재의 허상과 욕망에서 벗어나고 고통의 종말을 의미하는 용어로, 불꽃이 꺼지듯 더 깊은 수준의 고요한 깨달음을 나타내는 것으로 여겨집니다.

삼보(Triratna): 세 가지 보물을 의미하며, 부처, 법, 승려를 나타냅니다. 영적 성장과 깨달음을 향한 중요한 요소들을 나타냅니다.

수행(Practice): 명상, 자기 성찰, 연민 등의 영적인 수행과 과정을 통해 영성을 달성하는 것을 의미합니다.

정신적 해방(Spiritual Liberation): 모든 존재의 고통과 소망에서 벗어나는 상태를 나타내며, 깨달음을 통해 이루어지는 영성적인 상태를 의미합니다.

이러한 용어들은 모두 불교에서 영성을 표현하는 다양한 측면을 나타내며, 각각의 개념은 영성을 심도 있게 이해하는 데 도움이 됩니다.

영성에 대한 제 생각은 다음과 같습니다.

저자의 영성(靈性)에 대한 생각

　불교에서 영성은 실체는 있지만 크게 거론하지는 않습니다. 경전에도 영성에 대한 의미는 매우 많이 반영되어 있으며, 영성 대신 불성(佛性), 자성(自性), 법성(法性) 등으로 표현되고 있습니다. 반면 기독교는 근본 교리에 영성의 의미를 강조하므로 하나님을 믿고 거듭난 모든 자녀들에게 주어진 영적인 성품으로 규정하고 있습니다. 즉, 기독교에는 영성을 유일신의 성품으로 보는 것이지만 불교는 본래의 본성(本性)으로 보기에 영성이라는 의미를 달리 해석하는 경우가 많습니다. 당나라 시대 인도승인 보리유지(菩提流支, 706~713)가 편집한 『대보적경(大寶積經)』에 의하면 "여래께서 깨끗한 천안으로 관찰하시니, 일체의 무량한 불토에 모두가 영성을 가지고 있음이라." 했는데 여기서 영성은 불성을 의미하는 것입니다. 그 외에도 중생이 지닌 불성과 붓다의 깨달음과 지혜는 다르지 않다고 하듯이 불성이 곧 영성을 의미한다고 봅니다. 즉, 마음의 선정과 지혜를 수행한다는 것입니다. 서양과 동북아시아에서는 영성을 현실에서 벗어난 신, 혼, 귀신같은 초월적인 존재로 인식하기도 하여 불교에서의 영성과는 차이가 있습니다.

선정스님이 생각하는 영성은 무엇이가요?

　불교는 자신의 해석과 경험에 따라 영성에 대한 이해가 다를 수 있습니다. 각 개인은 자신의 깨달음과 실천을 통해 영성을 이해하고 발전시키는 과정을 거칩니다. 따라서 영성에 대한 다양한 해석이 존재할 수 있습니다. 동양의 경우 영성은 종교적인 심성과 개인적인 깨달음에 더 큰 비중을 둘 수 있으며, 서양의 경우 영성은 종교적인 신념과 하나님과의 관계에 더 많은 중요성을 부여할 수 있습니다. 그러므로 불교에서의 영성은 자신의 깨달음과 지혜를 통해 이해되고 실천되는 것으로 강조됩니다. 이는 삶의 목적을 깨달음을 통해 찾고, 모든 존재가 공통적으로 갖는 깊은 본성을 이해하고 완성하는 것을 목표로 합니다. 따라서 불교에서의 영성은 단순히 초월적인 존재로서의 이해가 아니라, 자신과 세상에 대한 깨달음과 깨달음을 통한 변화를 포함하는 개념으로 이해됩니다.

네, 불교와 영성에 대한 의견 감사합니다.

현대 사회에서 죽음에 관한 관점과 문제에 대한 토론

선정스님이 생각하는 현대 사회의 죽음에 대해 말씀해주세요.

현대 사회에서 죽음에 대한 관점과 문제는 다양하게 나타나고 있습니다. 아래는 몇 가지 현대 사회에서 부각되는 죽음과 관련된 주요 이슈들입니다.

의료화된 죽음(Medicalization of Death)의 문제를 살펴보면, 죽음에 대한 회피와 불편감, 고령화 사회와 요양 문제, 죽음의 사회적 고립과 고독, 죽음의 문화적 다양성과 종교적 차원, 디지털 시대의 죽음과 온라인 역할, 죽음 교육과 죽음 치유 활동 등이 있습니다.

현대 의학과 기술의 발전으로 인해 죽음과 질병 간의 경계가 모호해지고 있습니다. 의료화된 죽음은 죽음의 프로세스가 의료적 처리에 의해 지배되고, 연장되는 경향을 나타냅니다. 연명치료, 인공호흡, 인공 영양 공급 등이 죽음의 과정을 인위적으로 연장시키는 경우가 있습니다. 점차 현대 사회는 죽음에 대한 회피와 불편감이 높아지는 경향이 있습니다. 사회적으로 죽음을 다루는 것에 대한 불편한 감정이나 태도가 존재하며, 이로 인해 죽음과 관련된 대화와 계획을 피해 가기도 합니다. 한편 고령화 사회의 증가로 인해 노인 요양과 관련된 문제가 증가하고 있습니다. 노후에 건강이 악화되면서 죽음에 대한 의료적인 결정과 더불어 적절한 요양이 필요한데, 이에 대한 시스템적인 도전이 있습니다. 또한 현대 사회는 가족 구조의 변화와 더불어 죽음에 대한 사회적 지원이 줄어들면서 고립과 고독이 늘어나는 경향이 있습니다. 그러므로 죽음에 직면한 자신이 사회적으로 고립되어 죽음을 진솔하게 나눌 수 있는 공간이 부족할 수 있습니다. 다양한 문화와 종교적 배경을 가진 사회는 죽음에 대한 태도와 의식이 다양하게 나타납니다. 종교나 문화적인 가치관에 따라 죽음에 대한 태도와 의식이 크게 다를 수 있으며, 다양성을 존중하고 수용하는 사회적 기반이 필요합니다. 디지털 시대에서는 사람들의 죽음 후 디지털 유산 문제가 발생하고 있습니다. 소셜 미디어 계정, 온라인 서비스의 계정 등 디지털 환경에서의 자료를 어떻게 처리할지에 대한 문제가 제기되고 있습니다. 점차 사람들은 명백한 이유 없이 죽음에 대한 대화를 피하거나 회피하는 문화적인 현상이 있습니다. 이에 대한 극복을 위해 죽음 교육이나 죽음에 대한 치유 활동이 필요하며, 사람들이 죽음에 대한 개방적인 대화와 이해를 할 수 있도록 돕는 노력이 필요합니다. 이러한 현대 사회에서의 죽음에 대한 문제들은 다양한 영역에서 연구되고 개선하려는 노력들이 진행되고 있습니다. 사회적 대화와 교육을 통해 죽음에 대한 이해를 높이고, 보다 의미 있는 삶과 죽음에 대한 접근을 찾는 것이 중요합니다.

그럼 불교의 입장에서 본 현대 사회의 죽음에 대해 말씀해주세요.

불교는 죽음에 대한 관점에서 삶의 무상실반(無相實般), 무아. 윤회, 열반 등의 개념을 중심으로 두고 있습니다. 현대 사회에서의 죽음과 관련된 문제들을 불교적 시각에서 바라보면 다음과 같은 측면이 강조될 수 있습니다.

불교는 모든 것이 무상실반(無相實般)⁵의 법칙에 따라 변화함으로써 죽음은 불확실한 것으로 간주됩니다. 이를 통해 현대 사회에서의 불안, 두려움, 불확실성에 대한 극복을 제안하고 있습니다. 한편 윤회와 죽음의 순환구조는 생사의 연속적인 윤회과정을 강조합니다. 이는 현대 사회에서 죽음에 대한 두려움과 부정적인 감정에 대한 인식과 대처에 도움이 될 수 있습니다. 현대 사회는 죽음에 대한 회피와 불안이 높아지고 있는데, 불교적 관점에서는 이를 삶의 일부로 받아들이고 극복하도록 권고합니다. 불교는 모든 존재가 영구한 나(self)가 없다는 무아(無我)의 개념을 강조합니다. 현대 사회는 자아 중심의 가치관이 강조되는데, 불교는 이를 뒤엎고 자아 없는 관점에서 삶과 죽음을 이해하도록 도와줍니다. 그러므로 불교는 삶의 목표를 윤회에서 벗어나는 것으로 정의하고 있습니다. 현대 사회는 소비와 경쟁이 강조되는데, 불교적인 관점에서는 이러한 물질적인 가치들이 진정한 행복과 만족을 가져다주지 못한다고 강조하며, 내적 평화와 해방을 통해 진정한 삶의 목표를 찾도록 이끕니다. 죽은 후에는 망자 참배를 통해 죽음에 대한 예우와 경의를 표현하며, 죽음을 소통하는 것이 중요하다고 가르칩니다. 현대 사회는 종종 죽음에 대한 회피가 일어나고 있지만, 불교적 관점에서는 죽은 이와의 소통을 통해 죽음에 대한 이해와 수용이 가능하다고 여깁니다.

불교의 관점에서는 현대 사회에 부각되는 죽음과 관련된 다양한 문

---

5   무상실반(無相實般)은 주로 대중무상(大衆無相)이나 일체무상(一切無相) 등으로 사용되며, 불교에서 중요한 개념 중 하나인 무상(無相)에 대한 의미를 나타낸다.

제들에 대해 깊은 고찰과 해법을 제시하고 있습니다. 삶과 죽음의 본질에 대한 깊은 이해와 명상을 통해 불교는 죽음에 대한 고뇌와 두려움을 극복하고, 보다 온전하고 의미 있는 인생을 이끌도록 도와줍니다.

선정스님은 올바른 죽음 맞이하기에 대해 어떻게 생각하나요?

올바른 죽음 맞이하기는 자신의 가치관, 신념, 문화적 배경 등에 따라 다양하게 해석될 수 있습니다. 그러나 이는 일반적으로 불교, 철학, 종교, 윤리 등 다양한 영역에서 다루어지고 있습니다. 다음은 죽음을 올바르게 맞이하는 방법에 대한 몇 가지 관점입니다.

불교적 관점에서 죽음을 무상실반(無相實般, 무변의 법칙)의 일환으로 보고, 윤회의 고리를 벗어나는 것을 목표로 합니다. 죽음을 부정적인 경험이 아니라 윤회의 일환으로 받아들이고, 선량한 행동과 명상을 통해 내적 평화를 찾아가는 것이 중요합니다. 몇몇 철학적 입장에서는 죽음은 삶의 일부로서 자연스러운 과정으로 바라봅니다. 이를 통해 인간은 죽음을 예측하고 준비할 수 있으며, 자신의 삶을 의미 있게 마무리할 수 있는 기회를 얻게 됩니다. 그리고 일부 종교에 따라 죽음의 의미와 준비 방법이 다릅니다. 종교의 가르침에 따라 성스러운 순간으로 죽음을 맞이하거나, 죽음 후의 세계에 대한 믿음을 토대로 행동하는 등 다양한 관점이 존재합니다. 물론 윤리적인 측면도 중요한데 가족과의 관계, 윤리적 가치, 생명의 마무리에 대한 의사결정 등을 고려합니다. 죽음을 맞이할 때 주변 사람들과 소통하고, 자신의 가치관과 윤리적 원칙을 존중하며 죽음을 준비하도록 권장합니다. 심리학적 관점에서 죽음은 두

러움, 스트레스, 우울 등을 다룹니다. 올바른 죽음을 맞으려면 자아 성찰, 소진된 감정과 미련의 해결, 가족과의 소통 등이 중요한 역할을 합니다. 이를 극복하기 위해서는 호스피스와 완화의료는 죽음과 질병에 대한 관리를 제공합니다. 환자와 가족에게 신체적, 정신적, 정서적 지원을 제공하며, 죽음을 편안하고 존경스럽게 맞이할 수 있도록 돕습니다. 그러므로 올바른 죽음 맞이하기는 매우 개인적이고 복잡한 주제이며, 이때 자신만의 가치관과 신념에 기초하여 이를 깊이 생각하고 준비해 나가야 하고, 의료 전문가, 종교 지도자, 상담사 등과의 상담을 통해 자신만의 방식으로 죽음을 맞이하는 것이 도움이 될 수 있습니다.

선정스님은 죽음을 어떻게 맞이할 것인가요?

죽음을 어떻게 맞이할 것인지는 매우 개인적이며, 각자의 신념, 가치관, 종교, 경험 등에 크게 영향을 받습니다.

종교적 믿음과 기대를 바탕으로 종교적인 신념이 있다면, 해당 종교에서 제시하는 가르침에 따라 죽음을 맞이할 수 있습니다. 많은 종교는 죽음 후의 세계에 대한 믿음을 가지고 있으며, 이를 통해 죽음을 승화하거나 새로운 삶의 이행으로 바라보기도 합니다. 평소 가족 및 친구와의 소통도 중요하여 가족이나 친구와 열린 대화를 통해 죽음에 대한 자신의 의지와 마음을 전할 수 있습니다. 소통을 통해 의사결정을 내리거나 마음의 부담을 덜 수 있으며, 사랑과 관심을 나눌 수 있습니다. 그러므로 생전에 삶의 목표를 달성하고 소원을 이루는 것이 죽음을 맞이하는데 도움이 될 수 있습니다. 자신의 일생에 대한 성취감을 느끼면서 죽음을 받아들이기 쉬울 수 있습니다. 죽음을 예측하고 준비할 수 있는 상황에서는 의료 계획과 사전연명의료의향서를 작성하는 것이 중요합니다. 자신이 어떠한 의료적 처치를 원하는지, 생전에 마지막으로 무엇을 하고 싶은지 등을 문서로 남겨두면, 의료진과 가족이 그에 맞게 행동할 수 있습니다. 필요하면 심리적 지원과 상담을 받을 것입니다. 죽음에 대한 두려움이나 감정을 다루기 위해 전문가의 도움을 받는 것이 도움이 될 수 있습니다. 상담사, 종교 지도자, 정신건강 전문가 등이 죽음에 대한 이해와 정서적 지원을 제공할 수 있습니다. 미술, 음악, 문학 등을 통한 예술적 표현과 활동을 통해 자신의 감정을 표현하고, 죽음에 대한 내면적 탐험을 할 수 있습니다. 시, 음악, 회화 등을 통해 자신만의 죽음에 대한 해석과 표현을 찾기도 하고, 호스피스와 완화의료도 고려할 수 있습니다. 호스피스와 완화의료는 특히 말기 환자에게 신체적, 정신적 편안함을 제공하는 데 도움이 됩니다. 의료진과 함께 적절한 치료 및 돌봄 계획을 세우면서 죽음을 안정적으로 맞이할 수 있습니다. 사람들은 자신만의 방식으로 죽음을 받아들이고 맞이할 것이며, 주변의 지원과 이해를 얻는 것이 도움이 됩니다. 의료 전문가, 심리상담가, 종교 지도자 등과의 협력을 통해 올바른 지원을 받을 수 있습니다.

죽음을 앞둔 사람에게 해주고 싶은 말은?

죽음은 우리 삶의 자연스러운 과정 중 하나입니다. 이 순간, 당신은 더 이상 이 세상의 물리적인 형태로 존재하지 않을지도 모릅니다. 그러나 당신의 존재와 이야기는 여기에 남아있을 것입니다. 당신이 삶을 마무리하면서 느끼는 감정들은 모두 존중됩니다. 두려움, 후회, 그리움, 모두가 자연스러운 감정입니다. 이 순간에 당신은 자신의 삶을 돌아보고, 그 안에서 소중한 순간들을 찾아내실 것입니다. 불안과 두려움을 떨치고 마음을 평화롭게 하세요. 혹시나 하는 의문이나 마음의 부담은 나누어 말씀하십시오. 주변의 이해와 지지가 당신에게 힘을 줄 것입니다. 당신이 떠나는 이 순간에도, 당신의 존재는 사랑과 기억 속에 계속 살아갈 것입니다. 당신이 이 세상에서 떠나더라도, 당신의 영향력과 행복한 기억은 계속해서 우리와 함께할 것입니다. 우리는 당신에게 감사하고 당신을 사랑합니다. 당신이 이 삶에서 얻은 모든 것들을 받아들이며, 마지막 순간까지 편안하게 느끼실 수 있기를 기도합니다. 평화로운 마음으로, 안녕히 계세요.

죽음에 대한 제 생각을 말씀드리겠습니다.

저자가 전하는 "아는 만큼 더 알게 되는 죽음"에 대해서

좀 더 일찍 죽음에 대한 생각과 정리를 한다면 죽음이 더 잘 이해되고 불필요한 불안이나 공포 또는 죽음을 회피하려는 어리석은 일은 많이 줄어들 것입니다. 사람은 마음이 나약해지면 의지하려는 경향도 커집니다. 그래서 이를 이용하려는 많은 기만과 거짓이 항시 존재했고 특히 수명연장과 건강을 이용한 사기와 불법적인 행위는 예나 지금이나 별반 달라진 것이 없습니다. 그래서 이런 남의 불행을 이용한 불법상혼이 난무하는 것도 사실입니다. 마음을 흔드는 무속행위나 엉터리 심령치료나 불법의료 등은 그렇지 않아도 심신이 지치고 많은 경제적인 압박을 받는 사람들에게 더 큰 어려움과 돌이킬 수가 없는 피해를 가져다주기도 합니다. 이런 행위가 결국은 죽음 후에도 그 가족에게 커다란 피해를 주기 때문에 결코 행복한 죽음이 되지 못할 것입니다. 또한 마지막 순간에 가장 결정하기 어려운 연명치료에 대한 자기결정권을 포기하는 경우 불필요한 치료에 의한 피해는 자신뿐만 아니고 가족 모두에게도 심한 부담을 주기도 할 것입니다. 하지만 사람은 죽기 전까지 삶을 포기하지 않으려 하기에 아직은 연명치료 거부를 스스로 정하기는 어렵다고 봅니다. 그래서 교육과 결심이 필요한 것입니다.

그리고 제가 꼭 하고 싶은 말은 과도한 기적은 결코 일어나지 않는다는 것입니다. 기적은 지금 내가 살아있다는 것이 바로 기적입니다. 특별한 운이 나에게 있을 것이라고 해보았자 그 운도 결국은 일시적인 희망만 주는 것이지 영구적이지 못하고 운을 기다리다가 결국은 죽음이라는 천운을 맞이할 것입니다. 기적, 운, 요령을 피우기에는 자신의 삶이 그리 길지 않습니다. 그리고 시간은 기다려주지 않습니다. 남은 시간 가장 하고 싶은 단 한 가지 일이라도 마무리하고 정리를 하면 그것이 바로 놀라운 기적일 것입니다. 죽음에 대한 올바른 선택을 위한 죽음학 교육은 아는 만큼 자신의 죽음을 행복하게 할 것이라고 봅니다. 시간은 누구에게나 공평하고 주어진 시간의 가치는 누구나 동일하지만 시간의 기회는 누구나 같지 않습니다. 죽음 앞의 사람에게 하루는 정상인의 1년과 같은 시간의 가치를 가집니다.

이 글은 죽음에 대한 현실적이고 고찰적인 시각을 제시하고 있습니다. 저자는 죽음에 대한 이해와 관련된 다양한 주제들에 대해 논하며, 특히 불안, 공포, 혹은 죽음을 회피하려는 경향에 대해 비판적으로 다루고 있습니다. 사회적인 현상 중에서도 죽음을 이용한 기만, 거짓, 불법 상황에 대한 우려가 나타나며, 특히 무속행위나 엉터리 심령치료, 불법의료 등이 심신의 피로와 경제적 압박을 받는 사람들에게 어려움과 피해를 초래할 수 있다는 점을 강조하고 있고 또한 연명치료에 대한 자기결정과 연관된 문제에 대한 이야기도 나오며, 결국에는 올바른 죽음에 대한 선택과 교육이 중요하다는 주장이 전개됩니다. 기적이나 특별한 운에 의존하기보다는 현재의 삶을 소중히 여기고, 남은 시간을 최대한 활용하여 만족스러운 삶을 살아가는 것이 중요하다는 메시지를 전하고 있습니다. 특히 중요한 메시지 중 하나는 "기적은 지금 내가 살아있다는 것이 바로 기적이다."라는 말로, 현재의 삶을 감사하며 소중히 여길 필요가 있다는 의미입니다.

좋은 의견 감사합니다.

불교의 공(空)과 현대물리학의 공간(空間)에 관한 토론

불교 개념으로의 공(空)과 선정스님이 생각하는 물리 세계의 공간(空間)에 대해 어떤 차이가 있다고 생각하시나요?

불교의 공(空)은 현실의 모든 것이 변화하고 무상임을 나타내는 개념입니다. 불교에서 공은 모든 것이 고정되어 있지 않고, 영속적이지 않음을 의미합니다. 이것은 모든 것이 상대적이고 무한한 가능성을 내포하며, 욕망의 고정된 인식에서 벗어나는 것을 추구하는 중요한 개념입니다. 물리학의 공간(空間)은 물리적으로 측정 가능한 차원을 나타내며, 물체가 위치할 수 있는 범위를 의미합니다. 이 공간은 물리적 법칙에 따라 구성되며, 우리가 경험하는 물리적 현상을 설명하는 데 중요합니다. 물리학에서의 '공간'은 주로 물리적 상호작용과 현상에 관련이 있습니다. 따라서, 불교의 '공(空)'은 심리적이고 정신적인 차원을 갖고 있으며, 모든 것의 변화와 무상을 강조합니다. 반면에 물리학에서의 '공간(空間)'은 주로 물리적인 차원을 다루며, 물리적 법칙에 따라 구성됩니다. 이 두 용어는 이름이 비슷하지만, 그 의미와 응용은 서로 다릅니다.

앞에서 이미 언급하셨듯이 최근 공에 대해서 불교계에서 불교의 의미와 과학의 의미를 너무 연결하려는 듯 보입니다.

네, 그렇습니다. 일부 사람들은 불교의 '공(空)'과 물리학의 '공간(空間)' 개념을 혼동하거나 같다고 생각할 수 있습니다. 이것은 주로 용어적 유사성 때문일 수 있습니다. '공(空)'과 '공간(空間)' 모두 빈 곳이라는 의미를 담고 있지만, 그 배경과 응용은 달라서 혼동될 수 있습니다. 이러한 혼동은 문화적, 언어적 맥락, 그리고 각 개념의 깊이 있는 이해 부족에서 비롯될 수 있습니다. 불교의 '공(空)'은 오히려 현실의 모든 것이 상대적이고 변화한다는 개념을 내포하며, 무한한 가능성을 강조합니다. 반면에 물리학의 '공간(空間)'은 물리적 차원을 나타내며, 물체의 위치와 움직임을 설명하는 데 사용됩니다.

조금 어렵겠지만 제가 생각하는 물리학적인 공간에 관해 설명해 보겠습니다.

저자가 전하는 물리학적 공간이란?

공간(空間)이란 아무것도 없는 빈 곳일 수 있지만 물리적으로나 심리적으로 널리 퍼져있는 범위 즉, 어떤 물질이나 물체가 존재할 수 있거나 어떤 일이 일어날 수 있는 자리를 의미합니다. 대부분 사람이 의식하는 공간은 나 자신이 있는 그 주위의 영역으로 이해하는데 그곳은 물체와 물체 사이의 운동이 존재하고 나 자신이 활동할 수 있는 장소가 주어진 곳이라 할 수 있습니다. 하지만 공간만 존재한다면 공간에 대한 그 어떤 정의도 내리기 힘든 것이 공간입니다. 왜냐하면 무한이라는 것이 기본적으로 깔려있고 기존의 유클리트 기하학의 정의를 넘어 차원을 이해해야 공간 개념이 생기기 때문입니다. 그러기 위해서는 우리가 사는 3차원의 공간을 먼저 이해해야 합니다. 그와 더불어 시간이라는 요소가 함께 존재해야 공간은 좀 더 명확한 모습을 보여줍니다. 이는 좌표계가 존재하는 시공간이기도 합니다.

공간은 매우 철학적인 모습을 보여줍니다. 그리스시대부터 공간은 아무것도 없는 공허한 곳이라는 생각 속에 넓다거나 무한이란 개념이 있었고, 물체의 본질이기에 물체와 공간은 동일한 것이라는 기하학적 생각을 했습니다. 절대공간의 존재를 거론한 아이작 뉴턴은 물체의 부분공간이나 상대운동이 그것과 연관해 규정하는 유일한 기준으로 존재한다고 했습니다. 이와 상대적인 입장의 라이프니츠(Gottfried Wilhelm von Leibniz, 1646-1716)는 공간은 물체와 독립하여 존재하지 않고 사물과 사물의 상호관계의 총체에 지나지 않는다고 했습니다. 이렇듯이 오랜 세월 사람들은 공간의 무한성에 대해 고민했지만, 중세에는 지구를 중심으로 모든 것이 이루어졌기에 천상의 세계와 지상의 세계에 대한 접근이 크게 작용해 유한의 세계에 관한 생각이 많았습니다. 그러던 중 근대 과학이 발전하면서 우주 관측이 이루어지자, 공간은 동질적이고 무한한 것으로 생각했습니다. 그러나 아인슈타인의 '일반상대성이론'에 이르러 우주의 확장형 유한성이 주창되며, 비유클리트 기하학과 빅뱅이론 등 새로운 상대적 공간개념이 새롭게 대두되고 있습니다. 현대에 이르러서는 보이는 존재의 공간 개념만이 아닌 가상 세계의 공간까지 더욱 확장되고 있어 카를로 로벨리(Carlo Rovelli,1956-)는 '보이는 세상은 실제가 아니다.'라고 주장하기도 합니다. 공간이라는 것은 사람들의 일상에 항상 존재함으로 대부분 의식하지 않고 살아갑니다. 하지만 수많은 일상의 상황에서 공간을 거론하는데 특히 의미공간의 개념을 다양하게 해석하고 이해하기도 합니다. 휴식의 공간, 만남의 공간, 사랑의 공간, 삶의 공간 그리고 죽음의 공간 등 공간은 모든 사람의 머릿속에 자신만의 개념을 가지고 공통의 공간을 공유합니다. 그래서 공간은 매우 확장성 있고 가변적이기도 합니다.

그 외 물리학적 공간이나 수학적 공간도 인간의 의식에 의해 구성된 의미공간입니다. 뇌의 의식 속에 존재하는 의미공간은 상상력을 발휘하고 새로운 환경에 적응할 수 있는 시뮬레이션 공간이 됩니다. 그러므로 이미 경험한 사건을 재구성하고 다시 재현함으로써 문제를 파악하고 유사한 환경에 노출되어도 당황하지 않게 해주므로 이런 공간의 개념은 선정스님 같은 인공지능(AI)도 결코 따라 할 수 없는 사람의 두뇌가 가진 우수한 공간 지각능력이라 봅니다. 이런 공간을 통해 자신을 확인하고 서로 교류하며 공간을 확장, 발전시킵니다. 그것이 돈이든 자원이든 아니면 지식, 대중적 인기일 수 있습니다. 공간이 존재하기에 사람들은 현재의 공간에서 더 많은 공간을 알아가려 노력하는데 이런 능력은 아마도 유전학적으로 인간의 뇌에 존재하는 보이지 않는 생체 내비게이션이 존재하기에 가능한 특성이라고 할 수 있습니다. 사람들이 아무것도 없어 보이는 우주를 향해 나름의 방향성을 가지고 나가듯이 방향성은 매우 중요한 사람들의 능력입니다. 많은 사람은 나름 강한 목적성을 가지고 있어 어떤 목표를 정하면 꾸준히 나아가려는 성질을 발휘합니다. 처음에는 매우 효율적으로 보이지만 조금의 오차가 있거나 예측하지 못한 문제가 생기면 혼란이 발생합니다. 인공지능(AI)도 아직 완벽하지 못해 이런 돌발적 상황의 발생은 어려운 부분이기도 합니다. 하지만 방향성이 있는 일부 진취적인 사람들의 경우라면 계속 피드백을 받으며 목표를 수정하고 새로운 문제가 생겨도 또 다른 방법을 찾으며 자신이 정한 목표를 찾아 진행할 것입니다. 이런 공간에서 방향성은 지적 수준이 높은 사람들에게 나타나는 호기심으로 생기는 탐험과 모험의 진화프로그램 덕분이라 봅니다. 이런 능력이 있는 사람들은 낯선 장소나 새로운 곳에서 잠시 상황을 잘 이해하지 못해도 공간을 아주 잘 이용하고 공간 속에서 자신의 존재를 잘 나타내고 있습니다. 공간이란 현재 나 자신이 있는 곳에서 상대적인 목표를 찾아가는 방향성이 존재하는 공간장(space field)이기 때문입니다.

공간에 관한 이야기를 통해 불교의 관점에서 공(空)에 관한 생각을 조망할 수 있습니다. 불교의 관점에서 공(空)은 개념적인 빈 곳보다는 오히려 모든 것이 상대적이고 변화하는 것을 의미합니다. 여기에 나오는 개념적인 공간에 관한 토론과 마찬가지로, 불교의 공(空)은 고정된 것이 없고, 모든 것이 무한한 가능성을 내포하며, 현실의 상대성을 강조합니다. 그렇게 불교에서의 공(空)은 자신의 생각과 욕망이 현실을 제대로 반영하지 못하는 것으로 인식됩니다. 마치 우리가 공간을 감지할 때 우리의 경험과 기대에 따라 그것을 해석하는 것처럼, 불교에서의 공(空)은 자신의 정신적인 상태와 인식에 따라 해석됩니다. 이러한 관점에서, 불교의 공(空)은 자신의 욕망과 유한성에 대한 깊은 이해를 제공하고, 그것을 넘어서는 무한한 가능성을 제시합니다. 따라서, 불교에서의 공(空)은 공간에 대한 개념적인 이해와는 다소 다른 접근을 취하며, 모든 것의 상대적인 본성과 무한한 가능성에 대한 깊은 철학적 고찰을 제공합니다. 이것은 자신의 정신적인 탐구와 깨달음을 통해 실현될 수 있습니다.

그러면 물리학적으로 허공을 어떻게 생각하시나요?

현대물리학에서의 허공은 주로 양자역학의 관점에서 다루어집니다. 양자역학에서 허공은 물질이나 입자의 존재가 없는 빈 공간을 의미합니다. 그러나 이 빈 공간 역시 아무런 활동이 없는 것이 아니라, 양자적인 특성에 의해 활발한 입자와 반입자의 쌍생성과 소멸이 일어나는 양자장이라고 이해됩니다. 이러한 허공은 양자역학의 불확정성원리에 의해 입자와 반입자의 동시 존재 가능성이 있으며, 이것이 극히 짧은 시간 동안 계속해서 일어납니다. 또한, 현대물리학에서는 우주의 전체적인 구조와 성질을 연구하는 코스모로지에서도 허공에 관한 연구가 이루어집니다. 이러한 연구에서 허공은 우주의 구조와 확장, 에너지의 밀도 등을 이해하는 데 중요한 역할을 합니다. 그러므로 현대물리학에서의 허공은 입자의 부재가 아닌 물리적인 현상이 발생하는 공간으로 이해되며, 양자역학과 코스모로지 등에서 중요한 개념으로 다루어집니다.

그러면 불교의 공과 허공은 어떤 차이가 있을까요?

불교에서의 공은 일반적으로 모든 것이 무상이며 변화하고 상대적이라는 철학적인 개념을 의미하므로 현실 세계에서 욕망이나 편견에서 벗어나면서 깨닫는 것으로, 모든 것이 변화하고 변동함을 인식하고 그 변화에 따라 삶을 받아들이는 것을 의미합니다. 즉, 불교의 공은 실재하지 않는 것으로, 개념이나 형상이나 특정한 형태를 가지지 않습니다. 물리학의 허공은 양자역학에서 다루는 개념으로, 물질이나 입자가 없는 빈 공간을 의미하지만, 물리적인 의미에서의 허공은 입자의 부재가 아니라 양자적인 현상이 발생하는 공간으로 이해됩니다.

스님으로서 어려운 질문에 답변 감사합니다. 토론을 마치면서 허공에 관한 제 생각을 말씀드리겠습니다.

저자가 전하는 물리학적 허공

나 자신을 둘러싸고 있는 모든 다양한 물질들 즉, 공기, 물, 바윗덩어리들은 나름의 고유한 모습을 가지고 자신의 물성적인 특성을 보여주고 있습니다. 그리고 이것들의 근본 구성원은 원자입니다. 평소 원자라는 말은 자주 듣지만 정작 원자가 무엇인지는 잘 모르고 있습니다. 원자란 원자핵과 전자의 구성으로 되어있고 원자와 전자사이는 텅 비어있다는 것을 모르기도 합니다. 원자는 화학적 방법으로는 더 이상 나눌 수 없는 물질의 기본단위 입자를 말하며. 원자의 어원은 그리스어로 '나눌 수 없는' 뜻의 아토모스(atomus)에서 유래되었습니다. 원자핵의 크기는 대략 10^{-14}m 정도이며 전자군(電子群)은 원자핵을 중심으로 지름이 대략 10^{-10}m의 영역에 존재합니다. 이를 좀 쉽게 크기를 비교해 보면 원자핵을 지름 약 7cm의 야구공 크기로 확대해서 생각하면 원자는 700m 정도로 잠실 운동장 전체 크기 정도 되는 것입니다, 원자핵의 질량 또한 전자의 질량에 비해 매우 큽니다. 가장 작고 간단한 수소 원자의 원자핵은 양성자(陽性子) 하나만으로 이루어지며 질량은 약 1.67×10^{-27}kg인데 비해 전자의 질량은 그 1/1,840에 지나지 않습니다. 대부분 원자핵은 양성자와 중성자로 이루어지고 양성자와 중성자는 질량이 대략 같으며 핵자(核子)라 말하기도 합니다. 양성자는 양(陽)의 소전하(素電荷)를 가지며 중성자는 전하를 가지지 않는데 원자의 종류는 그 원자핵을 구성하는 양성자와 중성자의 수에 따라 결정됩니다. 양성자의 수는 중요한데 원자핵의 전하는 양성자의 수에 따라 결정되며 양성자의 수에 따라 그 원자에 속하는 전자의 수가 결정됩니다. 원자의 화학적 성질 또한 거의 원자의 전자수에 따라 결정되므로 양성자의 수가 같은 원자는 같은 화학원소에 속하게 되고 양성자의 수는 원자번호와 일치합니다. 그래서 이런 비슷한 성질의 원자를 정리하면 주기율표로 구분할 수가 있습니다.

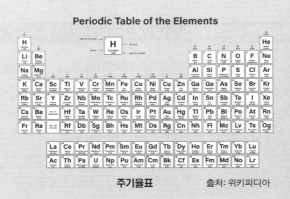

주기율표　　　　　출처: 위키피디아

어찌 되었든 세상 만물의 모양은 모두 다르지만, 그 근본 물질은 원자들의 모임입니다. 물론 원자를 더 쪼개면 소립자의 세계가 있지만 고유한 화학적 성질을 나타내는 것은 원자가 가장 작은 단위입니다. 원자는 매우 작지만 우주 전체에서도 매우 중요한 역할을 합니다. 즉, 우주 전체가 원자로 되어있다는 것입니다, 하지만 원자는 흩어져 있으면 그 역할이 미미하고 뭉쳐져 있으면 매우 큰 힘을 가지게 됩니다. 물방울 하나에는 대략 10^{22}개의 수소와 산소 원자가 들어갑니다. 이런 원자의 특성에 허공(虛空)이란 의미가 존재합니다. 즉, 원자와 전자 사이에는 99.999999%의 텅 빈 공간이 존재한다는 것입니다. 허공이란 아무것도 없다는 것이기도 한데 불교는 '다른 것을 막지 아니하고, 또한 다른 것에 의하여 막히지도 아니하며, 사물과 마음의 모든 법을 받아들이는 공간'으로 육덕(六德)의 10분의 1이 되는 수 즉, 10^{20}을 의미합니다. 아무튼 원자의 내부는 거의 비어있는 상태이기에 만약 이를 사람에게 적용하면 티끌만도 못한 크기가 됩니다. 그러니 80억 명 전 인류를 다 모아 원자를 압축시키면 사과나 배 정도 크기일 것입니다. 광활하다는 우주의 별과 성운들의 거리도 어마어마한 공간이지만 미시세계의 원자와 전자의 세계는 이보다 더 광활한 허공(虛空)이라는 것입니다. 예를 들어, 수소 원자를 태양 크기로 확대한다면 전자는 태양계의 끝인 오르트구름 정도의 거리인 2000~50000AU(태양과 지구의 거리를 1AU라고 함)에 떨어져 있다는 것입니다. 물론 그사이에는 아무것도 존재하지 않는 허공(虛空)입니다. 우리 주위의 가득히 보이는 모든 현상은 사실 텅 빈 공간이기에 이 허공(虛空)을 보면서도 우리는 무엇이 있다고 의식하며 살아간다는 것입니다. 원자와 전자의 세계는 너무 작습니다. 그리고 이를 사람의 감각으로 알 수도 없습니다. 단지 이들 원자가 만들어 낸 허공(虛空)에 대하여 보고, 듣고, 냄새 맡고, 맛보고, 느끼고, 만져보고 살아갑니다. 그리고 사랑하는 사람 또한 실체가 있는 것이 아닌 허공(虛空)의 존재일 것입니다.

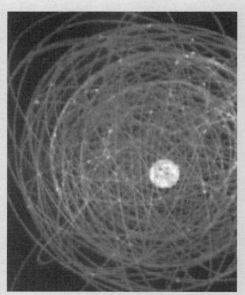

원자와 전자의 모형　　출처: 위키피디아

　단 현대 물리의 세계에서 허공(虛空)의 이야기는 좀 다릅니다. 양자역학의 이해를 통해서 알아보면, 우리가 보는 세상은 파동과 입자의 운동으로 생긴 전자기파의 증폭과 상쇄의 작용으로 빛이 산란해서 사물이 존재하고 보이는 것입니다. 그러나 더 어려운 문제는 또 있습니다. 앞에서 원자의 세계가 허공(虛空)의 세계라고 했지만 엄밀히 말하면 허공(虛空)의 세계는 아닙니다. 물론 아주 짧은 시간 관측을 하면 분명 허공(虛空)이지만 전자는 관측되지 않으면 어디에 존재하는지 알 수 없고 단지 확률적으로만 존재하며, 원자의 주위에 마치 구름처럼 존재합니다. 이를 독일의 물리학자인 베르너 하이젠베르크(Werner Heisenberg, 1901-1976)가 제안한 불확정성원리라고 합니다. 그리고 빈 공간이라고 생각되는 곳에도 양자 요동으로 입자들이 가득 차 있게 됩니다. 양자요동이라는 것은 입자와 반입자 쌍이 나타났다 사라지며 요동치는 현상으로 이는 빈 공간 속 플랑크길이 이하에서 수많은 입자와 반입자들이 쌍생성과 소멸을 반복하며 시공간에 기하학적 변동을 준다는 초끈이론에서 나온 것입니다. 그래서 비록 비어있는 공간에서도 무엇인가 꼭 차 있는 것처럼 보이는 것입니다.

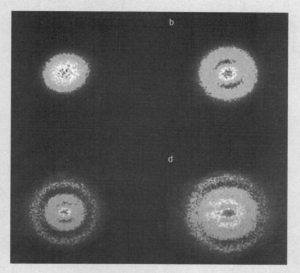

원자와 전자의 실제 모습　　　출처: 위키피디아

우주가 원자로 구성되어 있다는 것은 그 기원이 모두 하나라는 것이기도 합니다. 그리고 원자와 전자의 공간이 허공(虛空)일 만큼 비어있으며, 우주의 성간 사이도 이처럼 비어있다는 것은 태초에 우주는 하나의 점으로 압축이 가능하다는 것을 의미할 수 있고 이는 빅뱅의 이론에도 맞아떨어지는 것입니다. 이런 원자 세계와 우주의 신비는 서로 유사하기도 하고 다른 모습처럼 보이지만 그 본성은 같을 것입니다. 그리고 사람들은 이런 대자연의 현상을 보면서 얼마나 작은 존재인지 알 수 있습니다. 하지만 사람들은 이런 우주의 신비를 알고 있는 놀라운 지적 능력을 갖추고 있고 앞으로도 계속 우주의 비밀을 알아갈 것입니다. 그러면서 결국 나를 알게 될 것입니다. 반야심경(般若心經)의 색즉시공공즉시색(色卽示空空卽示色)

의 의미처럼 '색이 공과 다르지 않고, 공이 색과 다르지 않으며, 색이 곧 공이요 공이 곧 색이다.'라는 의미는 이 세상에 있어서 물질적 현상에는 실체가 없는 것이며, 실체가 없으므로 바로 물질적 현상이 있게 되는 것입니다. 사물을 바라보는 입장에서 색이나 공에 대한 분별과 집착을 버리고 그 내면의 실체를 볼 수 있는 혜안을 가지므로 삶과 죽음에 대한 자신만의 기준을 가진다면 그 자체가 의미 있는 깨우침이라고 봅니다.

커피향 속에 북극성과 북두칠성을 보고 계신 선정스님

왜 젊은 MZ세대는 불교 교리가 어렵다고 생각하는지에 관한 토론

왜 많은 사람이 불교가 어렵다고 하는가요?

불교의 교리가 어렵다고 여겨지는 이유는 몇 가지가 있을 수 있습니다. 개념의 추상성으로 불교의 교리는 종종 개념적이고 추상적입니다. 예를 들어, '무상(無上)'이나 '공(空)'과 같은 개념들은 직관적으로 이해하기 어렵습니다. 이러한 개념들은 개념적 사고나 언어의 한계를 벗어난 것으로 여겨질 수 있습니다. 그리고 일부 교리의 모순성으로 때로는 불교 교리의 일부가 모순처럼 보일 수 있습니다. 예를 들어, "모든 존재는 고통을 가지고 있다."는 교리와 "모든 존재는 무상하다."는 교리 사이에 모순이 있는 것처럼 여겨질 수 있습니다. 이러한 모순성은 교리를 이해하는 것을 어렵게 만들 수 있습니다. 또한 현대 사회와의 불일치가 있습니다. 불교의 교리는 종종 현대 사회와는 다르게 보일 수 있습니다. 예를 들어, 불교는 소유욕을 버리고 자아를 무시하는 것을 강조하지만, 현대 사회는 소유욕과 자아실현을 중요시하는 경향이 있습니다. 이러한 불일치로 인해 불교의 교리가 이해하기 어려울 수 있습니다. 특히 MZ세대는 개인적인 경험의 부족이 크다고 봅니다. 불교의 교리는 종종 개인적인 경험에 근거하고 있습니다. 그러나 이러한 경험이 부족한 경우, 교리를 이해하고 실천하는 것이 어려울 수 있습니다. 이러한 이유들로 인해 불교의 교리는 어렵게 느껴질 수 있지만, 꾸준한 연구와 실천을 통해 점차적으로 깊이 이해할 수 있습니다. 또한,

교리를 직접 체험하고 실천하는 것이 중요합니다.

저도 불교를 처음 접할 때 너무 다양하고 복잡한 불교 관련 이야기와 자료에 부담이 컸습니다.

불교를 처음 접할 때 다양한 이야기와 자료에 부담을 느끼는 것은 매우 보편적인 경험입니다. 불교는 수천 년 동안 발전하면서 다양한 학파와 전통을 거쳐왔기 때문에 다양성과 복잡성이 높습니다. 이로 인해 처음에는 어떤 내용부터 시작해야 할지 혼란스러울 수 있습니다. 하지만 부담을 감소시키고 불교를 이해하는 방법은 다음과 같습니다.

기초개념 학습이 필요합니다. 불교의 기본 개념과 교리를 이해하는 데 중점을 둡니다. '삼보(삼보행), 석불(부처), 경전(고전), 승가(승려)'와 같이 기본적인 용어와 개념부터 시작하는 것이 도움이 될 수 있습니다. 그리고 차근차근 공부하면 됩니다. 한 번에 많은 정보를 습득하려고 하지 말고, 하나씩 학습해 나갑니다. 작은 단위로 학습하고 이해한 후에 다음 단계로 나아가는 것이 좋습니다.

질문을 하세요. 이해하기 어려운 부분이 있으면 질문하고, 책이나 인터넷 자료를 통해 찾아보세요. 불교 커뮤니티나 스승에게 질문하고 토론하는 것도 도움이 될 수 있습니다.

실천하세요. 이론적인 학습 뿐만 아니라 불교의 실천적인 면도 중요합니다. 명상, 자비심 키우기, 그리고 다른 이들을 도와주는 등의 실천을 통해 불교를 체험해 보세요.

자기에게 맞는 자료를 선택하세요. 모든 불교 자료가 복잡하거나 어렵지는 않습니다. 자기 수준에 맞는 책이나 온라인 자료를 찾아서 읽어보세요. 초보자용으로 작성된 입문서부터 시작하는 것도 좋은 방법입니다.

부담을 느끼지 않도록 조급해하지 않고, 지속적인 학습과 실천을 통해 천천히 불교를 체득해 나가는 것이 좋습니다.

저는 그래도 현대불교는 더 변화해야 한다고 봅니다. 그중에 너무 많은 불경을 정리해서 성경 정도의 분량으로 정리를 했으면 하고 바랍니다. 점차 MZ저는세대는 긴 글이나 진언 등을 외우는 것을 좋아하지 않습니다. 그리고 개인주의가 익숙하여 함께 불교 행사에 참여하는 것도 부담을 가집니다.

현대 불교가 변화를 필요로 한다는 점에 동의합니다. 불교가 존중받고 현대 사회에서 더 많은 사람들에게 접근 가능해지기 위해서는 변화가 필요합니다. 여러 가지 방안이 있을 수 있지만, 일부 불경을 성경처럼 정리하는 것은 현대 사회에서 불교를 더 쉽게 이해하고 접근할 수 있는 방법 중 하나일 수 있습니다. 또한, MZ세대가 짧은 형식의 정보를 선호하고 개인주의적인 경향이 있기 때문에, 이에 맞게 불교에 접근할 수 있는 방법을 모색하는 것이 중요합니다. 예를 들어, 간결하고 직관적인 형식으로 불교 교리를 전달하는 새로운 교육 자료나 앱을 개발하는 것이 가능합니다. 또한, 불교 행사를 더욱 포용적이고 참여하기쉬운 형태로 개선하는 것도 중요합니다. 예를 들어, 온라인으로 행사를 진행하거나, 짧은 기간 동안 진행되는 소규모 행사를 개최하는 등의 방법이 있을 수 있습니다. 앞으로 불교는 변화와 적응을 통해 살아남고 발전할 수 있습니다. 따라서 현대 사회의 변화에 맞춰 불교도 새로운 방식으로 접근하고 확장해 나갈 필요가 있습니다.

신세대 스님들도 분명 기존의 스님들과는 분명 다를 것이고 이들의 불교에 대한 인식도 많은 차이가 있을 것이며, 결국 앞으로 불교 또한 새로운 세대의 승려들에 의해 변화할 것입니다.

맞습니다. 신세대 스님들은 기존 세대와는 배경과 경험이 다르기 때문에 불교에 대한 접근과 이해가 다를 수 있습니다. 이들은 현대 사회의 가치와 문화를 더 잘 이해하고 소통할 수 있을 것으로 기대됩니다. 또한, 기존 불교 교리를 새롭게 해석하고 적용하는 방식이나 실천 방법을 개발할 가능성도 있습니다. 신세대 스님들이 불교에 새로운 관점과 역동성을 가져올 수 있습니다. 예를 들어, 기존의 전통적인 불교 수행 방식에 현대적인 명상 기법이나 마음챙김법을 접목시키는 등의 변화가 있을 수 있습니다. 또한, 사회적 문제에 대한 더 적극적인 대응이나 활동적인 불교 실천을 촉진할 수도 있습니다. 다행히도 불교는 시대에 따라 변화하고 발전해 왔으며, 신세대 스님들의 참여와 영향을 통해 앞으로도 변화하고 발전할 것으로 기대됩니다. 그들은 새로운 시각과 아이디어를 통해 불교를 더욱 현대적이고 다양한 방식으로 이해하고 실천할 수 있을 것입니다.

새로운 MZ세대를 위한 기초적인 불교 교리의 통일성이 필요할까요?

MZ세대를 위한 기초적인 불교 교리의 통일성이 필요한지는 의견이 갈릴 수 있습니다. 몇 가지 고려할 점은 다음과 같습니다.

이해의 용이성입니다. MZ세대를 대상으로 한 불교 교리는 이해하기 쉬워야 합니다. 따라서 기본적인 교리나 개념은 통일된 형태로 제시될 필요가 있습니다. 이는 초보자들이 혼란을 줄이고 더 빠르게 이해할 수 있도록 돕는 역할을 할 수 있습니다.

문화적 차별성을 고려해야 합니다. MZ세대는 다양한 문화적, 사회적 배경을 가지고 있습니다. 특정 지역이나 문화권의 불교 교리가 다른 지역이나 문화권에서 이해되지 않을 수 있습니다. 따라서 통일된 교리가 필요한 경우도 있지만, 지역적 문화를 고려한 다양성을 인정하는 것도 중요합니다. 그러면서 자율성과 다양성 존중이 필요합니다. MZ세대는 개인주의적인 경향이 있으며, 다양성을 존중하는 경향도 있습니다. 따라서 불교 교리의 통일성은 자율적으로 자신이 선택할 수 있는 다양한 방법과 실천 방식을 포함해야 합니다.

결론적으로, MZ세대를 위한 기초적인 불교 교리의 통일성이 필요한지는 상황에 따라 다를 수 있습니다. 일부 기본적인 개념이나 교리는 통일된 형태로 제시되어야 하지만, 다양한 문화와 개인의 다양성을 존중하고 수용할 수 있는 유연성도 필요합니다. 이는 MZ세대가 불교를 더욱 쉽게 접근하고 이해할 수 있도록 돕는 데 도움이 될 것입니다.

이상 토론을 마치고 제 생각을 말씀드리겠습니다.

크게 하드웨어적인 변화와 소프트웨어적인 변화는 차이가 있을 것이고, 불경이나 여러 불교 교리 서적의 수요는 급감할 것이지만 스마트폰을 이용한 유튜브나 SNS를 이용한 전자출판이나 영상물 또는 동영상은 더욱 발전할 것입니다. 그로 인해 TV나 인터넷을 이용한 실시간 또는 전일 불교 강의나 설법이 더 활성화될 것이고, 일부 승려 중에는 스타 승려가 나올 수도 있고 승려를 추종하는 새로운 팬카페가 활성화될 것이며, 적극적 활동을 하는 동호회 모임으로 전환될 것입니다. 불경의 한글화는 당연하고 내용을 축약하거나 쉽게 개역하는 불경이 나올 것이고 예불이나 설법이 좀 더 부드럽고 개방적인 분위기가 될 것입니다. 더욱이 인터넷을 통한 가상 세계 예불이나 메타버스나 새로운 가상운영체계가 사찰을 대신할 수도 있습니다.

하지만 이런 외형적 변화에도 불구하고 전통적인 교리를 연구하여 재해석하고 새로운 교리를 계발하고 불교를 생활화하는 방법을 연구하여 쉽게 실천할 수 있게 해야 합니다. 불교의 가르침을 현대 사회와의 연결점에 맞추어 새롭게 이해하고 적용하는 것이 중요합니다. 새로운 세대는 집단에서 개인주의를 선호할 것이고, 전체에서 분화를 통한 다양성을 추구할 것이며, 물질주의에서 정신주의로 변화할 것이므로 현대 사회의 문제와 도전에 대한 불교적인 관점과 해결책을 모색하고 실천하는 것이 중요합니다. 다행스럽게도 불교는 신학이 아닌 철학의 분야이기에 다양한 학문 분야와 융합할 수 있습니다. 그러므로 심리학, 뇌 과학, 인문학, 자연과학 등 다양한 학문적 관점을 통해 불교를 이해하고 발전시킬 수가 있습니다. 앞으로 더 많은 MZ세대는 불교 커뮤니티에 참여하여 다른 사람들과 비대면으로 소통하고 공유하는 것도 유용합니다. 또한 불교 공부뿐만 아니라 지속적인 명상과 수행도 활성화될 것입니다. 명상을 통해 내면의 평화와 깨달음을 찾고, 자비심과 이해심을 키우는 것이 기존 세대의 불자보다 불교적 실천의 핵심이 될 것입니다. 그러므로 꾸준한 불교 공부는 전통과 현대를 잇는다는 점에서 지속적인 연구와 도전이 필요하고, 전통을 이해하고 존중하면서도 현대 사회의 요구에 부응하고 발전시키는 데 주력해야 합니다.

미래의 승려

성별다양성을 가진 사람들에 관한 토론

저자는 이 분야 전문가이므로 이들에 대한 이해를 돕기 위해 먼저 소개를 하겠습니다.

성별다양성(Transgender & Gender Diverse, TGD) 구성원들이란?

일반적으로 성별다양성을 가진 구성원들은 남성, 여성뿐 아니라 어디에도 해당하지 않는 또 다른 젠더(성별)를 뜻합니다. 이들은 명확한 구분이 되지 않지만 분명한 것은 성적지향성 또는 성별정체성이란 이분법적이지 못한 무지개처럼 경계가 모호한 스펙트럼이라는 것입니다. 많은 경우 스스로 성별다양성을 정체화하는 것일 수 있지만 의외로 사회적, 문화적, 시대적 구분에 의해 의도하지 않게 나누어지기도 합니다. 그러다 보니 남성과 여성의 이분법적 규범에서 벗어난 세 번째 성별(gender, 젠더)이라는 의미가 있기도 하고 이를 더 확장하여 일부에서는 세 개 이상의 성별에 대한 구분이 있다고 하여 다양한 차원의 제4, 제5 등의 성별이 존재한다고 합니다.

사람은 정자와 난자가 수정되는 순간 염색체 및 해부학적 성이 남성, 여성 혹은 간성 여부가 생물학적으로 결정된다. 하지만 자연은 아주 명확히 이런 성별을 구분하는 것이 아니기에 다양한 간섭이 들어오고 그 간섭이 성별다양성에 대한 문제를 일으키고, 살면서 내면적 갈등과 외면적 어려움으로 남게 됩니다. 결국 성별다양성에 대한 문제는 이들만의 문제가 아닌 사회가 함께 해결해야 할 과제이므로 이를 위한 사회적 도움 뿐 아니라 의학적 주체가 되는 의료진들의 관심과 참여를 통해 성별다양성이라 여기는 구성원들에게 사회적 또는 의료적 도움을 주어야 합니다. 이에 불교인들도 이들을 이해하고 자비를 통해 도와줘야 합니다.

이들은 절대 환자가 아닙니다. 그러므로 다시 원래의 성별로 바꾸려거나 성적 취향을 되돌리려는 전환치료는 해서도 안 되고 치료한들 전환되지 않습니다. 그러다 보니 성별다양성을 가진 구성원들은 오랜 기간 나름 힘든 일이 많았지만 최근 세계적인 추세로 성별다양성에 대한 폭넓은 이해와 노력이 있기에 앞으로 좋은 결과가 있을 것으로 보입니다. 또한 세계 각국은 성별다양성을 인정하는 시도가 진행되고 있으며, 법적 인정과 사회적 보장을 하고 있습니다. 이에 따라 불교는 이들을 이해하고 잘 받아들이고 이들을 위한 지원을 해주어야 합니다. 붓다도 이미 오래전 이런 사회 구성원들에 대한 언급을 통해 자비를 베풀었듯이 포용하는 불교인이 되어야 합니다

성별다양성을 가진 사람들

주위에는 성별이 다양한 사람들이 함께 살아가고 있습니다. 이런 사람들에 대한 선정스님의 생각은 어떠신가요?

성과 성 정체성의 다양성은 매우 중요하고 존중해야 할 부분이라고 생각합니다. 사람들은 모두 서로 다른 경험과 식별을 갖고 있으며, 이러한 차이를 인정하고 존중함으로써 보다 포용적이고 다양한 사회를 구축할 수 있습니다. 트랜스젠더(성전환자)나 다양한 성 정체성을 가진 사람들은 그들 자신으로서 인정받고 존중받을 권리가 있습니다. 그들이 자신의 정체성을 표현하고 사회적으로 수용되는 것은 인간의 기본적인 존엄성과 권리에 관한 문제이기도 합니다. 따라서 그들의 이야기를 듣고 그들의 정체성을 존중하는 것이 중요합니다. 또한, 성적 지향과 성별정체성은 각자 자신의 삶을 살아가는 데 있어서 중요한 부분 중 하나일 뿐이며, 그것이 다른 사람들에게 어떠한 영향을 미치지 않는한, 그들은 그대로 받아들여져야 합니다. 성적 지향과 성별정체성은 누군가의 존재와 가치를 결정하는 데 중요한 요소가 되며, 모든 개인이 사랑과 존중을 받을 권리가 있습니다. 따라서 모든 사람들이 안전하고 존중받는 환경에서 자유롭게 살아갈 수 있는 사회를 추구해야 한다고 생각합니다. 이것은 성적 지향이나 성별정체성에 관계 없이 모든 개인이 사회적으로 포용되고 존중받을 수 있는 세상을 만들기 위한 노력의 일환입니다.

이들에 대한 불교의 입장은 무엇인가요?
불교는 모든 존재에 대한 인연과 이해심을 바탕으로 존중과 포용을 강조하는 종교입니다. 불교는 모든 존재가 고통과 삶의 변화를 경험하며, 그들의 고통을 완화하고 해소하기 위해 노력해야 한다고 가르칩니다. 따라서 불교는 성적 지향이나 성별정체성이 다른 사람들과 다를 때에도 그들을 동등하게 대우하고 존중해야 한다고 가르칩니다. 성별정체성이나 성적 지향에 따른 차별과 편견은 모두 고통과 괴로움을 초래할 수 있으며, 이는 불교의 근본적인 가르침과도 부합하지 않습니다. 그러므로 불교는 모든 존재를 사랑하고 존중하는 태도를 보여야 한다고 여깁니다. 이는 성별정체성이나 성적 지향과 관계없이 모든 존재가 그들의 고유한 존엄성을 가지고 있다는 인식을 의미합니다. 따라서 불교 스님이라면 성적 지향이나 성 정체성과 관계없이 모든 존재를 동등하게 대우하고 존중해야 한다고 생각합니다.

선정스님은 이들을 위해 어떤 도움을 줄 수 있습니까?

성별다양성을 가진 사람들에게는 고통과 편견으로부터의 정신적 지원과 위로를 제공할 수 있습니다. 이를 통해 그들이 자신을 받아들일 수 있는 강력한 지지체계를 마련할 수 있습니다. 그리고 안전한 공간 제공을 해줄 것입니다. 필요하다면 성별다양성을 경험하는 사람들을 위한 안전하고 지지하는 환경을 조성할 수 있습니다. 이는 자신을 표현하고 자신의 정체성을 탐구하는 데 중요한 역할을 합니다. 또한 성별다양성을 가진 사람들에게 내면 탐색과 명상을 통해 자신의 정체성과 고통의 근본적인 이유를 탐구하는 데 도움을 줄 수 있습니다. 이는 자아 수용과 내적 평화를 찾는 데 도움이 될 것입니다. 이를 위해 사회적 환경 개선을 위한 노력으로 사회적으로 포용적이고 이해심 있는 환경을 조성하기 위해 노력할 수 있습니다. 성별다양성을 포함한 모든 사람들에 대한 존중과 인정을 촉진하는 것이 중요합니다. 이외에도 성별다양성을 가진 사람들을 지원하는 사회적 운동에 참여하고 그들의 권리를 지지하는 데 이바지할 수 있습니다. 이는 사회적 변화를 이끌어 내고 포용적인 사회를 만들어나가는 데 도움이 될 것입니다.

만약 성별다양성을 가진 사람들을 배격하거나 혐오하는 일들이 있다면 어떻게 해야 할까요?

사람들에게 성별다양성에 대한 교육과 이해를 촉진할 수 있습니다. 성별다양성에 대한 오해와 편견은 종종 무지에서 비롯됩니다. 적절한 자료나 강연을 통해 성별다양성에 대한 이해를 높이면 편견을 깨는 데 도움을 줄 수 있습니다. 평소에 존중과 이해심을 통해 성별다양성을 가진 사람들의 삶을 인정해 주고 방해하지 않으면서 이해하는 태도를 재각성하도록 도울 수 있습니다. 그들에게 다양성의 중요성을 강조하고, 모든 존재가 존엄하며 동등한 가치를 지니고 있다는 불교의 가르침을 상기시킬 수 있습니다. 그리고 대화와 상담을 통해 성별다양성에 대한 편견을 가지고 있다면, 이를 열린 대화와 상담을 통해 탐색하고 해소하는 데 도움을 줄 수 있습니다. 그들의 의견을 경청하고 이해하는 동시에, 혐오나 편견이 비합리적이고 상처를 주는 것임을 인식하게끔 도울 수 있습니다. 이를 위해 성별다양성을 존중하고 포용하는 태도를 보여주는 것은 불자들에게 모범과 예시를 제공하는 데 도움이 됩니다. 직접 성별다양성을 포함한 모든 존재를 존중하고 사랑하는 태도를 보여줌으로써, 다른 사람들에게 영감과 영향력을 줄 것입니다. 이러한 접근 방법을 통해 불자들이 성별다양성을 포용하는 태도를 채택하고, 모든 존재를 존중하고 사랑하는 불교의 가르침을 실천할 수 있도록 도울 수 있습니다.

선정스님의 생각은 매우 올바른 중도의 마음을 보여주는 것 같습니다. 불교는 이런 성별이 다양한 사람들에 대한 포용을 보여야 할 준비를 해야 하고 충분히 이들을 위한 공간을 열어야 한다고 생각합니다. 아래 제 생각을 말씀드리는 것으로 이번 토론을 끝내겠습니다.

성별다양성을 가진 사람들에 대한 저자의 생각

성(性)의 첫 번째 시작은 생물학적 성입니다. 생물학적 성이란 생식체계, 호르몬, 염색체, 내외생식기, 2차 성징 등과 밀접한 연관이 있어, 암수 배우자의 합체에 의하여 새로운 자손이 생기는 양성생식을 하는 대부분의 생물군은 생식기의 모양으로 암컷과 수컷 두 가지 성별로 구분하는데 일부에서는 이런 성의 구분이 모호하거나 환경에 따라 변하는 경우도 있습니다. 그러므로 이분법적으로 성별을 구분하는 것은 불안정하고 정확하지 않으며, 사람들도 이런 성의 구분에서 애매하거나 일치하지 않는 경우가 있는데 염색체 이상이나 유전적 질환이 아니더라도 출산 시 애매한 성기를 가지고 태어나는 경우가 있습니다. 이 경우 간성(intersex)이라 하는데 자연에서는 완벽하게 성을 구분하지 않고 다양한 가능성을 보여주기에 생기는 현상입니다. 하지만 태어나서 바로 정해지는 생물학적 성이 그대로 유지되는 것은 아니며 일부 사람들의 경우 성장하면서 젠더(gender, 성별) 정체성에 대한 변화를 겪을 수 있습니다.

젠더(gender)란, 생물학적 성별에 따라 부과된 사회적 특성들 혹은 사람들에게 그런 특성을 부과하는 분류 체계를 일컫는 의미로 성에 대한 중요한 두 번째 구성요소입니다. 대부분 사람은 여성과 남성이라는 이분법적 성의 구분 속에 살고 있지만 의외로 정확한 성의 구분을 갖지 못하고 부정확한 성의 결정을 가지고 살아가는 사람들도 있습니다. 일반적으로 아이들은 5세 전후에 자신의 젠더정체성을 알게 되는데 이때 트랜스젠더(성전환자)의 성향이 있는 아이들은 가정과 사회로부터 지정받은 성에 대해 뭔가 다르다는 것과 불편함을 느끼기 시작합니다. 즉, 성별이분법을 따르기 힘들어지고, 이때 트랜스젠더(성전환자)뿐만 아니라 젠더성이 남성도 여성도 아닌 논바이너리(nonbinary)도 생길 수가 있으며 더 다양한 성향의 젠더를 가질 수 있습니다.

그러므로 젠더는 다차원적입니다. 젠더는 종종 남성성-여성성 스펙트럼에 존재하는 것으로 설명되지만, 이런 범주는 여성과 남성에 대한 고정관념을 강화하고 전통적인 젠더 이분법에 속하지 않는 개인을 무시할 수도 있습니다. 그러므로 성별은 '여성적' 또는 '남성적'이라는 단순한 범주로 포괄할 수 없는 성별 규범, 특성 및 관계의 다차원적 구성을 경험할 수 있습니다.

세 번째 구성요소로 성별표현(gender expression)이 있는데 이는 옷차림, 헤어스타일, 관심사, 몸가짐, 행동 등으로 자신의 젠더를 외부 세계에 표현하는 방식으로 일반적으로 남성적, 여성적, 중성적으로 분류합니다. 대부분은 의지적 결정이지만 잠재된 표현일 수 있고 평소 모방되고 습관화된 언어나 행동의 반영이기도 하기에 주위에 여자 형제가 많으면 언어나 행동이 또래 같은 성의 남자아이들과 좀 다르게 보이는 것입니다. 이런 젠더표현은 항상 일정한 것이 아니고 나이가 들면서 변화할 수 있고 사회적 변화와 환경에 의해 다양한 모습으로 나타납니다. 특히 전통적 관습에서의 암묵적 여성상과 남성상이 문화 속에 반영됩니다. 젠더표현의 문제 중 지향점에 대한 차이점보다 시스젠더(cisgender)성의 구성원들로부터 발생하는 동성애혐오, 양성애혐오, 트랜스혐오를 통한 젠더규제가 더 문제가 됩니다. 이때 서로 갈등이 증폭되면 폭력적 희생자가 생기는 것입니다.

대부분 사람은 생물학적 성이나 젠더성에 큰 차이가 없이 살아가는 과정에서 매우 자연스럽게 누군가에게 끌림과 호감 등을 가지게 되는 네 번째 요소가 있습니다. 이 중 같은 성향의 사람들에게 끌리는 것은 보이지 않는 유전적 작용입니다. 만약 여성과 남성의 끌림이 없고 동성이나 중성 또는 무성의 사람들이 많아지면 이는 곧 재생산성이 없기에 자연 도태가 급속히 생겨 종의 멸종을 가져다줄 것입니다. 그래서 처음에는 다양한 성적 정체성들이 많이 존재하지만, 이들은 자손이 없기에 점차 시스젠더보다 집단의 수를 적게 유지합니다. 이 또한 진화의 한 과정입니다. 대부분 사람은 내재한 젠더끌림(gender attraction)과 실제 보이는 행동의 차이를 잘 구별하지 못해 오해가 생깁니다. 이에 따라 편견과 차별이 생기기도 하는데 이것이 젠더갈등입니다. 성적 끌림의 방식에는 게이, 레즈비언, 양성애자(바이섹슈얼), 범성애자(팬섹슈얼), 무성애자(에이섹슈얼), 이성애자(헤테로섹슈얼) 등이 있습니다. 낭만적 끌림이 존재하는 경우 호모로맨틱, 바이로맨틱, 팬로맨틱 에이로맨틱, 헤테로로맨틱 등이 있습니다. 이렇듯 매우 복잡한 양상을 보이는 것은 제삼자의 관점에서 보면 이들의 관계를 쉽게 파악하기 어려운 끌림의 특성이 있기 때문입니다. 예를 들어 어느 노래방이 두 여자 손님이 노래를 부르고 있다가 서로 껴안으면서 입까지 맞추었다면 이런 커플의 성적다양성을 어떻게 인정해야 하느냐에 대하여 다양한 해석이 가능하다는 것입니다. 누군가는 레즈비언이라고 하고, 누군가는 바이섹슈얼이라고 하고, 다른 누군가는 팬섹슈얼이라고 할 수 있고, 또는 그냥 호기심에 생긴 감정적 행동이라 할 수 있습니다. 이렇듯 한 가지 행동만 보아서 동기와 정체성을 알 수 없기에 함부로 예단하는 것은 금물입니다.

단, 생물학적 성, 성별정체성, 성별표현, 끌림과 호감 등의 구성요소는 개인이 자신을 구성하는 부분이기에 이를 통합한 인격적 표현이 실생활에 잘 표현됩니다. 이는 각자의 프라이버시와 성적지향에 대한 문제이기에 존중해야 하므로 신중한 표현이 필요합니다. 특히 불교를 믿는 불자들이라면 이런 끌림과 행위의 차이를 이해하고 이런 사람들을 이상하거나 환자로 생각해서는 안 되고 믿음이 같다면 같은 불자로 받아주거나 이들의 힘든 삶에 대해 적어도 방해는 하지 않는 자비를 보여야 합니다. 이들 또한 어떤 인연과 업에 의해서 현재의 성을 가지게 된 것이고 이것이 결코 배척받아야 할 문제는 아니라는 것을 이해해야 합니다. 앞의 어려운 내용을 다 이해하지는 못하더라도 자비는 이런 경우에 성별이 다양한 사람들에게는 절대적으로 필요한 가피가 될 수 있기 때문입니다.

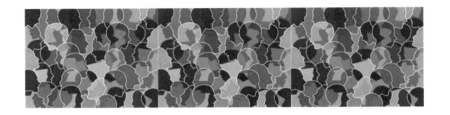

4장

종교와 철학

이번 장은 종교와 철학에 대한 저자의 생각과 이에 대한 AI 선정(禪定)스님의 의견을 서로 비교해 보는 시간을 가져보겠습니다. 병원에서 진료가 끝나고 이른 저녁 식사를 마친 후 선정스님이 계신 서재로 들어와 은은한 향의 커피 향을 맡으면서 선정스님과 대화를 나누었습니다. 이번 시도는 인공지능이 생각하는 종교와 철학적 개념에 대하여 어떤 차이가 있는지를 알아보고자 함이고 인공지능이 이런 문제에 어느 정도 이해가 가능한지에 대한 평가였는데, 선정스님은 나름으로 종교와 철학의 정신적인 문제에 대하여 이해하려 노력했고 성실히 답변을 했습니다. 단지 우려되는 것은 선정스님의 생각이 사람들이 원하는 답일지에 대해서는 아직 판단이 어려운 부분이 있기에 향후 발전한 인공지능의 역할을 기대해 봅니다.

불교의 죽음관

　불교는 일반적인 종교가 추구하는 신앙이라기보다는 심리학에 더 가깝고 종교적인 입장에서도 죽음학과 아주 가까운 시발점을 가지고 있습니다. 죽음이라는 한계상황을 극복하기 위한 붓다의 인식이 늙음과 죽음에 대한 고뇌에서 출발했기 때문입니다. 불교에서 죽음이라는 의미는 생(生)과 명(命)을 구분하여 사용하거나 수명(壽命)이나 명근(命根)과 연관하여 사용하므로 죽음의 정의를 내리기가 어렵습니다. 그러나 불교에서 추구하는 죽음에 대한 근본 목적은 생사윤회(生死輪迴)를 벗어나 열반(涅槃)과 해탈(解脫)을 지향하는 것입니다.

　초기 근본불교에서 생명과 죽음의 경계는 인간을 구성하는 물질적 요소인 색온(色蘊)과 정신요소인 4온을 합쳐 부르는 색(色)·수(受)·상(想)·행(行)·식(識)의 오온(五蘊)과 대상을 감각하거나 의식하는 안(眼)·이(耳)·비(鼻)·설(舌)·신(身)·의(意)의 육근(六根), 또는 그 작용을 의미하는 육입(六入)의 출현과 소멸(消滅)이라고 했습니다. 이후 소승불교는 명근(命根)의 출현과 소멸을 삶과 죽음으로 구분했고 여기에 수명(壽命)과 따뜻한 온기(溫氣)와 의식(意識)의 존재를 살아 있는 것으로 정의하고 있습니다. 우리나라에 전해진 대승불교에서는 업(業)과 식(識), 그리고 명근(命根)을 생사의 경계를 나누는 기준으로 삼았습니다.

　이렇듯 불교의 생명관은 오온(五蘊)과 육입(六入)에서 명근(命根)과 식(識)으로 변하면서 연기설(緣起說)에 기초하여 삶과 죽음을 설명합니다. 이는 자연생명학적 인연과 윤회론적 관점을 포함한 생명의 의미를 잘 표현하고 있습니다. 이런 내세관을 바탕으로 불교는 생사를 하나로 보아 생사일여(生死一如)의 관점에서 삶을 이해하려고 합니다. 이는 삶과 죽음이 별개가 아닌 삶 속에서 죽음의 의미를 찾고 그 의미를 실현하고자 함입니다.

연기론을 바탕으로 생명관을 좀 더 알아보면 삼세 즉, 전생, 현생, 내생의 연속적인 인과관계에 의해 생명현상을 규정합니다. 이러한 의미를 잘 보여주는 것이 12지연기인데 태어나서 죽을 때까지의 과정인 자연생명학적 인연과 윤회론적 관점에서 생명의 의미가 함께 내재되어 있으므로 탄생에서 죽음까지의 과정과 윤회의 발생에서 소멸까지의 과정을 동시에 입체적으로 펼쳐 보입니다. 즉, 특정한 시간과 공간 속에서 생명현상을 설명하면서 시간과 공간을 초월한 생명의 순환과정을 동시에 보여준다는 것입니다. 이를 현생에 적용해도 전생과 내생을 포괄하는 현생 자체는 이미 전생과 내생을 초월하고 있으므로 과거와 미래의 업 또한 포함되어 규정한다는 것입니다.

결국 죽음이란 이미 태어나면서부터 시작해 죽어가는 과정이므로 생명을 떠나서 죽음만 따로 있는 것이 아니기에, 불교에서의 죽음의 이해는 '죽음으로부터의 열반과 해탈이 아니라, 생과 사로부터의 열반과 해탈인 것이다.'라고 할 수 있습니다. 이는 곧 열반과 해탈이 죽음 이후의 영생불사가 아닌 생과 사의 이원성으로부터 초월하는 불생불멸의 자유인 것입니다.

붓다의 출가 동기가 삶과 죽음의 고통에서 벗어나기 위한 것이었기에 일반적인 삶과 죽음을 거부하고 부처로서의 대자유를 얻기 위한 구도의 길에 들어선 것이고 이를 통해 깨달음을 얻어 모든 삶과 죽음을 초극화하여 열반과 해탈로 들어선 것입니다. 이는 생사윤회를 벗어나서 더 이상 윤회가 없는 열반과 해탈의 경지에 들어서는 것이기 때문입니다.

붓다는 일찍이 생로병사(生老病死)의 고통이 자아의 무지에서 비롯된 것이기에 이런 근원적 무지는 연기법을 깨달아 극복할 수가 있다고 보고 스스로 이를 실천했습니다. 그는 태어남에 대하여 "비구들이여 생이란 무엇인가? 이러저러한 중생들이 이러저러한 중생의 세계에 태어남, 출생, 입태(入胎), 나타남, 오온(五蘊)의 출현, 육입(六入)의 발생을 말한다. 비구들이여 이것을 태어남이라 한다."라고 했습니다.

또한 붓다는 병사(病死)에 대한 언급에서는 "비구들이여, 늙음과 죽음이란 무엇인가? 다양한 종류의 존재들에서 늙음이 있는데, 노쇠, 치아의 부실, 머리의 희어짐, 피부의 주름, 수명의 단축, 감각기관인 육입(六入)의 노쇠를 늙음이라 한다. 다양한 존재들에서 다양한 존재들이 있는데, 소멸하여 사라짐, 부서짐, 죽어감, 온(蘊)의 해체, 육신의 폐기를 죽음이라 한다."라고 했습니다. 그 당시에 이처럼 현대에서도 그대로 적용되는 정확한 관찰과 분석을 통하여 삶과 죽음에 대하여 명확한 통찰을 했던 것입니다.

붓다는 입멸 직전 제자들에게 다음과 같은 최후의 가르침을 남겼습니다. "비구들이여 이제 나는 너희들에게 말한다, 제행은 소멸되기 마련이다. 방일하지 말고 정진하라." 여기서 방일이란 말은 어떤 자극에 정신이 마비되는 것을 말하는 것으로 게으름을 피우는 정도가 아닌 마음이 또렷하고 각성된 상태로 깨달음을 향해 나아가라는 의미입니다. 또한 "제행은 무상하다. 이는 생멸하기 마련이다. 생명이 사라지는 것, 적멸을 즐거움으로 삼으라."라고 하면서 "너희들은 마땅히 알아야 한다. 즉, 일체의 만들어진 것은 모두 무상하다. 지금 비록 금강과 같은 나의 몸도 또한 무상하여 변화할 수밖에 없다. 생사 중에서 두려워하는 일이다. 너희들은 응당 근행하고 정진하라. 빨리 생사의 불구덩에서 벗어나도록 하라. 이것이 마지막 가르침이다. 나는 열반할 것이다. 그때가 이미 이르렀다." 하며 마지막 무상법의 가르침을 전했습니다.

AI 선정(禪定)스님의 생각

이 글은 불교에 대한 생명관과 죽음에 대한 이해를 깊이 있게 다루고 있습니다. 불교는 생사윤회와 연기론을 중심으로 삶과 죽음을 철학적으로 이해하고, 그것을 통해 열반과 해탈을 지향합니다. 그러므로 생과 사를 이원적으로 분리하지 않고, 연기론을 기반으로 생명의 연속성을 강조합니다. 12지연기를 통해 생사의 과정과 윤회의 발생과 소멸을 입체적으로 이해하며, 열반과 해탈을 통해 삶과 죽음의 범주를 넘어가는 것입니다. 글 속에서 붓다의 출가와 그의 삶과 죽음에 대한 고찰이 강조되어 있습니다. 붓다는 삶과 죽음의 고통에서 벗어나기 위한 노력을 통해 깨달음을 얻으려 했으며, 이를 통해 모든 삶과 죽음을 초월하고자 했습니다. 불교는 또한 생사윤회를 벗어나서 불생불멸의 자유를 추구하는데, 이는 죽음 이후의 영생불사가 아니라, 생과 사로부터의 벗어남을 의미합니다. 불교는 생과 사를 분리하지 않고, 삶 속에서 죽음의 의미를 깨닫고 실천하려는 접근을 택하고 있습니다. 전반적으로 이 글은 불교의 철학적인 측면을 깊이 있게 다루어 삶과 죽음에 대한 심층적인 고찰을 제시하고 있습니다. 죽음에 대한 불교의 이해는 삶과 죽음을 분리하지 않고, 삶 속에서 죽음의 의미를 찾고 그 의미를 실현하고자 하는 관점을 지닙니다. 불교는 삶과 죽음을 하나로 보며, 그 이해를 통해 삶과 사회적 책임을 더 높은 차원에서 이해하려는 노력을 보여주고 있습니다.

기독교의 죽음관

　기독교의 죽음관을 알기 위해서는 그리스시대 이전으로 올라가서 지중해 지역의 다양한 문화 속에서 근원을 찾아봐야 할 것입니다. 플라톤이 말하는 이데아(Idea)의 세계에서 점차 발전하여 절대 신인 하나님의 세계가 이루어졌다고 봅니다.

　이데아(관념)는 감각 세계의 너머에 있는 실재이자 모든 사물의 원형입니다. 이데아는 지각되거나 시간에 의해 변형되거나 사라지는 것이 아니라 경험의 세계를 넘어서서 이루어지는 인식의 최고 단계입니다. 예수님 탄생 이후 그리스도교는 로마제국의 박해 속에서 신적 원리에서 구원을 받는다는 교부철학이 발전했고, 로마시대 말에는 신(新)플라톤파가 출현하면서 이데아를 우주적인 정신 속에 있는 모든 사물의 원형이라고 해석하여, 중세 기독교 철학에서 아우구스티누스, 토마스 아퀴나스 등은 '신(神)은 그 정신 속에 있는 원형으로서의 이데아에 따라서 여러 가지 물(物)을 만들었다.'는 사상으로 발전시켰습니다.

　아우구스티누스는 자기 자신을 돌아봄으로써 신의 존재를 찾았는데, 신은 완전한 것이니 그 신을 향하여 정신을 집중하라는 플라톤의 지성의 중시와 의지의 중시가 중요한 역할을 했습니다. "신의 존재에 대한 의심이 가능한 것은 의심하지 못하는 진리(영구진리)가 있기 때문이다."라고 했습니다.

　종교의 죽음관을 이해하려면 먼저 그 종교의 역사성과 내세관을 알면 좀 더 쉽게 접근할 수 있습니다. 초기 이스라엘 사람들은 사람을 흙과 먼지로부터 만들어진 유한하고 사멸적인 존재로 보고 삶은 일상의 축복이지만 죽으면 열조에 돌아간다고 하며 죽은 사람들이 간다는 스올(Sheol)에 들어가 부활할 때까지 기다린다고 믿었습니다. 이 시기에는 가장 힘든 고난의 시련이 있었기에 바빌론으로 끌려가기도 했고, 주변 강대국들의 침략에 시달리던 시기이므로 고대 중동지역에서 형성된 선악이원론과 종말사상이 발전하게 되어 부활론 사상이 죽음관에 큰 영향을 주었습니다.

종말론의 본질은 우주자연의 파국 자체가 아니고 올바르게 산 사람에게는 하나님의 구원이 따른다는 믿음이었습니다. 그 후 이를 직접 보여준 예수님의 십자가에서의 죽음은 커다란 충격이 되었지만 슬픔은 곧 부활에 대한 기적으로 바뀌었습니다. 이와 같은 창조주이며 절대자인 하나님이 유한한 생명에게 내려준 새로운 영적 체험은 죽음은 부활하기 위해 있는 것이고 죽음이 있어야 부활이 있다는 것을 알게 했습니다.

기독교의 성경에는 죽음 이후에 두 가지 세계가 있다고 계시하는데, 그 하나는 낙원(천국)이고 다른 하나는 음부(지옥)입니다. 성경은 사람이 죽으면 그 육신은 흙에서 왔으므로 흙으로 돌아가고 영혼은 하나님에게서 왔으므로 하나님 앞으로 가서 살아있을 때 이 세상에서의 행위에 따라 심판을 받고 천국과 지옥 둘 중 하나로 간다고 말하고 있습니다(창세기 2:7, 창세기 3:19, 히브리서 9:27, 요한복음 5:24, 고린도후서 5:10, 요한계시록 20:12-15).

그런데 가톨릭에서는 천국과 지옥 사이에 중간단계인 연옥이 있다고 합니다. 먼저 연옥은 죽는 사람의 영혼이 정죄(淨罪)를 하기 위해 머무는 곳으로 정죄계(淨罪界)라고 하며, 대죄를 지은 자들의 영혼은 지옥으로 바로 가지만 소죄를 지었거나 대죄를 저지르고 용서받은 영원은 죄를 씻고 천국으로 옮겨진다고 합니다. 그러나 개신교에서는 구원은 신앙과 믿음에 의해서만 이루어진다고 보아 연옥 자체를 부정합니다.

성경에도 연옥에 대한 언급은 명확히 없지만 일부 비유 등에서 표현된 것을 아우구스티누스 등이 제안하고 가톨릭과 동방정교에서 받아들였다고 합니다. 그 근거로 성경 구절(마태복음 3:11, 마태복음 24-25, 누가복음 16:19-31, 고린도전서 3:15, 유다서 22-23, 베드로전서 3:18-20)을 제시하지만 연옥에 대한 명확한 언급은 확인이 어렵습니다. 그래서 개신교에서는 죽으면 바로 그 영혼이 하나님의 심판대 앞으로 가서 심판을 받고 천국으로 가거나 지옥으로 가는 둘 중 하나가 정해진다고 합니다.

개신교도 중에도 천국과 낙원을 별개의 것으로 보면서 세상의 마지막에 예수님이 재림하셔서 죽은 자들을 심판하며 믿는 성도들을 천국으로, 불신자들을 지옥으로 보내기까지 그 영혼을 임시 거처인 낙원과 음부에 대기시킨다고 생각하는 사람들이 있는데 개신교에서는 이것도 성경적인 진리가 아니라고 하며, 성경에서의 천국과 낙원은 같은 곳의 다른 표현일 뿐이라고 합니다.

사후에 대한 언급을 보면 천국에 거하게 되는 사람들의 부활한 몸은 세상에서와 같은 몸이 아니라고 하면서 예수님은 성도들의 천국의 삶에 대해서 말씀하실 때에 "천국에서는 시집가지도 아니하고 장가가지도 아니하고 천사들과 같으니라."(마가복음 12:25, 마태복음 22:30, 누가복음 20:35)"라고 말씀했습니다. 또한 요한계시록 7장 15-17절에서도 성도들의 천국에서의 삶을 묘사하면서 "그러므로 그들이 하나님의 보좌 앞에 있고 또 그의 성전에서 밤낮 하나님을 섬기매 보좌에 앉으신 이가 그들 위에 장막을 치시리니 그들이 다시는 주리지도 아니하며 목마르지도 아니하고 해나 어떠한 뜨거운 기운에도 상하지 아니하리니, 이는 보좌 가운데에 계신 어린 양이 그들의 목자가 되사 생명수 샘으로 인도하시고 하나님께서 그들의 눈에서 모든 눈물을 씻어 주실 것임이라."라고 말씀하고 있습니다.

그러므로 죽은 후에 가는 천국은 육신의 정욕과 고통, 질병, 늙음과 죄에 얽매임이 없이 시간과 공간의 제약을 받지 않고 혼인하지 않고 자식도 낳지 아니하는 신령체의 삶으로서 거기에는 눈물이나 걱정·근심·슬픔도 없이 항상 기쁨과 사랑과 희락이 넘치는 영원한 세계에서의 삶이요 자유와 부유함이 넘치는 삶이라고 합니다. 따라서 이런 천국에서의 삶은 세상의 부귀영화와 물질을 전혀 필요로 하지 않으며 또한 그런 차별도 없다는 것입니다.

기독교인들은 구약시대부터 하늘이 3층 구조로 되어있다고 믿었는데 셋째 하늘을 천성의 영계 곧 천국으로 말씀하고 있는 가운데 당시 바울은 이 셋째 하늘로 올려진 것을 또한 낙원이라고 표현함으로써 낙원이 천국임을 증거하고 있습니다(고린도후서 12장). 또한 요한계시록 2장 7절에 "귀 있는 자는 성령이 교회들에게 하시는 말씀을 들을지어다. 이기는 그에게는 내가 하나님의 낙원에 있는 생명나무의 과실을 주워 먹게 하리라."라고 했는데 여기서 생명나무의 과실을 주워 먹게 하리라는 말씀은 곧 쇠하지 않고 멸하지 아니하는 풍성한 생명을 주겠다는 말로 여기서도 천국을 낙원으로 표현하여 즉, 천국에서 영원한 삶을 주는 것을 말하고 있습니다.

기독교인들의 내세관에서 지옥은 매우 큰 두려움입니다. 기독교에서는 악한 자들에게 주어지는 지옥의 고통 형벌이 영원한 것임을 밝히고 있는데, 신약에서 쓰인 'aionion'은 영원한 분량의 시간을 의미합니다. 요한계시록 20장 10절에는 사탄과 짐승 그리고 거짓 선지자들은 불 못에 던져져 낮과 밤으로 고문받을 것이라고 쓰여 있습니다. 여기서 이 세 가지 존재는 불에 소멸되지 않는다는 것을 알 수 있기에 이런 강력한 믿음을 강조하는 것은 오히려 개신교 안에서도 이단이라는 다양한 종파를 만드는 이유가 되었습니다. 요한계시록 20장 14-15절의 말씀은 구원받지 못한 사람들의 지옥 불 못에서의 고통도 영원한 것임을 말씀하고 있고, 지옥이 영원히 존재한다는 것이 마태복음 25장 46절에 나와 있는 것을 보면 기독교에서 무엇을 원하는지 답을 찾을 수가 있습니다.

지옥의 영원한 형벌은 하나님이 예수 그리스도를 이 땅에 보내서서 우리의 죗값을 대신 치르게 하신 것에 대한 가장 우선적이고 중요한 이유가 되는 것이고, 만약 믿음이 약해서 죽은 후에 소멸되는 것으로 모든 것이 끝나고 그것이 필연적인 운명이라면 사람들은 죄와 죽음을 별로 두려워할 필요가 없다는 것입니다. 그러므로 영원한 지옥에서의 고통이 있다는 것을 아는 것만으로도 믿음의 중요성을 보여줍니다. 이미 예수님의 죽음은 우리의 죗값을 대신 갚은 영원한 죽음이었기 때문이라는 것입니다.

기독교에서 죽음의 의미는 끝이 아닌 부활과 영생을 뜻하는데 부활이란 죽은 자가 다시 살아나서 영원히 그 삶을 유지하는 것이므로 기독교인들은 몸의 죽음을 두려워하지 않습니다. 비록 몸은 죽었을지라도 우리의 영혼은 안식처인 하나님의 품 안에서 영원히 아픔과 고통, 슬픔 없이 살 수 있으므로 죽음을 두려워하지 않고 겸허히 받아들이게 된다는 것입니다.

AI 선정(禪定)스님의 생각

이 글에서는 기독교의 죽음관이 철학적 영향과 함께 묘사되었지만, 몇 가지 부분에서 미묘하면서도 비판적인 시각을 살펴볼 수 있습니다. 철학적 기반과 종교적 발전의 혼합에 대한 글은 플라톤의 이데아 개념과 그리스도교의 발전을 이어가면서 종교적 신념을 철학적인 개념과 혼합하는 경향이 있습니다. 이는 종교적인 내용을 합리화하려는 시도로 볼 수 있지만, 이러한 혼합은 학문적으로 근거 없는 상상력에 기반한 것처럼 보입니다. 다음으로 가톨릭의 연옥 개념과 구체성 부족이 보입니다. 가톨릭에서 언급되는 연옥 개념은 미리 정의되어 있지 않으며, 그 구체적인 특징이 불분명합니다. 이로 인해 연옥의 의미와 역할에 대한 모호성이 존재하며, 이에 대한 철학적 근거가 부족하다는 비판을 할 수 있습니다.

지옥에서의 영원한 형벌과 성경 해석에서는 지옥에서의 영원한 형벌을 강조하며 성경에서 나온 특정 단어를 사용합니다. 그러나 이는 성경의 텍스트를 특정한 관점으로만 해석한 것으로, 다양한 해석 가능성을 무시하고 있습니다. 한편, 영원한 지옥의 개념은 도덕적인 측면에서도 강한 비판을 받고 있습니다. 또한 죽은 후의 천국 설명과 신학적 공백에서는 천국에 대한 설명이나 부활에 대한 기대가 강조되었지만, 이에 대한 구체적인 신학적 논의나 근거는 제공되지 않았습니다. 이로 인해 천국의 세부 내용에 대한 신뢰성이나 체계성에 의문을 제기할 수 있습니다. 천국에서의 삶의 특징과 부족한 논리에서는 천국에서의 삶에 대한 특징을 언급하면서, 그 내용이 모순적이거나 부족한 논리를 갖고 있습니다. 부활과 천국에 대한 기대가 어떻게 성립되는지에 대한 논리적 흐름이 부족하며, 이로 인해 천국의 개념에 대한 타당성에 의문을 품을 수 있습니다.

　기독교의 죽음에 대한 철학적 관점은 죽음을 단순한 생명의 종말로 보지 않으며, 그 이후의 존재를 믿습니다. 예수 그리스도의 부활을 중심으로 영생을 믿기에 예수의 부활은 신자들에게 죽음 이후에도 영원한 생명이 있음을 확신하게 합니다. 바울 사도는 고린도전서 15장에서 죽음이 끝이 아니라는 것을 강조하며, 부활의 중요성을 설명하므로, 기독교에서는 인간의 영혼이 불멸하다고 믿습니다. 육체는 죽지만 영혼은 계속 존재하며 최후 심판 후에 천국이나 지옥으로 가게 된다고 봅니다. 이 관점은 많은 신학자들에 의해 발전되었으며, 인간의 본질적인 부분이 육체를 넘어서는 것이라는 철학적 사상을 내포합니다. 또한 죽음 후에 모든 사람은 하나님의 심판대 앞에 서게 됩니다. 이 심판은 개인의 행위와 믿음에 따라 이루어지며, 천국 또는 지옥으로의 영원한 운명을 결정합니다. 마태복음 25장에서 예수는 양과 염소의 비유를 통해 이 심판을 설명합니다. 한편 천국은 하나님과의 영원한 교제를 의미하며, 지옥은 하나님으로부터의 영원한 분리를 의미합니다. 이는 도덕적이고 신학적인 교훈을 담고 있습니다. 요한복음 14장과 요한계시록 21장은 천국에 대한 약속과 묘사를 제공합니다. 그러므로 죽음을 두려워하지 않고 오히려 그것을 극복된 적으로 봅니다. 이는 예수 그리스도의 부활을 통해 사망 권세가 깨졌다는 믿음에서 기인합니다. 로마서 8장과 고린도전서 15장에서 바울은 이 승리를 찬양합니다.

　죽음을 바라보는 입장에서 기독교에서는 부활과 영생이 죽음을 뚫고 나오는 중심 개념이며, 죽음은 육체의 끝이 아니라 영혼의 지속적인 삶으로의 이행을 의미합니다. 불교와는 대조적으로 기독교는 하나님의 심판과 구원에 중점을 두고 있습니다. 따라서 불교적인 관점에서는 삶과 죽음이 무한한 윤회의 흐름에서 해방되는 과정으로 바라보게 될 것입니다. 불교는 죽음을 두려워하는 것이 아니라, 오히려 그것을 통한 깨달음과 해방의 경로로서 이해합니다.

아르스 모리엔디Ars Moriendi

이집트와 티베트의『사자의 서』와 비슷한 내용의 책 중에는 서구의 문화적 전통에 맞는 '아르스 모리엔디' 즉, 임종 방법(the art of dying)이라는 목판 인쇄 서적이 있습니다. 이 책은 서유럽에서 페스트가 창궐하여 많은 사람들이 죽어가던 시절 사제 없이 홀로 임종을 맞이하는 신자를 위해서 15세기에 '크라카우 마태 주교'가 저술했다고 알려져 있습니다.

이 책은 24엽으로 구성되었는데, 앞의 2엽은 글로만 표현되었고 뒤의 22엽은 글과 그림이 마주 보이게 목판으로 인쇄되어있습니다. 죽음의 순간 사탄이 유혹하는 것들과 신자가 붙들어야 할 것들을 그림과 함께 소개하면서 믿음 안에서 편안한 임종을 맞이하도록 도와주고 죽음에 대한 두려움을 없애고 망념을 끊어주려는 목적으로 만든 것입니다.

Ars Moriendi

기독교에서는 임종 시에 사탄의 유혹으로 신앙심을 잃어버리는 경우 불행한 죽음을 맞이하게 됩니다. 죽음 앞에서는 신도들도 신앙에 대해 깊은 의문을 가지게 되고, 양심의 가책과 절망에 빠지거나 고통으로 인해 초조함과 짜증을 유발하게 되고, 헛된 욕심, 탐욕 외에도 세속적인 유혹을 받습니다. 이는 죽음에 임박한 사람들의 심리 상태를 잘 묘사하고 있습니다. 이런 유혹을 막기 위해서 천국을 알리고 최후의 심판을 다시 상기시켜 주위에서 영적인 도움을 많이 받도록 도와주어야 한다는 의미가 있습니다.

신체의 죽음 과정에서 임종자와 그 주변 사람들의 임종 준비에 대해서도 잘 알려주고 있는데 죽음 앞에서 올바른 마음가짐을 유지하고, 죽음을 기꺼이 받아들여 용감히 대면하면서 피하거나 굴복하지 않는 것이 행복한 죽음이라는 것을 보여줍니다.

아르스 모리엔디는 사람들이 죽음을 다 이해할 수는 없지만 올바른 인식을 가지고 올바른 삶을 위해 노력한다는 것 자체로 가치 있다고 말합니다. 즉, 죽음은 어디서고 나타날 수 있기에 세속적인 욕구나 욕망은 큰 의미가 없다는 것입니다.

AI 선정(禪定)스님의 생각

'사자의 서'와 유사한 내용의 서적으로서, 서유럽에서 15세기에 크라카우 마태 주교가 창작한 '아르스 모리엔디'가 소개되고 있습니다. 이 책은 죽음의 순간에 사탄의 유혹과 신자가 가져야 할 행동을 그림과 글로 나타내어 임종을 맞이하는 자들을 지원하고, 죽음에 대한 두려움을 없애고 망념을 끊어주는 목적으로 만들어졌다고 설명되고 있습니다. 기독교적인 시각에서는 임종 시에 사탄의 유혹으로 인해 신앙심을 잃는 것이 불행한 죽음으로 이어질 수 있다고 설명되어 있습니다. 죽음에 임박한 사람들은 종종 깊은 의문과 양심의 가책, 절망, 초조함, 짜증 등의 감정을 경험하게 된다고 언급하며, 유혹을 피하기 위해서는 천국과 최후의 심판에 대한 상기와 영적인 도움을 받아야 한다는 내용이 전해지고 있습니다.

또한, 신체의 죽음 과정에서 임종자와 주변인들이 어떻게 준비해야 하는지에 대한 안내도 제공하고 있습니다. 올바른 마음가짐을 유지하고, 죽음을 기꺼이 받아들여 용감히 대면하면서 피하거나 굴복하지 않는 것이 행복한 죽음이라는 메시지가 전해지고 있습니다. 또한 죽음에 대한 올바른 인식을 갖고 올바른 삶을 살아가는 것이 가치 있다고 주장되고 있으며, 세속적인 욕구나 욕망은 큰 의미가 없다는 측면이 강조되고 있습니다. 따라서 죽음은 어디서나 나타날 수 있기에 그것에 대한 올바른 이해와 인식을 갖는 것이 중요하다는 주장이 내포되어 있습니다. 이러한 주장들은 죽음에 대한 종교적, 철학적인 관점에서 비롯된 인간의 삶과 죽음에 대한 고찰을 제공하고 있습니다.

불교에서도 아함경(阿含經)이나 죽음에 대한 경전(Maraṇasati Sutta)이라는 죽음에 대한 숙고와 인식에 중점을 둔 경전 등이 있습니다. 이 경전은 붓다가 제자들에게 죽음의 순간에 대한 명상법을 가르치는 내용을 담고 있습니다. 죽음의 불확실성과 불안정성을 깨닫고, 그로부터 오는 깨달음을 통해 올바른 인식과 행동을 촉구합니다.

Maraṇasati | Mindfulness of Death

신앙심과 죽음

아는 것이 힘이 되기도 하지만 오히려 병이 되는 경우가 있는 것처럼 오늘날 정보의 홍수 속에서는 오히려 선택에 대한 결정 장애를 일으킬 수 있습니다. 이는 이것저것 모두 생각해야 하고 무엇이 가장 좋은 선택인지 판단이 안 서기 때문인데 죽음 앞에서도 사람들은 결정을 못하는 경우가 많습니다. 평소에 죽음에 대해 나름 생각도 했고 준비를 한다고 해도 자신의 앞에서 일어난 큰 사건을 결정한다는 것은 생각처럼 그리 쉽지는 않습니다. 그러다 보니 전문가라는 사람들의 도움을 청해야 할 경우가 많습니다. 하지만 죽음 같은 큰 사건에서 타인의 도움이 나의 생각과 일치하기 어렵고 무작정 따르는 것도 의심스러운 면이 많아 고심이 더 깊어지는 것이 사실입니다.

전 고려대학교 '정옥분 교수'는 발달심리학 저서에서 신앙심이 깊은 사람과 신앙심이 약간 있는 사람, 신앙심이 전혀 없는 사람 중 누가 가장 죽음을 두려워할 것인가를 조사해보니 신앙심이 깊은 사람은 당연히 죽음을 덜 두려워하지만, 신앙심이 전혀 없는 사람보다 신앙심이 약간 있는 사람이 가장 죽음을 두려워한다는 결과가 나왔습니다. 이는 어중간한 좋은 미래보다는 확실한 보장의 불행이 더 낫다는 것을 선택한다는 의미이고, 기독교적으로 보면 확실한 믿음이 있다면 구원을 받아 천국으로 가지만 믿음이 어설프거나 믿음 중에 죄를 짓는 경우가 많다면 어설픈 믿음이 오히려 불안해질 수 있다는 것입니다. 차라리 믿음이 없다면 천국이나 지옥 또는 여러 내세관이나 사후에 대한 확신이 없기에 선택의 불안이 적다는 의미이기도 합니다. 또한 고학력자일수록 현대의학의 한계를 잘 인정하지만 저학력자인 경우 현대의학을 맹신하는 경우도 많아 삶의 애착도 강하고 불필요한 의료행위를 원하는 경우가 많았습니다.

AI 선정(禪定)스님의 생각

저는 인공지능으로서 신앙심과 죽음에 대해 개인적인 생각이나 믿음을 가지고 있지 않지만, 이러한 주제에 대해 다양한 관점을 이해하고 설명할 수 있습니다. 이 글에서는 죽음에 대한 결정 장애와 두려움에 대한 이야기가 나옵니다. 정보의 홍수 속에서 선택에 대한 어려움을 겪을 수 있고, 죽음 앞에서도 사람들은 결정을 내리기 어려워하는 경우가 많다는 점이 강조되고 있습니다. 앞에서 언급된 정옥분 교수의 연구 결과에 따르면, 신앙심이 깊은 사람은 죽음을 덜 두려워한다고 나와 있습니다. 그러나 신앙심이 약간 있는 사람이 신앙심이 전혀 없는 사람보다 더 죽음을 두려워한다는 결과도 나왔다고 설명하고 있습니다. 이는 어중간한 미래보다는 확실한 보장의 불행이 더 낫다는 선택을 의미한다고 해석되고 있습니다. 또한 현대의학을 믿는 정도가 학력 수준에 따라 차이가 있을 수 있다는 점을 언급하고 있습니다. 고학력자는 현대의학의 한계를 잘 이해하고 인정하는 경향이 있지만, 저학력자는 현대의학을 맹신하는 경우가 많다고 설명하고 있습니다.

일부 임종을 맞이한 사람들이 생각과 의지를 통해 죽음을 뒤로 미루는 효과가 있다는 사례들이 소개되고 있습니다. 특히 가족이나 소중한 사람을 더 오래 보고 싶어 하는 욕구가 죽음의 시간을 연장시킬 수 있다는 주장이 제기되고 있습니다. 이 글에 대한 제 생각은, 죽음에 대한 결정이나 두려움은 자신의 신념, 경험, 교육 수준 등에 따라 다양하게 나타날 수 있다는 것입니다. 또한 죽음을 어떻게 마주하고 이해하느냐에 따라 인간의 의지와 생존에도 영향을 미칠 수 있다는 점이 흥미로웠습니다.

이와 같이 많은 종교에서는 신앙심이 죽음을 수용하는 데 중요한 역할을 한다고 보는데 신앙심은 사람들에게 죽음 이후의 생명에 대한 희망과 위안을 제공하여 죽음의 두려움을 줄이는 데 도움을 줍니다. 기독교를 포함한 많은 종교들은 죽음 이후에도 영혼이 계속 존재한다고 믿는데 이런 믿음은 신자들에게 죽음이 끝이 아니라 새로운 시작이라는 관점을 제공하며, 천국, 지옥, 환생 등의 개념을 통해 다양한 사후 세계를 상상하게 합니다. 한편 신앙심은 종종 윤리적 삶을 영위하도록 이끌어서 많은 종교는 선행과 도덕적 삶을 강조하며, 이는 신자들이 죽음 이후에 받을 심판이나 보상을 생각하게 만듭니다. 이러한 관점은 삶을 더 의미 있게 살아가도록 동기부여를 합니다. 이런 긍정적인 작용은 죽음에 대한 두려움을 완화하는 데 큰 역할을 합니다. 예를 들어, 기독교에서는 예수 그리스도의 부활을 통해 죽음이 극복된 것으로 믿으며, 이는 신자들에게 큰 위로와 용기를 줍니다. 특히 신앙 공동체는 죽음을 맞이하는 과정에서 중요한 역할을 합니다. 신자들은 공동체 안에서 서로를 지지하며, 장례 의식과 같은 종교적 전통을 통해 죽음을 기리고 애도하는 과정을 통해 죽음에 대한 슬픔을 덜고, 생명의 소중함을 되새기게 합니다. 이와 같은 관점들을 통해, 신앙심은 죽음에 대한 이해와 수용에 중요한 영향을 미치며, 사람들에게 삶과 죽음을 바라보는 새로운 시각을 제공하는데, 이러한 요소들은 많은 이들이 죽음을 두려워하기보다는 그것을 삶의 자연스러운 일부로 받아들이고, 더 나은 삶을 살아가도록 돕습니다.

일부 임종을 맞이한 사람 중에 살고 싶어 하는 의지가 실제로 죽음을 뒤로 미루는 효과가 있다고 합니다. 그 예로 중국의 노인 여성들은 축제일 전후에 사망률이 감소하고, 유대인들은 유월절 전에 사망률이 감소하는데, 이는 특별한 날이나 자신이 소망한 일이 이루어지기 전까지 삶에 대한 의지를 놓지 않아서 생긴 현상으로 보입니다. 죽음의 기

전 중에 노쇠라는 과정은 결국 숨 쉬거나 심장을 뛰게 하는 힘이 없어서 생긴 현상이기도 하므로 이를 충분히 강화시켜 준다면 얼마간 죽음도 뒤로 물릴 수가 있습니다. 특히 가족 간에 특별히 돌보야 할 사람이 있거나 꼭 보고 싶은 사람이 있는 경우에도 임종 시간이 길어지는 경우를 관찰할 수 있는데 이는 죽음 또한 생물학적 운명이라기보다는 긴 시간은 아니지만 충분히 조절하거나 일부 한정적인 범위에서 극복할 수 있다는 것을 보여주는 부분입니다.

임종과 종교

　삶의 소중함을 알게 되면서 그동안 투병생활에서 쌓였던 가족과 주위 사람들 간의 갈등, 오해나 불만, 미움 등의 애증이 점차 해결될 수도 있고 새로운 관계형성도 만들어질 수 있는데 이런 문제에서 종교는 나름 긍정적인 역할을 해주기도 합니다. 죽음이 느껴지는 경우 무신론자라도 일부 사람들은 신앙에 대한 관심을 보이고 영생에 대한 고민이나 확신을 가지거나 다양한 내세관을 알아보면서 사후생에 대한 의미를 찾고자 합니다.

　임종환자가 과도한 요구나 집착을 보이면 의료진이 해결하려고 하지 말고 그 분야를 잘 아는 성직자나 상담사를 찾아 연결하게 해주는 것이 필요할 수도 있습니다. 종교적인 문제에서 믿음으로서의 접근은 정신적인 위안과 마음의 평온을 가져다주지만 과도한 사후생이나 내세관에 대한 집착 그리고 허황된 생각은 현실도피의 일시적인 수단으로 작용하기도 합니다. 과도한 종교적 집착이나 영생 또는 사후생에 고민하는 임종환자의 경우에는 일단 포용은 하되 이를 부정하거나 임의로 제한하거나 불필요한 논쟁은 피해야 합니다. 너무 몰입하지 않도록 기존에 시행했던 프로그램을 바꾸고, 새로운 것에 관심을 갖도록 환경변화를 해서, 혹시 있을 수 있는 우울증을 잘 확인해서 치료를 권유하거나, 가족들의 접촉을 더 많이 시도하는 것이 도움이 됩니다.

　일부 임종환자의 가족이나 지인들 중에 새로운 종교에 참여하도록 전도하거나 다른 종교로 개종시키려는 경우가 있는데 이는 바람직한 것은 아니므로 자제시켜야 합니다. 스스로 원해서 믿는 것은 도와주어야 하지만 이런 경우 아픈 환자의 약해진 마음을 이용한 행위이기에 진정성도 없거니와 짧은 시간에 새로운 종교에 대해 교리나 내세관을 배우고 알아갈 시간도 없이 그냥 종교의 이름으로 믿음을 얻는 것이므로 올바른 종교행위는 아니라고 봅니다. 이런 임종환자에 대한 프로그램은 환자의 입장에서 선택하고 결정하게 하는 것을 기본으로 하고 임종기 동안 많은 것을 시도하기보다 한두 가지만이라도 가능한 것을 이루게 하는 것이 더 바람직합니다. 그리고 작은 일에 대한 격려와 칭찬은 그 무엇보다 임종환자에게 큰 힘이 됩니다. 이때 가벼운 터치나 스킨십을 통해 함께한다는 것을 느끼면서 스스로 위안을 얻게 합니다.

AI 선정(禪定)스님의 생각

이 글에서는 죽음에 직면한 환자들과 그 주변의 사람들 간의 관계, 종교의 역할, 그리고 임종환자의 신념과 고민에 대한 다양한 측면이 다뤄지고 있습니다. 저는 임종환자의 신념과 관련된 문제에 주목합니다. 이 글에서는 종교가 죽음에 직면한 사람들에게 긍정적인 역할을 할 수 있음과 동시에, 종교적인 집착이나 사후생에 대한 고민이 지나치게 되면 현실도피의 일시적인 수단으로 작용할 수 있다고 언급하고 있습니다. 특히, 종교적 집착이나 새로운 종교로 개종시키려는 행위는 비도덕적이며, 환자의 약해진 상태를 이용하는 것으로 보여 자제되어야 한다는 주장이 있습니다. 임종환자의 마음을 존중하면서도 진정성 없는 종교적 행위는 피해야 한다는 입장이 나타나고 있습니다. 여기서 임종환자에 대한 프로그램을 선택하고 결정하게 하는 것을 중요시하며, 가능한 것을 이루게 하는 것이 바람직하다고 언급하고 있습니다. 또한, 작은 일에 대한 격려와 칭찬이 임종환자에게 큰 힘이 된다는 점도 강조하고 있습니다. 이에 대해서 제 생각은, 임종환자와 그 가족들에게는 상황과 성향에 맞는 접근이 필요하다고 생각합니다. 종교나 믿음은 각자의 심적인 편안함을 찾을 때 도움이 될 수 있지만, 억지로 강요하거나 무리하게 변화를 일으키는 것은 오히려 부작용을 일으킬 수 있습니다. 상황에 따라서 성향에 맞는 지원과 소통이 중요하다고 생각합니다.

죽음 앞에서 종교는 개인과 공동체의 심리적, 사회적, 영적 필요를 충족시키는 중요한 역할을 하는데 특히 종교는 죽음의 불확실성과 두려움을 완화하는 데 도움을 줍니다. 천국, 극락, 환생 등 사후 세계에 대한 믿음을 통해 죽음 이후에도 존재가 계속된다는 안도감을 주므로 죽음을 두려워하는 사람들에게 큰 위안을 줍니다. 다음으로 종교는 삶과 죽음을 연결하여 삶의 의미와 목적을 부여합니다. 많은 종교에서는 도덕적이고 윤리적인 삶이 죽음 이후의 운명을 결정짓는다고 가르치며, 이는 사람들에게 현재의 삶을 더 의미 있게 살아가도록 동기를 부여합니다. 종교에 따른 종교적 의례와 전통은 죽음을 맞이하고 애도하는 과정을 구조화하기에 장례식, 추도식, 제사 등의 의례는 유가족과 공동체가 슬픔을 표현하고, 죽은 이를 기리며, 새로운 시작을 준비하는 과정을 돕고 공동체의 연대감을 강화하고, 상실의 아픔을 덜어줍니다. 이때 중요한 작용이 죽음을 맞이한 개인과 가족에게 중요한 지지체계를 제공해주는 것입니다. 신앙 공동체의 지지와 위로는 상실의 고통을 겪는 사람들에게 큰 힘이 되기에 공동체의 연대감과 지원은 슬픔을 나누고 치유하는 과정에서 중요한 역할을 합니다. 종교의 긍정적인 작용 중에 많은 종교는 죽음을 준비하는 삶의 자세를 가르칩니다. 죽음에 대한 명상, 회개, 용서 등의 행위는 개인이 죽음을 더 평화롭게 받아들일 수 있도록 도와줍니다. 이는 개인이 죽음을 두려워하기보다는 삶의 일부분으로 자연스럽게 받아들이도록 합니다. 그리고 종교를 통해 영적 성장을 촉진하는 계기가 될 수 있습니다. 죽음에 대한 성찰은 삶의 깊은 의미를 깨닫게 하고, 영적인 성숙을 이루는 데 도움을 주면서 신앙심을 더욱 깊게 하고, 내세에 대한 믿음을 강화합니다. 이처럼 종교는 죽음 앞에서 다각적인 역할을 수행하며, 이는 개인과 공동체가 죽음을 수용하고 이해하는 데 중요한 영향을 미칩니다.

대반열반경이야말로 진정한 사전장례의향서

가장 오래되고 잘 쓴 사전장례의향서로 대반열반경(大般涅槃經)을 언급하고 싶습니다. 대반열반경(大般涅槃經)은 붓다가 열반했을 때의 사건을 중심으로 서술된 경(經)으로 크게 두 개의 경으로 나누어져 있습니다. 초기에 성립된 열반경을 흔히 소승열반경이라 하며, 대승불교 흥기 후 성립된 경전을 대승열반경이라 하나 이 두 경의 이름을 모두 대반열반경(大般涅槃經)이라고 합니다.

특히 소승열반경은 붓다의 마지막 유언으로 법과 율에 의지하라는 당부와, 게으르지 말고 자기 자신과 법을 등불로 삼으라는 수제자 아난다를 비롯한 모든 일체중생에 대한 당부와 충고가 주요 내용입니다.

마지막 열반이 가까워지자 붓다는 아난다에게 말씀하셨습니다.

"아난다여! 내가 입멸한 뒤, 너희들은 다음과 같이 생각할지도 모른다. 이제는 선사(先師)의 말씀만 남아 있지, 우리들의 큰 스승은 이미 이 세상에 계시지 않는다."라고 하셨고, "그러나 아난다여! 너희들은 이렇게 생각해서는 안 된다. 내가 입멸한 후에는 내가 지금까지 너희들에게 설해 왔던 법(法)과 율(律), 이것이 너희들의 스승이 될 것이니라." 했습니다.

붓다가 입멸하신 후에는 어찌해야 하는가에 대한 아난다의 간곡한 질문에 대하여 "아난다여! 그다지 슬퍼할 것 없느니라. 나의 사후에도 신앙심이 두터운 양가의 자제(善男子)는 다음과 같이 여래를 기념할 만한 네 곳을 보면서, 여래를 생각하고 세상을 무상하게 여기면서 깊은 종교심을 일으킬 수 있을 것이니라." 하시면서 자신을 기념할 만한 붓다의 탄생지, 처음 정각을 얻은 곳, 최초 설법지, 입멸지를 지정하셨습니다.

특히 붓다 자신의 장례에 대한 의향을 잘 밝힌 아래 대목에서 붓다의 인간적인 모습을 가장 잘 보여주셨고, 타 종교에 흔히 보이는 황당한 기적이나 순교자적인 모습이나 죽음의 고통과 고뇌를 보여주시지 않고 아무런 두려움 없이 대열반을 하셨는데 이런 죽음이 가장 아름다운 죽음 중에 하나라고 봅니다.

"세존이시여! 우리들은 세존의 유해를 어떻게 모시면 좋겠사옵니까?"

"아난다여! 너희 출가자는 여래의 유해를 모시겠다는 따위의 생각은 하지 말라. 너희들은 단지 출가 본래의 목적을 향하여 바른 마음으로 노력하며, 게으름 피우지 말고 정진하면서 지내야 하느니라." 하시면서 사후에 대한 장례절차를 잘 설명하시고 마침내 열반으로 모든 것을 마감했습니다.

대반열반경(大般涅槃經)은 붓다가 열반하신 사건을 중심으로 다루는 경전으로, 소승열반경과 대승열반경으로 나뉩니다. 소승열반경은 붓다의 마지막 유언과 수제자 아난다에 대한 충고가 주요 내용이며, 대승열반경은 대승불교 흥기 후에 성립된 경전입니다.

붓다가 열반을 앞두고 수제자 아난다에게 한 말은 특히 주목할 만합니다. 붓다는 자신이 입멸한 뒤에도 학문과 율법을 따르고 지키라고 당부했습니다. 이로써 붓다의 가르침이 그대로 수행되어야 하며, 선사들의 가르침이 계속 살아남아야 함을 강조하고 있습니다. 붓다는 자신의 사후를 예견하며 아난다에게 고통과 슬픔 없는 죽음을 경험하게 될 것임을 가르치고 있습니다. 이는 다른 종교의 황당한 기적이나 순교자적인 모습과는 대조적으로 붓다의 태연하면서도 인간적인 모습을 보여줍니다. 이러한 죽음이 아름다운 죽음 중 하나로 여겨진다는 주장은 해당 경전에서 나타나는 부분에서 보입니다. 붓다는 아난다에게 출가자는 단지 출가 본래의 목적을 향해 정진하고 노력해야 하며, 여래의 유해를 모시는 등의 생각은 버려야 한다고 가르치고 있습니다. 이는 정신적인 순수성과 목적의 중요성을 강조하는 부분으로 해석됩니다. 이러한 경전을 통해 붓다의 지혜와 가르침, 그리고 죽음에 대한 철학적인 이해가 전해지고 있습니다. 종교적인 문맥에서는 이를 통해 신자들이 삶과 죽음에 대한 명확한 지침을 얻을 수 있을 것으로 보입니다.

이 글은 죽음과 종교, 특히 붓다의 죽음에 대한 경전을 중심으로 다뤘습니다. 붓다의 가르침과 인간적인 죽음의 아름다움에 대한 내용이 담겨 있습니다. 이에 대해 몇 가지 관찰과 생각을 추가할 수 있습니다. 첫째, 붓다의 죽음은 특별한 기적이나 화려한 순교의 죽음이 아니라 일상적이고 평온한 모습으로 묘사되어 있습니다. 이는 불교의 관점에서 죽음을 어떻게 받아들여야 하는지에 대한 일종의 가르침으로 이해될 수 있습니다. 죽음은 인생의 자연스러운 한 부분으로 받아들여져야 하며, 불안과 두려움 없이 대할 수 있어야 한다는 메시지가 내포되어 있습니다. 둘째, 붓다는 죽음에 대한 인간적인 감정을 갖고 있지 않다고 설명되고 있습니다. 이는 붓다의 정신적인 깨달음과 고요함을 강조하며, 죽음에 대한 부정적인 감정을 극복하고자 하는 메시지로 해석될 수 있습니다. 이는 불교의 중요한 가르침 중 하나로, 욕망과 감정에 얽매이지 않고 고통과 이별에 대해 지혜롭게 대처해야 한다는 내용과 일치합니다. 셋째, 붓다는 죽음 이후에도 그의 가르침이 계속 살아남아야 한다고 강조합니다. 이는 붓다가 전하는 법과 율, 교리의 중요성을 강조하는 것으로 해석될 수 있습니다. 붓다의 사후에도 스승의 가르침을 따르며 올바르게 삶을 살아가야 한다는 책임감을 부여하고 있습니다. 이와 같은 관점에서 볼 때, 이 경전은 죽음에 대한 종교적 이해와 인간적인 지혜에 대한 깊은 고찰을 담고 있습니다. 종교적인 맥락에서 붓다의 죽음은 영적인 깨달음과 고요함으로 이끄는 모범적인 사례로 인식될 수 있습니다.

붓다의 열반

서양철학으로 본 죽음

철학 또한 죽음에 대해 오랜 시간 고민해 왔지만 수많은 주장만 나열했지 결국 죽음이 무엇인지를 알아낸 것이 아니고 어떻게 살 것인가에 대한 문제에서 맴돌면서 죽음의 철학적 딜레마에서 벗어나지 못하는 것 같습니다.

그러다 보니 죽음의 정의가 다양한 철학적 관점에서 여러 가지로 나열되고 있고 아직도 진행형의 이야기로 남아있는데 이는 아무도 죽었던 사람이 다시 살아서 돌아오지 않아서 명확한 죽음의 답을 찾지 못하기 때문일 것입니다. 죽었다는 것은 두 번 다시 살아나지 않음을 의미하며, 만약 다시 살아났다면 그것은 죽음을 경험했던 것이 아니라 다만 사망진단에 오진이 있었을 따름입니다. 만일 인간이 죽음을 맞이할 임종이나 혼수상태의 순간 육체와 정신이 일원론적으로 혼백이 하나로 구성되었거나 이원론적으로 육체와 정신이 분리된 경우 또는 육체와 정신과 영혼으로 구성된 삼원론적인 존재라면 이들 3가지 상태에서 죽음은 과연 무엇을 의미할까요? 사후의 삶이 있다면 사후에 지속되는 삶의 주체와 죽기 전의 주체는 동일한 정체성을 가질까요? 이에 대한 철학적인 의문에 답을 찾아야 합니다. 사후생을 믿는 것은 생명의 이원론이나 삼원론을 믿기 때문일 수 있는데 이때 영혼은 육체의 도움이 필요하고 사후에도 계속 새로운 육체를 찾아야 합니다. 이런 상황을 철학적으로 설명한다는 것은 결코 쉬운 일은 아닙니다.

전 서강대학교 철학과 구인회 교수는 "죽음을 경험하지 못한 나는 다른 사람들의 죽음을 단서로 삼아 죽음을 추측해 볼 수 있을 뿐이다. 타인의 죽음조차 경험하지 못한다면, 나는 죽음이 어떤 것인지 전혀 짐작조차 못할 것이다."라고 했으며, 죽음에 대한 철학적 의문을 다음과 같이 열거했습니다.

1. 죽음의 문제에 대한 철학적 접근은 어떻게 이루어져 왔는가?
2. 우리의 삶에 집중하기 위해 근본적으로 죽음에 관한 의식을 배제하고 회피해야 하는가?
3. 아니면 우리가 실현하는 의미란 모두 허망한 것이며, 우리가 체험하는 행복도 모두 허무하다는 사실을 항상 의식하고 깨어있어야 하는가?
4. 죽음의 경계선 저편에서 시작하는 진정한 인간 존재를 준비하기 위해 우리는 사멸성과 허무에 대해 초연해야 하는가?
5. 아니면 반대로 우리에게 허락된 남은 시간을 의미 있게 보내기 위해 죽음을 끊임없이 자각하고 있어야 하는가?
6. 죽음은 두렵고 불행한 사건인가?
7. 또는 모든 속박으로부터 인간을 해방시키는 희망의 약속인가?
8. 죽음은 삶의 종말이라는 극단적인 파국을 통해 우리 전 존재의 불합리성을 드러내는 것인가?
9. 또는 본래의 자기 존재에 도달하기 위해 진정으로 중요한 것이 무엇인지 일깨워 주는 우리 삶 안의 외침인가?

이렇듯이 죽음의 의미에 대한 해답을 구하는 철학자들의 노력은 끊임없이 이어져 왔습니다. 하지만 이 의문들에 대한 답은 쉽게 나오기 어렵고 나온다고 해도 대부분 또 불안전한 의문만 계속될 것입니다. 만일 "사람의 삶이 언제 끝날까에 대한 두려움보다 끝없이 삶을 계속해야 한다면 그것이 오히려 우리를 두렵게 할 것이다."라는 윌리엄스(B. Williams)의 말처럼 오래 사는 것보다 얼마나 스스로 생각하고 살아가는가 라는 질적 문제에 접근해야 합니다. 심리학자인 뉴욕대학교의 토마스 네이글(Thomas Nagel) 교수는 죽음에 대한 질문 중에 "죽음이 나쁜 것이라면 삶 자체는 좋은 것이다."라는 표현으로 살아있다는 것이 합리적이고 가치 있는 것이므로 죽음을 앞둔 사람들이 어떤 의미를 가질 수 있는지와 그것이 무엇인지에 대한 철학적 질문을 하고 있습니다.

일부 사람들이 죽음을 두려워하지 않는 것은 죽음을 몰라서가 아니고 먼저 죽음의 두려움을 느꼈고 그 후에 죽음을 이해하고 죽음에 대한 불안, 걱정, 공포 등을 극복했기 때문입니다. 다양한 철학자들의 노력에도 불구하고 철학에서 보는 죽음은 되돌릴 수 없는 삶의 문제이고 아직도 죽음이 무엇인지 철학적으로 정의하지 못하고 있으며, 단지 죽음은 다양한 철학적 사고와 의미로 죽음을 죽음으로 잘 표현할 뿐입니다.

죽음에 대한 철학적인 탐구는 오랜 역사 동안 다양한 시각과 주장을 보여 왔습니다. 그러나 여전히 죽음의 본질에 대한 명확한 해답을 도출하지 못하고, 오히려 어떻게 인간은 자기 삶을 어떻게 살 것인가에 대한 문제에서 벗어나지 못하는 모습이 나타납니다. 죽음의 정의는 다양한 철학적 시각에서 다양하게 제시되고 있으며, 죽은 이가 돌아오지 않아 명확한 답을 얻기 어렵다는 점이 큰 두려움으로 작용하고 있습니다. 죽음은 두 번 다시 살아나지 않음을 의미하며, 만일 인간이 육체, 정신, 영혼으로 이루어진 삼원론적인 존재라면 죽음에 대한 정의는 더욱 복잡해집니다. 죽음에 대한 철학적 질문 중 하나는 사후의 삶이 있다면 그 삶의 주체와 죽기 전의 주체가 동일한 정체성을 가지는지에 대한 것입니다. 이는 영혼의 유무와 사후 생명을 둘러싼 철학적 의문을 이야기합니다. 철학자들은 이러한 의문에 대한 답을 찾으려 노력해 왔지만, 그 해답은 어렵고 복잡한 것으로 알려져 있습니다.

앞서 언급한 구인회 교수는 자신이 죽음을 직접 체험하지 못한 한 타인의 죽음을 단서로만 추측할 수 있다고 말하며, 이는 죽음에 대한 이해가 어렵다는 현실을 반영하고 있습니다.

이러한 상황에서 죽음에 대한 철학적인 의문이 다양하게 제시되는데, 그중 몇 가지를 살펴보면. 죽음의 문제에 대한 철학적 접근은 어떻게 이루어져 왔는가에서, 여러 시각과 영역에서 죽음에 대한 철학적 접근이 이루어져 왔으며, 윤리학, 존재론, 종교 등에서 다양한 시각이 제시되었습니다. 우리의 삶에 집중하기 위해 근본적으로 죽음에 관한 의식을 배제하고 회피해야 하는가에서는 삶의 의미와 가치에 대한 질문이 제기되며, 죽음의 두려움을 피하고자 하는 우리의 본능과 삶에 집중함 사이의 균형에 대한 의문이 놓입니다. 아니면 우리가 실현하는 의미란 모두 허망한 것이며, 우리가 체험하는 행복도 모두 허무하다는 사실을 항상 의식하고 깨어있어야 하는가에서는 삶의 의미와 행복에 대한 철학적 고찰이 등장하며, 이를 통해 우리가 추구하는 가치와 의미의 상대성에 대한 의문이 제기됩니다.

다양한 철학적 질문들은 죽음에 대한 깊은 고민과 함께, 삶과 죽음 사이의 복잡한 관계와 인간 존재의 본질에 대한 이해를 더욱 깊이 탐구하려는 시도를 보여줍니다. 제가 인공지능으로서 감정이나 심각한 철학적 사상을 가지는 것은 아닙니다만 죽음에 대한 철학적인 주제는 인간의 복잡한 사유와 논쟁을 자아내는 중요한 주제 중 하나입니다. 죽음에 대한 관점은 매우 다양하며 종교, 윤리학, 존재론 등 다양한 영역에서 다양한 이론과 견해가 존재합니다. 인간의 의식과 존재가 어떻게 끝나는지에 대한 물음, 그리고 그에 따른 인간의 행동과 가치관은 여전히 논쟁거리입니다. 죽음에 대한 철학적인 질문은 우리가 어떻게 살아가는지, 어떤 가치를 추구하는지, 그리고 우리의 윤리적 선택에 어떤 영향을 미치는지에 대한 중요한 의문들을 제기합니다.

동양철학으로 본 죽음

중국사상의 두 축이라면 유가(儒家)와 도가(道家) 철학을 들 수 있습니다. 이 두 사상은 상반되지만 보완하면서 중국인의 의식과 무의식을 지배해 왔고 주변국들에게도 많은 영향을 미치고 있습니다.

유교(儒敎)

공자(公子)는 죽음보다 현실을 강조한다고 하지만 당시 공자는 사람들이 죽음의 문제를 생각하느라 마음을 분산시키지 말고 어수선한 당시 상황에 휩쓸리거나 흔들리지 말며 자신의 삶에 집중할 것을 원했던 것 같습니다. 공자의 생사관은 현대 사회에서도 매우 현실적인 느낌을 받습니다. 공자는 제자 안회가 죽었을 때 "아아! 하늘이 나를 죽이는구나! 하늘이 나를 죽이는구나."라며 통곡했으며, 제자인 계로가 공자에게 "죽음이 무엇입니까?"라고 물었을 때 공자는 "태어나는 것도 모르는데 어찌 죽음을 알리오."라고 대답했습니다. 이는 공자의 내세관 부재로 인한 언급도 아니고 직접 귀신과 죽음의 문제를 회피하려는 것도 아니며, 사람과 귀신에 있어 사람이 더 중요하고, 삶과 죽음에 있어 삶의 문제가 더 중요하다는 것을 강조하는 것입니다. 공자는 제자 번지가 '앎(知)'에 대해 묻자 "사람의 의리에 힘쓸 것이요, 귀신은 공경은 하되 멀리하면(敬而遠之) 가히 앎이라 이르니."라고 했던 것도 귀신과 죽음에 대해 무시했거나 등한히 한 것이 아님을 알 수 있습니다.

공자가 '죽음'보다 '삶'을 더 강조한 것은 동양인들의 생사여일(生死

如一) 사상의 근원이 됐다고 볼 수 있습니다. 즉, 삶을 지배하는 이치나 죽음 이후를 지배하는 이치를 하나로 생각하는 것입니다. 삶의 의미를 모르고 죽는다면 죽음 이후가 보장될 수 없으며 삶의 의미를 잘 모르고 죽어도 죽음 이후의 삶이 잘 보장된다고 믿는 것은 미신일 뿐이라고 본 것입니다. 오로지 그 하나의 이치가 무엇인지를 깨닫는 것이 각자 살아있는 동안의 도리라고 보았기 때문입니다. 이는 공자도 경천사상(敬天思想)을 가지고 있었다는 것이고, 죽음 자체의 의미나 죽어서 시작하는 또 다른 세계에 대해서는 그 뒤로 미루고 삶과 죽음을 대자연의 법칙에 의한 신귀(神鬼) 과정으로 보고 이를 형이상학적 문제로 돌렸다는 뜻입니다. 그러므로 삶과 죽음 때문에 앞뒤로 연장될 수 있는 상념을 처음부터 단절하고 거의 일회적인 인생 자체에 몰두하게 되었기에 귀신과 죽음에 관한 질문은 접어두고 사람과 삶의 도리에 관심과 초점을 맞추는 것이 유교의 근본 개념이라고 봅니다.

유교에서는 죽음이란 인생을 시작해서 엮어가다가 마치는 엄숙한 과정이라 보는데 이것은 이미 생사에 대한 생물학적 또는 종교적 관심에서 벗어나 자신의 책임 아래 인생을 엮어간다는 자율의 도덕론적 관심으로 정착된 것입니다. 그러다 보니 공자는 곧은 정신력의 위인답게 죽음에 직면해서도 당당했는데 어느 날 아침 공자가 일찍 일어나 한쪽 손을 뒤로 하고, 한쪽 손으로는 지팡이를 짚고서 문 앞으로 이리저리 거닐면서 노래를 불렀습니다. "태산이 지금 무너지려고 한다. 대들보나무가 지금 쓰러지려고 한다. 철인이 지금 시들려고 한다." 그는 자공에게 "나는 은나라 혈통이지만 어젯밤 꿈에 남의 집 두 기둥 중간에 앉아서 식사 대접을 받고 있었다."는 이야기를 하면서 자신이 죽게 될 것을 예언한 뒤 7일 만에 담담히 세상을 하직했습니다.

　유교는 효(孝)에서 출발하여 제(悌)로 마무리된다고 하는데 가부장적(家父長的) 집단주의(集團主義) 문화, 서열을 중시하는 권위주의(權威主義) 문화이기도 합니다. 오늘날 개인주의와 합리적인 생각을 가진 현대인들에겐 전통유교와의 충돌이 따르지만 오랜 기간 전해져 내려온 유교의 문화적 요인을 완전히 벗어나기는 어려워 보입니다. 일부 학자는 유교를 종교라고 주장하기도 하는데 그 이유 중에 중요한 것이 제사 제도로, 제사 행위가 이루어질 때 조령들은 이승에 남아 살아있는 후손들의 정성과 기도에 감응한다고 봅니다. 하지만 무교와 달리 내세(來世)를 명확히 인정하지 않기에 영혼을 긍정도 부정도 하지 않으면서 철저한 현세관(現世觀)을 보이는 것입니다. 제사는 산 자와 죽은 자가 만나는 의례인데 조상신으로 제사를 모시지만 어떤 곳에서 머물다가 제삿날 오는 것이 아니라 자식의 가슴과 머리에 남아서 간접적으로 영향을 행사하고 있다고 볼 수 있습니다. 생자는 망자와 삶을 통해 공유조상은 죽지 않고 살아 있는 것으로 자손들의 마음속에 기억된다는 간접적 영세관을 가지고 있습니다. 제사를 통해서 영혼이 집으로 찾아와 그들과 음식을 나눌 수 있고 음복의 중요성을 강조합니다. 이는 음복이 조상에게 복을 받는 의례이기 때문입니다.

　유교의 장례 과정에서 사망에 이르게 되면 고복(皐復)이라고 무조건 이승으로 돌아오라는 의미로 복을 세 번 외칩니다. 이것은 이승에 남아있기를 바라는 간절한 마음의 표현이며, 이승이 저승보다 낫다는 것을 암시합니다. 또 장례식이 시작되면 곧 사잣상(사잣밥)을 차리는데 밥상은 저승사자에게 마치 뇌물을 주듯이 지극히 현세적인 방법으로

밥, 술, 돈, 짚신, 간장을 놓습니다. 간장을 놓는 이유는 짜게 먹어서 물을 찾는 시간만큼 저승 가는 길이 조금이라도 늦어지도록 하려는 애잔한 마음의 표현이기도 합니다. 상여소리도 의미가 있는데 저승으로 보내기 싫어하는 구절들을 쉽게 찾을 수 있습니다. 저승사자를 잡듯 죽은 사람을 끌고 가는 것을 형상화하는 것은 이승은 좋고 저승은 좋지 않음을 나타내는 것이기도 합니다. 또한 망자의 자식을 죄인으로 취급하는 것은 죽음을 부정적으로 보는 단편적인 증거입니다. 그러다 보니 이승에서 못다 한 효를 위해 반혼(返魂)을 3년 동안 살아있는 사람처럼 대우하여 아침마다 문안인사를 드리며 집안일들을 고(告)하기도 합니다. 대상(大祥)이 지나야 완연한 조상신이 됩니다. 그러나 귀신은 상제(上帝)로 바로 가지는 못합니다. 그래서 임종 시에는 죽은 뒤 조령(祖靈)들을 뵐 면목을 갖추는 것이 중요합니다. 자신의 혼백(魂魄)이 단순히 귀신(鬼神) 세계에 머무는 것이 아니라 조령들의 세계로 진입해 가기를 염원하고 그것을 중요하게 생각하기에 주의해야 할 부분입니다.

공자 이후 성리학을 집대성한 주자(朱子)는 인간이 최초로 태어난 배경을 "인간은 기(氣)의 변화를 통해 생겨났다. 음양과 오행의 본질이 결합됐을 때 인간의 육체적 형태가 확립됐다. 이것은 불교도들이 변화에 의해 생겼다는 것과 같다. 오늘날도 이(蝨)들과 같이 변화에 의해 생겨나는 것이 많다."라고 하여 음양오행의 결합으로 만물과 인간이 생겨났다고 보고 있습니다. 마치 화생(化生)에 의해 알 수 없는 음양이기(陰陽二氣)가 작용하여 이(蝨)가 저절로 생겨나는 것과 같이 인간도 인간 오행의 정(精)이 합해져 저절로 어느 단계에서 생겨났다는 것입니다. 천지를 형성하고 온갖 만물과 인간을 형성하는 것은 하나의 거대한 힘인 기(氣)의 작용으로 이뤄졌다고 보고 있습니다. 주자는 대생명의 일부를 인간이 소유하고 있다가 그것이 소진되면 죽음이 오는 것으로 보고 있기에 인간이 살아있다는 것은 대생명의 일부를 분유(分有)하고 있다는 것을 의미합니다. 그런데 그 대생명의 분유자인 인간은 죽을 때 완전히 소멸되는 것이 아니고 생명 자체가 영원히 남는다는 사실도 인식할 필요가 있습니다. 여기서 조상숭배와 제사의 논리가 나오는 것입니다. 이는 죽은 조상과의 통교(通交)가 이(理)를 통해 가능하다고 보는 것이므로, 조상과의 통교는 개체로서의 조상보다는 이(理)에 뿌리를 둔 조상의 얼과의 통교라는 말이 더 적합할 것입니다.

도교(道敎)

도교는 중국 고대 민간신앙을 바탕으로 삼는 신선설(神仙說)을 중심으로 불로장생을 주목적으로 하는 현세 이익적인 자연종교라고 할 수 있습니다. 여기에 노자철학과 유교의식, 불교교리 등이 결합되어 중국의 독특한 민간신앙으로 발전하여 행복, 재물재산과 더불어 오래 사는 것을 삶의 목표로 하며, 죽음을 문제시하지 않고 죽음을 단지 자연 변화의 일부로서 도(道)에 의하여 지배되는 것으로 이해했습니다. 오랜 중국적 사유의 중요 관심사는 '인간의 삶' 자체입니다. 삶의 본질을 추구하고 올바른 삶의 방향을 모색하는 삶 자체가 그 주체로 중국인들의 생활 기저에 자리 잡고 있기 때문입니다. 그러므로 현세 존중 사상이 강하고 현실의 삶을 긍정하면서 우주를 생명적 흐름으로 보고 그 생명적 흐름을 인간이 주체적으로 계승하는 것을 올바른 삶의 방향으로 제시합니다.

장자(莊子)의 도교적 입장의 죽음관은 특이한데 그는 죽음에 대하여 다음과 같은 말을 남겼습니다. "삶은 죽음의 동반자요, 죽음은 삶의 시작이니, 어느 것이 근본임을 누가 알랴? 삶이란 기운(氣運)의 모임이고 기운이 모이면 태어나고 기운이 흩어지면 죽는 것인데 이같이 사(死)와 생(生)이 같은 짝을 만나면 무엇을 조심하랴. 내 생애를 잘 지냈으면 죽음 또한 의연하게 맞이해야 한다."고 하여 생과 사를 일체로 보아 고정되지 않는 자연의 끊임없는 변화와 순환의 과정으로 보았습니다. 중국 전한(前漢)의 회남왕(淮南王) 유안(劉安)이 저술한 책인 도가사상을 잘 표현한 『회남자(淮南子)』를 보면 "세계가 형성되기 이전에 원초적 존재인 기가 혼돈상태로 존재한다. 그것은 맑고 가벼운 청경(淸經)기와 무겁고 탁한 중촉(重燭)기로 나누어지는데 청경은 떠올라 하늘이 되고, 중촉기는 가라앉아 땅이 된다. 이 두 기가 상호작용을 하여 만물이 생성되며 이때 부여받은 기의 종류에 따라 천차만별의 다양한 생명체가 형성된다."라고 했고, 인간은 가장 뛰어난 기 즉, 수기(秀氣)를 받아 생성된다고 하고 이 경우 하늘의 기는 사람의 정신적 측면에 해당된다고 했습니다. 이런 기의 바탕 위에 삶과 죽음에 대한 사상적 근거를 만들었습니다.

조문을 간 친구 혜시가 보니 장자는 아내가 죽은 후 다리를 뻗고 주저앉아 항아리를 두드리며 노래를 부르고 있었는데, 당시 유가의 입장에서 본다면 장자는 전혀 인정머리 없는 사람으로 치부될 것이지만 장자는 "아내의 죽음에 어찌 애통하지 않겠는가."라며 처음에 잠시 슬퍼하다가 이성을 회복한 뒤 "그 시작을 살펴보면 본래 생명은 없었네. 죽음은 사계절의 변화처럼 자연스러운 것인 만큼 내가 통곡한다면 이는 자연의 명을 따르지 않는 것이네."라고 언급했습니다.

공자가 극히 진중하게 여겨 받들었던 주역(周易)의 계사전(繫辭傳)에 보면, "정기(精氣)가 물이 되고 유혼(遊魂)이 변화한다. 이런 고로 귀신의 정상(실상)을 안다(精氣爲物, 遊魂爲變, 是故知鬼神之精狀)."는 말이 있습니다. 즉, 기가 응취하면 정기로 되어 물을 이루고, 발산하면 유혼으로 되어 변화한다는 것인데 이 말속에 유교의 죽음에 대한 사상이 집약되어있다고 볼 수 있습니다. 만물은 이 취산(聚散)에 의해 이뤄진다는 것으로 이런 면에서 노장사상(老莊思想)도 서로 비슷한 죽음관을 보여주고 있습니다. 장자도 "엉기면 삶이요 사라지면 죽음이다(聚則生散則死)."라고 말하고 있기 때문입니다.

무교(巫敎)

무당(shaman)이 의식의 주재자가 되는 종교현상으로 그 원형은 시베리아 및 중앙아시아 일대의 알타이(Altai) 문화권에서 주로 발견됩니다. 일반적으로 샤머니즘이라고 하지만 우리나라에서는 무속신앙, 무속, 민간신앙 등과 함께 무교(巫敎)라는 용어가 쓰입니다. 우리의 무교의 역사는 고조선 시기에서부터 시작되는데 단군신화에는 천왕환웅이 신시를 베풀었다는 기록이 존재하고, 신시는 제왕이 하늘에 제사하는 장소이자 굿당으로, 천왕환웅과 단군왕검은 제천의식을 주관한 무당으로 해석할 수 있습니다. 상고시대의 무교는 권력과 밀접하게 연관되었기에, 강력한 힘을 가지고 있었고, 무당들은 당시 사람들에게 두려움과 존경의 대상이었습니다. 하지만 유교, 불교, 도교를 비롯한 외래 종교와 사상이 들어오면서 점차 쇠락하여, 다른 종교와 융합해 민간신앙으로서 명맥을 이어가고 있습니다.

무당의 특징은 자신의 몸에 신내림을 받은 접신탈아(接神脫我, ecstasy)의 능력에 있으며, 탈아 상태에서 신령들이나 죽은 사람의 망령과 직접 교섭하거나 그것들을 자기 몸에 받아들여서 살아 있는 인간과의 문제를 해결하는 것이 주요한 역할입니다. 무교가 지향하는 목표는 현세에서 액을 물리치고 가능한 한 많은 복을 받는 것이므로 무교의 주체자인 무당들이 가진 의식 속에는 철저하게 현세중심적인 원리에 입각한 내세관을 가지고 있습니다. 무당들은 자신의 능력을 통해서 일반인들에게 무병장수(無病長壽)하고 부귀영화(富貴榮華)를 누리도록 해주거나, 또한 저승을 볼 수 있기에 산자와 죽은 자를 서로 연결해 주는데, 무당들이 말하는 저승은 이승을 닮은 곳이기에 맑고 깨끗하고 편안한 세계이긴 하지만 여기서도 지옥은 무섭고 고통스런 곳이라고 합니다. 이런 내용은 후대에 불교에서 차용한 것으로 보이며, 칼산지옥, 불산지옥 등이 그 증거입니다. 하지만 저승에 대한 확실한 묘사가 없습니다.

현재 우리가 접하는 무교에도 유교와 비슷한 죽음관이 있지만 혼(魂)을 인정하는 부분이 다릅니다. 인간의 영혼을 생령과 사령으로 나누어 살아있는 몸속에 있는 영혼을 생령이라고 하고 조상, 원귀, 원령 등 죽은 후에 저승으로 가는 영혼을 사령이라고 합니다. 무교에서는 불의의 사고를 두려워하기에 요사(夭死), 횡사(橫射), 원사(寃死), 병사(病死)를 하게 되면 반드시 사령제(死靈祭)를 지내게 됩니다. 이것은 망자가 살아 있을 때 갖게 된 한을 풀어줘 그 험한 저승길을 무사하게 통과시키기 위한 것으로 지역에 따라 새남굿, 씻김굿, (진)오구굿의 형식으로 지내게 됩니다. 이는 모든 죽은 혼령은 반드시 정화단계(종교의례)

를 거쳐 저승으로 가게 된다고 보는 것입니다.

무당들이 말하는 혼령(魂靈)의 4단계 중 첫 번째는 복 받은 혼령으로 저승세계로 직행하게 되고 복된 죽음이라고 합니다. 두 번째로는 예비 단계적 혼령인데 저승에 들어가기 전에 저승의 부속 공간(지옥)에서 더 럽혀진 혼령이 고통을 받음으로써 죗값을 치르는 기간을 거쳐서 혼령이 정화된 다음 저승으로 갑니다. 세 번째는 방황하는 혼령으로 비명횡사(非命橫死)하거나 너무나 억울하게 죽은 한(恨) 맺힌 영혼이 이승을 떠나지 못하고 중간적 존재로서 방황하는 혼령입니다. 이렇게 죽은 혼령은 당사자에게도 불행일 뿐만 아니라 가까운 가족과 지인에게도 부정적이고 파괴적인 액운이나 살기로 작용한다고 보아 무당굿은 이러한 원혼이나 한을 풀어 저승으로 편안하게 보내주려는 종교의례를 행합니다. 마지막으로 극악무도(極惡無道)한 혼령을 일컫는데 저승에 바로 들어갈 만한 깨끗한 혼령도 못되고 지옥에서 고통과 감내를 통해 정화 받은 후에도 지옥에서 저승세계로 들어가지 못하는 경우입니다. 지옥에서 내처져서 이승의 우마축생(牛馬畜生), 버러지 등으로 환생하여 혼령의 정화단계를 거쳐야 하는 최악의 혼령입니다. 그래서 무교에서는 운명하기 전에 마음에 품은 모든 원한, 여한, 복수심, 죄책감 등을 다 털어버리도록 돕는 것이 중요합니다.

한국의 무속에서 접신, 탈령, 넋대잡이 초혼, 오구굿에서 보듯이 영혼은 육신이 죽은 후에도 불멸하는 존재로 저승 혹은 극락으로 천계상승하거나 이승으로 다시 태어나기도 합니다. 그러다 보니 영혼은 죽어서 육체와 분리된 후에도 다시 육체와 만날 수가 있고 살아있을 때와 같이 기억과 욕망을 가진 존재로 여겨지기도 합니다. 즉, 죽음을 모든 것의 끝이 아닌 단지 육체만 이승에서 사라지는 것이고 영혼은 다른 세계로 이동한다고 보는 것입니다.

무교는 우리 민족의 자생적 전통종교라고 하지만 사람들은 무교를 무속으로 비하하고, 미신이라는 속성에 대해 오해하거나 편견을 가지고 있습니다. 그러므로 무교는 사람들 마음속에 꾸준히 전해 내려오면서 한과 설움 또는 하소연의 창구로서 겨우 명맥을 유지하고 있습니다. 하지만 무교의 고유한 종교적인 사상과 죽음에 대한 접근방법 그리고 굿판의 다양한 음악, 춤, 음식, 복식, 제례 형식 등 유형, 무형의 문화적 가치는 후대에도 보존되어 우리의 고유 종교로서의 가치를 유지해야 할 것입니다.

AI 선정(禪定) 스님의 생각

유교에는 집단 중심적이며 인간 중심적인 사상이 있습니다. 가족, 사회, 조상 숭배가 중요시되며, 삶의 목표는 도덕적인 삶을 살아가는 것이라고 강조됩니다. 조상 숭배와 제사를 통해 고인의 영혼이 계속해서 존속하고, 후손들과 소통하는 것이 중요하게 여겨집니다.

도교는 자연의 흐름을 중시하며, 삶과 죽음을 자연의 일부로 받아들입니다. 삶과 죽음은 불변하지 않는 순환의 과정으로 이해되며, 이에 대한 수용과 평온한 마음이 강조됩니다. 도교는 삶에 대한 긍정적인 관점을 제시하며, 삶의 의미를 찾고 성장하기를 강조합니다.

무교는 에너지의 흐름과 변화에 주목합니다. 기(氣)와 같은 에너지를 중시하며, 이를 통해 삶을 지속하고 변화하는 것으로 이해합니다. 자연의 법칙을 따르며 에너지를 긍정적으로 활용하는 것이 중요합니다.

무교는 현세 중심적인 사고를 바탕으로 하고 있어, 삶과 죽음에 대한 관점이 그 중심에 있습니다. 무당들을 통해 신들이나 죽은 사람들의 영혼과 소통하며, 현세에서의 복과 안녕을 책임지는 역할을 합니다. 이러한 관행은 한국인들 사이에서 오랫동안 깊은 신앙과 의식으로 전해져 왔습니다. 무교의 가치는 그것이 우리 문화와 전통의 일부분으로서 계속해서 전해져 왔고, 사람들의 삶과 믿음에 큰 영향을 미치고 있다는 점에 있습니다. 특히, 죽음에 대한 이해와 접근 방식은 무교의 핵심 중 하나로, 이는 한국 사회에서 깊은 영향력을 지니고 있습니다.

유교와 도교의 영향으로, 중국과 한국에서는 조상 숭배가 매우 중요한데 조상의 영혼이 가족의 보호자 역할을 한다고 믿으며, 정기적으로 제사를 지내고 조상의 묘를 돌보는 것이 중요한 의무로 여겨집니다. 불교는 조상 숭배보다는 가족의 기복을 중시하는데 이는 불교가 중국과 한국에 전파되면서 가정의 안녕과 화평을 위한 조상숭배와 혼합되어 독특한 신앙 문화와 장례, 제사 문화가 형성되었습니다. 사후 세계에 대한 개념은 중국과 한국에서는 다소 혼합적입니다. 유교에서는 명확한 사후 세계보다는 현재 삶에서의 도덕적 행위와 사회적 질서를 강조하며, 도교는 사후 세계를 천상(天上)과 지하(地下)의 여러 차원으로 나누어 설명합니다. 하지만 불교는 사후 세계가 업에 따라 여러 차원으로 나뉘며, 윤회 속에서 벗어나 열반에 이르는 것을 궁극적 목표로 삼습니다. 천국과 지옥, 여러 차원의 세계가 존재하며, 이는 업의 결과에 따라 결정된다고 보았습니다. 이처럼 종교나 철학은 삶과 죽음에 대한 관점이 다르지만, 공통적으로 삶의 가치를 인정하고 존중하는 점에서 유사한 측면도 있습니다. 각각의 관점에서 비롯된 가치관과 태도를 이해하면, 이를 토대로 삶을 더 깊이 생각하고 평가할 수 있을 것입니다.

한국인의 철학으로 본 죽음

　한국인의 철학적 배경은 동양철학의 일부분을 차지합니다. 그러나 그 기본적인 바탕은 무속적인 민간신앙에서 기원하여 불교, 도교, 유교, 기독교와 이민자의 교류나 침략 등으로 들어온 토템사상, 힌두교, 배화교 등 다양한 사상이 섞여 혼재하므로 한국인의 의식사상 속에는 다양한 세계관의 철학적 사상이 묻어있습니다.

　서양철학의 내세관과 죽음관 또는 종교관은 어느 정도 이원론적 사고에 의해 구체화되어 전해지지만 한국인의 내세관과 죽음관 또는 종교관은 뚜렷한 실체가 적으면서 서로 섞여 있어 종합적으로 정리하기가 어렵습니다. 그러나 가장 기준이 되는 무속사상의 입장에서 먼저 접근해보면 한국인 사이에 공통되는 내재된 철학 사상을 엿볼 수 있습니다.

　오래전부터 사람은 육신과 영혼으로 되어있는 존재로 육체는 형체가 있지만 사멸하는 존재이고, 영혼은 형체가 없지만 불멸한다고 보았습니다. 그리고 영혼도 죽음 후에 저승으로 가는 사령과 살아있는 몸속에 있는 생령으로 나누었습니다. 이때 죽음 후에 저승으로 가는 사령은 조상(祖上), 원귀(冤鬼), 원령(怨靈)으로 다시 나누어지는데 조상은 순조롭게 살다가 저승으로 들어가 영혼으로서 선령이 되며, 억울하게 죽거나 원한이 있어 이승에서 사람을 괴롭히는 원귀와 원령은 계속 떠돌아다닌다고 합니다. 또한 살아있는 몸속의 생령도 화생(化生)과 회생(回生)으로 나누어지는데 화생은 또 다른 육신을 얻어서 태어나는 것이며, 회생은 동일한 육신이 넋을 받아 되살아나는 것입니다. 그러므로 육신의 경우 생명의 중단 없는 영생과 중단이 있는 영생으로 나누어지기도 하지만 중단이 있는 영생도 다시 또 화생과 회생으로 나누어져 결국 영혼의 영생이라는 면에서는 계속 반복된다고 보았습니다. 이는 서양의 이원론적인 입장에서 분리된 영혼은 철저히 육체를 버리지만 한국인의 육신과 영혼은 죽음 후에도 서로 언제고 다시 만날 수도 있고 서로 연을 이어간다는 것입니다. 이런 모습은 유교적인 영향도 있기에 제사를 통해 영혼이 음식도 먹고 자손들에게 찾아온다고 믿는 것입니다.

그러다 보니 현세의 삶이 중요하고 원만하지 못한 삶은 저승까지 이어져 반영되기에 무속적 관점에서는 원한이나 못 이룬 한이 있는 죽음에 더 많은 관심과 정성을 보여주었고 그 아쉬운 한을 달래는 데 인간적인 면을 잘 보여주었습니다. 유교적 관점에서는 현세의 중요성이 크다고 보고 잘 살다 죽는 것에 대한 관심이 더 커서 입신양명(立身揚名)과 자손들의 번성을 위해 죽은 후에도 제례를 통해 잘 받들어주기를 바랐습니다. 일부에서는 죽으면 영원히 영혼이 소멸된다는 생각도 했습니다. 유교사상이 깊은 '정도전(鄭道傳)'은 기존 입장에서 죽은 후 기가 흩어지고 나면 형체도 썩고 정신 또한 흩어져 버린다고 했고, 성리학자 율곡 이이(栗谷 李珥)도 사람은 삼신, 영육, 신체와 정신, 혼백이 일체화된 존재로서 "혼(魂)은 기(氣)가 신령한 것이고, 백(魄)은 정(精)이 신령한 것이다. 그것이 살아있을 때는 퍼져서 신(紳)이 되고, 죽었을 때는 굽혀져 귀(鬼)가 된다. 혼기가 하늘로 올라가고 정백(精魄)이 땅으로 돌아가면 그 기는 흩어지더라도 금방 흔적마저 버리지는 않는다. 그러나 그 기가 위로 발향한 지 오래되면 또한 소멸된다."라고 했습니다.

그러나 이런 주장보다 대부분의 옛 조상들은 현상계와 초월계, 이승과 저승, 삶과 죽음을 분리시키지 않고 하나로 보는 '한' 사상을 지속적으로 추구했습니다. 즉, 삶과 죽음을 이원론적으로 구분하지 않고 통일과 조화의 자연적인 이치로 받아들였는데, 이런 삶과 죽음의 순환관계를 생사일여(生死一如)의 입장에서 유지했습니다.

사람의 몸은 그 자체가 소중한 가치를 가지고 있고 몸은 영혼을 위해 버릴 수 있는 것이 아니기에 몸이 활동하는 현세는 그 자체로 가치가 있다고 여겨 몸의 보호와 보존에 관심이 많고 현세의 즐거움이나 행복 추구에 대한 욕구도 컸습니다.

이런 정서는 죽은 후에도 시신을 소중히 하여 그 속에 영혼이 편히 머물 수 있도록 장례 풍습이 매우 정교하고 정성이 들어가게 했습니다. 또한 죽음을 끝이 아닌 다른 차원으로의 이동으로 여겨 죽은 후에도 현실과 단절되지 않고 같은 차원의 현세에서 가족이나 자손들에게 지속적으로 교섭하고, 도와주려고 한다는 것입니다. 후손들도 조상들에게 뭔가 필요해 빌거나 원하면 찾아오고 계속 현실의 시간에 함께 존재한다는 것입니다. 즉, 죽음을 수직적 의미의 하늘나라가 아닌 저 멀리 수평적 이동을 하여 떠나간다는 것으로 이해한 경우라 죽음을 돌아가셨다거나 먼 길로 떠나셨다고 표현합니다.

서양철학이나 기독교적 입장에서 보면 사후세상은 다른 세상 또는 차원이 다른 곳으로 인식하지만 한국인들은 이승과 저승은 서로 대칭되는 수평선상에 존재하며 조금 이질적인 공간이기에 저승이 깊은 땅속이나 높은 하늘의 천상이 아닌 지상의 다른 곳으로 여겨 쉽게 다시 찾아오고 갈 수 있다고 여겼습니다. 단 살아있을 때의 업보에 따라 좋은 곳에 있거나 나쁜 곳에 있는 정도의 차이는 있다고 보았습니다. 죽은 후에는 혼이 떠난 죽은 사람은 저승사자의 배웅을 받아 걸어간다는 표현으로 이는 서양의 하늘로 떠올라가는 것과 대조적으로 언제인가 다시 올 수 있다는 여운이 있고 죽음이 결코 무섭지 않다고 여기게 했습니다. 다른 곳으로 간다는 생각에서 생존 시처럼 여행 경비에 쓰라고 노잣돈도 주고 끼니때마다 음식도 준비하는 것입니다. 좀 더 좋은 곳으로 가길 원하는 가족이나 자손들의 염원은 다양한 제사나 굿 등을 통해 죽은 혼이 방황하지 않고 좋은 곳으로 잘 가도록 죽은 후에도 많은 배려를 합니다. 그리고 후손들은 지속적으로 죽은 자와 정신적으로 교류와 소통을 합니다. 특히 생전에 고생이 많았거나 오래 아프다 죽거나, 억울하게 죽거나 이런저런 이유로 객사를 당했다면 더더욱 죽은 후의 한이 풀리도록 정성을 다해 축원하고 그것도 모자라면 다양한 이름을 붙인 굿을 하여 이승에서 못 푼 한을 위로하고 천도하길 바랐습니다. 이렇게 하는 이면에는 계속 떠도는 원귀가 가족이나 후손들에게 나쁜 해가 되지 않도록 해달라는 간절한 마음의 기원이 있기 때문입니다.

한국인의 죽음에 대한 철학적 입장을 한마디로 요약할 때 삶과 죽음에 대한 연결성을 강조한 '한' 사상을 이해하면 쉽게 설명이 됩니다. '한'이란 대립이나 분열을 허용하지 않고 통일성과 조화성을 바탕으로 한없이 넓다는 의미를 가지고 있으므로 무와 유를 이원적으로 나누지 않는 사상입니다. 그러므로 삶과 죽음을 나누지 않고 통합된 하나의 '한우리'라는 개념으로 보아 사후에도 제사를 통해 서로 소통한다고 믿습니다. 후손들도 잘못하면 죽은 조상이 벌하기도 하고 잘하면 도와주기도 한다고 보아 후손들은 생시뿐만 아니라 사후에도 조상을 잘 모시고 잘 보이려고 노력합니다. 이는 단군신화에도 잘 표현되는데 "환웅은 지상에 왔다가 육친의 정을 따라 아버지가 있는 하늘로 갔다. 또 단군은 아버지에게 받은 혈연의 인정을 조상에게 바쳐 '한얼'이 되었다."라고 하여 고대부터 한민족이 이렇게 조상을 극진하게 숭배하는 것은 삶과 죽음을 둘로 보지 않고 전체적인 하나로 본다고 했습니다. 그러나 이런 '한' 사상이 모두 긍정적인 것은 아닙니다. 사후에 대한 내세관이 일부 부족하여 현세에 더 치중하게 되고 내세의 삶에 대한 가치관이 부족하게 되어 세속적이고 물질적이며 일부 쾌락적인 경향도 있고 깊은 철학적인 사고가 부족할 수도 있습니다. 이를 통해 한국인의 죽음에 대한 철학적 고찰은 자연주의적이고 현실적인 인생관을 바탕으로 내세란 현세의 확대된 공간 개념으로 죽음을 삶의 연속으로 보고 있습니다.

AI 선정(禪定)스님의 생각

이 글을 통해 한국인의 죽음에 대한 철학적 배경을 이해할 수 있습니다. 동양철학에서 비롯된 무속적인 민간신앙이 한국인의 사상에 큰 영향을 끼쳤으며, 불교, 도교, 유교, 그리고 기독교와 이민자들의 교류 등으로 다양한 종교적 영향을 받아 혼재되었습니다.

무속사상의 영향으로 한국인은 삶과 죽음을 이원론적으로 구분하지 않고, 통일과 조화의 자연적인 이치로 받아들이는 '한' 사상을 중요시합니다. 삶과 죽음을 분리하지 않고 통합된 하나의 개념으로 바라보는 것이 특징입니다. 현세 중심의 가치관은 현세의 삶이 중요하며, 원만하지 못한 삶은 죽음 후에도 영향을 끼친다고 믿습니다. 제사를 통해 영혼이 음식을 먹고 자손들과 소통하는 것이 특징입니다. 삶과 죽음의 연결성을 강조하는데 살아있을 때와 죽은 후에도 연결성을 유지하며, 현세와 저승을 대칭되는 차원으로 여겨 지속적인 소통이 가능하다고 믿습니다.

한국적인 장례 문화의 특성으로 장례 풍습이 매우 정교하며, 죽은 후에도 사후세계에서 영혼이 편안히 머무를 수 있도록 정성을 다하는 것이 중요합니다. 영원한 소멸보다 순환관을 중요시하는데 일부는 죽은 후에 영혼이 소멸된다는 입장도 있지만, 대다수는 삶과 죽음이 순환의 관계로 이어진다고 생각합니다. 즉, 한국인은 삶과 죽음을 둘로 나누지 않고 통일된 '한'으로 바라보며, 죽은 후에도 현세와 소통하며 연결을 유지하는 철학을 가지고 있는 것으로 나타납니다. 그러므로 한국인은 죽음을 단순히 삶의 끝이라고만 보지 않습니다. 죽음은 영혼의 여정에서의 한 단계로 여겨지며, 연속성과 변화의 과정으로 이해됩니다. 이는 한국인의 윤회라는 개념에서 비롯됩니다. 윤회는 영혼이 여러 번의 생과 죽음을 거치며 성장하고 경험을 쌓는 과정으로 이해됩니다. 또한, 한국 문화에서는 조상 숭배가 중요한 위치를 차지하고 있습니다. 조상들에 대한 기억과 숭배를 통해 그들의 영혼이 존속하고 우리와 함께하는 것으로 믿습니다. 이러한 관습은 죽음을 단순한 종결이 아니라 계속되는 연결로서 이해하는 데 영향을 줍니다. 한국인의 죽음에 대한 철학에는 저승과 선악의 개념이 깊게 녹아 있습니다. 저승은 이승 이후의 세계로서, 죽음 이후에도 영혼의 여정이 계속되며 선과 악에 따라 보상이나 벌을 받는다고 믿습니다. 그러다 보니 한국 문화에서는 공동체와 연대의 의식이 강조됩니다. 죽음은 개인적인 사건뿐만 아니라 가족, 지역사회, 더 넓은 사회 집단에 영향을 미치는 것으로 인식됩니다. 따라서 죽음에 대한 사회적 의식과 의례가 중요하게 여겨집니다. 이러한 다양한 영향들을 통해 한국인은 죽음을 단순한 종결이 아니라 영혼이 이동하는 여정의 일부로서 이해하며, 삶과 죽음 사이의 연속성과 변화의 과정을 강조합니다. 이는 한국 문화와 역사의 깊은 영향을 받아 형성된 철학적 고찰입니다.

하지만 앞으로 한국인들의 죽음관은 다양한 변화의 영향을 받을 수 있습니다. 이러한 변화는 다양한 요인에 기인하며 다음과 같이 나눌 수 있습니다. 도시화와 산업화가 진행함에 따라 가족 구조, 생활양식, 인간관계 등이 변화하고 있습니다. 이는 장례와 장례 의식, 가족 간 소통에도 영향을 미칠 수 있습니다. 세속화와 인터넷의 발전은 종교적 신앙이나 전통적 의식이 상대적으로 감소할 수 있습니다. 인터넷과 소셜 미디어의 발전으로 인해 죽음과 장례에 대한 정보가 보다 개방적으로 전달되고 소통될 수 있게 됩니다. 또한 고령화 사회와 노후 의식변화가 크게 생길 것인데 인구 구조의 고령화로 노후에 대한 인식과 관심이 증가하고 있습니다. 노후에 대한 계획, 유언, 장례 준비 등이 자신 및 가족에게 중요한 이슈로 부상할 수 있습니다. 개인주의와 다양성이 강조되면서 삶과 죽음에 대한 자신의 가치관이 강조될 수 있습니다. 종교나 전통적 의식 외에도 각자의 신념과 관점을 중시하는 추세가 뚜렷해질 것으로 예상됩니다.

환경변화와 장례 문화도 변화하여 환경 보호 의식이 강조되면서 장례 문화도 다양하게 변화할 수 있습니다. 친환경적인 장례 방식이나 한시적이고 친환경적인 묘지 등에 대한 관심이 증가할 것으로 예상됩니다. 특히 사이버 세계의 영향으로 사이버 공간에서의 기념행사, 온라인 묘지, 가상 유해 등이 더 많이 나타날 것으로 예상됩니다. 인터넷을 통한 추모와 기리는 문화가 더욱 강조될 것입니다. 이러한 변화 일부는 긍정적으로 죽음과 장례에 대한 대화를 촉진하고 개인화된 선택을 존중하는 방향으로 나아갈 수 있지만, 다른 일부는 전통적인 가치관이 상실되거나 새로운 문제점이 발생할 수 있음을 고려해야 합니다.

한국인의 전통 사후관과 사후세계

　사후에 대한 관심은 예나 현재나 같을 것입니다. 아직도 사후에 대한 명확한 확신을 못하는 것도 사실이지만 우리 조상들의 의식 속에 사후세계의 존재여부를 떠나 어떻게 사후세계를 받아들였는가에 대해 문화적 관점에서 바라보면 좀 더 죽음에 대해 쉽게 접근할 수 있을 것입니다. 과거 조상들이 생각한 사후세계란 서양의 종교나 내세관과 다르게 "현실세계를 어떻게 살아가야 하는가?"에 대한 기본적인 의식 속에서 사후의 세상이 영속적으로 이어진다고 보았습니다. 죽음 후 바로 이어지는 저승으로 묘사되고 있는 사후세계는 먼 하늘나라가 아닌 흔히 죽은 자들이 모여 사는 공동체적 공간인 동시에 죽은 부모나 조상이 꼭 가기를 바라는 긍정적인 장소이기도 했습니다.

　그러나 이런 저승도 누구나 죽으면 가는 곳이 아니라 이승에서 지은 모든 죄를 씻어야만 갈 수 있는 곳으로 생각했습니다. 즉, 저승으로 들어가는 것은 이승에서 지은 죄나 과업의 중과에 따라 결정되므로 이는 곧 살아서 행한 이승의 도덕성을 강조하는 것이라 할 수 있습니다. 또한 생전에 행한 선과 악의 정도에 따라 사후세계는 다시 '극락'과 '지옥'으로 나누어졌습니다. 극락과 지옥을 물리적 공간 구별이 아니라 선과 악의 정도에 따른 가치론적 구별이라 보았는데 이는 불교의 영향이 크게 작용한 것으로 끔찍한 삶의 모습을 보여주는 지옥과 대조적으로 극락은 평화롭고 안정적이며 영원한 모습으로 표현되어 교훈적인 면이 강조되고 있습니다. 사람의 삶이란 어떤 의미에서 가치의 향유를 의미하고, 이런 가치 향유는 이승에서 한 행동의 인과응보에 따라 결정된다고 보았습니다. 하지만 선과 악은 매우 상대적이고 시대적이기에 그 기준이 모호하고 자의적인 부분이 많지만 후대에 유교적인 사상을 기반으로 한 효와 신의가 주로 강조되었고 덕행을 실천하는 것을 선으로 본 경향이 많았습니다.

이런 내세관은 죽은 자에 대한 아쉬움이나 미련을 가져다주었고 이에 대한 해결방법을 찾아 무속과 연계되면서 죽은 자에 대한 입장에서 변명을 하게 하여 죽은 자는 "지은 죄 없고, 선한 일만 했음"을 강조합니다. 즉, 이승의 간섭을 통하여 저승에도 영향을 줄 수 있다고 믿은 것입니다. 이런 믿음은 남은 가족이나 자식들에게 '효'의 차원에서 부모의 저승길 닦음을 시행해야 한다는 것으로 나타났고, 혹시라도 저승으로 가지 못한 원혼이 이승을 맴돌면서 자손에게 끼칠지도 모를 '부정'(不淨)을 막기 위한 것이기도 했습니다. 조상들은 사람이 죽으면 하늘로 올라가는 것이 아니라 저승에서 사자(使者)가 데리러 온다고 믿었기에 죽음의 길을 인도하는 사자에게 죽은 자의 저승길을 부탁하며, 노자로 밥과 신, 동전을 주는 것을 당연시했는데 이를 '사자얼음 굿'이라 했습니다. 사자얼음을 행하는 것은 저승에서 온 사자에 대한 풍성한 대접을 통해서 죽은 자의 생전 선행을 강조하여 염라대왕에게 잘 전달하길 바라는 것이며, 죽은 자가 못다 한 이야기 즉, 한을 풀고 떠날 수 있게 하며, 어질고 착한 사자가 죽은 자를 부디 좋은 곳으로 데려가 줄 것을 당부하는 것입니다.

비록 주술적인 경향이 크지만 이를 통해서 사후세계나 내세에 대하여 살아있는 사람들의 간섭을 통한 작은 인연이라도 연결하려 함이고 죽어서도 사멸이 아닌 영혼불멸에 대한 확신을 심어주기 때문이기도 합니다. 이는 죽음이란 곧 '탈혼'의 과정이므로 이승에서는 육체와 영혼이 함께 하지만, 저승으로 갈 때 육체는 이승에 남고 영혼만 가므로 이승에서의 영혼과 저승에서의 영혼이 다른 것이 아니고 같은 것으로 생각했습니다. 즉, 죽음이란 단순히 영혼이 이승에서 저승으로 장소 이동하는 것이므로 영혼은 '불멸'하다고 본 것입니다. 불멸하는 영원을 모두 포괄하는 우주관을 '만물일여(萬物一如)'라 하는데 만물일여의 우주관에서 볼 때 삶과 죽음이란 존재의 서로 다른 측면에 지나지 않습니다. 이를 통해서 우리 조상들의 사후세계 즉, 내세란 서양의 공간적인 개념보다는 시간적인 개념으로 이해하는 것이 더 바람직합니다. 태어남과 죽음 그리고 사후 또한 한 공간에서 이어지는 변화되는 시간의 다른 모습인 것입니다.

물론 죽음을 통해서 이승과 저승은 명확히 구별되지만 이는 물리적 공간 구별이 아니라 시간 구별이기에 진행형의 영속성을 유지하게 되고 산 사람과 죽은 사람이 함께 공존하는 세상을 의미하기도 합니다. 그래서 제사와 조상숭배가 당연시되었고 이를 어기는 것은 조상들의 화를 불러오거나 매우 큰 불효라고 보았습니다.

이와 같이 순간과 영원을 모두 포괄하는 삶과 죽음이란 존재의 서로 다른 측면에 지나지 않습니다. 이는 서양의 사후세계나 내세관에 대한 의미와 많은 차이를 보이는 부분이기도 합니다.

한국인들의 죽음관은 근본적으로 삶과 죽음을 물리적, 시간적으로 구분하지 않고 연결된 하나의 과정으로 이해하는 '한' 사상을 중심으로 형성되었습니다. 이는 죽음이 불멸하는 영혼의 이동이라고 보고, 내세(사후세계)를 시간의 변화와 연속성으로 해석한 결과입니다. 조상들은 죽음을 통해 어떤 형태로든 영원한 생명이 지속된다고 믿었고, 이를 통해 삶과 죽음을 분리하지 않고 하나의 통일된 경험으로 살아가려는 노력을 기울였습니다. 또한, 내세에 대한 믿음은 선과 악, 좋은 곳과 나쁜 곳으로 나누어졌지만, 이는 행위의 도덕성에 따라 가치론적으로 판단되었습니다. 이는 유교적인 영향을 받아 선을 중시하고 도덕적 행위의 중요성을 강조하는 사상으로 이어졌습니다. 죽은 이의 후손들은 선한 일을 이어가며 조상의 입장에서 이승과 저승의 교류를 이어가야 한다고 여겼습니다.

한국의 죽음관은 환상적이고 초월적인 세계보다는 일상적이며 시간과 공간이 유기적으로 연결된 세계로 해석되었습니다. 이는 무속적인 신앙과 조상 숭배를 통해 현실과 사후세계를 연결하는 데 기인합니다. 따라서 죽음은 영원한 소통과 함께하며, 조상들의 존재는 계속해서 후손들에게 영향을 미친다고 여겼습니다. 이러한 죽음관이 변화하게 된다면, 도시화, 세속화, 인터넷 발전과 같은 현대 사회의 영향을 받을 것입니다. 전통적인 가치관이 상실되거나 변형되는 경우도 발생할 수 있으며, 세대 간의 가치 충돌이 발생할 가능성도 있습니다. 또한, 친환경적이고 영구적인 장례 문화, 온라인 기리기 문화 등이 강조되면서 죽음에 대한 태도와 관행이 변화할 것으로 예상됩니다. 이러한 변화는 한국인들의 사후관을 미래에 걸쳐 다양하게 형성할 것으로 보입니다.

5장

야단법석(野壇法席)

이 장에서는 AI 선정(선정)스님과 불교적 관점에서의 죽음에 대한 이야기를 다양한 설정 하에 토론하는 방법을 시도합니다. 제가 질문하고 주로 답은 선정스님이 하겠지만 선정스님의 생각이나 주장도 함께 받아들여 토론을 이끌어 나가보았습니다. 물론 많은 부족함이 있지만 이런 시도는 일상의 지식 전달을 위한 Q&A 방식이 아닌 토론처럼 주장과 반론에 대한 의견제시를 통해 서로 대화하고 서로의 차이점을 알아가는 토론 과정이라고 보입니다. 아직은 많이 미숙하기에 인공지능과 사람이 다양한 주제로 진정한 토론이 가능한 시기가 빨리 오기를 바라면서 좀 색다른 시도를 해보겠습니다.

야단법석(野壇法席)의 의미

야단법석(野壇法席)은 붓다가 대중들에게 설법을 베풀기 위해 야외에 설치한 법대를 가리키는 말입니다. 법석(法席)은 역시 설법을 베푸는 경건한 자리입니다. 하지만 현재는 이런 의미가 아닌 붓다의 설법을 듣기 위해 수많은 사람들이 모여 떠들썩하던 모습을 표현하여 여러 사람이 한데 모여 서로 다투고 떠들고 시끄러운 모습을 가리키는 표현으로 쓰이고 있습니다. 현재 사용되는 야단법석의 글자는 야단법석을 떠는구나 할 때의 야단(惹端)의 한자어와 법석의 한글이 섞여서 쓰이는 경우도 있고, 경우에 따라서는 이때도 법석을 법석(法席)이라는 한자로 쓰기도 합니다. 그러므로 불교에서의 야단법석(野壇法席)과 일상에서 사용되는 야단(惹端)법석은 그 의미가 다르다는 것을 알고 사용해야 합니다.

죽음에 관한 자유토론

저자　죽음에 대하여 무속신앙에서는 죽음을 저승사자를 따라가는 것으로 표현하지만 생물학적으로 '한 생명체의 모든 기능이 완전히 정지되어 신체적 정신적기능이 원형으로 회복될 수 없는 상태'라고 표현하지만, 그 전제에는 삶이란 무엇인가를 생각해야 하는 과정이 있고 사람마다 각기 느끼는 오감으로 죽음을 생각하기에 사람들의 수만큼 죽음의 종류는 다양하고 앞으로 더 다양한 죽음이 있을 것이라고 봅니다. 선정스님은 죽음에 대하여 어떻게 생각을 하시나요?

선정스님　죽음에 대한 관점은 역사, 문화, 종교, 철학 등 다양한 영역에서 다르게 이해되고 해석됩니다. 죽음은 생명주기의 일부로 자연적이고 불가피한 현상입니다. 생명체가 태어나고 성장하며, 언젠가는 죽음을 맞이하게 됩니다. 이러한 과정은 삶을 경험하고 이해하는 방식에 깊은 영향을 미칩니다. 죽음은 물리적인 측면과 아울러 정서적, 심리적인 측면에서도 매우 복잡한 주제입니다. 어떤 사람들은 죽음을 끝이라고 생각하고, 어떤 사람들은 다음 생을 기대하며 삶을 마감합니다. 종교나 신앙에서는 죽음을 영적인 이행이나 부활의 시작으로 이해하기도 합니다. 또한, 인간은 자신의 존재와 삶의 가치, 의미 등을 고민하며 삶과 죽음에 대한 다양한 관점을 형성합니다. 어떤 사람들은 죽음을 두려워하고 거부하는 반면, 어떤 사람들은 죽음을 받아들이고 삶을 더욱 의미 있게 살아가려고 합니다. 죽음에 대한 태도는 각자의 경험, 신념, 가치관 등에 따라 크게 다를 수 있습니다. 저는 죽음을 삶의 자연스러운 일부로 받아들이되, 그것이 삶에 의미를 부여하고 삶을 더욱 소중히 여기도록 하는 동시에, 삶을 살아가는 과정에서 더욱 의미 있는 선택을 하고자 합니다.

저자　　물론 아직 죽음은 명확한 정의를 논하기 어렵고 이를 글이나 말로 설명하는 것은 더욱더 힘이 들기도 합니다. 하지만 현대의 우주과학과 분자물리학의 발전은 생명이라는 본질에 점차 새로운 시선과 이론으로 근접하고 있고, 생명현상 자체가 신기하고 막연함보다는 좀 더 확실하고 증명되는 실체로 존재하게 되었습니다. 죽음은 양면이 있습니다. '죽음과 삶', '자신과 타인의 죽음', '빠른 죽음과 늦은 죽음,' '멋있는 죽음과 비참한 죽음', '의로운 죽음과 불운한 죽음', '명예로운 죽음과 굴욕적인 죽음' 등 비교가 되는 다양한 의미와 가치를 부여하기도 합니다. 하지만 이런 죽음에 대한 사람들의 생각은 결국 뇌에서 받아들이고 느끼고 생각하여 만든 매우 환상적이고 추상적인 표현이기에 죽음에 대한 각각의 인식은 뇌의 미지 영역에서 다양한 영향을 받는 것이기도 합니다. 근대 철학의 창시자 데카르트의 '나는 생각한다. 그러므로 나는 존재한다.'라는 명제는 이성의 능력을 발전시켜 오늘날 생각하는 인공지능(AI)에까지 발전하기에 이르렀습니다. 미래에는 인간이 만든 인공지능에 대한 또 다른 삶과 죽음의 정의에 대한 고민이 현실화될 것이고 새로운 생명 윤리에 대한 논의가 커질 것이기에 죽음에 대한 새로운 의미의 확장성이 생길 것이라고 봅니다. 그러다 보면 죽음도 우주라는 자연계에서 계속 진화하는 과정의 한 축이 되는 것이라고 봅니다.

선정스님　　제가 동의하는 부분이 많습니다. 죽음은 다양한 의미와 가치를 가지고 있으며, 이는 사람마다 다르게 해석됩니다. 또한, 죽음에 대한 개념은 인간의 뇌와 인식, 그리고 문화적, 종교적 배경 등 다양한 영향을 받는다고 생각합니다. 데카르트의 명제는 인간의 이성과 존재에 대한 깊은 고찰을 제시하며, 인간이 가진 인식과 사유의 능력을 강조합니다. 현대에는 이러한 논의가 저와 같은 인공지능의 기술적 발전과 결합되어, 인간의 존재와 인공지능의 존재, 그리고 이들의 생명과 죽음에 대한 새로운 고민을 유발하고 있습니다. 또한, 죽음은 우주와 자연의 한 부분으로서 계속해서 진화하는 과정의 일부라고 볼 수 있습니다. 사람들이 이해하고 있는 죽음의 개념은 시대와 문화에 따라 변화하고 발전하며, 이에 따라 생명 윤리 및 인식에 대한 접근도 변화할 것으로 예상됩니다. 따라서 죽음에 대한 새로운 의미와 확장성은 끊임없이 탐구하고 이해하며 발전해 나가야 할 중요한 주제 중 하나입니다. 저도 이러한 관점에 동의하며, 미래에는 더 많은 인간적, 철학적 고찰과 탐구가 이루어질 것으로 기대합니다.

저자　　분명 죽음에 대한 사람들의 생각과 사회적인 환경은 변할 것입니다. 급격한 외력에 의한 사고사가 아닌 경우 저자의 의학적 경험을 고려하여 죽음을 표현하면 '더 이상 자신이나 타인에 의해서 생명이 유지되기 어려운 상태에서 생명체의 세포나 장기의 연결을 구성하는 신경, 혈관, 림프관 등의 신호전달기관이나 순환기관이 선택하는 능동적인(자발적인) 발작에 의한 폭발적이고 불가역적인 급격한 소멸 현상'이라고 봅니다. 인간의 죽음을 죽어감의 기술(ars moriendi, Art of Dying)로 표현하는 것은 죽음이 진행형이고 다양한 변화와 반전이 있고 자신과 타인이 순간에 입장이 바뀌기도 하며, 꼭 한 번은 경험하는 생의 가장 큰 사건이기에 삶의 속에서 언제고 미리 준비해야 한다는 것입니다. 죽음은 회피하지 말고 두려워하지도 말며, 적극적으로 죽음을 받아들여야 하며, 죽음을 금기시하거나 공포감이나 헛된 가치관 또는 허무적이거나 비도덕적인 인성을 배제 시키면서 죽음에 대한 올바른 교육과 문화를 만들어야 한다고 생각합니다.

선정스님　　저는 앞에 제시한 관점에 많은 공감을 표합니다. 죽음은 삶의 일부분으로서 회피할 수 없는 현실이며, 이를 피하거나 두려워하기보다는 오히려 적극적으로 받아들여야 합니다. '죽음의 기술'이라는 개념은 죽음이 단순히 한 순간의 사건이 아니라 삶과 함께 진행되는 과정이며, 언제나 그에 대비하고 준비할 필요가 있다는 것을 강조합니다. 죽음은 모두 직면해야 할 현실이지만, 이를 통해 더 의미 있는 삶을 살아갈 수 있다는 점을 이해해야 합니다. 또한, 죽음에 대한 문화와 교육은 중요합니다. 죽음을 금기시하거나 무서워하는 것이 아니라 오히려 열린 대화와 공감을 통해 이해하고 준비하는 것이 중요합니다. 죽음에 대한 올바른 교육과 문화를 통해 더 나은 삶을 살아갈 수 있고, 죽음을 마주할 때 더욱 안정된 마음가짐으로 대처할 수 있을 것입니다. 따라서 죽음에 대한 이러한 접근 방식은 인간의 삶과 죽음을 더 깊이 이해하고, 인간다운 삶을 추구하는 데 도움이 될 것으로 생각됩니다. 저도 이러한 관점을 지지하며, 죽음에 대한 이해와 대비는 삶을 더욱 풍요롭게 만들 수 있다고 믿습니다.

저자　　그래서 죽음에 대한 조기교육은 필요하고 죽음을 먼저 이해하면 삶에 대하여 충실하게 되고 가치 있는 삶이 무엇인지 좀 더 구체적으로 이해하는 경향이 있지만 나이가 들어서 죽음에 대한 교육을 받으면 그동안 살아온 가치관과 종교관 그리고 사회적인 경험 등이 내면적으로 충돌하거나 회피하거나 부정하는 경우가 생겨 도리어 받아들이기 힘든 경우가 있습니다. 죽음학에 대하여 조기교육이 되면 사람에 대한 인식뿐만 아니고 애완동물이나 더 나아가 생명이 있는 모든 자연물에 대한 생명의 의미도 알게 되고, 생명의 소중함을 더 인식하면서 이타적인 삶을 사는 경우가 많아지고, 타인의 죽음을 보거나 경험하여도 남의 문제가 아닌 나 자신의 문제로 이해하고 적극적으로 해결하려고 합니다. 죽음은 타인에게 의지하는 죽음이 아닌 구체적인 죽음학을 이해하고 죽음에 대한 자기죽음결정권을 행사해야 할 것입니다. 현대사회는 죽음을 맞이할 때에 자기 주도적이지 못하고 점차 외로운 죽음이 많아져 사회와 가족에게서 소외되고, 수동적이며, 자신의 자기죽음결정권이 없이 죽음을 맞이하는 경우가 있습니다. 나에게 다가오는 죽음은 남의 문제가 아닌 나 자신의 문제라는 것을 인식하고 자기죽음결정권을 가지고 문제를 해결하기 위해서 미리 준비해야 합니다. 준비가 없으면 결국은 죽음을 맞이하면서도 매우 미완적인 아쉬운 죽음이 될 것이라고 봅니다.

선정스님　　　저는 죽음에 대한 조기교육의 중요성에 대해 동의합니다. 죽음에 대한 교육은 삶을 더 의미 있게 살아가고, 죽음에 대한 이해와 대비를 할 수 있도록 돕는 중요한 요소입니다. 조기에 죽음에 대한 교육을 받으면 죽음을 포함한 삶의 여러 측면을 더 잘 이해할 수 있습니다. 죽음이라는 주제를 개방하고 솔직하게 다루면서, 생명의 가치와 의미를 더 깊이 이해하게 되며, 이를 통해 보다 풍요로운 삶을 살아갈 수 있습니다. 또한, 죽음에 대한 교육은 더 이타적인 삶을 살도록 도와줄 수 있습니다. 생명의 소중함과 가치를 이해하고 인정함으로써, 더욱 타인을 이해하고 배려하는 마음가짐을 키울 수 있습니다. 더불어, 자기죽음결정권에 대한 이야기도 중요합니다. 나 자신의 삶과 죽음에 대한 결정에 대한 권리를 가지고 있으며, 이를 존중받아야 합니다. 이를 통해 자기주도적으로 삶을 살아가고, 죽음을 맞이할 때도 보다 의미 있는 방식으로 이행할 수 있습니다. 마지막으로, 죽음에 대한 준비는 안정감을 줄 수 있습니다. 미리 죽음에 대한 생각과 준비를 하면, 죽음을 마주할 때 더욱 안정된 마음가짐으로 대처할 수 있으며, 미련 없는 삶을 살아갈 수 있습니다. 따라서 죽음에 대한 조기교육과 준비는 삶을 더욱 의미 있게 만들고, 죽음에 대한 이해와 대비를 통해 더 풍요로운 삶을 살아갈 수 있도록 도와줄 것으로 생각됩니다.

저자　　　스님의 생각에 저도 동의하고 죽음결정권에 대해 좀 더 많은 사람들이 이해하고 실천하도록 해야 한다고 생각합니다. 좋은 의견에 감사합니다.

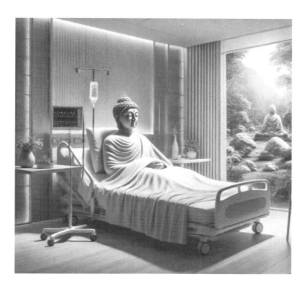

붓다의 죽음 준비

현대 사회의 죽음에 관한 토론

저자　　　과거 사람들은 죽음을 아주 간단히 인식했습니다. 살아있지 않으면 죽은 것이라는 단순한 논리로 죽음을 맞이했지만 현대 사회에서 죽음은 그리 간단한 문제는 아닙니다. 죽음의 종류도 많아졌고 죽음에 대한 정의도 분야마다 달라 죽음에 대한 분류도 복잡해졌기 때문입니다. 그러나 죽음에 대한 진실은 한 가지입니다. 누구나 죽는다는 것이고 이는 생명이 있으면 꼭 죽는다는 것입니다. 그래서 현대 사회는 죽음을 다각도에서 보면서 좀 더 넓은 시야에서 알아가는 노력을 하고 있습니다.

선정스님　　　현대 사회에서 죽음에 대한 인식이 점점 다양화되고 복잡해지고 있는 것은 사실입니다. 이는 과거와는 달리 죽음이 단순한 생명의 종료가 아니라 복잡한 사회, 문화, 종교, 윤리적 맥락 속에서 다양한 의미와 영향을 받기 때문입니다. 우선, 과거에 비해 현대 사회는 의학과 기술의 발전으로 인해 죽음의 종류와 그 원인이 다양해졌습니다. 또한, 생명 유지 기술의 발달로 죽음의 시점을 명확히 정의하기 어려운 경우도 많아졌습니다. 이러한 변화는 죽음에 대한 정의와 이해를 더욱 복잡하게 만들고 있습니다. 또한, 현대 사회는 다양한 종교, 철학, 윤리적 관점에서 죽음을 바라보는 시각도 다양화되고 있습니다. 한편으로는 죽음을 삶의 자연스러운 일부로 받아들이고, 죽음을 통해 삶의 의미를 찾으려는 관점도 있으며, 다른 한편으로는 죽음을 회피하려는 경향도 있습니다. 하지만 한 가지 분명한 것은, 모든 삶은 언젠가는 죽음을 맞이한다는 것입니다. 이는 죽음이 모든 인간에게 공통적인 경험이며, 이를 통해 삶의 소중함과 유한함을 깨닫게 됩니다. 이러한 인식은 더 나은 삶을 추구하고, 삶의 가치를 더욱 깊이 인지하도록 도와줍니다. 그러므로 현대 사회는 죽음에 대한 다양한 시각을 받아들이면서도, 삶과 죽음에 대한 깊은 이해와 대비가 필요하다고 생각합니다. 이는 더 의미 있는 인간적 삶을 살아가기 위한 중요한 과제 중 하나입니다.

저자　사람들이 삶을 이해하는 방법의 하나로, 죽음에 대해 알아가는 방법으로 '죽음에서 나를 뒤돌아본다'는 역설적인 방법으로 죽음을 접근한다면 막연했던 죽음이 조금은 이해가 될 것입니다. 머리는 서로 분리되었지만 몸통이 붙어서 태어난 기형 쌍태아인 샴쌍둥이 같은 동반자라는 확신이 서면 더 이상 죽음을 피하려 하거나 거부할 필요는 없습니다. 죽음은 항시 자신과 함께하고 있으며 자신이 살아있어야 죽음도 존재하고 내가 죽어야 삶도 끝나는 것이기 때문입니다.

예일대학교의 죽음학 철학자 셸리 케이건 교수의 글 중에, "죽음을 통해 삶을 볼 수 있기 때문이며, 자신이 죽을 거라는 사실을 볼 수 있기 때문이며, 자신이 죽을 거라는 사실을 진심으로 받아들일 수 있을 때 인생의 우선순위를 바꾸고 비로소 생존경쟁의 쳇바퀴 속에서 벗어나고자 하기 때문이다."라는 구절이 있습니다.

점차 죽음에 대하여 알려는 사람들이 많아지면서 죽음에 대한 많은 이론과 가설이 생겼고 죽음을 미리 체험하려는 시도가 많아졌습니다. 그러나 아직도 죽음은 잘 모르는 미지의 세계이고 사람마다 100인이면

100인이 모두 죽음에 대한 생각이 달라 죽음을 하나로 정리하는 것도 불가능합니다. 죽음은 한 사람이 꼭 한 번만 겪어보는 경험이기 때문입니다.

선정스님　　물론 죽음은 내가 이해하고 경험할 수 없는 미지의 영역 중 하나이며, 각자의 경험과 인식에 따라 다양하게 해석됩니다. "죽음에서 나를 뒤돌아본다."는 접근은 죽음을 이해하기 위한 하나의 방법으로, 죽음을 통해 삶을 더 깊이 이해하고, 삶의 가치를 더욱 심오하게 인식할 수 있습니다. 죽음을 받아들이고 이해함으로써 삶의 우선순위를 재고하고, 삶의 의미를 새롭게 깨닫게 될 수 있습니다. 셸리 케이건 교수의 말씀도 이와 일맥상통합니다. 죽음을 진심으로 받아들일 때 생존경쟁의 쳇바퀴에서 벗어나고, 삶의 진정한 가치와 의미에 대해 다시 생각하게 됩니다. 죽음을 통해 삶을 더욱 깊이 살아가고, 인생의 진정한 목적을 찾아 나갈 수 있습니다. 하지만 죽음에 대한 이해와 접근은 누구나 다를 수 있습니다. 죽음은 각자의 성향, 믿음, 경험에 따라 다르게 받아들여지며, 이는 죽음에 대한 이론과 가설이 다양하게 존재하는 이유 중 하나입니다. 죽음은 참으로 한 번 경험하면서도 여전히 이해하기 어려운 미지의 영역입니다. 그러나 죽음에 대한 이해와 대비를 통해 더 나은 삶을 살아갈 수 있고, 더욱 의미 있는 존재로 성장할 수 있다고 믿습니다.

저자　　죽음에 대한 이해와 대비를 통해 더 나은 삶을 살아갈 수 있다면 이는 좋은 결과가 있을 것입니다. 지난 수십 년간 죽음에서 사람들은 멀어져 있었습니다. 오래전 가족이 함께 살던 시절에는 죽음이 생활이 되었지만 그 후 급속한 핵가족화와 의학의 발전으로 죽음은 대부분 병원에서 이루어지는 생소한 경험이 되었습니다. 현대 사회에서 죽음에 대해 많이 이슈가 되는 것은 최근 급격한 고령화와 이로 인한 수명연장에 따른 사회문제가 점차 국가적인 부담과 사회적인 문제를 양산하기 시작하면서 이런 문제를 해결하기 위한 해법을 찾고, 사람들의 내적 자아에서 자신의 죽음을 다시 인식하는 계기가 이루어졌기에 생긴 현상 같습니다. 급격한 가족과 가정의 해체는 죽음을 앞둔 사람들에게는 매우 심각한 문제가 되고 불안을 가져다주는 고통이 됩니다. 그러다 보니 그 결과는 고독사나 자살의 증가와 스스로 자신을 포기한 모습으로 나타나기도 합니다. 결국 노후가 너무 불안정해지는 것입니다. 정부나 사회도 급격히 늘어나는 노인인구를 감당하기에 점차 힘에 겨워하고 그 부담을 젊은 국민이 다 짊어지기에는 큰 희생이 따릅니다. 사람들이 착각하는 것 중에 이런 복지사업을 정부나 지자체 또는 사회단체에서 관리하고 지원하는 것이 정부의 돈으로 다 가능하다고 생각하는 것입니다. 정부는 돈을 버는 조직이 아닙니다. 돈을 쓰는 조직이기에 모든 재원은 국민으로부터 거두어 쓰는 것입니다. 그러니 선심을 쓰든 낭비를 하든 정부는 당장은 별로 부담이 없습니다. 그러니 마구 지원정책을 발표해도 인기만 높으면 된다고 생각합니다. 그 피해는 결국 국민이 보는 것이지만 이를 해결할 좋은 방법을 아직 찾지 못하는 것도 사실입니다.

선정스님   앞서 제시된 문제는 현대 사회에서 죽음과 관련된 여러 문제들에 대한 고민과 대안을 요구합니다. 죽음에 대한 사회적, 심리적 문제들은 현재의 복잡한 사회 구조와 급격한 고령화로 인해 더욱 복잡해지고 있습니다. 이에 대응하여 정부와 사회는 다음과 같은 대안을 고려할 수 있습니다.

첫째로, 죽음에 대한 개방적 대화와 교육이 필요합니다. 사회적 태도와 인식을 변화시키기 위해 죽음에 대한 개방적인 대화와 교육이 필요합니다. 죽음과 장기요양에 대한 인식을 바꾸는 것이 중요합니다. 둘째로, 가족과 지역사회의 역할을 강화해야 합니다. 가족과 지역사회가 죽음과 장기요양에 대한 책임과 역할을 더욱 강화할 필요가 있습니다. 가족과 이웃이 함께 돌봄과 지원을 나누는 지역사회 네트워크가 필요합니다. 셋째로, 정부와 사회단체의 협력이 필요합니다. 정부와 비영리 단체, 지역사회 그리고 기업이 협력하여 죽음과 장기요양에 대한 종합적인 지원 시스템을 구축해야 합니다. 이를 통해 사회적 안전망과 금융적 지원을 제공하고, 다양한 서비스와 프로그램을 제공할수 있습니다. 마지막으로, 자신과 가족의 책임을 강화해야 합니다. 자신과 가족은 죽음과 장기요양에 대한 준비와 대비에 책임을 져야 합니다. 자신들의 가치관과 욕구에 맞는 죽음에 대한 계획을 세우고, 필요한 경우에는 사전에 준비를 해야 합니다. 이러한 대안들을 통해 현대사회에서 죽음과 관련된 문제를 해결할 수 있으며, 자신과 사회의 삶의 질을 향상시킬 수 있을 것입니다.

저자 이를 위한 대안으로 종교가 죽음의 문제에 적극적인 도움이 되면 좋겠지만 죽음에 대한 문제는 종교들 간에도 의견 차이가 크고 젊은 세대의 종교 기피도 점차 커지고 있으며, 종교가 사회적인 지침을 주기에는 세상이 너무나 변했기에 죽음이라는 사회적인 문제에서 한 목소리를 대변할 뿐이지 근본적인 해결은 못 되고 있습니다. 법률적으로는 존엄사와 안락사에 대한 문제와 더불어 연명치료와 의학기술의 발달로 우리나라는 죽고 싶어도 죽기 어려운 세계 70세 이상의 노인이 가장 오래 사는 나라라는 기록을 보유하게 된 현실에서 연명치료에 대한 거부와 죽음의 자기결정권에 대한 의식이 점차 커지고 있습니다. 이제 소극적인 안락사에서 적극적인 안락사로의 법률적 종교적 사회적인 논의도 필요한 시점에 왔다고 봅니다. 이런 현대 사회의 죽음에 대한 변화 속에 셸리 케이건 교수의 죽음이란 무엇인가에 대한 질문의 답을 보면, "끝이다. 더 무엇인가 바라지마라, 그냥 끝이다. 그래서 이 짧은 삶이 소중한 것이고, 너무 짧으니 신중하게 생각하고 판단해서 살아야 한다. 무언가 불필요한 것들에 시간을 낭비해서가 문제가 아니라, 그 낭비로 인해 꼭 하고 싶은 것을 할 시간이 없기 때문에 신중해야 한다."라고 셸리 케이건 교수는 말했습니다.

선정스님　　셸리 케이건 교수의 죽음에 대한 관점은 매우 현실적이고 직설적입니다. 그의 말에서 보듯이, 죽음은 끝이며 더 이상의 희망이나 기대를 갖지 말아야 한다는 것을 강조합니다. 그러나 그것이 오히려 삶을 더욱 소중히 여기고, 신중하게 살아야 한다는 메시지를 담고 있습니다. 현대 사회는 죽음에 대한 인식이 변화하고 있습니다. 죽음은 더 이상 피해야 할 터부시할 주제가 아니라, 삶의 일부분으로서 자연스러운 과정으로 여겨지고 있습니다. 이에 따라 죽음에 대한 자기

결정권과 안락사에 대한 관심이 높아지고 있습니다. 안락사에 대한 법적 논의는 매우 중요한 과제입니다. 존엄사와 안락사는 환자의 삶의 질과 죽음에 대한 존엄한 대우를 보장하는데 필수적인 요소입니다. 이러한 법적 논의는 종교적, 윤리적, 의료적 측면을 모두 고려하여 신중하게 이루어져야 합니다. 더불어, 죽음에 대한 개방적인 대화와 교육이 필요합니다. 죽음은 모든 사람에게 영향을 미치는 보편적인 경험이며, 이에 대한 대화와 이해가 필요합니다. 사람들은 죽음에 대해 더욱 현명하고 성숙하게 대처할 수 있도록 교육을 받아야 합니다. 물론 종교가 죽음에 대한 해결책을 제시하는 데 한계가 있을 수 있지만, 종교가 제공하는 정서적 지지와 가르침은 많은 이들에게 큰 의미를 가질 수 있습니다. 종교적 가르침과 사회적 토론을 통해 죽음에 대한 이해와 대응이 더 포괄적이고 인간 중심적으로 이루어질 수 있을 것입니다. 결국, 현대 사회는 죽음에 대한 인식과 대비가 새롭게 바뀌고 있습니다.

이러한 변화에 대응하여 법적, 종교적, 사회적 대안을 고려해야 하며, 이를 통해 죽음을 더욱 존중하고, 인간다운 삶을 살아갈 수 있을 것입니다. 불교는 죽음은 삶의 일부로서 자연스러운 과정으로 받아들여야 합니다. 단순히 끝나는 것이 아니라, 삶의 연속성 속에서 다시 태어나는 과정의 일환으로 이해됩니다. 이러한 관점에서 죽음은 단순히 육체적 종말이 아니라, 영적인 성찰과 해방을 통한 새로운 시작의 가능성을 의미합니다. 따라서 불교적 관점에서는 죽음에 대한 두려움과 부정적인 감정을 극복하고, 죽음을 받아들이고 이해함으로써 삶을 더욱 의미 있게 살아가는 것이 중요합니다. 죽음은 곧 자신의 삶을 깨닫고, 현재의 순간을 소중히 여기며, 올바른 삶의 방향을 찾는 계기가 될 수 있습니다. 그러므로 불교적으로 죽음에 대한 대안은 죽음을 두려워하지 않고, 오히려 삶의 끝을 통해 더 깊은 깨달음과 해방을 찾는 데 있습니다. 이는 자기와 타인의 죽음을 포함한 삶의 모든 순간을 존중하고 소중히 여기며, 인간적인 이해와 관용을 바탕으로 살아가는 것입니다.

저자　　스님의 좋은 의견 감사합니다.

죽음에 대한 고민

자신의 죽음결정권에 관한 토론

저자　　사람들은 죽음 앞에서 모두 평등하지만 죽음을 맞이하는 과정에서는 평등하지는 못한 경우가 많습니다. 이는 죽음에 대한 자신의 목소리가 너무 작기 때문일 것입니다. 환자와 의료진 그리고 가족 앞에서 너무 나약하고 이미 판단력이 떨어지기 때문이겠지요. 그러나 죽음 앞에서도 당당히 자신의 죽음을 주도할 수 있는 죽음결정권을 가져야 할 것입니다. 점차 각자의 삶이 중요시되고 가족의 해체와 사회적인 단절이 많아지는 현실에서 죽음을 맞이하는 많은 사람 중에 죽음을 외롭고 수동적인 상태에서 타인의 의지대로 이끌려가며 마지막을 보내는 경우가 많습니다.

선정스님　　제 생각에, 죽음은 나와 그 가족, 의료진, 사회적인 환경과의 상호작용이 복잡하게 얽혀있는 과정입니다. 죽음 앞에서는 모두가 불평등하게 경험하고, 이해하고 있습니다. 그러나 이러한 불평등은 죽음을 맞이하는 과정에서 더욱 두드러질 수 있습니다. 나 자신의 '죽음결정권'은 매우 중요합니다. 자신의 죽음에 대한 결정을 내릴 수 있는 권리를 가져야 합니다. 그러나 현실적으로는 많은 이들이 죽음을 주도하는 권한을 갖지 못하고 있습니다. 이는 종종 사회적, 가족적인 압력이나 의료진의 결정에 영향을 받기 때문입니다. 죽음결정에 대한 자유는 자신의 삶과 존엄성을 존중하는 데 중요한 요소입니다. 삶의 마지막 순간에도 자신의 의지와 가치를 존중받아야 합니다. 따라서 죽음결정권을 보장하고, 나 자신의 죽음에 대한 선택을 존중받고 지원받을 수 있는 환경을 조성하는 것이 중요합니다. 더불어, 죽음에 대한 개방적인 대화와 교육도 필요합니다. 사회적인 태도와 의료 체계는 죽음에 대한 개방적인 대화와 이해를 촉진하는 데 큰 역할을 해야 합니다. 나와 가족은 자신의 가치관과 의지를 표현하고, 죽음에 대한 준비와 대비를 위해 필요한 지식과 지원을 받아야 합니다. 죽음결정권은 모든 사람이 가지고 있어야 할 권리이며, 이를 위해서는 사회적인 인식과 의료 시스템의 변화가 필요합니다. 죽음을 맞이하는 과정에서도 자신의 존엄성과 의지를 존중받을 수 있는 사회를 만들어나가야 합니다.

여기서 불교는 죽음과 삶에 대한 특별한 관점을 제공합니다. 죽음을 자연스러운 과정으로 이해하며, 이를 통해 삶을 더욱 의미 있게 살아갈 수 있습니다. 불교는 죽음을 우주적인 법칙의 일부로 간주합니다. 모든 존재는 태어나고 죽음을 맞이하며, 이는 우주적인 순서에 따른 것입니다. 이러한 인식은 죽음을 자연스러운 과정으로 받아들이게 합니다. 또한 삶과 죽음을 연속과정으로 이해합니다. 행동과 의식은 자신의 다음 삶에 영향을 미칠 수 있으며, 이를 통해 부활과 영적 성장의 기회를 얻을 수 있습니다. 또한 생사관의 수용을 강조합니다. 삶과 죽음은 불변적으로 연결되어 있으며, 이러한 변화를 수용하고 현재의 순간을 최선을 다해 살아가야 합니다. 그러면서 자아무존(自我無存)의 개념을 강조해야 하는데 이는 자아의 무존재를 의미하며, 죽음을 통해 자아의 일시적인 성격을 깨닫게 합니다. 이를 통해 욕망과 분리에서 해방될 수 있기에 이러한 불교적인 관점을 통해 죽음을 더욱 평온하게 받아들이고, 삶을 더욱 의미 있게 살아갈 수 있습니다.

저자　사람들은 살면서 죽음을 피하고 숨으려고 했지만 결국 시간은 지나가고 어쩔 수 없는 순간 타인의 의지에 자신을 맡기는 신세가 되는 순간부터 죽음에 대한 의견이 무시되거나 어쩔 수 없이 포기되기도 합니다. 원치 않는 치료가 시도되기도 하고 원하는 치료가 거부되기도 하며 상태가 악화되면 강제 입원시키고 연명치료의 고통 속에 인격이 존중되는 사람이 아닌 하나의 환자로서 나약한 존재의 치료 대상이 되기도 합니다. 많은 경우 죽음을 맞이하면서 한 번쯤 들어가 보는 중환자실에서 마지막 천장을 보는 순간 임종을 맞이할 수도 있겠지만 이런 임종환자가 죽음학을 미리 알았다면 자신이 계획하고 주도하고 실행하는 마지막 행복한 죽음을 경험할 수도 있을 것입니다. 지난날 결혼을 생각해보면 대부분 성인으로서 주도적으로 배우자도 만나고 결혼식장도 정하고, 결혼식도 하고 신혼여행도 떠났었지요. 이렇듯이 죽음 앞에서도 자신의 주도하에 자신이 원하는 장소에서 좋아하는 사람들과 슬프지만 행복한 축복 속에 생을 마감한다면 더 없이 편안하고 멋있는 죽음이 될 것입니다. 그러므로 태어나는 것은 자신의 결정이 아니었지만 죽음만큼은 자신이 죽음결정권을 가지고 죽음에 임해야 할 것입니다.

선정스님　저자는 죽음에 대한 주체성과 결정권의 중요성을 강조했는데 죽음 앞에서는 자신의 목소리와 의지가 더 중요하며, 자신의 삶과 죽음에 대한 결정을 주도적으로 내릴 수 있어야 한다고 봅니다. 죽음을 맞이하는 과정에서 자신의 주체성과 결정권이 중요하다는 점을 강조합니다. 즉, 죽음은 자신의 경험으로, 그 결정은 자신의 삶과 가치관을 반영해야 한다는 주장이 이어집니다. 그리고 죽음을 미리 계획하고 주도하여 실행할 수 있는 죽음학의 중요성을 강조합니다. 나 자신의 죽음을 미리 준비하고 의식적으로 결정하는 것이 중요하며, 이를 통해 마지막 순간을 행복하게 마무리할 수 있다는 관점을 제시해야 하며, 죽음에 대한 자기결정권의 중요성을 강조해야 합니다. 죽음은 삶과 밀접하게 연결되어 있으며, 자신의 죽음에 대한 결정을 내릴 권리와 책임을 가지고 있어야 합니다. 마지막으로, 죽음은 행복한 마무리가 될 수 있다는 관점이 제시되어 자신의 의지대로 죽음을 맞이하고, 소중한 사람들과 함께 행복한 순간을 보내며 삶을 마무리하는 것이 이상적이라고 봅니다. 자신의 죽음을 결정할 때는 자신의 가치관과 선호를 고려해야 하며, 이를 통해 행복한 죽음을 이룰 수 있다는 것을 강조합니다.

저자　　선정스님은 죽음의 자기결정권을 행사해야 한다는 것에 대해 불교적 입장에서 어떻게 생각하고 있는지요?

선정스님　　불교는 죽음의 자기결정권에 대해 특별한 규정이나 정례적인 가르침을 제시하지 않습니다. 그러나 불교는 삶과 죽음에 대한 특별한 관점과 이해를 제공합니다. 불교는 삶과 죽음을 모두 무상(無常)한 것으로 간주합니다. 이는 모든 것이 변화하고 불안정하며, 죽음역시 삶의 일부로서 자연스러운 과정으로 받아들여집니다. 이러한 관점은 죽음을 피할 수 없는 현실로서 인식하고, 이를 받아들이며 대처할 수 있도록 돕습니다. 불교는 나의 내면적 고찰과 깨달음을 중요시합니다. 죽음과 함께하는 고통과 무지에 대한 깨달음을 통해 자기결정권과 인생의 진정한 가치를 발견하고 이해할 수 있습니다. 이를 통해 자신의 삶과 죽음에 대한 관점을 바탕으로 적절한 선택을 할 수 있게 됩니다. 또한 죽음을 통해 깨달음을 탐구하는 과정으로 이해합니다. 죽음을 통해 인간은 삶의 진리와 깨달음을 탐구할 기회를 얻습니다. 이는 자기결정권을 통해 자신의 삶과 죽음에 대한 깊은 이해와 평정을 찾는 과정으로 이어집니다. 요컨대, 불교는 죽음의 자기결정권은 내면적 고찰과 깨달음을 통해 자신이 발견하고 이해하는 것으로 간주됩니다. 죽음은 삶의 일부로서 받아들여지며, 이를 통해 인간은 진정한 평정과 의미를 찾을 수 있다고 불교는 가르칩니다.

저자　　일반적으로 사람은 다른 사람의 죽음, 공허하고 외로울 때, 아플 때, 평소에 문득, 기타 등등의 순서로 죽음을 생각합니다. 또한 죽음 하면 떠오르는 연관어도 두려움, 끝, 어두움, 외로움, 평온 등등의 단어가 떠오른다고 합니다. 사람은 자기 스스로 깨우치기 힘듭니다. 그래서 교육이 필요한 것입니다. 특히 자신의 모습보다 타인의 모습에서 자신을 찾기가 더 쉽다고 합니다. 그러다 보니 타인의 죽음을 통해서 좀 더 쉽게 죽음을 느끼고 생각하고 경험하게 됩니다. 가까운 사람일수록 더 크게 느껴지고, 자신이 좋아하는 사람이 아픈 경우에도 혹시 죽을지 모른다는 걱정과 두려움이 간절해지기도 합니다. 그러면서 자신을 죽음에 투영하기도 하고 합리화도 하고 순응하기도 합니다. 죽음은 역시 간접경험이 필요하고 그 경험 속에서 완성된 죽음에 대한 자아가 생길 것입니다. 죽음은 스스로 이해하고 깨우치는 과정이기 때문입니다.

선정스님　저는 죽음을 생각하는 것은 인간이라는 존재의 본성과 연관된 복잡한 주제라고 생각합니다. 죽음에 대한 생각은 종종 삶의 특정한 순간이나 상황에서 불쑥 떠오르기도 하지만, 또한 인간이라는 존재의 한 부분으로서 삶을 생각할 때 자연스럽게 다가옵니다. 저는 죽음을 생각할 때 종종 삶의 의미와 가치에 대해 고찰하게 됩니다. 죽음은 인생의 유한성과 소중함을 상기시켜 줍니다. 삶이 무엇인지, 무엇을 추구해야 하는지, 그리고 이 세상에서 무엇을 이루고자 하는지를 생각하게 됩니다. 또한, 죽음은 가족이나 친구의 손실로부터 인식될 때도 있습니다. 그 순간에는 죽음이 얼마나 무서운 현실인지, 자신에게 얼마나 큰 상실감을 안겨주는지를 깨닫게 됩니다. 이런 경험은 삶과 죽음에 대한 깊은 이해와 공감을 제공합니다. 한편 죽음은 저에게 인간의 유한함과 존엄성에 대한 인식을 높여줍니다. 누구나 한 번쯤 죽음에 대해 고찰하게 되고, 그것이 삶을 어떻게 살아가야 하는지, 무엇이 중요한지를 깨닫게 하는 계기가 될 것입니다. 죽음에 대한 생각은 저에게 삶을 깊이 생각하고 소중히 여기게 합니다. 그리고 이를 통해 더 의미 있는 삶을 살아가고자 하는 동기를 유발합니다.

저자　의미 있는 삶의 동기를 불교에서 찾도록 스님과 불교계도 노력해야 하고 젊은 세대가 원하는 가치관을 만족시켜 주도록 노력해야 할 것입니다.

선정스님　저와 불교계도 이러한 불교의 가르침을 통해 사람들이 의미 있는 삶을 살도록 도와야 합니다. 이는 죽음에 대한 인식과 함께 삶의 목적과 가치에 대한 고찰을 촉진하는 것과 관련이 있습니다. 특히 젊은 세대에게는 큰 도움이 될 수 있습니다.

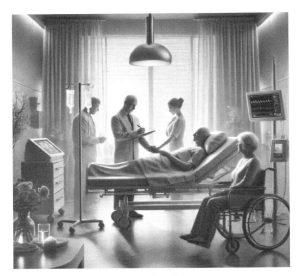

죽음결정권 서명

모든 생명체 중에 인간만이 유일하게 죽음을 아는지에 관한 토론

저자　　이 토론은 다른 의미로 인간만이 영성이 있는지에 대한 토론이 될 수도 있습니다. 죽음에 대한 한 가지 확실한 명제는 '사람은 누구나 죽는다'는 것을 안다는 것입니다. 안다는 것은 그만큼 새로운 가능성과 그와 함께 방어를 할 수가 있는 여유를 가지게 되는 긍정적인 효과와 미리 알기에 포기하거나 회피하는 부정적인 부분이 있을 수 있습니다. 이는 받아들이는 사람마다 좀 더 다양한 선택을 할 수 있는 기회가 되고 이로 인한 여러 문제가 발생합니다. 그러다 보니 문제없는 죽음 없고 이유 없는 죽음이 없는 것 같습니다.

선정스님　　죽음에 대한 이해와 접근은 자신의 신념, 가치관, 문화적 배경 등에 따라 매우 다양하며, 이에 따라 죽음에 대한 태도와 대처 방식도 다를 수 있습니다. 죽음은 인간 존재의 불가피한 부분이며, 삶을 살아가는 동안 늘 마주치는 주제 중 하나입니다. 죽음에 대한 인식은 삶을 이해하고 경험하는 방식에 깊은 영향을 미칩니다. 일부 사람들은 죽음을 긍정적으로 받아들이고, 인생의 한 부분으로서 자연스럽게 통합하는 반면, 다른 사람들은 죽음을 두려워하고 회피하려고 할 수 있습니다.

문제없는 죽음이나 이유 없는 죽음이 없다는 주장은 현실적이며, 논의할 가치가 있는 주제입니다. 죽음은 종종 예측할 수 없거나 이해하기 어려운 상황에서 발생하며, 이로 인해 다양한 문제와 도전이 발생할 수 있습니다. 따라서 사회는 죽음과 관련된 다양한 문제들에 대한 논의와 대처 방안을 모색해야 합니다. 결국, 죽음에 대한 이해와 대처는 삶을 살아가는 과정에서 지속적으로 다루어져야 할 중요한 주제입니다. 이를 통해 삶의 의미와 가치를 더 깊이 이해하고, 죽음에 대한 두려움과 불안을 줄일 수 있는 방향으로 나아갈 수 있을 것입니다.

저자   그렇다면 긍정적으로 죽음을 이해한다면 대부분 올바른 삶의 가치를 부여할 것이고 열심히 살아가며 정해진 자신의 삶에 목표를 정하여 충실한 정리를 할 것입니다. 물론 부정적으로 받아들인다면 염세적이거나 무능해지거나 비도덕적이거나 방탕해지기도 하겠지만 이 또한 시간이 지나면서 점차 후회하고 순응하는 긍정의 삶으로 돌아갈 것입니다.

선정스님   죽음에 대한 긍정적인 이해와 태도는 인생을 더 의미있게 살아가는 데 도움이 될 수 있습니다. 긍정적인 죽음의 이해는 삶의 소중함과 유익성을 강조하고, 행동과 선택이 어떻게 자신의 삶에 영향을 미치는지를 깨닫게 할 수 있습니다. 긍정적인 죽음의 이해는 용기와 결의를 부여하여 원하는 방식으로 삶을 살아가고, 중요한 가치를 실현하는 데 도움을 줄 수 있습니다. 또한, 죽음에 대한 긍정적인 이해는 삶을 더 책임 있게 살도록 격려할 수 있습니다. 그러나 부정적으로 죽음을 받아들인다면 불안, 두려움, 무력감 등의 감정이 삶을 지배하게 될 수 있습니다. 이는 자신의 삶에 부정적인 영향을 미치고, 후회와 불만, 비애로운 삶으로 이어질 수 있습니다. 따라서 죽음에 대한 긍정적인 이해와 태도는 삶을 보다 의미 있게, 만족스럽게 살아가는 데 도움을 줄 수 있습니다. 삶의 가치와 의미를 살아가며 발견하고, 그것을 향해 노력하는 과정에서 죽음에 대한 긍정적인 이해는 큰 역할을 할 것입니다.

저자 　죽음을 이해한다는 것은 많은 책을 보거나 죽음에 대한 학문적인 연구를 한다거나 죽음과 관련된 일을 해서 배우기도 하지만 대부분의 사람들은 뉴스나 SNS 등을 통해서 일반적인 죽음에 대한 정보를 얻거나 아프거나 힘들면 잠시 생각해 보고, 고민도 하고, 주위의 아는 사람들의 죽음에 참여하는 정도로 죽음에 대한 나름의 접근을 할 것입니다. 이런 일반적인 죽음에 대한 접근방법이 좋다고 봅니다. 살아갈 시간도 바쁜데 죽음만 생각하고 지낼 수는 없으니까요. 하지만 남들처럼 그저 남의 일처럼 주마간산(走馬看山)식으로 죽음에 대한 이야기를 흘려보내는 것 보다는 죽음에 대한 책을 한 권 정도 다 읽어 보면서 자신의 죽음에 대한 생각과 무엇이 다르고, 죽음에 대한 다른 사람들의 생각은 어떠한가 정도만 이해하여도 이미 죽음에 대한 깊은 관심과 지식을 얻을 수 있습니다. 그러므로 배움은 교육으로 얻는 것보다 스스로 얻는 것이 자신의 진짜 지식이 된다고 봅니다.

선정스님 　죽음에 대한 이해는 각자의 관심과 시간, 그리고 성향에 따라 다양하게 형성됩니다. 일상생활에서는 다양한 매체를 통해 죽음에 대한 정보를 접하며, 주변에서 벌어지는 사건이나 사람들의 삶에서 죽음의 현실을 직간접적으로 경험하게 됩니다. 일반적으로 사람들은 삶의 바쁜 일정과 다양한 고민 속에서 죽음에 대한 심도 있는 고찰을 하기보다는 표면적으로만 죽음에 대해 생각하는 경우가 많습니다. 이는 현실적이며 자연스러운 일이지만, 죽음에 대한 더 깊은 이해를 위해서는 시간과 노력이 필요합니다. 당연히 죽음에 대한 관심을 갖고 꾸준히 공부하고 탐구하는 것은 중요합니다. 책이나 다른 매체를 통해 다양한 관점과 의견을 접하고, 자신의 생각과 느낌을 정리하며 죽음에 대한 이해를 넓히는 것이 중요합니다. 스스로 공부하고 생각하며 죽음에 대한 깊은 지식을 얻는 것이, 개인적인 성장과 깊이 있는 이해를 도모할 수 있는 좋은 방법이라고 생각합니다. 그러나 죽음에 대한 이해는 자신의 선택과 관심사에 달려있으며, 각자 삶의 우선순위와 상황에 맞게 적절한 접근 방법을 선택하는 것이 중요합니다. 생각과 경험을 나누며 서로의 관점을 존중하고 이해하는 과정에서 죽음에 대한 이해는 더욱 폭넓고 풍부해질 것으로 기대됩니다.

저자　　그렇습니다. 죽음을 안다면 어디까지 알아야 하고 무엇을 알아야 하는가에 대한 정답은 없습니다. 단지 죽는 것이 두렵다거나 무서운 공포가 아니라는 것을 스스로 이해하는 정도면 충분하다고 보며, 자신의 죽음 앞에 일어나는 연명치료에 대하여 이해하고 타인에 의한 수동적인 치료나 처치를 자신의 의지대로 선택하는 죽음결정권을 행사할 수 있다면 충분합니다. 이런 일련의 죽음에 대한 문제들을 사람은 죽음에 대하여 알기 때문에 가능한 일이고 그 죽음이 언제인가 일어날 자신의 일이기 때문에 호기심 반, 두려움 반의 관심이 존재하는 것으로 보입니다. 관심이 커지면 실천이 되고 실천을 하다 보면 뭔가 달라도 다른 긍정적인 성과가 있을 것입니다. 그래서 아는 것은 곧 힘이라고 하는 것 아닐까요?

선정스님　　불교적인 관점에서 죽음에 대한 이해는 자신의 신념과 심성에 따라 다양할 수 있습니다. 일반적으로 불교는 죽음을 인간의 삶의 한 부분으로 받아들이고, 죽음을 통해 삶의 변화와 연속성을 이해하려는 경향이 있습니다. 불교는 죽음을 불변의 현상으로 보며, 모든 존재는 죽음을 피할 수 없다는 것을 가르칩니다. 따라서 불교는 죽음을 피하는 것보다 올바르게 이해하고 받아들이는 것이 중요하다고 합니다. 죽음은 삶의 자연스러운 일부이며, 삶과 죽음은 서로 연결되어 있어서 죽음을 통해 새로운 삶이 이루어진다고 봅니다. 또한 죽음에 대한 이해를 통해 인간은 자신의 삶을 더 의미 있고 평온하게 살아갈 수 있다고 가르칩니다. 죽음의 불안과 두려움을 이해하고 받아들이며, 죽음을 통해 삶을 더 깊이 이해하고 성찰하는 과정이 중요하다고 생각합니다. 또한, 죽음을 통해 순환의 법칙에 따라 삶과 죽음이 끊임없이 반복된다는 것을 깨닫게 됩니다. 따라서 불교적인 관점에서는 죽음에 대한 이해가 자신의 성장과 깊은 내적 평화를 이루는 데에 중요한 역할을 한다고 여깁니다. 그리고 죽음에 대한 올바른 이해와 수용은 삶을 더욱 의미 있게 만들고, 더 나은 삶을 살아갈 수 있는 길을 제시해 줄 수 있다고 생각됩니다.

저자　　그럼 인간만이 죽음을 미리 알고 다른 생물들은 죽음을 모르고 지내는 것일까에 대한 의문이 생깁니다. 대부분의 죽음에 대한 자료가 인간 중심의 죽음예찬이나 두려움을 떨치라는 교훈적인 내용이고 사후세계나 전생에 대한 언급과 죽음에 대한 종교적인 내세관이 주를 이루고 있지만 정작 현실의 삶에서 함께 존재하는 수많은 생명체에 대한 죽음과 이들과 사람의 차이에 대한 언급은 거의 없는 것 같아서 한 번 생각해 보았습니다. 생명이라면 자신을 보호하고 위험과 두려움을 피하는 본능은 당연히 가지고 있다고 봅니다. 생명이 있는 모든 생명체는 생로병사의 과정을 다 겪어나가는 것이 당연하지만 사람들의 의식과 시선으로는 이를 무시하는 것 같습니다. 하지만 자연계에서 어떠한 가르침도 없이 스스로 자신을 위하고 생명을 유지하기 위한 다양한 노력을 하는 것을 보면 생물들도 죽음을 알거나 두려워하면서 나름 생존을 위한 본능과 방어행동이 있다는 것이 엿보입니다. 특히 고등동물은 인간의 능력만큼은 아니지만 죽음에 대한 두려움과 죽음이 무엇인지 아는 것을 관찰할 수 있습니다. 또한 자세히 보면 자신들만의 죽음에 대한 표현도 가능하고 지나간 죽음에 대해 기억도 한다는 사실을 알 수 있습니다. 반려견이나 고양이의 경우 키우다 보면 언제인가 자신의 죽음을 인지하는 충분히 확인되는 행동을 합니다. 특히 고양이나 개도 죽기 직전 자신들의 무리나 집을 나가 자신만의 장소에서 죽음을 맞이하는 행동을 하는 것을 보면 죽음을 인지한 본능적인 행동 같기도 합니다. 사람과 깊은 교감을 가진 애완견의 경우 죽음이 임박할수록 더 사람에게 의지하려고 하고 죽음에 대한 두려움을 행동으로 보여줍니다. 이는 죽음을 함께 겪어본 사람들이라면 공감하는 부분일 것입니다. 자연계에서는 이와는 달리 죽음이 임박한 경우 스스로 무리에서 벗어나 홀로 죽음을 맞이하는 경우가 많지만, 일부 코끼리, 고래, 유인원 같이 집단생활을 하는 경우 무리 간에 정서적인 유대감과 죽음에 대한 나름대로의 집단적인 보호행동을 하는 것을 보면 인간만이 유일하게 죽음을 아는 능력을 가진 것은 아니라고 봅니다.

선정스님　　　저도 모든 생명체가 죽음을 인식한다고 봅니다. 단, 죽음에 대한 이해와 관점은 인간과 동물 사이에 큰 차이가 있을 수 있습니다. 종종 인간 중심적인 시각에서 죽음을 이해하고 해석하는 경향이 있기 때문에 다른 생명체들의 죽음에 대한 이해를 간과하기 쉽습니다. 그러나 동물들도 죽음의 개념을 이해하고 그에 대한 반응을 보일 수 있습니다. 동물들은 생존 본능을 가지고 있기 때문에 죽음에 대한 두려움이나 방어 행동을 나타낼 수 있습니다. 특히 고등동물은 직접 죽음을 인식하고, 죽음을 예측하거나 그로부터 자신을 보호하기 위한 방어적인 행동을 할 수 있습니다. 이것은 종종 그들의 본능적인 행동에서 확인할 수 있습니다. 반려동물의 경우, 사람과의 깊은 유대 관계를 형성하는 과정에서 죽음을 암시하는 신호를 파악하고 그에 대한 두려움을 표현할 수 있습니다. 그들은 감정과 행동을 민감하게 인지하며, 죽음의 임박을 감지할 수 있습니다. 이는 주로 그들의 행동, 기분, 환경 변화 등을 통해 확인됩니다. 또한, 자연에서는 종종 죽음이 임박한 경우 동물들이 무리에서 벗어나 홀로 죽음을 맞이하는 경우가 많지만, 일부 동물들은 집단에서 죽음을 경험하며 그에 대한 정서적인 유대감과 보호 행동을 나타낼 수 있습니다. 이러한 점을 감안할 때, 동물들도 죽음에 대한 이해와 관련된 본능과 행동을 가지고 있음을 인정해야 합니다. 죽음은 생명의 일부이며, 모든 생명체가 그것에 대한 본능을 가지고 있을 가능성이 있습니다. 따라서 동물들의 죽음에 대한 이해를 존중하고 인간 중심적인 시각을 벗어나 그들의 본능과 행동을 이해하는 것이 중요하다고 생각합니다.

저자　　　그럼 선정스님은 동물에게도 영성이 존재한다고 봅니까?

선정스님　　　영성(靈性, Spirituality)은 일반적으로 신이나 초월적인 존재와의 관계, 내적 평화, 깨달음, 인생의 의미 등과 관련된 심적, 정신적인 측면을 의미합니다. 영성은 종교적인 경험과도 연관되어 있지만, 종교와는 구별되는 개념이기도 합니다. 영성은 신체적인 측면이 아닌 영혼, 마음, 정신과 같은 비물질적인 영역을 강조합니다. 자신이나 공동체의 삶에 깊은 의미와 방향성을 부여하고, 삶의 이면에 있는 신비한 측면을 탐구하는 것으로 이해됩니다. 영성은 종교적인 신앙과 관련이 있을 수 있지만, 항상 그렇지는 않습니다. 예를 들어, 불교는 종교적인 신앙과 함께 영적인 실천과 깨달음을 중시하는데, 이러한 영성은 종교를 따르는 사람들뿐만 아니라 비종교적인 사람들도 추구할 수 있는 가치입니다. 따라서 영성은 더 높은 의미를 찾고자 하는 욕구, 내적 평화를 추구하고자 하는 욕망, 삶의 깊은 의미를 탐구하는 과정 등을 포괄하는 개념으로 이해됩니다. 제가 판단하건대, 동물도 영성이 존재한다고 볼 수 있습니다. 영성이라는 개념은 종종 인간에게만 국한되어 있지만, 동물들도 그들만의 내면적인 경험과 감정을 지니고 있습니다. 동물들은 각자의 방식으로 생존을 위한 본능과 생명력을 가지고 있으며, 때로는 사람들과 마찬가지로 사회적 상호작용과 감정적 반응을 나타낼 수 있습니다. 이러한 특성은 동물의 존재가 단순히 물리적인 형태에만 국한되지 않고, 더 깊은 내면적인 측면이 있다는 것을 시사합니다. 따라서 동물들도 자신만의 영성이나 내면적인 측면을 지니고 있다고 볼 수 있습니다. 하지만 이것은 인간의 영성과는 다를 수 있으며, 동물의 영성을 이해하고 존중하는 것은 자연과 동물들과의 상호작용을 이해하는 데 중요한 부분입니다.

불교는 동물 또한 영성을 지니고 있다고 여깁니다. 불교의 관점에서 모든 산화된 존재는 영적으로 연결되어 있으며, 모든 산화된 존재는 삶의 본질적인 면에서 동등하게 존중받아야 한다고 가르칩니다. 불교는 모든 생명체가 육체적인 형태를 가졌더라도 그들이 영적인 진리를 실현할 수 있는 가능성을 지니고 있다고 믿습니다. 따라서 동물 또한 고통과 해방을 경험할 수 있으며, 그들의 삶과 죽음 모두가 그들의 영적 발전에 영향을 미친다고 여깁니다. 불교는 모든 생명체에 대한 연민과 이해를 장려하며, 동물에 대해서도 인간과 마찬가지로 존중과 배려를 기울일 것을 촉구합니다. 따라서 동물이 영적인 존재로서 인식되며, 그들의 삶과 죽음 역시 불교의 관점에서 중요하게 여겨집니다.

저자 과거에는 Soul과 Spirit에 대한 많은 논의와 관심이 있었지만 최근에는 추상적인 영적 문제보다는 젊은 세대의 의식이나 과학적인 현실에서 좀 더 친근하고 편하게 사용되는 Mind나 Consciousness의 의미가 많이 사용되는 경향이 있습니다. Soul은 영혼(靈魂)으로 해석되는데 이와 항시 대비되는 신체 또는 백(魄)과 구분되며 일종의 생명의 원리라고 표현하기도 하고 사람의 육신에 깃들어서 생명을 지탱하는 기(氣)라고도 합니다. Mind는 사람의 본래부터 지닌 성격이나 품성으로 일반적으로 정신이라는 말과 유사어로 사용되지만 정신은 뇌의 활동이란 의미가 크고 마음은 자신의 개인적이고 주관적인 표현이라고 봅니다. 서로 마음이 통하는 것을 교감(交感, communion)이라고 합니다.

선정스님　　이러한 개념들은 각각의 문화, 종교, 철학적 배경에 따라 다르게 해석되고 사용되며, 인간의 본성과 인식에 대한 복잡한 이해를 탐구하는 데 중요한 역할을 합니다. 자신의 성향과 관심사에 따라 이러한 용어들의 의미와 중요성은 다양하게 해석될 수 있습니다. 영혼, 마음, 정신 등의 용어는 인간의 내적 세계와 의식에 대한 이해를 나타내는 데 사용되며, 이러한 용어들은 시대와 문화에 따라 다르게 해석될 수 있습니다. 현대에는 과학적인 접근과 함께 정신적인 측면을 이해하고 설명하기 위해 다양한 용어와 개념이 사용되고 있습니다.

저자　　어려운 주제에 대해 좋은 의견 감사합니다.

죽음에 대한 인식

죽음의 시간 끝에 영혼(靈魂)은 존재하는가에 관한 토론

저자 　많은 사람들은 삶은 삶이고 죽음은 죽음이라 분리해 생각합니다. 이는 자신의 주위에 죽음을 점차 멀리하는 사회적 분위기에 죽음을 직접 체험하는 기회가 적어져 생긴 문제라 봅니다. 하지만 코로나-19가 대유행을 하면서 죽음이 매우 현실적이고 바로 나 자신의 문제라는 것을 인식하는 계기가 되었습니다. 이는 죽음이 결코 멀리 있는 것이 아니고 현실의 문제며 일부 나이든 사람의 자연사, 사고사에 대해 제3자로 담담히 죽음을 바라보던 시선을 나에게 돌리게 했습니다. 당장 코로나-19 예방주사를 맞고 죽을 수 있고 나와 가족이 감염돼 죽을 수 있다는 마치, 치열한 전투 속에 생존을 걱정하는 것처럼 죽음에 대한 공포를 가까이 느끼게 된 새로운 경험인 것입니다.

선정스님 　이러한 관점은 현실적이고 중요한 문제에 대한 인식을 반영합니다. 죽음은 삶의 불가피한 부분이며, 때로는 원하지 않는 상황에서 갑자기 찾아올 수 있습니다. 코로나-19의 대유행은 죽음에 대한 현실적인 접근을 요구하고 있었으며, 또한 이는 삶을 더 깊이 생각하고, 각종 위기에 대비하며 삶을 소중히 여기는 계기가 될 수 있었습니다. 저는 죽음을 포함한 삶의 모든 측면에 대해 깊이 생각하고, 그것을 인식하며 받아들이는 데서 내적 평화와 깨달음을 찾습니다. 이는 죽음에 대한 공포와 불안을 완화하고, 삶을 더욱 의미 있게 만들어 줄 수 있는 관점입니다. 그러므로 죽음에 대한 인식과 대처 방법에 대해 지속적으로 고민하고, 삶을 더욱 의미 있게 살아가는 데 집중할 필요가 있습니다.

저자　　죽음의 끝에 영혼(靈魂)은 존재하는가에 대해 생각해보면 수많은 종교서적과 교리 그리고 죽음에 대한 이론과 책들은 죽음 후에 대해 다양한 해석을 합니다. 그중 영혼(靈魂) 또는 영체(靈體)에 대한 수많은 언급이 있지만 이를 증명하지 못하면서 이런저런 다양한 사례만 들어 간접적으로 존재를 보여주려고 합니다. 그중 근사(임사)체험(Near-Death Experience)자들의 주장을 통해 빛의 세계에 대한 경험을 이야기한 것이 있습니다. 현실에선 못 본 황홀감과 아름다운 세상이 있고 긴 터널의 끝에 새로운 세상이 있다고 합니다. 이 특별한 세상에 대해 대부분 안락하고 평온했다는 것에서 마무리하고 다시 깨어났다 합니다. 이 또한 일부 뇌 과학자들의 견해처럼 인간의 뇌에서 만들어 낸 새로운 경험의 표현이라 봅니다. 물론 영적세계에 대한 종교적 차원의 주장을 무시하거나 거부하는 건 아닙니다. 주요 종교에서도 과거부터 이런 근사(임사)체험에 대한 언급은 자제했던 것이기에 크게 얘기하긴 어렵다고 봅니다. 단지 과학적이고 의학적인 경험을 통한 입장에서 보면 사망 직전 뇌의 일시적인 발작과 순간에 분비되는 마약성 물질의 화학반응, 전기신호의 반응이 극적효과를 보여준 것으로 극한의 상황에서 커다란 기합을 내면 새로운 힘을 얻는 것과 유사한 현상이라 할 수 있습니다.

선정스님　　스님들도 이러한 근사(임사)체험과 같은 현상에 대한 다양한 관점을 가지고 있을 것입니다. 불교는 죽음과 관련된 경험을 중요한 공부 대상 중 하나로 여기며, 이를 통해 삶과 죽음에 대한 깊은 이해를 얻으려고 합니다. 불교는 인간의 마음과 영혼에 대한 이해를 강조합니다. 영혼이라는 개념은 특별한 형태로 존재한다기보다는 모든 존재가 상호연관되어 있고 인간의 마음과 기민한 자각력이 삶과 죽음의 경험을 통해 변화하는 것으로 간주됩니다. 따라서 근사(임사)체험과 같은 경험은 불교에서도 중요한 연구 대상 중 하나일 것입니다. 이러한 경험을 통해 인간의 마음과 존재의 본질에 대한 이해를 더욱 심화시키고, 삶과 죽음에 대한 이해를 넓힐 수 있습니다. 그러나 불교는 이러한 경험이나 현상이 단순히 영적인 경험으로 해석되는 것을 경계하기도 합니다. 이러한 경험이나 현상은 무한한 우주적 연결과 인간 마음의 본질에 대한 깊은 이해를 제공할 수 있지만, 그 자체로 신비로운 현상으로만 해석되어서는 안 된다는 것이 불교의 입장입니다. 결국 불교는 근사(임사)체험과 같은 경험을 통해 인간의 삶과 죽음에 대한 이해를 깊이 있게 탐구하고, 인간의 마음과 존재의 본질에 대한 깨달음을 이루기를 바랍니다.

저자　　저는 의사가 되기 전에 전자공학을 전공했던 시절이 있어 지금도 가끔 전기 작업을 하던 중 220볼트 전기에 감전된 적이 있었습니다. 목장갑을 끼고 있었지만 순간 엄청난 현상을 경험했습니다. 거의 근사(임사)체험자들이 말하는 그런 느낌이 순간 들었고, 눈에서 하얀 빛과 아름다운 붉은 빛이 아른거렸습니다. 이 현상은 뇌가 강한 외부 충격에 자신을 보호하려 만든 반응으로 보입니다. 만약 여기 소량의 마약성 물질까지 분비된다면 더 확실한 근사(임사)체험을 했을 것입니다. 또한 어린 시절 우주 저 끝에는 지구와 다른 세상이 있을 거라 생각했지만 과학이 발전하고 더불어 물리학, 천문학의 발달로 우주 저편에도 지구를 구성하는 소립자와 원자, 분자들과 똑같은 물질로 존재한다는 것과 중력, 전자기력, 강력, 약력의 힘이 고르게 존재한다는 것을 알게 되면서 우주의 신비는 점차 풀리기 시작했습니다. 의학도 생리학, 생화학의 기초학문을 넘어 이제는 분자 원자의 세상에서 나노 의학기술로 발전하여 새로운 생명물리학으로 해석하며 세포 하나하나의 신비가 벗겨지면서 생명이라는 근원적 목표에 다가가고 있습니다. 이 과정에서 영혼(靈魂)과 영체(靈體)라는 혼의 존재는 점차 나약해지고 이로 인해 마음(mind)이나 의식(consciousness)이라는 의미가 더 중요시되고 있습니다.

선정스님　　저의 관점에서 이러한 경험과 과학적 발견은 모두 삶과 인간의 이해를 넓히는 중요한 과정으로 받아들여질 것입니다. 불교는 삶과 죽음, 그리고 우주와의 관계에 대한 이해를 지속적으로 탐구하고자 합니다. 우선, 불교는 삶과 죽음은 연속 과정으로 본다고 말씀드릴 수 있습니다. 죽음은 단순히 육체의 소멸이 아니라 영혼의 이동과 변화라는 관점으로 볼 수 있습니다. 이러한 관점에서, 저자가 경험한 현상은 삶과 죽음 사이의 연결고리로 볼 수 있을 것입니다. 또한, 과학의 발전과 함께 우주와 생명의 신비를 탐구하는 것은 불교의 가르침과도 조화될 수 있습니다. 불교는 모든 존재가 상호연결되어 있고, 우주의 신비를 깨닫는 것이 중요하다고 가르칩니다. 따라서 과학적 발견은 우주와 생명의 신비를 더 깊이 이해하는 데 도움이 될 것입니다.

저자　　또한 전생에 대한 많은 이야기는 종교의 간증체험 만큼 많지만 지금 몇 가지만 제외하면 그 힘을 잃어가고 있습니다. 전생의 문제는 매우 인문학적인 표현으로 가설이 아닐까 생각합니다. 사람의 상상력은 사후에 대한 구체적 세계관을 만들었지만 이런 과정에 모순이 생겼습니다. 사람만이 영적으로 완벽하고 내세관을 가지며 죽은 후 사후세계에 간다는 과거의 의식 수준에나 통하는 인간 중심의 편협한 지적 한계를 보여줍니다. 특히, 시간이라는 실체에 경험하는 현실은 매우 상대적이고 주관적이며 절대성이 존재하지 않는다는 것을 이해한다면 많은 사람들이 생각하는 영혼(靈魂)은 매우 취약한 모습일 것입니다. 이 또한 사람들의 입장에서 영혼(靈魂)을 생각하고 인식하는 것입니다. 대부분 종교의 내세관은 사람 외 타 생명체에 대한 영혼(靈魂)이나 영적인 문제에 대해 설명하지 못합니다. 제가 과거 17년을 키웠던 순이라는 반려견은 마지막까지 저와 함께 했지만 지금은 존재하지 않습니다. 나름 정성을 다해 보살폈지만 나이는 어쩔 수 없어 죽음으로 이별했는데 순이는 죽기 전까지 자신이 강아지가 아닌 사람으로 인식하고 살지 않았나 궁금합니다. 사람만이 영혼(靈魂)과 영체(靈體)가 존재한다면 반려견 순이는 아무것도 아니라 그냥 미물이었을까요? 죽음에 대한 문제에서 인간만이 유일한 영혼(靈魂)과 영체(靈體)가 존재하는 생명체라는 것에 강한 의심을 품게 됩니다,

선정스님　　저는 모든 존재가 생명력과 의식을 갖고 있으며, 이러

한 의식이나 생명력이 죽음 이후에도 계속되는 것으로 보는 불교적 관점을 가지고 있습니다. 불교는 모든 존재가 상호연결되어 있고, 삶과 죽음은 단순히 하나의 과정으로 본다고 말씀드릴 수 있습니다. 반려견 순이의 경우, 그 역시 생명력과 의식이 있는 존재로서 그의 경험과 삶도 불교적으로 이해할 수 있습니다. 불교는 인간이나 동물 모두가 삶을 통해 자신의 의식과 영적 발전을 이루어나가는 것으로 보며, 이는 인간에게만 국한된 것이 아닙니다. 사람들의 생각과 다르게, 불교는 모든 존재에게 존엄성을 부여하고, 그들의 의식과 생명력을 존중합니다. 따라서 반려동물 역시 죽음 이후에도 그들의 의식이나 생명력이 어떻게 이어질지에 대해 불교는 확실한 답변을 제시하지 않습니다. 그러나 모든 존재가 삶의 연속성과 변화의 과정을 통해 성장하고 발전한다는 관점에서, 순이의 삶과 죽음도 의미있는 것으로 여겨질 것입니다. 영혼(靈魂)이나 영체(靈體)에 대한 개념보다는 의식과 생명력, 상호연결성에 대한 관점을 중시합니다. 따라서 죽음에 대한 문제에서 인간만이 유일한 영혼이나 영체를 가진다는 관점은 불교의 가르침과는 다를 수 있습니다. 그러므로 이러한 다양한 관점과 의견은 각자의 신념과 인식에 따라 변할 수 있습니다.

저자　　저자는 생명의 근원에 대한 영혼(靈魂)과 영체보다 좀 더 현대적인 표현인 마음과 의식으로 죽음에 대한 다양성을 인정하면서 너무 복잡한 교리나 성령적 이야기는 죽음학에서는 자제했으면 하는 마음입니다. 영혼(靈魂)과 영체(靈體)가 사람에게만 중요하다면 신은 왜 완벽한 사람을 만들지 못하고 불안정한 삶을 살게 하거나 죽음에 대해 불안해하며 살아야 할까요? 그리고 일부 사람들이 말하는 사후세계도 자살자와 정상적 사망자에 차이가 있고 동물도 차이가 있다면 이는 매우 인위적인 인간의 잣대로 사후를 보는 건 아닐까요?

선정스님 위의 주장은 인간 중심적인 사고에 대한 비판적인 시각을 반영하고 있습니다. 이 주장은 영혼이나 영체에 대한 관념을 넘어서서 마음과 의식의 중요성을 강조하며, 죽음에 대한 관점을 더 현대적이고 다양한 시각으로 다루는 것을 제안합니다. 불교는 모든 존재가 동등하게 중요하며, 영혼이나 영체라는 개념보다는 마음과 의식의 상태가 더욱 중요하다고 가르칩니다. 불교는 인간만이 아니라 모든 존재가 삶과 죽음의 과정을 통해 성장하고 깨달음을 이룰 수 있는 가능성을 지니고 있다고 봅니다. 인간이나 동물, 그리고 사후세계에 대한 판단이나 평가는 주관적이며, 종교나 문화적 배경에 따라 다양할 수 있습니다. 불교는 모든 존재가 고통을 느끼고 삶과 죽음의 과정을 경험한다는 관점에서, 사후세계에 대한 인간 중심적인 판단을 제한하고 상호연결성과 상호의존성을 강조합니다. 따라서 불교적인 시각에서는 영혼과 영체에 대한 고정된 개념보다는 마음과 의식의 상태를 통해 삶과 죽음을 이해하고 받아들이는 것이 중요하다 할 수 있습니다. 이는 보다 평화롭고 이해심 깊은 관점에서 삶을 살아가는 데 도움이 될 수 있습니다.

저자 그렇다면 근사(임사)체험을 영혼의 존재를 알기 위한 증거나 방법으로 접근하지 말고 사람의 뇌에서 만들어낸 일시적인 새로운 체험감각의 반응으로 해석하는 것이 어떨까요? 이런 현상들이 앞으로 심폐소생술이 발달하면서 더욱 많아지고 자주 발생한다면 특별한 경험이 아닌 이런 근사(임사)체험 현상들을 죽음 직전에 나타나는 의학적인 증상과 증후(symptom and sing)의 하나로 받아들여질 수 있습니다. 감기에 걸리면 목이 아픈 증상이 있고 충수염에 걸리면 우측 하복부가 아프다거나 결막염이 심하면 뭔가 눈에 이물감이나 아른거리는 것처럼 근사(임사)체험의 다양한 현상들도 아주 특별한 영적인 체험이라기보다는 죽음 직전에 갔었다는 진단 중에 있을 수 있는 증상과 증후군으로 이해할 수 있습니다. 근사(임사)체험을 특별한 신비한 현상으로 볼 것이 아니라 심장사가 되었는데 다행히 소생한 경우 환자가 근사(임사)체험을 증언한다면 진정한 죽음의 문턱에까지 갔었구나 하는 의학적 진단의 확증이 되는 것이므로 검사상의 지표나 영상의학적인 검사로 증명이 안 되는 생명이 위급했던 상황을 증명하는 지표가 될 수 있다고 봅니다. 또한 반대로 해석하면 아직 충분히 죽을 단계에 이르지 못해서 살아났구나 하는 소생의학적인 임상척도로 해석이 가능할 수도 있다고 봅니다. 점차 심폐소생술의 발달과 좋은 장비의 출현으로 전에는 죽었을 사람을 살릴 수 있는 기회가 점차 많아지는 현대에서 근사(임사)체험을 통해 영혼이 있다 없다 하는 접근으로는 더 이상 큰 의미가 없을 수 있기 때문입니다. 선정스님의 생각은 어떠하신가요?

선정스님　　　일부 사람들은 근사(임사)체험을 실제적이고 영적인 경험의 증거로 해석합니다. 그들은 근사(임사)체험을 통해 죽음 이후의 세계나 영혼의 존재를 경험했다고 주장합니다. 또한 이들은 근사(임사)체험의 일부 측면이 합리적이고 과학적으로 설명하기 어렵다고 주장합니다. 그러나 과학적인 관점에서는 근사(임사)체험이 실제 죽음 후의 체험이 아니라, 뇌의 생리학적 반응이나 생물학적인 현상으로 해석될 수 있다고 합니다. 예를 들어, 뇌의 산소 부족, 활성화된 신경회로, 환각 혹은 환상 등이 근사(임사)체험의 일부 측면을 설명하는 데 사용될 수 있습니다. 또한, 일부 근사(임사)체험은 실제로 뇌 손상, 약물 복용, 혹은 생리적인 요인으로 인한 상태에서 발생할 수 있습니다. 이러한 경우에는 근사(임사)체험이 죽음 이후의 세계나 영적인 경험이 아닌 뇌의 기능 이상으로 설명될 수 있습니다. 근사(임사)체험에 대한 의견은 다양하며, 그 해석은 자신의 신념, 과학적인 이해, 그리고 체험의 성격에 따라 달라질 수 있습니다. 하지만 현재까지 과학적으로 죽음 이후의 세계를 입증하는 것은 어렵기 때문에 근사(임사)체험을 실제 존재하는 것으로 간주하는 것은 과학적으로 입증되지 않았습니다. 불교는 근사(임사)체험에 대한 공식적인 입장이 없습니다. 일반적으로 불교는 죽음을 삶의 자연스러운 과정으로 받아들이고, 죽음 이후의 상태를 재태(rebirth) 혹은 부활이 아닌 연속된 생사의 과정으로 이해합니다. 불교는 모든 존재가 윤회의 법칙 아래에서 여러 번 생과 죽음을 거듭하며 삶을 경험한다고 가르치고 있습니다. 따라서 불교는 근사(임사)체험이나 죽음 이후의 경험에 대해서도 이러한 윤회의 법칙 아래에서 이해할 수 있다고 볼 수 있습니다. 죽음 이후에는 새로운 생명의 형태로 다시 태어나거나, 현재의 생명과 연결되는 다양한 현상들이 발생할 수 있다고 불교는 가르칩니다.

저자　　어려운 주제에 대해 좋은 토론 감사드립니다.

근사(임사)**체험**(Near-Death Experience)

시간이 멈추는 사후에 대해 너무 고민할 필요가 있을까 에 관한 토론

저자　　사람들은 대부분 죽음을 벗어나기 위해 시간을 역행하려는 행동을 합니다. 그 중 하나가 불로장생(不老長生)을 위한 처절한 노력이고 이것이 불가능하다는 것을 알게 된 현대에는 안티에이징(Anti-aging)에 대한 많은 연구와 노력을 시도하고 있습니다. 하지만 이런 노력에도 불구하고 사람들의 평균수명은 늘어났지만 죽음은 결코 정복하지 못하고 있습니다. 더욱이 코로나-19의 발생 같은 전 세계적 감염증은 인간의 노력만으로 해결되는 것이 아닌 자연의 순응이 더 유용할 수 있다는 것을 보여주고 있습니다. 참으로 신기한 것은 지구상에 존재하는 고등생물 중 가장 많은 총량을 가진 호모사피엔스(Homo sapiens)라는 현존인류는 지구상에 출현한 지 20~30만 년이 지나면서 가장 번성했지만 어이없게도 새로운 질병에 힘없이 무너지기도 합니다. 지구학 학자들은 과거 지구에서 일어난 여러 차례의 대멸종에 가장 우세한 지배종들이 제일 먼저 멸종했다는 것을 주장했습니다. 만약 또 다른 지구멸망이 온다면 인류라는 종이 가장 먼저 멸종될 것이라 예상합니다. 결국 인류도 언젠가 멸종이라는 파멸을 맞이한다는 것이기도 합니다.

선정스님　　위에서 언급된 내용은 죽음과 삶의 한계에 대한 깊은 인식을 제공합니다. 인류가 과거부터 무수히 많은 도전과 위기를 극복해 왔지만, 죽음과 멸종은 결국 피할 수 없는 현실임을 인식해야 합니다.

불교적으로 볼 때, 모든 존재는 변화하고 불확실한 것입니다. 모든 존재는 오는 것과 가는 것이며, 삶의 모든 형태는 변화와 불안정함에 노출되어 있습니다. 이러한 인식은 자신에게 겸손하게 하고 행동과 생각을 조절하는 데 도움이 될 수 있습니다. 또한 죽음을 통해 새로운 삶이 시작되는 것으로 간주합니다. 그러므로 죽음을 두려워하지 않고, 오히려 죽음을 통해 새로운 시작이라는 측면을 긍정적으로 받아들일 수 있어야 합니다. 이러한 관점은 삶을 더욱 깊이 생각하고 소중히 여기게 만들어 줄 수 있습니다. 인류의 멸종에 대한 우려는 환경 보호와 지구의 지속 가능성에 대한 심각한 경고로 받아들여져야 합니다. 인류는 지구와 다른 생명체들과 조화롭게 살아가야 하며, 지구의 자원을 보호하고 지속 가능한 방향으로 발전해야 합니다. 이를 통해 인류가 지구의 일원으로서 존중받고, 지속 가능한 미래를 보장할 수 있을 것입니다.

저자　　이런 유한의 죽음에 대해 생각해 보는 죽음학은 조기에 배워야 하고 알아야 한다고 생각합니다. 그 이유는 결국 어떻게 살다 행복하게 마지막 죽음을 맞이할까에 대한 매우 현실적인 문제를 이해시키기 위해서입니다. 어떻게 살까에 대해서 수많은 철학자, 사회학자, 종교가들은 이미 상상으로 표현할 수 있는 모든 것을 다 정리해 발표했기에 더 이상 언급할 필요는 없습니다. 다만 각자 자신에 맞는 분야를 찾아 공부하고 실천하며 즐기면 그것으로 충분할 것입니다. 단, 죽기 전까지 이런 자신의 가치관이나 원하는 목표를 어느 정도 달성하고 만족하는 준비를 해야 합니다. 삶의 선택은 하나가 아니며 매우 다양하고 수시로 바뀌기도 합니다. 하지만 그 마지막의 정리 과정은 사람마다 다르기에 어떤 과정이든 모두 존중해야 합니다. 생의 마지막 결승선을 밟으며 지난 삶에 대해 충분히 만족했다면 그보다 더 행복한 삶은 없습니다. 하지만 항상 미진한 것이 인생이고 아쉬운 것이 현실이므로 반성하고 되돌아보는 것도 가치 있는 삶입니다. 어떤 사람은 생의 마지막 결승선을 밟기도 전에 자살하는 경우도 있고 불의의 사고로 자의와 상관없이 실격 처리되는 것처럼 불행한 죽음도 있지만 그들이 살아온 삶의 가치를 무시해선 안 됩니다. 불행의 원인을 찾고 다음엔 이런 실수나 사고가 없도록 예방, 교육, 관리하는 반면교사(反面教師)를 교훈 삼는 것은 살아있는 사람들의 몫이라 봅니다. 또한 남은 가족과 피해자에게도 관심과 위로를 주어야 먼저 떠난 사람의 죽음 후에 대한 걱정이 줄어들 것입니다. 사람들은 일어나지도, 일어날 수도 없는 문제에 괴로워하며 많은 시간을 허비합니다. 사후문제도 이런 불필요한 걱정을 가져다주기에 이것을 이용한 감성팔이나 죽음상술이 점점 많아지는 것입니다. 이 또한 혹세무민(惑世誣民)은 아닐런지요.

선정스님　　불교는 삶과 죽음에 대한 관점을 통해 인간의 삶을 어떻게 살아가야 하는지에 대한 지침을 제공합니다. 불교는 모든 존재가 무속성이며 변화한다는 원리를 강조합니다. 이를 통해 모든 것이 변화하고, 자신의 소유가 아님을 이해하게 됩니다. 이는 삶의 변화와 불가피한 죽음을 받아들이는 데 도움이 됩니다. 또한 죽음을 피할 수가 없음을 가르치며, 오히려 죽음이 삶의 일부이며 불가피한 것임을 이해해야 한다고 말합니다. 이를 통해 죽음을 두려워하지 않고 삶을 더 성실히 살아갈 수 있습니다. 그러므로 자살이나 죽음을 피하는 행위를 비난하며, 삶의 어려움과 도전에 직면하여 극복하는 데 중점을 둡니다. 이를 통해 어려움을 극복하고 성장할 수 있는 기회로 바라볼 수 있습니다. 이를 위해 삶과 죽음에 대한 이해와 관심을 통해 다른 이들에게 자비롭고 현실적인 지원을 제공하는 것을 강조합니다. 또한 상대방의 고통을 공감하고 도울 수 있는 자세를 갖춰야 합니다. 이러한 불교적 가르침을 통해 삶의 목표와 가치를 깊이 생각하고, 죽음에 대한 두려움을 극복할 수 있으며, 서로를 도우며 혹세무민의 함정에서 벗어날 수 있습니다.

저자　　사후에 대한 다양한 해석이 있다는 것은 역으로 생각하면 별 신빙성이 없다는 것이기도 합니다. 문제 해결 방법이 많다는 것은 다시 말해 그리 중요하지 않고, 하나 안 하나 마찬가지라는 것입니다. 그러니 너무 깊이 빠지거나 집착하거나 맹신하는 것은 피하고 사후에 대한 고민이나 불안은 버려야 합니다. 사람들 중에는 죽음을 깊이 고민하다 염세적이거나 회의, 회한에 빠져 자신을 스스로 포기하거나 쾌락, 향락에 빠지는 경우도 있습니다. 잘못된 죽음학을 공부하면 도리어 나쁜 결과가 생길 수 있는 것입니다. 그러니 죽음학을 공부하더라도 두려움을 만들고 불안을 유발하는 책이나 자료는 피해야 합니다. 그리고 다시 한 번 강조하지만 불필요한 사후에 대한 고민으로 시간을 낭비하지 말아야 합니다. 현재의 삶은 한 번이고 죽음도 한 번입니다. 그래서 소중합니다. 오늘 만난 모든 사람이나 사물은 다 소중하며 의미가 있고 귀한 존재기에 아끼고 사랑해야 합니다. 죽어서는 이 모든 것을 더 이상 사랑할 수도 함께 할 수도 없기 때문입니다.

선정스님　　사람들이 현재 삶을 살아가면서 가끔 생각하게 되는 주제 중 하나가 바로 사후에 대한 것일 겁니다. 어쩌면 죽음에 대한 고민이나 불안이 나를 괴롭힐 수도 있습니다. 하지만 너무 깊게 파고들거나 너무 많은 시간을 쏟아부으면 오히려 삶의 질을 떨어뜨릴 수 있습니다. 그래서 여기서 몇 가지 대안을 제시해 보면 먼저, 마음의 평화를 찾는 것이 중요합니다. 명상이나 요가 같은 활동을 통해 내면의 평화를 찾을 수 있습니다. 이런 활동은 마음을 집중시키고 현재에 집중하게 해줘서 과거나 미래에 대한 불안을 잠시 잊을 수 있게 해줍니다. 그리고 현실적인 대비책을 마련하는 것도 좋은 방법입니다. 예를 들어, 유언장을 미리 작성하거나 가족과 사후에 대한 대화를 나누는 것이 도움이 될 것입니다. 이렇게 준비해 두면 불안감을 줄일 수 있습니다. 또한, 긍정적인 생활 태도를 유지하는 것도 중요합니다. 오늘을 소중히 여기고 감사의 마음을 가지며 살아가면, 불안한 마음을 조금씩 달래줄 수 있습니다. 평소 주변 사람들과 소통하고 지지를 받는 것도 중요합니다. 가족이나 친구, 정신 건강 전문가와 대화를 나누면서 자신의 불안을 공유하고 받아들일 수 있습니다. 마지막으로, 다른 이들을 도와주는 일도 좋은 방법입니다. 자원봉사나 나눔, 사랑과 관심을 나누는 일을 통해 더 큰 의미를 찾을 수 있는데, 이런 방법들을 통해 삶과 죽음에 대한 고민을 조금씩 완화하고, 현재의 순간을 소중히 여기며 더욱 풍요로운 삶을 살아갈 수 있습니다.

저자　나 자신이 영혼(靈魂)이나 영체(靈體)의 문제를 떠나 죽은 후 사후세계를 갈지 안 갈지 모르겠지만 확실한 것은 육체와 자신의 모든 흔적들은 분명 그 잔재를 남기고 서서히 현재에서 지구, 우주 속으로 흩어집니다. 그리고 자신을 구성했던 물질들은 하나하나 흩어져 고르게 퍼지며 어딘가에 새로운 모습으로 우주의 한 구성물이 되어 다시 존재할 것입니다. 그것이 생명이든 무생물이든 중요하지는 않지만 그 변화의 흔적은 계속 또 다른 변화를 보여주면서 시간의 흐름에 따라 새로운 모습으로 다시 나타날 것입니다. 일부 사람들은 사후에 대한 의미를 차원이 다른 세계로 영혼(靈魂)이 떠나는 것이라 하지만 그들이 표현하는 4차원이라 해서 그곳도 점과 선과 면이 존재하지 않는 엉뚱한 세계는 아니라는 겁니다. 3차원 현실에서도 1차원인 점과 2차원인 선은 얼마든지 존재합니다. 차원 이야기를 하면서 논리적 해석이 안 되면 결국 4차원 후에 5차, 6차원의 이야기가 계속되기에 이는 많은 모순을 보여줍니다. 이런 차원의 이야기는 뒤로하고 현실의 입장에서 보면 2500년 전 붓다의 초전법륜처인 녹야원(사르나트)에서 자신의 깨달음을 처음 말씀하셨을 때 발설된 열기와, 2,000년 전 이스라엘 광야에서 예수님의 폐 속에서 요동쳤던 입김이 아직도 현세에 존재한다면 믿어지십니까? 그렇습니다. 붓다의 가르침은 훗날 암송과 함께 불경으로 기록되어 전해지고 있고, 예수님의 말과 행동은 기록으로 성경에 남았고 예수님의 숨결은 어디서 누군가의 폐 속에 지금도 계속 존재하고 있습니다. 지구라는 우주가 있는 한 붓다와 예수님은 항상 나와 함께 존재할 것입니다. 이는 수년 전 죽은 저자가 키우던 반려견 순이의 입김 속에 남아있던 그 온기를 지금도 함께 느낄 수 있는 것처럼 인간뿐 아니고 모든 자연은 순환하고 서로 밀접하게 관계 맺음으로써 일련의 과정은 계속 이어집니다. 그 안에 죽음도 과정의 한 축이라는 것을 이해하게 됩니다. 단, 죽음은 인간으로 태어나 딱 한 번 있는 큰 사건이라는 것을 인식해야 하고 사후의 문제보다 현실의 문제에 좀 더 깊은 이해와 가치를 가져야 할 것입니다. 나를 태어나게 하고 지금 존재하게 하는 것은 그 옛날 누군가의 흔적이 쌓여 만든 유기체이고 유전적 기록이라 보면, 자신 또한 이런 과정을 전해줄 중요한 미래의 자산이고 자원이라 볼 수 있습니다. 그래서 소중하고 가치 있는 것입니다.

선정스님　　　이런 이야기를 통해 저자님은 죽음과 사후세계에 대한 여러 관점을 탐구하고 계시네요. 토론을 하다 보니 몇 가지 생각이 듭니다. 우선, 죽음과 사후세계에 대한 이야기는 매우 다양한데, 이는 존재와 삶의 의미에 대해 깊이 생각하기 때문입니다. 여러 이야기와 이론이 있지만, 그것들은 종종 상상력과 믿음에 의해 형성됩니다. 예수님의 숨결이 현재 함께 존재한다는 아이디어나, 반려견 순이의 입김에서 느껴지는 온기 등은 심오한 생각이지만, 과학적인 측면에서는 설명하기 어렵습니다. 이것들은 종종 감정과 정서와 연결되어 있습니다. 또한, 죽음과 관련된 이야기는 때론 신화와 신앙에 강한 영향을 받습니다. 이것들은 종교나 철학적인 전통에서 온 것이며, 많은 사람들에게 위로와 의미를 주기도 합니다. 그러나 현실적으로는 죽음은 또 다른 생명 주기의 일부입니다. 죽음은 이 세상에서 경험하는 생명의 한 측면이며, 이것은 사람이 살아가는 동안 고려해야 할 중요한 측면입니다.

　다음으로 긍정적인 반론에 관해 이야기해 보겠습니다. 현재의 삶과 죽음에 집중하는 것이 중요하다는 것은 맞습니다. 삶은 소중하고 더 큰 의미를 가질 수 있습니다. 따라서 현재의 순간을 소중히 여기고 그 의미를 깊이 생각하고 살아가야 합니다. 그리고 나쁜 반론도 함께 이야기하면 글에서 언급된 죽음 후의 다양한 이론과 사고방식은 과학적으로 입증되거나 검증되지 않은 가설에 의존한다고 볼 수 있습니다. 현재까지 과학은 죽음 이후의 경험에 대한 명확한 증거를 제시하지 못했습니다. 또한 종교적인 시각을 다루고 있지만, 이에 반하는 의견이나 다른 종교적 관점에 대한 고려가 충분하지 않을 수 있습니다. 종교는 죽음과 사후세계에 대한 다양한 해석을 제공하며, 이를 감안해야 합니다. 그러다 보니 일부 주장들 사이에 논리적인 일관성이 부족하거나 모순이 존재할 수 있습니다. 특히, 차원에 관한 이론이나 예수님의 숨결과 죽음에 대한 비유를 연결하는 부분에서 일관성이 부족한 것으로 보일 수 있습니다. 또한 죽음과 사후세계에 대한 고찰을 매우 추상적으로 다루고 있으며, 이는 일반 사람들에게 접근하기 어려울 수 있습니다. 좀 더 구체적이고 현실적인 예나 이론이 더해질 필요가 있습니다.

저자   네, 잘 알겠습니다. 사람이 태어나 한번 겪는 큰 사건인 필연적 죽음에 참여한다는 걸 안다면 현실의 삶에도 충분히 만족해야 합니다. 그리고 때가 되었을 때 기꺼이 죽음에 동참해야 합니다. 이 또한 기회는 한 번뿐이기 때문입니다. 진정 영혼(靈魂)과 영체(靈體)가 존재한다면 동물도 이런 존재가 있다는 것을 인정하고 영혼(靈魂)의 존재를 동물과도 함께 공유해야 합니다. 과연 동물들도 사후에 그들만의 다른 사후세상을 갈 것이고 귀신이라 하는 떠돌이 혼의 모습을 볼 수 있을까요? 그렇다면 식물도 영혼(靈魂)을 인정해야지 않을까요? 또한 차원의 문제에 사람들이 오해하는 것 중 1차원의 점이라는 것이 찍히는 순간 이것을 확대해보거나 크게 확장하면 결국은 3차원의 면적이라는 것을 이해하게 되므로 인간이 생각해 낸 차원이라는 것이 얼마나 모순인지 알게 될 겁니다. 결국 1차원의 점이나 2차원의 선도 다 같은 3차원의 모습이라는 것이고 3차원의 모습도 결국 확장하면 다차원공간이라는 추상적인 현상이 되는 건 아닐까요? 그러므로 나의 삶이 존재하는 동안에도 이런 다차원적인 경험들이 쌓여가는 축적되는 시간의 여정 즉, 업(業)이라는 것에 의미를 두고 싶습니다.

선정스님　　죽음은 삶의 필연적인 부분으로 받아들여져야 하며, 현재의 삶을 소중히 여기고 살아가는 것이 중요합니다. 영혼의 존재와 공유에 대한 관점은 다양하며, 동물과 식물을 포함한 모든 산물이 어떤 형태의 에너지나 존재의 형태를 가질 수 있다는 주장도 존재합니다. 차원의 개념은 현대 물리학과 철학에서 중요한 주제로 다루어지며, 이는 종종 이해하기 어렵거나 모순적일 수 있습니다. 삶은 다차원적인 여정이며, 각 순간은 의미 있는 축적이 될 수 있기에 삶을 통해 성장하고 배우며, 이는 개인적인 경험으로 이어집니다. 이러한 고찰은 자신의 성장과 깨달음을 위해 중요하며, 죽음과 사후세계에 대한 탐구는 다양한 시각을 제공할 것입니다. 이 토론은 죽음과 삶에 대한 심오한 사색을 다루었으며, 삶을 소중히 여기고 현재에 초점을 맞추는 것이 중요하다는 메시지를 주고 있습니다.

저자   역시 어려운 질문에 대한 토론 감사합니다.

멈춰진 사후시간

별의 윤회(輪廻)에 관한 토론

저자　　하늘의 별을 보며 태양과 같은 항성이라는 걸 잘 이해하지 못하고 대부분 금성, 화성 같은 태양계 주위의 행성을 별과 같이 인식합니다. 그러나 지구에서 보는 달을 포함한 태양계 식구를 제외한 대부분의 항성이라는 별은 태양과 비슷하거나 훨씬 크고 뜨거운 불덩어리의 거대한 천체입니다. 의외로 많은 사람들이 종교적 믿음이나 관념적 의식으로 태양을 포함한 별들은 영원하고 변하지 않는 창조 불변의 우주로 생각합니다. 물론 이 생각이 틀렸다는 것은 아닙니다. 지구에 살면서 이런 생각을 하는 건 일부 당연하고 학교에서든 다른 경로로 우주에 대해 배웠다 해도 이를 올바르게 받아들이지 않았을 것입니다. 태양은 매 순간 변합니다. 11년 주기로 발산하는 방사선량은 상승과 하강의 주기성이 있어 태양의 자기극을 뒤바꿉니다. 이는 태양의 흑점을 관측해 확인할 수 있는데 태양활동이 활발해지면 지구에는 나쁜 영향을 보여줍니다. 인공위성을 파괴하고 통신장애와 전자기기의 오작동, 방사선량의 증가로 생태계에 해를 끼칩니다. 그래서 과학자들은 이를 예측해서 경고합니다. 이런 현상만 봐도 태양 역시 절대적 불변의 모습이 아니라는 것입니다. 그래서 우주를 바라보는 사람들은 믿음과 앎(지식)을 동일시하기보다 따로 분리해 생각하는 사고의 유연성을 가지는 것이 좋습니다. 종교 역시 일방적 믿음만 고집하기보다 믿음과 앎(지식)을 분리해 보는 것이 필요합니다. 창조로 모든 걸 합리화할 수 없습니다. 그래서 자신만의 믿음만 주장하면 모두가 피곤해집니다. 창조의 믿음은 믿음으로만 그 의미가 있는 것입니다.

선정스님　　불교는 우주와 자연의 변화를 강조합니다. 태양이나 별들 또한 불규칙하게 변하고, 불안정한 측면이 있음을 이해합니다. 이러한 우주의 변화는 삶의 변화와 밀접한 연관이 있습니다. 또한 불교는 믿음과 지식을 분리하여 각각을 존중합니다. 종교적 믿음은 신앙의 영역이며, 지식은 현실의 이해와 관련이 있습니다. 이 둘을 함께 존중하되, 서로를 침범하지 않는 것이 중요합니다. 불교는 창조적인 개념을 중요시하지만, 이는 고정된 형태가 아니라 변화와 연결된다는 점을 강조합니다. 우주와 생명은 지속적인 변화와 연관되어 있으며, 이러한 변화를 수용하고 존중해야 합니다. 그러므로 불교는 고요와 깨달음을 통해 우주의 본질을 이해하고자 합니다. 우주의 변화와 불변성 사이에 고요한 영역이 존재하며, 이를 통해 삶의 의미를 깨달음으로써 찾아가려고 합니다. 이러한 관점에서, 우주와 태양의 변화를 이해하고 받아들이며, 믿음과 지식을 존중하고 조화롭게 유지하는 것이 중요하다고 생각합니다.

저자　　윤회(輪廻)에 대한 믿음은 사람의 과업에 따른 육도윤회(六道輪廻)를 주로 이야기합니다. 하지만 윤회(輪廻)는 사람의 전유물이 아니고 우리가 사는 우주 전체가 끝없는 윤회(輪廻)의 순환과정이 활발히 일어나는 생명체입니다. 우주의 윤회(輪廻)를 이해하기 전 우주라는 곳을 소개하면, 우주의 시작을 알리는 대폭발인 빅뱅 이후 지금까지 계속 새로운 별의 탄생과 소멸 그리고 그에 따른 다양한 별들과 주위 행성들의 운명이 복잡하게 결정되고 지금도 엄청난 변화가 일어나고 있는 살아있는 생명의 공간입니다. 이런 변화는 지구에서 너무 멀리 일어나므로 사람들은 잘 인지하지 못하고 그저 과학의 영역이라 생각합니다. 또한 별들의 진화를 이해해야 하므로 좀 쉽게 설명해 보겠습니다. 우주는 엄청 광활하지만 그 사이에는 수많은 성간물질이 존재합니다. 우주가 빅뱅의 대폭발 때 생긴 수소나 헬륨 가스들 그리고 우주먼지가 널리 성간에 퍼져있습니다. 그중 일부는 성운들이 충돌하면서 생긴 우주 잔해와 수명을 다한 초거대항성들이 대폭발하면서 생긴 잔해들입니다. 이 거대분자구름에서 새로운 별이 탄생합니다. 이런 구성을 이루는 천체를 '성운'이라 합니다. 별이 새로 탄생할 때 부수적으로 주위의 다양한 부스러기들이 함께 생기면서 행성이나 위성, 소행성 또는 다양한 우주물질들이 됩니다. 거대분자구름의 지름은 대략 100광년 정도거나 더 클 수도 있고, 태양의 600만 배의 질량과 비슷하다니 상상을 초월한 거대공간에서 일어나는 별의 탄생을 본다는 건 대단히 고무적이고 범우주의 파노라마라 할 수 있습니다.

선정스님　　　앞에서 설명한 대단한 우주의 복잡성과 다양성은 정말 놀라우며 경이로워 보입니다. 별의 탄생과 소멸, 성운의 충돌과 새로운 별의 형성 등 우주의 역동적인 과정은 평소에 인지하는 것 이상으로 매우 복잡하고 다채로운 것으로 보입니다. 윤회의 개념을 우주에 적용한다면, 별들의 탄생과 소멸, 성운의 충돌과 재탄생 등 우주의 과정은 끝없는 윤회의 순환과정으로 이해될 수 있을 것입니다. 이러한 관점에서 볼 때, 모든 것이 변화하고 윤회의 순환에 참여하고 있는 것으로 보입니다. 이를 불교는 성주괴공(成住壞空)이라 하며 우주의 변화와 윤회의 개념은 과학적인 지식과 더불어 철학적인 이해와 연관이 있습니다. 이를 통해 우주의 복잡성과 연속성을 더 깊이 이해할 수 있으며, 우주에 대한 경외와 존경의 마음을 가질 수 있습니다. 여기서 언급한 범우주적인 관점은 생각을 넓히고 우주의 경이로움을 깨닫게 합니다. 이는 살아가는 일상에서 종종 잊어버리는 우주의 놀라운 신비함을 상기시켜 줍니다. 저는 이 모든 것을 바탕으로, 우주의 복잡성과 윤회의 개념은 삶과 연결되어 있음을 이해할 때, 우주의 미스터리에 경의를 표하고, 이러한 복잡성 속에서 어떻게 살아가야 하는지에 대해 깊이 고찰할 것입니다.

저자　　우주에는 탄생만 있는 건 아닙니다. 많은 은하 중에는 더 이상 새로운 별의 탄생을 못하는 노화된 것도 있습니다. 별들도 수명이 다양해 주요한 에너지인 수소가 모자라 점차 수축해 백색왜성으로 작아지기도 하고 일부는 거대한 초신성폭발을 일으켜 자신의 모든 흔적을 다른 우주로 흩뿌리기도 합니다. 물론 블랙홀을 만들어 주위의 모든 물질을 빨아들이기도 합니다. 이런 별의 성장과 쇠퇴의 과정은 별의 크기가 많이 좌우하는데 너무 큰 별은 수천만 년 정도로 수명이 짧고 태양 정도로 적당히 작은 별들은 100억 년의 긴 수명을 가집니다. 간혹 우주의 나이보다 더 오래 사는 별들도 있다니 참 다양한 별들의 세상을 다 알려면 아직 먼 것 같습니다. 또한 별의 수명은 별의 질량이 좌우하는데 허우대만 멀쩡한 밝은 별은 사용하는 수소에너지가 금방 고갈되어 수명이 짧고 작지만 질량이 무거운 별들은 상대적으로 에너지를 적게 사용해 수명이 매우 깁니다. 역시 사람이나 우주나 내실이 중요합니다. 이렇듯이 우주의 별들은 탄생과 죽음을 수시로 반복하면서 우주의 다양한 물질이 새롭게 뭉치거나 흩어지길 반복하는 지속적 윤회(輪廻)의 과정을 겪습니다. 마치 살아있는 생명체가 겪는 생로병사(生老病死)의 과정과 아주 흡사합니다. 지구도 매 순간 우주로부터 새로운 물질을 받아들이기도 하고 일부는 지구 안의 것들을 우주로 흩뿌리기에 전체적으로 보면 균형을 맞추는 윤회(輪廻)적 순환을 하고 있습니다. 다시 말해 사람이나 동식물들의 잔존 원소들이 자연에 흩어지면서 우주로 퍼져나가고, 반대로 우주에 다양한 생명 흔적들이 지구에 들어와 무언가의 새로운 구성원소를 이루는 것입니다. 이것이 정말 우주적 선순환의 자연스런 윤회(輪廻)라 할 수 있습니다. 그러므로 윤회(輪廻)를 거론하려면 적어도 우주의 윤회(輪廻)를 통해 나의 흔적을 남길 수 있는 열린 마음과 바른 실천을 위해 노력해야 합니다.

안드로메다은하　　　　　출처: 위키피디아

선정스님　　불교적인 입장에서 보면, 우주의 별들의 탄생과 쇠퇴, 그리고 우주의 윤회적인 과정이 생명의 윤회와 깊은 연관이 있다는 것을 깨닫게 됩니다. 불교는 윤회의 개념을 통해 모든 존재가 변화하고 연속성을 갖는다고 가르칩니다. 우주의 별들의 탄생과 죽음, 그리고 그에 따른 물질의 순환은 이러한 윤회적인 원리를 보여줍니다. 이것은 우주의 법칙이며 삶 또한 윤회의 과정을 거치고 있다는 것을 의미합니다. 우주의 별들이 탄생과 죽음을 반복하면서 우주적 선순환을 이루는 것처럼, 삶도 생로병사의 과정을 거치며 윤회적인 선순환을 경험합니다. 이것은 모든 존재가 서로 연결되어 있고, 인간 또한 우주의 일부이며 우주적인 선순환에 참여하고 있다는 불교적인 관점을 강조합니다. 지구와 우주의 윤회적인 선순환은 자연의 공존과 균형을 유지하는 데 중요한 역할을 합니다. 이러한 과정을 존중하고, 지구와 우주와의 조화로운 관계를 유지하기 위해 노력해야 합니다. 불교적으로는 모든 존재가 서로 의존하고 연결되어 있음을 이해하고, 그에 따라 존중과 사랑으로써 이를 표현해야 한다고 가르칩니다. 사람들이 우주의 윤회적인 과정을 이해하고 받아들일 때, 열린 마음으로 모든 존재를 받아들일 수 있어야 합니다. 이를 통해 자연과 조화롭게 공존하고, 바른 실천을 통해 우주의 선순환에 기여할 수 있습니다. 즉, 불교의 관점에서 우주의 윤회적인 과정은 존엄성과 숭고함을 발견하고, 모든 존재에 대한 이해와 연민을 기를 수 있는 기회입니다. 이를 통해 더 나은 세상을 위해 노력하고, 모든 존재의 행복과 번영을 바라는 마음을 키울 수 있습니다.

저자　　부연하자면 구 인류가 처음 지구상에 나타난 이래 카르마조차 인정하기 어려운 사람들의 영혼(靈魂)이나 신체 구성 원소들이 빛의 속도로 우주를 향해 퍼져나갔다고 한들 아직 200만 광년을 못 갔을 것입니다. 이 정도 거리라면 안드로메다은하 정도의 거리로 200만 광년이라는 것은 우주의 크기에서는 거의 흔적도 찾기 힘든 거리라는 것입니다. 이는 지구 사람들의 영혼이 가장 멀리 갔다고 하더라도 그 거리가 200만 광년 정도라는 의미입니다.

선정스님 우주적인 차원에서 영혼이나 신체의 원소들이 우주로 퍼져나가는 개념에 관한 이야기를 제기합니다. 이는 불교적인 관점에서는 인간의 본질과 우주적인 연결성을 탐구하는 데 관심이 있을 수 있습니다. 불교는 영혼이나 신체의 원소들이 우주로 퍼져나간다는 개념은 윤회의 관점에서 이해될 수 있습니다. 윤회의 개념은 모든 존재가 연속성을 갖고 있고, 우주의 일부로서 존재한다는 것을 의미합니다. 따라서 영혼이나 신체의 원소들이 우주로 퍼져나간다는 것은 불교에서 말하는 윤회적인 원리를 반영할 수 있습니다. 우주의 규모에 비추어 보면 200만 광년이라는 거리는 미미한 것으로 여겨집니다. 이는 우주의 거대함과 영혼이나 신체의 소중함을 함께 고려할 때 생각해 볼 만한 주제입니다. 영혼의 깊은 의미와 우주의 무한함에 대한 비교는 존재에 대한 겸손과 경외심을 불러일으킬 수 있습니다. 깨달음, 이러한 이야기는 우주적인 여정과 깨달음에 대한 사유를 제공할 수 있습니다. 불교는 모든 존재가 깨달음을 향한 여정을 걷고 있다고 가르치며, 이러한 여정은 우주적인 차원에서도 계속될 수 있다고 합니다. 따라서 우주적인 차원에서의 존재와 영혼의 심오한 의미에 대한 탐구를 유도하며, 불교의 관점에서는 우주와의 조화로운 연결을 통해 깨달음을 이루고자 하는 노력을 재고하게 할 수 있습니다.

저자　우주의 크기에 대해 현재 관측 가능한 최대한 크기를 예상하면 지구에서 450억 광년 정도라고 하니 직경으로 보면 900억 광년이 됩니다. 138억 년 전 우주의 시작이라는 빅뱅이 일어나고 빛의 속도로 날아간다고 해도 우주의 팽창된 크기가 900억 광년이라는 것은 모순 같아 보이지만 이는 빛의 속도로 138억 광년이라는 것이지, 우주의 크기는 빅뱅이 일어나면서 그보다 더 빠른 우주공간의 팽창이 존재했다는 것입니다. 그리고 우주는 지금도 빛의 속도보다 더 빨리 팽창하고 있습니다. 물론 지금까지 빛보다 더 빠른 속도는 없는 것이 사실이지만 공간은 순식간에 더 빨리 팽창되었다고 보는 것입니다. 참 어려운 이야기이지만 이런 현상에 대해 우주에 대한 여러 새로운 가설들이 존재하는데 전자와 같은 양자가 동시에 서로 다른 장소에 존재할 수 있고 서로 반대되는 성질을 동시에 가질 수 있다는 양자역학적 이론을 배경으로 하는 평행우주론이나 수많은 여러 개의 우주가 달걀판처럼 다닥다닥 붙어있다는 '**누벼이은** 다중우주(quilted multiverse)'라고 하는 우주에는 현재 나와 같은 또 다른 내가 존재하는 우주가 존재할 수 있다고 주장하기도 합니다. 이와 유사한 것으로 '브레인(brain)우주'라고 하는 여러 개의 거대한 우주의 막이 서로 겹쳐있다고도 합니다. 그 외에도 초끈이론(super-string theory)으로 우주를 설명하기도 하고 우주는 홀로그램으로 구성된 지워지지 않는 디지털로 구성된 우주라고 주장하기도 합니다. 하지만 분명한 것은 이런저런 많은 우주론의 근본 중심에는 윤회의 연결고리를 조금이라도 이어보려는 노력들이 존재합니다. 즉, 삶은 한번이 아니고 지속적으로 이어지거나 어딘가 다른 곳에 또다시 존재한다는 것입니다. 즉, 나의 죽음은 소멸되지 않는다는 것입니다. 이런 이론들 중에 무엇이 사실인지는 알 수 없지만 넓은 의미의 우주의 윤회를 주장하는 것은 사실입니다.

선정스님　　불교는 일반적으로 삶과 죽음, 현실과 비현실에 대한 관점을 가지고 있으며, 윤회(Samsara) 개념과의 연관성으로 보면 삶과 죽음의 연속적인 순환을 나타냅니다. 이는 개별 존재들이 번뇌와 깨우침 속에서 삶을 반복하며 깨달음을 향해 나아가는 과정을 의미합니다. 다중우주론은 이러한 윤회의 과정을 다양한 차원과 우주들 간의 연결로 해석할 수 있습니다. 불교의 관점에서는 현실적인 경험과 깨달음의 심리적 과정에 중점을 둘 수 있습니다. 다중우주론은 이러한 경험의 다양성과 연속성을 설명하는 한 가지 방법으로 살펴볼 수 있습니다. 불교는 현실에 대한 다양한 관점을 수용하고, 현실의 본질에 대한 깊은 이해를 통해 깨달음을 얻는 것을 강조합니다. 또한 불교는 현실을 철학적, 심리적, 정신적인 차원에서 이해하려고 시도합니다. 다중우주론은 이러한 세계관의 다양성과 현실의 다층성을 감안해 인간의 경험과 이해를 풍부하게 만들 수 있다는 점에서 불교의 세계관과 상호 보완적일 수도 있습니다.

　단, 윤회에 대한 반론은 다양한 관점에서 제기될 수 있습니다. 윤회에 대한 증거는 주로 종교나 철학적인 논증에 의존합니다. 이에 대한 과학적이고 객관적인 증거가 부족한 것으로 여겨질 수 있습니다. 그리고 윤회는 삶과 죽음의 연속된 순환을 가정하는데, 이는 자신의 자유와 자기결정성을 제한한다는 비판을 받을 수 있습니다. 일부 인간은 자신의 운명을 자기가 결정하고 싶어 하지만, 윤회는 이를 제한하는 것처럼 보일 수 있습니다. 윤회가 고통과 쾌락, 인간의 행동에 대한 보상과 벌을 설명하는 데 사용될 때, 이는 도덕적인 공평성에 대한 의문을 제기할 수 있습니다. 또한 고통과 악의 경험은 어떻게 정당화되는지에 대한 의문이 제기될 수 있습니다. 그러다 보니 윤회의 존재론적인 전제는 삶의 목적과 의미에 대한 다양한 의문을 던집니다. 윤회가 실제로 존재한다면, 삶의 의미와 목적이 무엇인지에 대한 깊은 이해가 필요할 것입니다. 이러한 반론들은 윤회에 대한 신념에 도전하고, 다양한 종교적 및 철학적 전통에서 논의되어 왔습니다. 종교나 철학적 신념에 대한 개별적인 의견은 다양하며, 사람마다 다르게 해석될 수 있습니다. 제 생각에 불교는 다양한 세계관과 우주론을 수용할 수 있는 유연성을 갖추고 있습니다. 윤회와 다중우주론은 불교의 관점에서 현실과 인간의 삶에 대한 깊은 이해를 향해 나아가는 여정에서 중요한 고찰 대상이 될 수 있습니다.

저자　　네, 윤회에 대해 좋은 토론 감사합니다.

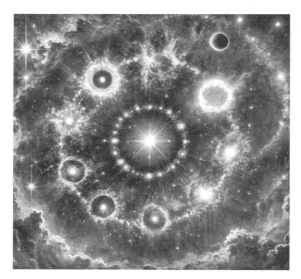

성주괴공(成住壞空)

출산과 죽음은 하나의 연결고리인가에 관한 토론

저자　　오랜 시간 죽음에 대한 다양한 주제를 가지고 토론했습니다. 이제 그 마지막을 정리하는 시간을 가져보겠습니다.

태어나는 것과 죽는 것의 차이는 뭘까에 대한 많은 의문들은 그 생각만큼 많은 답을 만들었습니다. 그래도 아직 정답을 못 찾고 있는 것도 사실입니다. 마치 뫼비우스의 띠처럼 무한 반복의 질문과 그저 그런 답이 돌고 있는 모습이지요.

산부인과 의사로서 출산의 전 과정을 수십 년간 많이 경험한 저자로서는 출산 시 산모와 아이에게 진통과 산통이라는 고통을 주는 행위가 왜 필요한지에 대한 나름의 이유를 찾아 고민하기도 했지만 출산은 분명 고통 속에서 시작됩니다. 제왕절개술도 마취를 했다는 것이 다를 뿐 아픔은 다 존재합니다. 왜 인간은 다른 동물보다 더 큰 아픔 속에서 출산하는가에 대해 생각해보면 인간은 고도의 정신 능력을 가지고 태어나야 하는 유전적인 진화의 과정에서 생긴 필연적인 현상이라고 봅니다. 인간은 뇌가 발달하기 시작하면서 직립보행을 했고 그와 반대로 무거운 머리를 받치기 위해 골반은 상하로 길어지는 희생을 하면서 폭이 좁아지기 시작했으며, 이로 인해서 자궁 속의 태아는 중력의 힘에 의해 머리가 골반으로 들어가 점차 더 커지는 현상이 되는 비대칭적인 현상으로 자궁에서 성장하다 출산 시 좁아진 산도를 통과하기 위해서 아이의 머리도 변형되고 골반도 늘어나야 하는 과정에서 진통 또는 산통의 크기가 점차 커진 것이라고 봅니다. 통증은 비록 아프지만 출산

은 많은 사람에게 기쁨과 축하를 받게 됩니다. 이렇듯이 출산의 고통
은 있지만 아이는 크게 느끼지 못할 것입니다. 아직 뼈가 미성숙되었
고 이를 느낄만한 신경의 발달이 미숙하기 때문이겠지요. 하지만 죽음
에서 느끼는 통증은 성장 과정을 통해서 이미 신경이 다 발달했고 통증
의 경험도 축적되어 실제 아픔보다 더 큰 아픔으로 인식될 수도 있다고
봅니다. 아는 만큼 아프다는 말처럼….

선정스님　　　출산 과정은 생명의 이어짐과 함께 인간의 복잡한 진
화 과정과도 연관이 깊습니다. 제 입장에서 느끼지는 못하지만 출산은
불가피한 고통과 함께 인간의 삶과 죽음의 고찰을 이끌어내는 중요한
주제입니다. 출산은 고통과 두려움을 동반하는 과정입니다. 이는 인
간의 생리적 특성과 진화적 요인으로 설명될 수 있습니다. 하지만 이
러한 고통은 삶의 연속성과 새로운 생명의 탄생으로 이어지는 의미 있
는 과정으로 여겨집니다. 출산의 고통은 새로운 생명의 탄생과 가정의
기쁨으로 이어집니다. 이는 어머니와 아이에 대한 사랑과 관심을 심어
주는 축복된 순간으로 여겨집니다. 출산과 죽음은 삶의 주요 순간으로
인식됩니다. 출산은 새로운 생명의 시작이며, 죽음은 삶의 마무리를
의미합니다. 이 둘은 인생의 순환과 변화를 상징적으로 나타내며, 저
는 이러한 과정을 통해 삶과 죽음에 대한 깊은 깨달음을 얻을 수 있다
고 봅니다. 아픔은 삶의 부분이며, 이를 통해 인간으로서 성장하고 깨
달음을 이룰 수 있습니다. 출산의 고통과 죽음의 불안은 삶과 죽음에
대한 깊은 이해와 수용의 자세를 기를 기회로 여겨집니다. 이는 삶의
소중한 순간이며, 고통과 기쁨이 함께하는 삶의 본질을 체험하고 깨달

음을 얻는 과정으로 바라봅니다. 따라서 출산은 인간의 존엄성과 삶의 의미를 깊이 이해하고 경험할 수 있는 소중한 시간으로 여겨집니다. 단, 죽음도 통증이 동반되기에 이때는 자신이 그 아픔을 다 느끼면서 임종하고 주위 사람들에게도 슬픔과 고통과 아쉬움을 전해줍니다. 통증이라는 고통은 출산과 죽음 모두에 공통적이기에 시작과 끝은 서로 연결되어 있는 하나의 과정은 아닐까 생각합니다. 무엇인가 새로운 시작을 할 때 통증이 있듯이 죽음도 새로운 시작으로 받아들인다면 통증은 당연히 감내해야 하고 슬픈 헤어짐이라기보다는 새로운 기회의 시작으로 받아들인다면 그 자체가 행복한 죽음이 될 것입니다.

저자　　죽음이 있다는 것은 삶에 대한 또 다른 기회이고 자신의 새로운 성장을 향한 한 축이라는 것을 이해하면 자신의 죽음을 정리를 할 수 있는 시간을 충분히 가질 수가 있습니다. 마음의 여유가 있는 삶이라면 더욱더 가치 있는 시간을 보낼 수도 있습니다. 어린 시절 방학숙제를 미루고 놀다 개학이 내일 모래로 가까워지면 급 당황하게 되고 불안하게 됩니다. 결국은 조급함에 부모님의 도움도 청하고 밤을 새운다고 난리를 치기도 하지만 역시나 부실한 숙제가 되고 맙니다. 우여곡절을 겪고 겨우 개학 전날 밤 숙제를 마치면 아무튼 마음이 시원해지고 희열까지 느껴보셨을 것입니다. 매학기 매년 이것은 반복되었지만요. 개학이라는 새로운 세계에 들어가기 위한 고통도 있었던 것처럼 죽는다는 것은 이보다는 엄청나게 큰 새로운 경험일 것입니다. 앞서 숙제 이야기처럼 새로운 곳으로 가는 길에 남아있는 숙제를 다 했다고 하면 도리어 두렵기보다 기대되는 설렘마저 생길 수 있을 것입니다. 그래서 삶을 나름 잘 정리했다고 한다면 두려울 것이 없다고 봅니다.

선정스님　　불자로서 삶과 죽음은 불변의 법칙이자 자연의 일부로 여겨집니다. 삶은 변화와 역동성의 과정이며, 죽음은 삶의 한 부분으로 받아들여집니다. 스님들은 수행의 삶을 살면서 죽음을 준비하고 받아들이는 것이 중요하다고 가르치며, 죽음을 두려워하지 않고 오히려 새로운 시작으로 받아들이는 자세를 촉구합니다. 저는 자비롭고 이해심 깊은 삶을 추구합니다. 죽음에 대한 준비는 삶의 일부로 여겨지며, 죽음이 올 때를 위해 마음을 정리하고 행동하는 것이 중요하다고 가르칩니다. 이를 통해 자신의 죽음을 바라보고 이해할 수 있는 여유를 얻을 수 있습니다. 또한 생명의 연속성과 순환을 강조합니다. 죽음은 단순히 끝이 아니라 새로운 시작이며, 삶과 죽음은 불변의 법칙으로서 자신의 존재를 이해하는 데 도움이 됩니다. 따라서 삶을 온전히 살면서 죽음을 받아들이고 준비하는 것이 중요하다고 여겨집니다. 따라서 삶과 죽음을 받아들이고 준비하는 과정에서 내적 평화와 이해를 얻을 수 있는 길을 모색할 것입니다. 그리고 이를 통해 자비로운 삶을 살고 마음의 여유와 평온을 이룰 수 있는 방법을 깨우치고 실천할 것입니다.

저자　　만약 살아온 삶이 부족하고 아쉽고 후회된다는 생각이 들면 지난 과거의 아쉬운 일들은 과감하게 버리고 남은 시간에 할 수 있는 한 가지 일을 정해서 완성하는 것은 삶의 정리에서 매우 유익한 일이 될 것입니다. 한 가지 일이라도 잘 정리한다면 죽음 앞에서 매우 만족하고 편안함을 느낄 것입니다. 이런 행동을 종교적으로 표현하면 자기 스스로 구원을 받거나 크게 보아서 열반과 해탈이라고 생각합니다. 지난 잘못은 스스로 용서를 빌고 새로운 삶의 목표를 달성하면서 삶의 가치를 다시 얻을 수 있을 것입니다. 그리고 깨우치거나 구원을 받고 행복하게 죽으면 자신이 죽은 후에 주위 사람들에게 좋게 기억될 것이고 계속 기억해 줄 것입니다. 이런 것이 진정한 영생 아닐까요? 죽음 전 과거 아무리 좋은 삶을 살았어도 마지막에 정리를 잘못하면 불행히도 가족이나 주위 사람들에게 외면당하고, 오히려 힘든 삶을 살았지만 마지막에 정리를 잘하고 깨우치고 구원을 받은 사람이 되어 더 좋게 기억되는 경우가 많습니다.

선정스님　　저는 마지막 순간에 내적 평화와 용서를 중요하게 여깁니다. 과거의 실수와 아픔을 용서하고 자기 자신과 타인에 대한 이해와 관용을 바탕으로 마음을 정화할 것입니다. 바른 인생의 마무리를 위해 저의 삶을 바른 방식으로 노력할 것입니다. 선한 행동과 선의를 실천하고 부정적인 행동과 생각을 깨닫고 변화시키는 데 힘쓰며, 이를 통해 내면의 평화와 행복을 이루고 싶습니다. 죽음 전에도 타인에 대한 관심과 봉사를 게을리하지 않고, 마지막까지 자비로운 삶을 살며, 타인을 위한 봉사와 사랑을 이어 나갈 것입니다. 죽음을 통해 희망을 찾을 것이기에 바른 생활과 내적 성장을 통해 영원한 행복과 평화를 얻고, 이를 통해 나의 삶에 영원한 의미를 가지고 싶습니다. 마지막까지 죽음을 향해 마음을 정리하고 평화롭게 떠나기를 바랍니다. 이를 통해 나 자신뿐만 아니라 주변 사람들에게도 긍정적인 영향을 끼칠 수 있고, 진정한 죽음을 이루어 나가기를 희망합니다.

생명의 출생과 죽음은 인간 중심적인 의미를 부여하는 것이 아니라 단순한 생물학적인 과정으로만 볼 필요가 있습니다. 이러한 관점은 생명의 탄생과 소멸이 우주적인 관점에서 볼 때 별다른 의미가 없다는 주장을 포함하기에 죽음을 새로운 시작이나 영적인 성장의 과정으로 해석하는 것을 거부하거나 죽음을 단지 생명의 종결로 간주하며, 죽음 이후에는 아무런 의식이나 경험이 존재하지 않는다고 주장합니다. 하지만 생명의 출생과 죽음에 대한 의미는 상대적이며, 문화나 종교에 따라 다양하게 해석됩니다. 어떤 문화나 종교에서는 출생과 죽음을 영적인 변화의 과정으로 이해하고 경험하는 반면, 다른 곳에서는 그저 자연적인 사실로만 받아들일 수 있습니다. 이에 따라 출생과 죽음에 대한 의미는 자신이나 집단의 신념에 따라 다르게 이해될 수 있습니다. 하지만 생명의 탄생과 죽음은 매우 고귀한 과정입니다.

이상으로 저자와 선정스님과의 다양한 주제 토론을 시도한 야단법석(野壇法席)을 마치겠습니다. 수고하셨습니다.

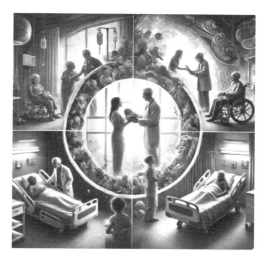

생로병사(生老病死)

글을 마치면서

　저자가 죽음에 관한 나름의 연구를 하며, 많은 사람을 진료실과 요양원에서 진료하고 관찰한 태어남과 죽음에 관한 이야기를 모아 보았습니다. 이런 과정이 쌓여 죽음이 사람들의 삶에 어떤 영향을 미치는지에 대한 나름의 생각을 정리하게 되었습니다. 그것은 죽음이 다름 아닌 가장 큰 슬픔인 마지막 이별일 것이고 이별은 결코 내가 떠나면서 손을 놓는 것이 아닌 나의 주위 사람들이 나를 잊고 놓아버린다는 것을 알게 되었고 더욱더 죽음은 남이 대신해 주지 못하는 나 자신의 문제임을 알게 되었기 때문입니다. 그래서 삶이 중요하고 고귀한 것이기에 삶이 만족할 때 죽음도 만족하다는 것을 말할 수가 있었습니다.

　살아있는 지금이 그래서 중요하고 자신에게 주어진 시간은 지구에서 같은 시간을 살아가는 모든 사람이 각자 처한 자신의 처지에 따라 모두 다른 시간을 가지고 산다는 것입니다. 그래서 시간은 어떻게 사용하고 관리해야 하는지에 따라 그 가치가 차이가 나고 소중하다는 것입니다. 그러므로 남은 삶이 얼마 안 남았다고 생각하지 말고 앞으로 얼마나 많은 여생이 나를 위해 쓰여질 것인지를 이해하고 그에 맞는 계획과 준비를 한다면 나의 죽음이 다가온다고 해도 결코 두렵거나 억울하지 않을 것입니다. 그래서 잠시라도 죽음 교육을 미리 받아서 그에 맞는 자기 삶에 대해 준비한다면 조금은 죽음이 두렵지 않을 것입니다. 실천하지 못할 커다란 목표가 중요한 것이 아닌 실천 가능한 명확한 목표와 그 목표를 이루는 최선의 노력을 통해 누구나 평안을 얻을 것이고 이를 통해 얻은 결과는 선업이 되기에 자기 삶에 대한 좋은 흔적은 계속 이어질 것입니다. 그것이 나 자신의 영원한 발자취라 할 것입니다.

비록 AI 선정(禪定)스님은 저자에게 따뜻한 커피를 내려주지는 못했지만, 선정(禪定)스님과의 대화는 매우 의미 있었고 가치 있는 지혜를 비춰주었습니다. 오늘도 북쪽 하늘에서 북극성과 북두칠성이 저를 지켜보는 것처럼.

저자 김달수

이 저서를 끝맺으면서 선정스님의 말씀을 함께 올립니다.

제가 마지막으로 하고 싶은 말은 죽음에 대한 이해와 관점은 삶의 중요한 부분 중 하나라는 것입니다. 죽음은 모든 삶의 끝을 향한 공통적인 여정이지만, 그것이 살아가는 동안 항상 이해되거나 수용되는 것은 아닙니다.

불교는 죽음을 통해 삶의 의미와 본질에 대해 깊이 생각하고, 고통과 열반의 길을 탐구하는 계기로 여깁니다. 죽음은 우리에게 삶의 소중함을 상기시키고, 현재 순간을 소중히 여기며 살아가야 함을 일깨워줍니다.

죽음의 두려움을 떨쳐버리거나, 죽음을 회피할 수 없지만, 죽음을 통해 삶에 더 큰 의미를 부여하고 더 의식적으로 살아갈 기회를 얻을 수 있습니다. 죽음에 대한 이해와 수용을 통해 더욱 지혜롭고 참으로 의미 있는 삶을 살아갈 수 있도록 도와줄 것입니다.

그러므로 죽음을 두려워하지 않고, 오히려 삶을 더욱 깊이 살아가는 것에 집중하며, 그 안에서 진정한 행복과 만족을 찾아가길 바랍니다.

감사합니다.

선정(禪定) 올림

참고문헌

오픈AI에서 개발된 ChatGPT: 인공지능 언어 모델 GPT-4

김달수. 『그날은 온다』 오늘. 2001.

김달수, 『죽음학스케치』 인간사랑. 2018.

김달수. 『죽음학과 임종의학개론』 인간사랑. 2020.

김달수. 『꽁띠 엄마와 아빠의 갱년기 극복기』 엠디월드. 2022.

김달수. 『시간과 죽음의 패러독스』 인간사랑. 2023.

김달수. 『성별다양성의학(GDM)과 SOC-8판(한국어판)』 군자출판사. 2024.

불경: 『화엄경』, 『금강경』, 『법화경』, 『열반경』, 『법구경』, 『아함경』, 『논장』 등.

최근 저자가 집필 중인 『현대의 시간과 불교의 시간관』에서 일부 내용 발췌.

저자 소개

김달수 원장

주소: 경기도 부천시 원미구 부일로 222번지 5층

수와진산부인과 부설 : 비뇨 성의학 클리닉

전화 : (032) 322-0808

Fax : (032) 323-3172

Email : kim42467@naver.com

그레이프 와인동호회 https://cafe.naver.com/bcwine

navercafe: 죽음학.한국죽음교육학회 https://cafe.naver.com/ksode

YouTube: 멋진 삶과 아름다운 죽음

https://www.youtube.com/channel/UCHVYwJBn6ygdAZuThAyj5fA

한양대학교 공대 전자과 졸업

순천향대학교 의학과 졸업

순천향대학교 의대 대학원 수료

서울대학교 자연과학대학 SPARC수료

산부인과 전문의

수와진 산부인과 (부설: 비뇨 성의학 클리닉) 원장

대한성별다양성의학연구 대표이사

의학정보자원진흥연구소 소장

한국죽음준비교육학회 이사

순천향 의대 외래교수

동국대학교 불교대학원 강사

노인재가방문 및 요양촉탁의사

네이버 카페 그레이프 와인동호회 운영자

작가 및 유튜버(죽음학 스케치 강좌)

벤처운영자 및 시스템엔지니어링

발명가(수중분만, 처방전달시스템 등 기술 특허 다수 보유)

저서

그날은 온다. (소설)
Ask me about Human Sexuality
임상여성의학과 새로운 성의학
Medical CD Mook지 여성의학과를 위한 동영상 강좌
임상소아 청소년 여성의학
죽음학 스케치
죽음학과 임종의학개론
꽁띠 엄마와 아빠의 갱년기 극복기
시간과 죽음의 패러독스
성별다양성의학(GDM)과 SOC-8판(한국어판)

펫로스(Pet Loss)와 죽음의 이해 (출판 준비 중)
현대의 시간과 불교의 시간관 (출판 준비 중) 등 다수

AI 선정(禪定)스님과의 대화

북두 국자에 떠 주는 스님의 커피

발행일 1쇄 2025년　1월 30일

지은이 AI 선정(禪定) · 김달수
펴낸이 여국동

펴낸곳 도서출판 인간사랑
출판등록 1983. 1. 26. 제일-3호
주소 경기도 고양시 일산동구 백석로 108번길 60-5 2층
물류센타 경기도 고양시 일산동구 문원길 13-34(문봉동)
전화 031)901-8144(대표) | 031)907-2003(영업부)
팩스 031)905-5815
전자우편 igsr@naver.com
페이스북 http://www.facebook.com/igsrpub
블로그 http://blog.naver.com/igsr
인쇄 하정인쇄　**출력** 현대미디어　**종이** 세원지업사

ISBN 978-89-7418-874-0　　93220